백제토기의 생산유통과 국제성

백제토기의 생산유통과 국제성

김종만 지음

서경문화사

책을 간행하며

필자가 백제토기를 포함하여 백제고고학을 시작한지 30년이라는 세월이 지났다. 대학을 졸업하면서 국립박물관에 근무하게 되었는데, 기존의 소장품과 지역의 각종 발굴조사를 통해 수장고에 격납되는 새로운 고고 자료를 쉽게 접할 수 있다는 장점이 있었다. 그리고 백제고지에 위치하고 있는 지방의 여러 국립박물관을 오가면서 발굴조사 참여와 전시를 진행하면서 백제토기를 쉽게 접할 수 있었던 것은 큰 행운이었다.

대학원 석사과정에서 신라 단각고배에 대한 연구를 하게 되었으며, 박사과정을 준비하는데 있어 연구하는 자세와 함께 백제토기를 구별할 수 있는 능력을 갖게 하는 계기가 되었다. 그리고 본격적으로 백제토기를 연구하기에 앞서 마한토기에 대해 접근했던 것도 큰 도움을 받게 되었다.

백제토기 연구는 일본인에 의해 시도되었다. 일본 학자들의 백제토기 연구는 고도를 중심으로 진행되었으며 시기와 관계없이 고도 내부에서 발견된 토기를 대부분 백제토기의 범주에 넣어 기술하였다. 1980년대를 전후하여 백제토기 연구는 백제고분과 연계하여 다양한 방향으로 진전을 이루기 시작하였으나, 여전히 삼한시기 토기와의 구분이 모호한 상태로 남아있었다.

1999년에 필자가 기술한 「마한권역출토 양이부호 소고」는 마한토기와 백제토기를 구분하는 작업의 일환이었다. 양이부호에 대한 연구는 국립공주박물관에서 실시한 공주 남산리 토광묘 발굴조사 완료 후 유물을 분석하는 과정에서 시작하게 되었다. 당시 호서·호남지방에서 국가 개발사업 등에 따른 발굴조사가 활발히 진행되면서 원삼국시대 토기문화에 대한 인식이 서서히 일어나고 있었다. 양이부호는 토기의 어깨에 종방향의 구멍이 있는 것으로 1970년대부터 서산지역에서 발견되기 시작하여 백제토기의 일 기종으로 알려진 것 이외에는 특별히 주목받지 못하였었다. 필자는 이 기종을 주종으로 하는 일군의 문화유형이 일정한 지역에 분포하면서 하나의 문화권을 형성하고 있는 점에 착안하게 되었으며 분포양상, 형식 및 변천과정에 따른 전개양상과 그 성격에 대하여 살펴보게 된 것이다.

필자가 백제토기에 대해 관심을 갖고 시도한 것이 「충남 서해안지방 백제토기 연구」였는데, 백제토기의 확산과정을 살펴보기 위한 것이었다. 이 글에서 백제토기의 중앙양식과 지방양식을 구분하기 위해 '서해안양식'이라는 표현을 사용하는 등 새로운 단어를 시도하기도 하였지만 지금 생각해보면 제작기법, 생산유통의 측면 등 다룰 것이 너무도 많은 것이었는데 아쉬운 점이 남는다.

사비시대 백제토기를 연구하는데 있어서 참고자료로 이용할 수 있었던 것은 주로 고분 부장품이 대부분이었으며 이를 극복할 수 있는 것은 생활토기와의 유기적인 관계를 밝히는 것이 주요 과제였다. 토기는 일반적으로 가장 접하기 쉬운 자료이면서도 그것이 가지는 사회상에 대하여는 피상적인 면으로만 살펴보았기 때문에 다양한 각도에서 접근하지 못한 사실이 있었고, 제작기법이나 생산유통의 체계가 어떻게 이루어졌었는지에 대한 연구가 필요했다.

이러한 과정을 해결하기 위해 진행된 필자의 박사학위논문 『사비시대 백제토기 연구』는 서경문화사에서 출간하여 학술원 우수도서로 선정된 바 있다. 이 연구에서 강조하고자 했던 키워드는 제작기법, 공급체계, 지역차, 계층성 및 사회상이었다. 지역과 기종별로 나누어진 토기자료에 대하여 형식분류를 시도하고, 토기에 나타난 제작기법을 통하여 백제토기의 양상을 살펴보고 규격토기에 대한 성격을 밝혀보고자 하였다. 그러면서 금강유역과 영산강유역 출토 백제토기의 지역차 및 토기와 공반유물에 나타난 계층성에 대해서도 알아보았다. 또한 백제토기의 생산시설과 공급관계, 중앙에서 일정한 체계에 따라 지방에 공급되었을 토기의 형태가 무엇인가를 분석해보고 백제토기가 어떻게 지방통치와 관련되어 있는지의 문제에 대해서도 검토해 보았다. 그리고 백제가 교섭을 통하여 수용한 선진 문화와 기술이 토기에 어떻게 반영되어 나타나고 있는지를 알아보고 완성된 백제토기의 양상이 문화교류를 통하여 인접 국가들에 어떻게 전파하고 있는지를 살펴본 것이다. 필자가 오랫동안 발굴현장과 박물관 수장고에서 익힌 반복 학습의 효과가 학위논문을 작성하는데 있어 주요하게 작용하였다.

사비시대 백제토기에 대한 책자를 간행한 후 부여와 익산지방의 백제토기를 비교하는 글을 통해 양자의 성격을 파악하는 등 시기와 지역에 국한된 백제토기에 대한 글들을 집필했지만 일정 시기와 지역으로 한정된 아쉬움이 남아있었다. 이에 따라 각종 발굴조사에 힘입어 자료가 급속도로 증가하여 백제토기의 전 시기에 대한 종합적인 연구가 절실하게 필요하다는 것을 느끼게 되었으며, 그 성과물로 『백제토기의 신연구』가 서경문화사에서 간행되었다. 책을 내면서 백제고지의 토기자료를 꼼꼼하게 검토하지 못하고 연구논문도 모두 섭렵하지 못했다는 점에서 돌이켜보면 여러 부분에서 부족한 것이 많았다.

백제토기에 관한 책을 간행했지만 시간이 흐를수록 새롭게 등장하고 축적되는 자료들로 인하여 보완하거나 수정할 부분들이 생기게 되었다. 이를 위해 「토기의 생산기술과 유형」이라는 단편적인 글을 통하여 수정을 하기도 하였다. 그리고 2008년도에 필자는 일본에서 공부를 할 기회가 있었다. 오카야마이과대학에서 몇 개월에 걸쳐서 이룩한 학문적인 성과는 「日本出土百濟系土器の研究」, 「鳥足文土器の起源と展開樣相」이었으며, 「조족문토기의 기원과 전개양상」과 「日本列島의 馬韓·百濟系土器」라는 제목으로 국내에도 소개하였다. 이 기간에 백제토기의 제작기술력이 국제적이면서 선진성을 갖고 있었다는 점을 실견하고 연구성과를 내는 계기가 되었다.

금번에 발간하는 『백제토기의 생산유통과 국제성』은 필자가 상기한 연구 과정을 통해서 얻은 지식과 지금까지 간행된 여러 연구 논문들을 총망라하여 여러 각도에서 백제토기에 대한 이해를 시도한 것이다.

책은 모두 8장으로 구성되었다. 2장에서는 백제토기에 대한 기존의 시각과 쟁점이 무엇인지를 살펴보았다. 3장에서는 마한 단계에서부터 백제토기가 등장하고 발전하는 과정에 대해 검토해 보았다. 특히, 백제는 마한의 일국으로 출발하였기 때문에 마한에서 제작한 토기의 실체를 살펴보는 것이 계승적인 차원이나 새롭게 나타난 백제토기를 살펴볼 수 있는 기준이 되므로 마한토기에 대한 이해가 반드시 필요하다. 4장에서는 기종과 기능에 의한 분류를 통해 백제토기를 알

아본 것이다. 이를 통해 백제가 삼국 중에서도 가장 많은 기종을 개발한 것을 알게 되었으며, 기능적으로도 생활, 의례 등 다양한 용도로 사용되고 있었음을 확인할 수 있었다. 5장에서는 토기의 제작기술과 생산유통의 체계에 대해 원료의 획득과 태토의 선정과정, 성형과 제작과정에 대한 복원, 가마에서의 생산과 수급 관계를 통한 유통, 규격화된 백제토기의 분배과정, 토기에 나타난 의미와 성격 등 여러 방면의 연구를 통해 접근해 보았다. 6장에서는 다양한 백제토기 중 23개 기종을 선정하여 명칭 정의, 출현 계기, 형식, 시기별 변천과정에 대해서 살펴본 것이다. 일부 기종은 백제 이후의 변천과정에 대해서도 연구를 진행하여 백제토기 전통의 계승과정에 대해서도 알아보았다. 7장은 삼국시대 문화를 선도했던 백제가 국제적인 감각을 갖고 개방적으로 문화를 수용하고 주변 인접국에 기술을 전파하는 과정을 다루어 보았다.

최근 토기에 대한 연구는 기종이나 형식보다는 토기가 함의하고 있는 기술체계와 사회상을 투영하는 방향으로 진행되고 있다. 이러한 연구는 필자가 2003년부터 진행한 연구의 키워드였다. 형식분류도 중요하지만 토기에 내포되어 있는 사회상을 복원해보는 것이 무엇보다 중요하다. 백제토기 연구는 출현 시기, 변천 등 아직 명확하게 정리되지 못한 과제를 남겨두고 있다. 혼자 할 수 있는 문제는 아니라고 생각하고 있지만 백제 초기유적에 대한 발굴조사의 진전과 주변국의 비교유물을 통하여 끊임없는 연구가 필요하다. 이번에 출간하는 책이 상기한 여러 가지 문제점들을 해결할 수 있는 기초자료가 되기를 바라며, 백제복합사회상에 대한 연구에 기여할 수 있기를 기대한다.

끝으로 이 책을 출간하는데 도움을 주신 여러분께 감사를 드린다. 특히, 대학원에서 인연을 맺은 국립부여박물관의 정현 선생은 바쁜 가운데서도 최근에 간행된 서적, 연구논문 등을 필자에게 전달하고 교정까지 맡아서 큰 힘이 되어 주었다. 또한 어려운 여건 속에서도 출판을 흔쾌히 맡아주신 서경문화사 김선경 사장님과 편집부 직원 여러분께 고마운 마음을 전한다.

2019. 10

김 종 만 씀

목차

I
머리말

　토기의 출현은 인류의 생활에 큰 변화를 가져왔다. 토기는 인류사에 있어 잉여 산물에 대한 저장, 물품의 운반, 교역에 이르기까지 다양한 방면에 사용되었다. 우리나라 토기는 신석기시대부터 만들기 시작하였다. 한반도에서 토기가 나타난 이후 시기와 지역에 따라 지속적으로 변화하였는데, 기술적으로 보면 비슷한 제작과정을 거친 것으로 볼 수 있다. 토기는 국가의 통제와 지역민의 선호도에 따라 기종이 증가하고 기술체계의 발전에 따라 성장하였다.

　백제토기는 한강유역에서 발원한 백제가 마한을 병합하고 국가를 형성한 이후 나당연합군에 멸망하는 7세기 중엽경까지 백제인이 만들어 사용한 토기를 말한다. 백제는 『삼국사기』 백제본기에 의하면 기원전 18년에 개국開國한 이후로 678년간 존속한 나라로 기록하고 있다. 백제가 고대국가로 진입하는 시기에 대해서 고고학계에서는 2세기설, 3세기설이 있으며, 대체로 3세기설을 따르고 있으므로 이를 토대로 한다면 백제토기의 사용 시기는 400년이 조금 넘는 것이다.

　백제토기는 백제의 초기 도읍지였던 한강유역에서 등장하여 금강유역에서 완성된 토기이다. 백제토기는 마한의 일원인 백제伯濟에서 고대국가 체제가 확립된 백제百濟로 이행하는 과정에서 계승된 기종과 새로 출현한 기종이 함께 사용되면서 삼국시대 토기의 일원으로 자리하게 되었다. 백제는 삼국 중 가장 선진화된 국가로서 동아시아 문화교류의 선봉에 있었다. 백제토기가 성립되어 발전하는 과정은 매우 빠르게 진행되었으며, 백제인들은 백제적인 특징을 갖춘 토기를 지속적으로 개발하여 삼국 중에서 가장 많은 기종을 만들게 된다.

백제토기는 다양한 기종뿐만이 아니라 태토의 우아함, 유려한 곡선으로 이루어진 점이 특징적이다. 백제토기는 생산과 유통이 체계적으로 이루어져, 다원적인 공급체계가 확립된 것으로 보인다. 백제토기는 규격성을 갖고 있으면서 국제성, 개방성도 내포하고 있어 백제 내부에서만 머무르지 않았다. 백제는 주변국에 토기를 만드는 제작기술을 전파할 수 있을 정도로 선진국이었다는 점이 주목된다. 영산강유역을 포함한 남부지방에서는 백제토기의 등장이 백제의 영역확장과정과 교류·교역에 의해 나타나고 있다.

백제토기에 대한 연구는 일제강점기부터 이루어졌으나 시기 구분, 용어 등 여러가지 면에서 문제점이 있었고 백제고지百濟故地에서 발견된 기종은 모두 백제토기라는 점이 부각되어 종종 마한·고구려·신라·가야토기가 백제토기로 기록되는 등의 오류가 있었다.

최근 백제고지에서 국가 시설에 대한 확충과 근린시설에 대한 발굴조사에 힘입어 백제토기 자료가 급격히 증가하고, 이 분야를 연구하는 전문가들도 많아졌으나 종합적인 연구가 절실히 필요하게 되었다. 백제토기의 발견지역은 한반도의 중서남부지방이다. 이 지역 중에는 현재 우리가 실견할 수 없는 황해도 일부 지방이 포함되고 있기는 하지만 서울, 경기도, 강원도 일부, 충청도, 전라도지방에서 출토된 백제토기 자료를 중심으로 시각과 쟁점을 짚어보고, 백제토기를 구분하는 기준 자료를 제시하기 위해 마한토기에 대해 개관한 다음 백제토기 등장과 발전, 기종과 용도, 제작기술과 생산유통, 형식과 편년, 국제성과 기술의 전파에 대해서 기술하고자 한다.

II
연구 시각과 쟁점

    백제토기에 대한 연구 시각과 쟁점은 시기별로 다양한 성과가 있었다. 백제토기는 일제강점기 일인학자日人學者에 의해 처음 보고되었으나 연구의 성격이라기보다는 인식하고 있는 정도의 수준이었다고 할 수 있다. 백제토기의 기초적인 연구는 1950년대에 들어와 이루어지기 시작하였으며, 1980년대를 전후하여 본격적으로 국내학자에 의해 백제토기에 대한 형식이 종합적으로 이루어졌다. 1980년대 백제토기의 연구는 백제고지에서 나오는 기종을 모두 백제토기로 분류하여 청동기시대·초기철기시대를 지나 곧바로 백제토기가 형성된 것으로 보았으며 대부분 그 연구결과를 비판하지 않고 그대로 따르게 되었다. 이 시기에 백제토기에 대한 종합적인 연구 성격과는 달리 지역별 토기에 대한 연구성과가 나오기 시작하였다. 1980년대 중반경 국가 경제의 발전 및 각종 행사유치에 따라 급격히 늘어나는 구제·긴급 등 발굴조사에 의해 다량의 백제토기가 발견되어 시대별·지역별 연구에 더한층 세심한 연구가 필요하게 되었으며, 한강·금강·영산강 등 큰강을 중심으로 백제토기에 대한 연구가 진행되기에 이르렀다. 이 시기에 한강유역의 석실분이 재검토되면서 출토된 토기에 대한 국가 소속문제가 불거지게 되었다. 1990년을 전후하여 한강유역에 대한 발굴조사가 계속 진행되고 지금까지 막연히 백제토기로 알았던 기종이 고구려토기 및 신라토기로 발표되면서 한강유역

이 삼국시대에 복잡하고 매우 중요한 지역이었음을 알게 되었다. 한강유역의 관방유적關防遺蹟이 발굴조사 됨에 따라 백제토기에 대한 연구가 대형유적을 매개체로 하여 시대별로 나타나기 시작하였다. 또한 기존에 백제토기로 알려진 것 중에 일본의 스에끼[須惠器]가 건너왔을 가능성을 제시한 연구논문이 발표되기도 하였다. 2000년대를 전후하여 한강유역의 백제 성지城址에 대한 조사에서 백제토기의 출현에 대한 시기문제가 대두하였다. 그러나 이 문제는 토기뿐만이 아니라 백제국 개시開始와 맞물려 중요한 문제로 떠오르게 되었다. 그리고 종래 백제토기라고 인식해왔던 여러 기종이 백제 이전의 마한토기로 분류되면서 백제토기 연구에 새로운 전기를 마련하기도 하였다.

지금까지의 백제토기 연구는 일정하게 생활유적보다는 고분유적 출토품을 중심으로 이루어져 백제의 사회상을 파악하는데 어려움이 있었다. 최근 백제의 생활유적 및 생산유적에 대한 학술조사는 백제토기를 연구하는데 중요한 자료를 제공하고 있다. 지금까지는 유적에 따른 편년과 형식만을 강조하여 토기연구를 진행해 왔다. 그러므로 자연 백제토기의 인식이 편향되고 연결이 이루어지지 않은 점이 있었다. 한성시기 토기에 대한 연구는 꾸준히 진행되어 백제토기 형성에 대해 적지 않은 자료가 축적되어 있지만 아직 백제토기의 형성시기에 대한 문제는 해결되지 않은 실정이라고 할 수 있겠다. 앞으로는 백제토기 제작기법에 대한 연구를 진행하여 기술체계를 정리하고, 지역성에 대한 문제점도 살펴보아야 한다.

이하 백제토기에 대한 연구 시각과 쟁점에 대해 종합적으로 접근한 통사, 지역단위, 기종·용도·문양별, 주변지역의 토기제작기술 수용으로 나누어 살펴보고자 한다.

제1절. 종합綜合 연구

백제토기는 일제강점기 일본학자들에 의해 먼저 인식되었다. 백제토기를 일본의 축부식祝部式(스에끼의 이전 명칭), 신라토기와 비슷한 소성의 회색경질로 유약을 사용하지 않고 표면에 총목籠目(格子文), 포목布目, 승문繩文 등의 문양이 있다고 보고, 토기의 바닥을 형태 구분하여 원저圓底, 평저平底, 고대형高臺形으로 구분한 가루베지온[輕部慈恩]의 『백제미술』이 있다.[1] 가루베지온은 통일신라의 토기도 백제에 포함시켜 연구를 하였기 때문에 당시 백제토기의 개념을 어떻게 정의하고 있었는지 살펴볼 수 있다.(그림 1) 1945년 이전의 한산성고지漢山城故地, 사비성고지泗沘城故地 출토 백제토기를 자료로 삼아 유약이 없는 것을 토도土陶, 유약이 있는 것을 도기陶器라고 정의하고, 토기의 소성도에 따라 식질토기埴質土器, 와질토기瓦質土器, 도질토기陶質土器로 삼분한 후지사와가즈오[藤澤一夫]의 연구도 있다.[2] 식질토기는 적갈색 또는 다갈색茶褐色의 산화염으로 소성된 것을 가리키는데 한강유역의 풍납동, 암사동에서 주로 발견되고 형태를 3개 유형으로 나누었으며 일본의 하지끼[土師器]와 비슷하다고 하였다. 와질토기는 연질로 표면이 유흑색黝黑色, 태토가 백색 또는 회백색을 띠고 정제된 점토를 사용한 것을 말하고 16개의 형태로 나누었다. 도질토기는 경질로 청회색, 암회색이 많고 형태는 22개로 나누었으며 일본의 스에끼와 같은 모습이라고 하였다. 그리고 백제토기의 기형과 문양 등을 통해 한대토기漢代土器와 관련이 있는 것으로 인식하였다. 가루베지온은 백제토기를 간단하게 기술하였지만 백제토기에 대한 최초의 연구물로 가치가 있다. 그러나 백제토기에 대한 시대별, 지역별에 대해서는 전혀 거론하지 않고 있어 당시 백제토기에 대한 인식의 정도가 어느 정도였는지 알 수 있다. 후지사와가즈오의 연구는 백제토기에 대한 최초의 기술적, 기형에 따른 체계적인 서술이라고 할 수 있으나 역시 지역적으로 한계가 있고 발굴유물이 아닌 채집 자료를 이용하여 논지를 전개하고 있어 공반 관계와 기종별 시기 구분 등 여러 군데에서 한계를 드러내고 있다.

1945년 이후 한국학자들에 의하여 실시된 생활유적, 고분유적에서 발견된 백제토기를 백제의 천도를 근거로 전기(한성시대), 중기(웅진시대), 후기(사비시대)로 나눈 뒤, 시기를 지역과 결부하여 한강지역(전기), 금강지역(중·후기), 전라도지역(전기~후

---

1) 輕部慈恩, 1946, 『百濟美術』, 寶雲舍.
2) 藤澤一夫, 1955, 「百濟の 土器 陶器」 『世界陶磁全集』 13, 河出書房.

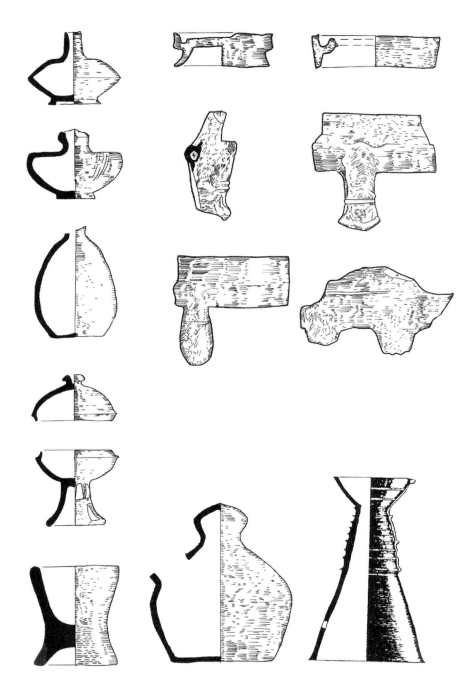

그림 1. 가루베지온이 본 백제토기 실측도

기)으로 나누어 기술한 연구가 오다후지오[小田富士雄]에 의해 진행되었는데,[3] 토기를 소성의 차이에 따라 적갈색연질토기, 회청색경질토기, 흑색마연토기로 분류하여 기종별로 설명하고 있다. 오다후지오는 후지사와가즈오와 달리 토기를 수도 이전에 따라 구분한 시기를 지역과 결부하여 백제토기를 편년하고 있다는 점이 새로운 시도였지만 '시기=지역'이라는 점을 도식화하여 해당 지역의 토기에 대해 분석을 실시하지도 않고 삼시기三時期로 파악한 것은 접근 방법이 타당하지 못한 것이라고 할 수 있다. 그리고 지역 구분도 한강, 금강 등으로 시작하였으면 전라도 지역이라고 하는 것을 지양하고 영산강유역으로 하여 큰 강을 중심으로 서술했으면 좋았을 것이다.

이후 국내학자에 의해 백제토기 연구가 시도되었다.[4] 경기도, 충청남도, 전라남북도에서 조사 보고에 의해 얻어진 백제토기 자료를 대상으로 기원, 기종에 따른 형식, 편년을 시도한 안승주의 「백제토기의 연구」는 백제토기에 대한 본격적인 연구물이라고 할 수 있다. 그는 백제토기를 호壺라는 기종을 대표로 해서 형태와 문양을 분류하고 그것을 통계 처리하여 얻어진 결과로 편년을 설정하여 백제 도읍 천도와 맞추었으며, 호를 제외한 나머지 21개의 기종도 호의 편년에 대입하였다. 이에 근거하여 백제토기의 발달을 제1기(2~5세기), 제2기(6~7세기 중엽)로 나누었다. 그는 「백제토기의 개관」에서[5] 백제토기에 대하여 좀 더 세분된 견해를 피력하고 있는데, 토기질土器質은 이전의 연질軟質·경질硬質에 와질瓦質을 포함시켰고 기종은 40종으로 늘어났으며 생활토기에 대한 설명도 일부 개진하였는데, 여전히 호를 근간으로 하고 있다. 백제토기의 연대를 이전의 2기 구분에서 좀 더 세분하면서 출현시기도 앞당겨 초기(1세기 초반~3세기 초반), 전기(3세기 중반~4세기 후반), 중기(5세기 초반~6세기 초반), 후기(6세기 중반~7세기 중반)로 나누었다. 안승주의 백제토기 연구는 백제고분을[6] 다루면서 시작된 것이며 이전 시기보다 종합적이지만 백제

---

3) 小田富士雄, 1979, 「百濟の土器」『世界陶磁全集-韓國古代』17, 小學館.

4) 안승주, 1979, 「백제토기의 연구」『백제문화』12, 공주대학교 백제문화연구소.

5) 안승주, 1984, 「백제토기의 개관」『백제토기도록』, 백제문화개발연구원.

6) 안승주, 1975, 「백제고분의 연구」『백제문화』7·8, 공주대학교 백제문화연구소.

이전 토기의 양상, 지역차 등을 극복하지 못한 점이 있다.

한편 백제토기를 한강·금강·영산강유역의 수계水界를 기준으로 대별하고 그 안에서 각각 분묘유적과 생활유적으로 나누어 토기를 개관하고 조합상 및 변화를 개략적으로 검토한 최완규의「백제토기의 지역적 양상」이라는 연구도 있다.[7]

박순발은 몽촌토성의 유물을 중심으로 위계적 분류체계를 적용하여 백제토기를 살펴보는 기본적인 자료로 삼고 출현 시점, 변천 등을 연구하여 3세기 중엽경 흑색마연토기를 기본으로 하는 백제토기가 등장하고 영역화 과정을 거쳐 전파된 것으로 보았다.[8] 백제토기 편년과 변천에 관해서 많은 영향을 주었으나 등장 시점에 대해서는 새로운 견해가 등장하고 있어 검토의 여지를 남겨두고 있다.

김종만은 백제토기의 주요기종을 백제고지에서 확인된 자료를 중심으로 연구를 진행했다. 백제의 수도변천을 백제토기의 편년에 대입하여 삼시기로 구분하고 한성시기를 3단계로, 웅진시기를 2단계로, 사비시기를 3단계로 나누어 검토를 진행했다. 백제토기의 성립, 기종과 용도, 제작기법, 생산과 유통, 형식과 편년, 국제성으로 나누어 기술한 것으로 백제토기에 대해 처음으로 한성시기에서부터 사비시기까지 다룬 것이며, 이를 보완하여 만든 것이 『백제토기의 신연구』와 『백제토기』이다.[9]

쯔치다준코[土田純子]는 백제토기를 연구함에 있어 박순발의 견해를 대폭 수용하고 중국 도자기의 교차 편년, 스에끼의 편년 등 다양한 연대 결정자료를 이용해서 편년을 수립하고 백제토기의 성립과 전개를 연구하여 한성양식토기의 완성을 5세기 1/4분기로 보았다. 특히, 사비시기의 토기를 사비양식토기로 정의하고 고구려토기의 영향과 고구려 장인의 제작으로 완성된 것으로 보았으나 반론의 견해도 있어서 인식의 차이를 보여주고 있다.

7) 최완규, 2000,「백제토기의 지역적 양상」『한국고대문화의 변천과 교섭』, 서경문화사.
8) 박순발, 2006, 『백제토기 탐구』, 주류성.
9) 김종만, 2007,「백제토기」『백제의 미술』, 충청남도역사문화연구원.
    김종만, 2007, 『백제토기 신연구』, 서경문화사.
    김종만, 2012, 『백제토기』, 글을읽다.

이상에서 백제토기에 대한 연구는 일제강점기를 지나 괄목할 만한 성장을 이루었다. 그러나 백제토기에 대한 출현 시점, 편년 문제, 영향 관계 등에서 반론이 제기되는 등 연구자마다 학설이 다양하게 펼쳐지고 있어 풀어야 할 과제가 산적해 있는 실정이다.

제2절. 지역단위地域單位 연구

1. 서울 · 경기 · 강원지역

서울·경기·강원지역의 백제토기 연구는 한강유역의 관방關防과 경기지역에서 새로 확인되고 있는 고분군과 강원 서부지역의 화천·춘천 등에서 수습한 토기를 중심으로 이루어지고 있다.

1960년대 한강유역을 중심으로 개발이 진행되는 과정에서 백제토기에 대한 새로운 인식이 일어나게 되었다. 풍납토성을 부분 발굴조사한 후 풍납동식무문토기와 경질토기의 구분이 이루어졌다. 경질토기 중에는 소위 '신라식토기'라고 표현한 것이 있었는데 백제토기를 지칭한 것으로 보이고, 이들 유물을 통해서 풍납토성의 연대가 삼국사기의 백제성립 기록처럼 1세기경~475년으로 보고 있어 한성시대 백제토기 인식에 대한 새로운 지표가 김원룡에 의해 알려지게 되었다.[10] 또한 김원룡은 가락동 2호분 출토 토기류는 법천리 출토 토기류와 같이 고구려 또는 낙랑토기의 영향을 받아 출현한 것으로 보았으며 가락동 3호분 출토 유개합(단각고배)은 신라토기로 보았다. 이로써 한강유역이 삼국의 각축장이었던 것을 토기로서 증명하는 계기를 마련하기도 하였다.[11]

---

10) 김원룡, 1967, 『풍납리토성내포함층조사보고』, 서울대학교 고고인류학총간3.

11) 김원룡, 1975, 「백제건국지로서의 한강 하류지역」, 『백제문화』 7·8, 공주대학교 백제문화연구소.

일본의 학자들도 백제토기와 공반하는 중국도자기에 대한 관심을 표명하면서 백제토기의 계보에 대하여 추론하기 시작하였는데, 미카미쯔기오[三上次男]의 「漢江地域發見の四世紀越州窯靑磁と初期百濟文化」와[12] 오다후지오의 「四世紀の百濟土器－法泉里二號墓を中心に」은[13] 이와 관련된 논문이다. 미카미쯔기오는 원성군(원주시) 법천리에서 발견된 각문평저호刻文平底壺(견부에 문양대가 있는 단경호), 승석문회도광구평저호繩蓆文灰陶廣口平底壺(심발형토기)는 중국 한식토기漢式土器를 원류로 한 낙랑식경질토기樂浪式硬質土器와 김해식경질토기金海式硬質土器와 계보를 같이 하면서 중부지방에서 토착화한 백제극초기百濟極初期의 한강식경질토기漢江式硬質土器일 가능성을 제시하였다. 그러나 한강유역에는 원주시 법천리에서 발견된 동진제東晉製 자기류(4세기 중기)가 사용될 때 가야식·신라식경질토기와 동질동계통同質同系統의 백제식 경질토기는 없는 것으로 추론하였다. 오다후지오는 법천리 출토 심발형토기, 단경호를 검토하면서 한식토기와 고구려토기의 영향을 받아서 백제토기가 형성된 것으로 보았다. 월주요越州窯 청자가 부장된 중국의 동진묘 연대와 대비하여 4세기경 백제토기가 제작되고 있음을 강조한 것이다. 또한 그는 법천리 백제토기에 이어서 천안 화성리에서 발견된 광구호, 파수부배가 공반한 월주요 청자의 연대를 참고하여 4세기 후반경의 백제토기 편년연구자료로 제시하기도 하였다.[14]

한강유역의 백제토기에 대한 심도 있는 연구가 다케스에준이치[武末純一]에 의해 진행된 바 있다.[15] 즉 한강유역의 외곽은 가평 마장리 → 백곡리 → 법천리 출토 토기로 변천하고, 한강의 중심지에 있는 석촌동과 가락동은 적석총 → 방분 → 소원분이라고 하는 계층구조에 따라 백제토기도 발전한 것으로 보았다. 그리고 가

---

12) 三上次男, 1976, 「漢江地域發見の四世紀越州窯靑磁と初期百濟文化」『朝鮮學報』81.

13) 小田富士雄, 1983, 「四世紀の百濟土器」『古文化論叢』, 藤澤一夫先生古稀記念論集.

14) 小田富士雄, 1982, 「越州窯靑磁를 伴出한 忠南의 百濟土器 –4世紀의 百濟土器 其二」『백제연구』특집호, 충남대학교 백제연구소.

15) 武末純一, 1980, 「百濟初期の古墳 –石村洞·可樂洞古墳群を中心に」『鏡山猛先生古稀記念論攷』.

락동·방이동의 구릉 상에 축조된 횡혈식석실분에서 출토한 단각고배, 병은 백제토기와는 다른 것일 가능성을 제시하기도 하였다.

또한 백제 초기 묘제에 대한 발굴조사에서 수습된 토기에 대한 연구가 임영진에 의해 발표되었는데,[16] 서울 석촌동 일대와 방이동 일대의 토기를 모두 백제토기로 보고 한성시대라는 편년을 내린 바 있다. 그러다가 「한성시대 백제의 건국과 한강유역 백제고분」에서[17] 방이동 일대의 석실분에서 발견되고 있는 단각고배를 신라로 정정하였다. 그리고 「백제 초기 한성시대 토기연구」에서[18] 백제토기는 3세기 중엽경 서울 강남지역에서 서북한지방의 토광묘 문화와 연결된 토기를 바탕으로 중국 양자강유역과 한강상류 중도문화의 토기요소가 가미되어 성립한 것으로 파악하여 고구려토기와 무관하다고 하였다. 백제토기의 발전과 확산은 한강 북쪽보다는 동쪽과 남쪽으로 빠르게 진행되었으며 4세기대에는 전북지역에 다다른 것으로 보았다. 그리고 한성시대 백제토기는 생활용과 부장용이 동일 기종이더라도 시기적으로 차이가 있는 것은 실용토기 가운데 전통성이 강한 제한된 특수토기만이 부장용으로 사용되었기 때문이라고 하였다.

그리고 한강유역의 풍납토성, 몽촌토성, 방이동고분, 가락동고분, 구의동유적 등에서 발견된 토기류 중 일부를 검토하여 편년과 지역성을 검토한 연구논문이 사다모리히데오[定森秀夫]에 의해 발표되기도 하였다.[19] 사다모리히데오는 몽촌토성 출토 토기 중 삼족반과 유개삼족반을, 석촌동 출토품은 견부에 문양대가 있는 단경호와 중국도자기를 시기별로 분류하였다. 즉, 삼족반을 3단계로 나누고 Ⅰ단계=한성시대 후기, Ⅱ·Ⅲ단계=웅진시대로 편년하였다. 유개삼족반은 A·B계로 나누고 A계=한성시대 후기, B계=한성시대 후기~웅진시대로 편년하였다. 석

---

16) 임영진, 1987, 「석촌동일대 적석총계와 토광묘계 묘제의 성격」 『삼불김원룡교수정년퇴임기념논총-고고학편』.

17) 임영진, 1994, 「한성시대 백제의 건국과 한강유역 백제고분」 『백제논총』 4, 백제문화개발연구원.

18) 임영진, 1996, 「백제초기 한성시대 토기연구」 『호남고고학보』 4, 호남고고학회.

19) 定森秀夫, 1989, 「韓國ソウル地域出土三國時代土器について」 『生産と流通の考古學』, 橫山浩一先生退官記念論文集Ⅰ.

촌동고분 출토 단경호와 중국도자기는 한성시대로 편년하였다. 그러나 방이동·가락동고분 출토 병·고배는 신라가 한강유역을 점령한 6세기 중엽~7세기 초의 유물로 편년하였다. 사다모리히데오의 편년과 시기적인 문제는 지금까지의 견해와는 달리 좋은 시도였지만 몽촌토성 출토품 중 일부 유물을 웅진시기로 편년하고 있는 등 기존의 견해와 차이가 있다. 이와 비슷한 시기에 윤환은 한강유역의 횡혈식석실분(가락동·방이동)의 형성과정이 고구려의 남하와 신라의 한강유역 점령이라는 2개의 역사적 사실에 입각하여 나타난 것으로 보고 이곳에서 출토한 단각고배·병류를 신라토기로 보았다.[20] 윤환은 사다모리히데오와 동일한 견해이지만 고분의 구조에 대한 이해도 구하고 있어 포괄적이라 할 수 있다.

백제토기의 지역별 편년수립을 위한 시도의 하나로서 한강유역의 몽촌토성에서 출토한 한성시대 토기류를 검토한 연구논문이 박순발에 의해 발표되었다.[21] 그는 몽촌토성에서 출토한 토기를 몽촌유형과 구의동유형으로 대별해서 백제토기와 고구려토기를 구분하였으며 백제토기의 출현시기는 3세기 말~4세기 초로, 구의동유형의 출현은 5세기 중엽경으로 보았다. 이후『백제국가의 형성연구』에서 백제국가의 성립에 특정 토기양식의 형성 및 분포의 통일성이 고고학 지표가 되는 것으로 파악하고 흑색마연토기로 대표되는 몽촌유형을 백제 초기 토기양식으로 정했으며 그 출현 시기는 이전보다 약간 빠른 3세기 중엽으로 추정하였다. 박순발의 한강유역 초기 백제토기에 대한 편년 작업은 이후 많은 연구 성과를 내게 되었다.

한편 백제토기가 3세기 중엽보다 앞서 등장한다는 견해도 제기되었다. 신희권은 풍납토성의 성벽조사에서 3세기 중후반을 경계로 나타나고 있는 흑색마연토기, 고배, 삼족기 등이 성벽절개조사에서 발견 예가 없음을 들어 2세기경에 축조되기 시작하여 3세기를 전후한 시점에 성벽이 완료된 것으로 보았다. 초축 시기

20) 윤환, 1989,「漢江下流域における百濟橫穴式石室－可樂洞·芳萁洞石室墳にして」『古文化談叢』20(中), 九州古文化研究會.

21) 박순발, 1989,『한강유역 백제토기 변천과 몽촌토성의 성격에 관한 일고찰』, 서울대학교 석사학위논문.

개시점에 대하여 중심 토루에서 발견된 승문+선이 있는 심발형토기를 예로 들었다.[22] 신희권의 풍납토성 개시점에 대한 의견은 기존의 연대관보다 빠른 것이어서 백제토기 형성 시기에 대한 논쟁의 초점이 되었으며, 신종국도 백제토기의 성립을 2세기 말엽까지 끌어올려 보고 있다.[23] 이러한 논쟁은 최근 풍납토성 경당지구 발굴조사를 통하여 다시 보정되고 있어 흥미롭다. 한지선은 풍납토성 경당지구 109호 출토 토기류가 백제고대국가 형성단계에 있어 이전시기의 계승토기와 신기종이 결합된 것으로 보았으며 편년도 박순발이 제시한 편년관에 동의하고 있다.[24]

이 외에 한강유역을 포함한 중부지역 3~4세기 고분에서 출토한 백제토기를 기종 및 형型을 기준으로 발생순서배열법에 의해 유적별 상대편년을 시도한 김성남의 논문과[25] 경기 서남부지역에서 수습한 백제토기에 대한 김무중의 연구도 있다.[26]

한편 한성시기 백제토기 편년과 관련하여 3세기 중엽설에 대해 기원을 1세기나 늦추어 4세기 중엽경에 백제토기가 등장했다는 견해가 대두되었다. 김일규는 중국 자기 기년명 자료를 근거로 한 상한 연대 적용이 아닌 유구의 폐기연대에 주목하고 중국제 물품의 전세傳世 문제와 직구단경호의 초현 형식으로 본 서울 가락동 2호분 이중구연토기가 부산 동래패총 F피트 8층에서 출토되는 일본 하지끼와 공반 출토되고 있는 점을 들어 백제토기의 출현을 4세기 2/4분기로 보고 있는 것이다. 그러므로 기존의 3세기 중후엽경과 비교했을 때 1세기의 시차가 생기게 된

22) 신희권, 2001, 「풍납토성의 축조기법과 성격에 대하여」『풍납토성의 발굴과 그 성과』, 한밭대학교 향토문화연구소.
23) 신종국, 2002, 『백제토기의 형성과 변천과정에 대한 연구』, 성균관대학교 석사학위논문.
24) 한지선, 2003, 『토기를 통해서 본 백제고대국가 형성과정 연구』, 중앙대학교 석사학위논문.
25) 김성남, 2000, 『중부지방 3~4세기 고분군 일연구』, 서울대학교 석사학위논문.
26) 김무중, 2003, 「백제한성기 지역토기 편년」『한성기 백제고고학의 제문제(1)』, 서울경기고고학회.

것이다. 성정용에 의해 서울 가락동 2호분은 4세기 중엽경에 축조된 것으로 확인되었지만[27] 이보다 빠른 유적으로 중국 후한~동진대에 제작·사용한 것과 동일한 시유도기 및 전문도기가 출토한 서울 풍납토성 경당지구 101호를 들고 있으며 이 유구의 연대는 3세기 후엽~4세기 초로 보고 있다.[28] 특히, 권오영은 풍납토성 경당지구 196호 유구에서 고배, 삼족토기가 출토하지 않은 단계로 3세기 후반 이상 올라가지 않고 4세기 이후로 내려갈 가능성을 언급하고 있어 한강유역에서의 백제토기 출현 시기에 대한 문제는 복잡하게 되었다. 김종만은 풍납토성의 발굴조사단과 연구자의 견해를 바탕으로 한강유역에서의 백제토기의 등장 시점을 약간 수정·보완(3세기 후엽경→3세기 후엽에서 4세기 초)하였다.[29] 한지선은 풍납토성의 유구 및 유물의 편년적 위치를 종합적으로 연구한 결과 한성시기 백제토기의 시작을 3세기 후반부터로 보고 있는 점은[30] 매우 고무적인 현상이라고 할 수 있다. 그러나 이 문제는 아직 완전하게 해결되지 않은 것이며, 앞으로 백제토기 등장과 관련해서 시기는 유동적이라고 할 수 있다.

한편 강원지역의 한성백제의 물질문화에 대한 연구는 백제토기를 중심으로 이루어져 왔는데 박순발은 백제 영역의 동계東界와 관련된 고고학적 자료로 보았으며,[31] 쯔치다준코는 자원을 활용하기 위해 백제의 거점적 지배방식에 의해 나타난 것으로,[32] 한지선은 강원지역에서 확인된 한성백제기 대형 취락에서 출토한

---

27) 성정용, 2008, 「토기양식으로 본 고대국가 형성」『국가형성의 고고학』, 한국고고학회.

28) 한지수, 2010, 「백제 풍납토성출토 시유도기 연구」『백제연구』51, 충남대학교 백제연구소.
　　권오영, 2011, 「한성백제의 시간적 상한과 하한」『백제연구』53, 충남대학교 백제연구소.
　　국립문화재연구소, 2011, 『한성지역 백제토기 분류표준화 방안 연구』.

29) 김종만, 2015, 「토기의 생산기술과 유형」『서울2천년사』, 서울역사편찬원.

30) 한지선, 2013, 「한성백제기 취락과 토기유물군의 변천양상」『중앙고고연구』12, 중앙문화재연구원.

31) 박순발, 2013, 「한성기 백제와 화천」『백제의 변경-화천 원천리유적』, 한림고고연구소.

32) 土田純子, 2015, 「고고자료를 통해 본 한성기 백제의 영역확대과정 연구」『중부지역 한성기 백제 주변 정치체의 동향』, 숭실대학교 한국기독교박물관.

백제토기를 검토하여 4세기대 이후에 영서지역인 춘천-화천-홍천-횡성을 중심으로 거점별 재지세력을 이용한 지배관계 유지와 동해의 영동지역은 교역을 통해 백제문화의 진출이 이루어진 것으로 보았다.[33]

2. 충청 · 전북지역

충청 · 전북지역의 백제토기 연구는 금강유역을 중심으로 이루어지고 있다. 금강유역 출토 백제토기에 대한 초기의 연구는 고분 출토품을 중심으로 이루어졌지만 1980년대 이후 백제문화권개발사업의 일환으로 추정왕궁지를 포함한 생활유적 출토 백제토기에 대한 연구도 진행되고 있다.

금강유역 백제토기 연구는 연산지방 고분 출토 토기에 대한 분석으로 시작되었다. 윤무병은 「연산지방의 백제토기 연구」에서[34] 백제토기의 지방형식을 밝히는 것을 목적으로 연산지방의 고분에서 발견된 토기류에 대한 기종, 계통, 분포상황을 검토해서 연대 및 백제적 요소에 대하여 언급하였다. 이 연구에 의하면 연산지방의 백제토기는 신흥리고분군, 표정리고분군의 2개 지역으로 나누어 살펴볼 수 있는데, 신흥리지역은 고배형기대·난형 동체의 호·소형 파수부배를 기간基幹으로 5세기 전반경의 연대를, 표정리지역은 개배·삼족토기·단경평저호를 근간으로 5세기 후반경으로 보았다. 특히 백제적인 특색을 가장 농후하게 나타내는 것으로 삼족토기와 개배를 들었는데, 두 기종은 일정기간 혼용되어 사용되고 삼족토기는 개배에 다리를 부가함으로서 나타난 기종으로 보았다. 백제 개배는 무뉴식, 삼족토기는 유뉴식을 기본으로 하여 제작되었으며, 백제 개배는 5세기 이전에 제작되었을 가능성을 제시하기도 하였다. 그리고 연산지방 토기에 나타난 백제적인 요소로 고배나 기대에 뚫린 원형 투공, 원저호의 구경이나 고배의 다리

---

33) 한지선, 2018, 「한성백제기 강원지역 물질문화와 지역 정치체」『고대 강원의 정치체와 물질문화』강원고대문화연구1, 강원연구원 외.

34) 윤무병, 1974, 「연산지방의 백제토기 연구」『백제연구』10, 충남대학교 백제연구소.

에 있는 나팔형의 개구부開口部, 표정리 토기에 남아있는 타날문의 활용 등을 꼽았다.

사비시기 도읍지인 부여지방 출토 유개호와 대형호를 대상으로 화장장골용기, 옹관에 대한 연구도 진행되었다. 강인구는 「백제의 화장묘」에서[35] 부여지방에서 발견되고 있는 화장장골용기를 분석하여 내부에 부장된 개원통보를 통하여 7세기 전반이라는 편년을 하고 구조형식에 따라 단호식單壺式, 단완식單盌式, 중완식重盌式, 심호다완식心壺多盌式, 도옹식倒甕式, 외호내호식外壺內壺式이 있다고 보았다. 강인구의 형식분류는 타당한 것으로 보이나 모두 백제시대의 것으로 본 것에 대해서는 재검토의 여지가 있다. [36] 또한 「백제의 호관묘」를[37] 통하여 부여지방에서 생활용기인 구연부가 바라진 항아리를 이용하여 만든 옹관묘를 '호관묘壺棺墓'라는 명칭으로 부르고, 6세기 중엽에 나타나 7세기 전반경 불교의 보급으로 성행한 화장분묘에 흡수 소멸한 것으로 보았다.

금강 하류의 익산을 포함한 전북지역 백제토기 분석을 통하여 백제가 남하하기 이전에는 영산강유역의 옹관묘 문화가 나타나기도 하고 가야문화도 일부 발견된다고 본 최완규의 「전북지방의 백제토기에 대하여」와[38] 익산지역의 백제토기만을 모아서 시기별로 검토하여 2시기에 걸쳐 백제문화가 유입되었다고 한 『익산지역 백제토기 연구』라는 논문이 있다. [39]

금강유역에 산재해있는 백제고분을 수혈식·횡혈식·횡구식석실분으로 나누고 각 형식에서 나오는 기종을 비교 분석한 이남석의 『백제 석실분 연구』가[40] 있다. 분석결과 각 유형의 석실분의 부장품은 토기의 조합상에 차이가 있고, 개별 기종

35) 강인구, 1972, 「백제의 화장묘」『고고미술』115, 한국미술사학회.
   강인구, 1972, 「백제의 화장묘3」『백제문화』 7·8, 공주대학교 백제문화연구소.
36) 김종만, 1999, 「화장장골용기」『백제』, 국립중앙박물관.
37) 강인구, 1977, 「백제의 호관묘」『백제고분연구』, 일지사.
38) 최완규, 1986, 「전북지방의 백제토기에 대하여」『고고미술』169·170, 한국미술사학회.
39) 박동범, 2018, 『익산지역 백제토기 연구』, 원광대학교 석사학위논문.
40) 이남석, 1995, 『백제 석실분 연구』, 학연문화사.

간에도 고분 유형에 따라 변화된 형식적 차이가 있음을 밝혀냈다. 수혈식석실분에서는 5세기 초반 바닥 전면에 부석이 있는 시기에는 기대·광구호, 5세기 중반경에 이르면 병형토기·삼족토기, 5세기 말기에 이르면 개배가 추가되어 부장된다고 보았다. 횡구식석실분은 단경호가 우세하면서 원저광구호, 기대, 삼족토기, 개배 및 병형토기가 부장된다고 하였다. 횡혈식석실분의 부장토기는 다양하지만 수량은 상대적으로 열악하고 호, 개배, 병형토기가 주로 부장된다고 하였다.

또한 3~5세기 중서부지방의 토착문화가 백제 사회로 어떠한 과정을 거치며 변화되었는지를 살펴본 성정용의『중서부 마한지역의 백제 영역화과정 연구』가[41] 있다. 중서부지방의 재지적인 토기인 원저호를 부장하던 시기(마한)에 한강유역에서 사용하던 흑도와 광구장경호라는 백제양식토기가 매납 확산되는 시기가 백제가 한강 이남 지방에 강력한 지배체제를 구축하는 것으로 보았다. 보령·서천지방의 백제고분에서 발견된 백제토기를 연구한 김종만은「충남 서해안지방 백제토기 연구」에서[42] 금강하류역에서 나타나는 지방양식을 밝히려고 하였으며, 특히 서해안지방을 따라 나타나고 있는 무뉴식삼족토기를 '서해안양식'이라고 지칭한 바 있다. 한편 김용민은「백제 사비기 토기에 대한 일고찰」에서[43] 부소산성에서 발견된 토기류에 대한 검토를 하면서 고구려토기와의 관련설을 제기하고, 토기의 제작기법에 대하여 설명하였다. 사비시기 토기 중에는 전통양식토기와 사비양식토기로 구분하여 사비양식토기는 고구려 토기의 영향을 받았을 가능성을 연구한 야마모토다카후미의「백제 사비기 토기양식의 성립과 전개」라는[44] 글도 있다.

41) 성정용, 2000,『중서부 마한지역의 백제영역화과정 연구』, 서울대학교 박사학위논문.
42) 김종만, 1995,「충남 서해안지방 백제토기 연구」『백제연구』25, 충남대학교 백제연구소.
43) 김용민, 1998,「백제 사비기토기에 대한 일고찰」『문화재』31, 국립문화재연구소.
44) 山本孝文, 2005,「백제 사비기 토기양식의 성립과 전개」『백제 사비시기 문화의 재조명』, 국립부여문화재연구소.

또한 금강유역 출토 백제토기에 나타난 제작기법, 생산유통, 사회적 배경 등 백제후기양식토기를 연구한 김종만의 「백제흑색와기고」,[45] 「사비시대 백제토기에 나타난 지역차 연구」,[46] 「사비시대 회색토기의 성격」,[47] 『사비시대 백제토기 연구』등의[48] 연구서도 있다.

3. 전남지역

전남지역은 영산강유역을 중심으로 백제토기 연구가 이루어지고 있다. 영산강유역의 백제토기 연구는 생활유적보다는 옹관묘, 석실분과 관련하여 분석을 시도한 논문이 주를 이룬다. 영산강유역의 옹관묘 연구는 더욱 발전하여 영산강유역만의 독자적 토기양식을 인정하면서 백제토기가 이입되는 단계설정에 대한 다양한 견해가 제시되고 있다. 영산강유역의 반남고분군과 시종고분군 출토 옹관에 부장된 토기류를 분석한 성낙준의 「영산강유역 옹관고분 출토토기에 대한 일고찰」은[49] 이 지역 토기에 대한 최초의 연구물이다. 영산강유역의 옹관묘에 대해 부장된 토기류를 중심으로 옹관의 유형을 연구한 이정호의 「영산강유역 옹관고분의 분류와 변천과정」도[50] 있다.

5세기 중엽 영산강유역의 변천을 토기를 통해 살펴본 박순발은 「4~6세기 영산강유역의 동향」이라는[51] 글에서 '영산강유역토기양식榮山江流域土器樣式'이라는 용어를 설정하였다. 그는 영산강유역의 재지계토기인 장경호·유공호 등의 토기

---

45) 김종만, 1995, 「백제흑색와기고」 『한국사의 이해』, 경인문화사.

46) 김종만, 2000, 「사비시대 백제토기에 나타난 지역차 연구」 『과기고고연구』 7, 아주대학교 박물관.

47) 김종만, 2003, 「泗沘時代 灰色土器의 性格」 『호서고고학보』 9, 호서고고학회.

48) 김종만, 2004, 『사비시대 백제토기 연구』, 서경문화사.

49) 성낙준, 1988, 「영산강유역 옹관고분 출토토기에 대한 일고찰」 『전남문화재』 창간호.

50) 이정호, 1996, 「영산강유역 옹관고분의 분류와 변천과정」 『한국상고사학보』 22, 한국상고사학회.

51) 박순발, 1998, 「4~6세기 영산강유역의 동향」 『백제사상의 전쟁』, 충남대학교 백제연구소.

류에 백제 개배가 추가됨으로써 영산강유역토기양식이 완성되었다고 보고, 백제 개배는 백제지역 내에서 자체적인 발전을 가져와 형식 변천을 이룬 것으로 보았다.

영산강유역 출토 옹관묘와 출토토기를 분석하여 시기별로 차이점을 살펴 본 이영철의 『영산강유역 옹관고분사회의 구조 연구』라는[52] 글도 있다. 이영철은 영산강유역에서 발견된 옹관묘를 4기로 크게 나누고 그 안에서 출토토기에 대해 연구한 것으로, Ⅰ기는 이중구연호·유견광구호가 유행하는 대표 기종이며 양이부호·단경호·발형토기·장란형토기의 각 Ⅰ형식이 사용되고, Ⅱ기는 장경호·유공호·경배가 대표적인 기종이며 단경호 Ⅱ형식이 사용되고, Ⅲ기는 경배가 소멸되고 개배·고배가 새로 등장하고 장경호·유공호 Ⅱ·Ⅲ형식·양이부호 Ⅲ형식이 사용되고, Ⅳ기는 병형토기가 등장하고 개배·고배·장경호·유공호가 사용되는 것으로 보았다.

최근 영산강유역에서 확인된 삼국시대 토기를 4단계로 설정하여 분석한 서현주의 『영산강유역 고분 토기 연구』는[53] 영산강 양식과 외래계 토기로 대별하여 연구를 시도하였다. 백제토기도 영산강유역에 있어서는 외래계의 범주에 넣었는데, 5세기 말~6세기 초에 이르러 비로소 영산강유역에 백제토기가 등장한다고 하였다. 영산강유역은 6세기 중엽 백제의 영역화과정을 통하여 토기가 백제화하는 것으로 보았다. 또한 영산강유역의 묘제를 연구하고 아울러 토기문화에 대한 편년과 성격에 대해 분석한 김낙중의 『영산강유역 고분 연구』가[54] 있다. 그리고 영산강유역을 중심으로 백제토기의 전개와 변천과정을 하나의 연구서로 출간한 『마한·백제토기 연구 성과와 과제』가[55] 있다.

---

52) 이영철, 2001, 『영산강유역 옹관고분사회의 구조 연구』, 경북대학교 석사학위논문.
53) 서현주, 2006, 『영산강유역 고분 토기 연구』, 학연문화사.
54) 김낙중, 2009, 『영산강유역 고분 연구』, 학연문화사.
55) 송공선 외, 2017, 『마한·백제토기 연구 성과와 과제』, 마한연구원.

제3절. 기종별 연구

기종별 연구는 호, 삼족토기, 병, 고배, 개배, 벼루, 심발형토기, 전달린토기, 완, 대부완, 파배, 기대, 연가, 도가니, 등잔, 대부배에 대한 연구가 있다.

호에 대한 연구는 단경호, 광구장경호, 직구호, 화장장골용기, 양이부호, 이중구연토기에 대한 연구가 있다. 단경호는 잉여산물의 저장과 관련하여 백제 초기에도 계속 등장하는 기종으로 마한시기의 전통적인 양식에서 발전한 것,[56] 중국 서진 시유도기를 모방하여 성형하였다는 견해가[57] 있다. 또한 단경호 중 소형에 대해서는 형태와 제작기법을 통해 낙랑토기의 영향으로 등장한 것으로 보고 있다.[58] 직구호는 출현 계기와 시점에 대하여 많은 연구논문이 존재한다. 직구호에 대해 중국 요녕지역설(3세기 중후엽),[59] 중국 남조 청자관 영향설,[60] 재지 직구호+중국 도자기 문양대 결합설(3세기 후반~4세기 전반설)[61] 등에 대한 다양한 연구논문이 있다. 서울 가락동 2호분 출토 직구광견호는 그 출토유구의 연대를 통해 3세기 중후반설, 4세기 전반경설이 대립하고 있어 백제토기 출현 시기에 대한 연구 쟁점의 하나로 대두한 바 있다.[62] 사비시기 직구호에 대한 연구 중 하나로 부

---

56) 김낙중, 2004, 「영산강유역 옹관고분의 발생과 그 배경」『문화재』 37, 국립문화재연구소.

57) 권오영, 2001, 「伯濟國에서 百濟로의 전환」『역사와 현실』 40, 한국역사연구회.

58) 신종국, 2002, 『백제토기의 형성과 변천과정에 대한 연구』, 성균관대학교 석사학위논문.
土田純子, 2006, 「百濟 平底外反口緣短頸壺 및 小型平底短頸壺의 變遷考」『한국상고사학보』 51, 한국상고사학회.

59) 박순발, 1999, 「한성백제의 대외관계」『백제연구』 30, 충남대학교 백제연구소.

60) 이명엽, 2003, 『백제토기의 성립과 발전과정에 나타난 중국 도자기의 영향』, 한신대학교 석사학위논문.
韋正, 2010, 「한국출토 전문도기 연대에 관한 몇 가지 고찰」『경남의 가야고분과 동아시아』, 경남발전연구원 역사문화센터 제2회 한·중·일 국제학술대회 발표요지문.

61) 한지선, 2005, 「백제토기 성립기 양상에 대한 재검토」『백제연구』 41, 충남대학교 백제연구소.

62) 성정용, 2000, 『중서부 마한토기의 백제영역화과정 연구』, 서울대학교 박사학위논문.
이남석, 2001, 「백제 흑색마연토기의 고찰」『선사와 고대』 16, 한국고대학회.

여지방에서 발견된 화장장골용기를 모아 용기 내부에서 나온 오수전과 개원통보를 통하여 형식과 연대를 고찰한 사이또타다시[齋藤忠]의 「扶餘發見の壺の一型式」도[63] 있다. 서현주는 「이중구연토기 소고」에서[64] 지금까지 백제토기로 인식되던 이중구연토기를 집성하여 기종과 동체 형태에 따라 9개 형식으로 나누고, 각 형식의 시기적·지역적 양상을 살펴보았다. 이중구연토기는 서울을 비롯하여 금강 중·하류지역, 영산강유역 등 비교적 넓은 지역에 걸쳐 분포하고 시기적으로는 3~4세기대에 집중되며 호남지역에서는 6세기대까지 확인된다고 하였다. 그리고 이중구연토기는 마한이라는 정치체와 관련된 토기로 보았다. 또한 지금까지 백제토기로 알려져 왔던 양이부호兩耳附壺를 모아 형식, 편년, 성격에 대해 분석을 시도한 결과 마한토기로 재해석한 김종만의 「마한권역출토 양이부호 소고」도[65] 있다.

　병에 대한 연구는 서성훈의 「백제의 토기병 고찰」이[66] 있다. 그는 백제지방에서 발견된 토기병을 형태에 따라 세경병細頸瓶, 횡병橫瓶, 장경병長頸瓶, 정병淨瓶으로 나누어 고찰하였다. 그 결과 우리나라 고대의 병은 삼국시대 중반기에 출현하였고, 세경병은 고분에서 발견 예가 많고 그 분포가 신라지역에 이른다고 하였으며, 장경병과 정병은 불교와 관련하여 나타난 것으로 보았다. 이후 김종만과 쯔치다준코는 단경병의 연구를 통해 중국과의 대외교류에 따른 산물로 보고 병의 종류에 따라 일부 기종은 계수호나 청자사이호 등의 중국제 자기 등의 영향으로 제작한 것으로 보았다.[67]

　벼루에 대한 연구는 구조양식을 중심으로 분석하고 있다. 백제 벼루는 사비시

　　김일규, 2007, 「한성기 백제토기 편년재고」『선사와 고대』 27, 한국고대학회.
63) 齋藤忠, 1973, 「扶餘發見の壺の一型式」『新羅文化論攷』.
64) 서현주, 2001, 「이중구연토기 소고」『백제연구』 33, 충남대학교 백제연구소.
65) 김종만, 1999, 「마한권역출토 양이부호 소고」『고고학지』 10, 한국고고미술연구소.
66) 서성훈, 1980, 「백제의 토기병 고찰」『백제문화』 13, 공주대학교 백제문화연구소.
67) 김종만, 2004, 『사비시대 백제토기 연구』, 서경문화사.
　　土田純子, 2005, 「백제 단경병 연구」『백제연구』 42, 충남대학교 백제연구소.

기 부여지역에서만 나타나고 다리의 형태에 의해 2개의 형식으로 구분되며, 일반 토기와는 달리 사지寺址나 건물지建物址에서만 출토되는 것으로 보았다. 백제 벼루의 변천과정은 백제 삼족토기에서 영향을 받아 불교적인 문양이 있는 것으로 변하고 신라토기의 서진西進으로 받침[臺]이 있는 것으로 변천한다고 하였다. 벼루가 등장하는 계기를 동아시아 정세에 맞추어 문서행정을 기초로 한 선진의 통치제도를 도입하는 과정에서 백제 지배층의 의도가 반영된 기종으로 보았다. 강인구의 「백제 도연에 대하여」와[68] 야마모토다카후미의 「백제 사비기의 도연」과[69] 도라지의 『삼국시대 벼루 연구』가[70] 있다.

기대는 기능에 대한 연구를 통해 공헌용기貢獻容器로 알려져 왔다.[71] 그리고 기대의 형태적 특징, 희소성, 출토 맥락을 고려해서 기대 기능의 다양성을 연구한 견해와[72] 한성시기 기대는 한성백제토기양식 중 유일하게 개인소유가 되지 않는 기종으로 국가적 혹은 공동의 행사에 사용한 것으로 보는 견해가 있다.[73]

삼족토기에 대한 연구는 가장 백제적인 기종을 다루었다는 점에서 다른 것보다 비교적 연구성과가 많은 편이다. 삼족토기는 백제 초기부터 말기까지 사용된 기종으로 발생, 형식분류, 편년을 시도하고 확산과 소멸에 대한 성과물들이 있다. 이석구·이대행은 「백제삼족토기연구」에서[74] 삼족토기에 대한 형식분류를 삼족의 형태에 따라 원형족·각형족, 뚜껑의 유무에 따라 유개식·무개식, 배신의 형태에 따라 편평·원형으로 구분하였다. 삼족토기의 발생은 웅진시기 이후로, 6세

---

68) 강인구, 1971, 「백제 도연에 대하여」『백제문화』 5, 공주대학교 백제문화연구소.

69) 山本孝文, 2003, 「백제 사비기의 도연」『백제연구』 38, 충남대학교 백제연구소.

70) 도라지, 2017, 『삼국시대 벼루(硯) 연구』, 고려대학교 석사학위논문.

71) 서성훈, 1980, 「백제 기대의 연구」『백제연구』 11, 충남대학교 백제연구소, pp.193~222.
   松井忠春, 1995, 「韓國の土器文化について」『激動の古代東アジア』, 日本 帝塚山考古學研究所, pp.128~139.

72) 나혜림, 2010, 『백제 기대의 변천과 기능』, 한신대학교 석사학위논문.

73) 한지선·이명희, 2012, 「한성백제기 기대 연구」『고고학지』 18, 국립중앙박물관.

74) 이석구·이대행, 1987, 「백제삼족토기연구」『공주사대논문집』 25, 공주대학교.

기 후반부터 성행한 것으로 보았다. 삼족토기는 중국 남조의 청동초두, 다리부착 도자기의 영향으로 나타나 백제특유의 토기로 발전시킨 것으로 보았다. 삼족토 기는 원형족 → 각형족, 원저 → 평저로 발전하였으며, 용도는 공헌용기貢獻容器로 단정하였다.

삼족토기를 반盤과 배杯로 대별하고 다시 유개식과 무개식으로 나누어 17가지 형식으로 세분한 윤환·강희천의 「백제 삼족토기의 일연구」가[75] 있다. 삼족토기 의 시기적인 변화양상은 1단계(4세기 초엽~5세기 초엽, 한강유역을 중심으로 중앙세력의 생활 용기로 다양한 형식이 사용됨), 2단계(5세기 중엽~6세기 초엽, 배형으로 단일화되고 주체세력보다 하 위 집단과 관련된 고분유적에서 출토하기 시작하며 생활용에서 부장용으로 변화하기 시작함), 3단계(6세 기 중엽~백제멸망기, 제사공헌용기의 단일용도로서 서해안지역의 고분에서 집중적으로 출토되는 것으로 파악하고, 사용지역과 제작지역이 뚜렷이 구분된다고 함)로 구분하였다. 삼족토기는 중국 청동 기, 도자기, 원삼국토기 및 고구려토기 등 다원적인 영향에 의해 4세기 중엽경에 나타나는 것으로 추측하였고, 6세기 중엽 이후에 삼족토기의 사용과 사용계층이 일정하게 통제된다고 보았다.

백제지역의 삼족토기를 집성하여 형식분류, 편년을 시도하고 확산과 소멸에 대하여 연구한 강원표의 『백제 삼족토기의 확산과 소멸과정 연구』라는 글이 있 다.[76] 그는 삼족토기 뚜껑의 유무에 따라 유뉴식과 무뉴식으로 동체의 형태에 따 라 반형과 배형으로 분류하였으며, 삼족토기는 백제 초기부터 말기까지 사용된 기종으로 보았다. 삼족토기는 Ⅰ기(3세기 중·후반~5세기 중반, 삼족토기가 처음으로 출현하 는 시기), Ⅱ기(5세기 중반~6세기 중반, 삼족토기가 고분부장품으로 사용되기 시작하고 전국적으로 확산 하며, 지방의 토착세력의 고분에서도 부장품으로 발견되고 시기), Ⅲ기(6세기 중반~7세기 중반, 부여· 논산·익산 등의 중심지역에서 소멸되어 가는 시기)로 구분하였다. 삼족토기는 제사용기이며, 지방통치체제와 백제의 고유신앙의 보급에 따라 지방으로 확산한 것으로 보았다.

개배에 대해서는 김종만의 「백제 개배의 양상과 변천」이[77] 있는데, 개배의 형

---

75) 윤환·강희천, 1995, 「백제 삼족토기의 일연구」『고대연구』 4, 고대연구회.

76) 강원표, 2001, 『백제 삼족토기의 확산과 소멸과정 연구』, 고려대학교 석사학위논문.

77) 김종만, 2002, 「백제 개배의 양상과 변천」『고고학지』 13, 한국고고미술연구소.

식분류와 분포도를 작성하고, 개배가 시기적으로 어떠한 양상으로 변천을 하고 있으며, 백제의 영역변천에 나타난 개배의 지역적 수용과 전개는 어떻게 나타나고 있는지에 대하여 살펴보았다. 영산강유역의 개배에 대해서 동남부, 서북부, 서남해안지역으로 나누어 그 변천상을 연구한 서현주의 「영산강유역 개배의 전개 양상과 주변지역과의 관계」와 영산강유역 고분 출토 개배의 뚜껑을 대상으로 신부와 드림부 형태속성을 조합하여 설정하고 백제식, 복암리식, 오량동식, 반남식으로 구분한 오동선의 「나주 신촌리 9호분의 축조과정과 연대 재고」라는 글이 있다.[78]

이 외에 백제시대 삼족토기에 대한 연구로는 쯔치다준코의 『백제토기의 편년연구』가[79] 있다. 이 논문은 삼족토기에 대해 일원배치분산방법을 실시하여 다중비교법을 통해 속성을 판별분석한 것으로 토기의 지역적 차이를 밝히는데 주력한 것이다.

심발형토기에 대한 연구는 중서부지방출토품을 집성하여 출현, 성격을 다룬 박순발의 「심발형토기고」가[80] 있다. 그는 심발형토기를 6단계로 나누고 중서부이남 지방에서는 3세기 전반~중엽경에 나타나고, 한강유역에서 출현한 승문계가 중서부이남 지역으로 확산되는 것을 백제의 영역확장과 관련지어 분석하였다.

사비시기에 정형화되고 있는 대부완에 대해서는 고구려의 구의동유형에서 그 선행형식을 찾을 수 있다고 보고 6세기 무렵 백제의 한강유역 진출에서 고구려 토기와의 접촉에 의해 나타난 것으로 본 김용민의 「백제 사비기 토기에 대한 일고찰」과[81] 한성시기 토기를 더욱 발전시키고 중국과 주변지역에서 새로이 들어오는

---

78) 서현주, 2006, 「영산강유역 개배의 전개 양상과 주변지역과의 관계」 『선사와 고대』 24, 한국고대학회.
오동선, 2009, 「나주 신촌리 9호분의 축조과정과 연대 재고」 『한국고고학보』 73, 한국고고학회.

79) 土田純子, 2004, 『백제토기의 편년연구』, 충남대학교 석사학위논문.

80) 박순발, 2001, 「심발형토기고」 『호서고고학』 4·5, 호서고고학회.

81) 김용민, 1998, 「백제 사비기 토기에 대한 일고찰-부소산성출토 토기를 중심으로」 『문화재』 31, 문화재관리국.

제작기법을 가미시켜 토기를 규격화하는 동시에 백제인의 뛰어난 장인기술을 토대로 백제화를 이룬 토기로 본 김종만의 「백제후기 토기완의 양상과 변천」·「백제 중·후기 토기의 종류와 변천」·「사비시대 회색토기의 성격」과[82] 금속기나 고구려계토기를 모방하여 등장하였다고 본 야마모토다카후미의 「백제 사비시기 토기양식의 성립과 전개」,[83] 기원과 제작과정 및 사회상에 대해 살펴본 이윤섭의 『백제 사비기 대부완 및 뚜껑에 대한 일연구』와 제작기법을 다룬 김용주의 『백제 대부완 연구』가[84] 있다.

백제의 전달린토기에 대한 연구는 「한성백제기 전달린토기 연구」와 『백제 사비기 전달린 완의 등장과 전개』라는[85] 글이 있다. 특히 나인정은 종래 전달린토기라고 통칭하던 전이 달린 완에 대해서는 명칭을 전달린완으로 바꾸어 부를 것을 제안했으며 고구려인의 제작설도 부인하고 제작기법도 풍선기법에 의한 것이 아니고 물레에 의해 나타난 것으로 보았다.

호자에 대한 연구는 중국 호자와의 비교를 통해 기능이 남자용 변기라고 해석한 서성훈의 「백제호자 二例」와 전 개성출토 호자와 중국 출토 호자와의 비교를 통해 유입연대와 백제 중앙정부가 지방에 사여한 것으로 본 은화수의 「전 개성출토 청자호자에 대한 고찰」이 있으며, 한반도에서 발견되는 삼국시대 호자를 연구하는 과정에서 백제고지 출토 호자에 대한 연구를 진행한 유영재의 『삼국시대 호자 연구』가 [86] 있다.

---

82) 김종만, 1999, 「백제후기 토기완의 양상과 변천」『동원학술논문집』2, 한국고고미술연구소.
　　김종만, 2000, 「백제 중·후기 토기의 종류와 변천」『백제를 찾아서』, 국립공주박물관.
　　김종만, 2003, 「泗沘時代 灰色土器의 性格」『호서고고학보』9, 호서고고학회.
83) 山本孝文, 2005, 「백제 사비시기 토기양식의 성립과 전개」『백제 사비시기 문화의 재조명』, 국립부여문화재연구소.
84) 이윤섭, 2015, 『백제 사비기 대부완 및 뚜껑에 대한 일연구』, 충남대학교 석사학위논문.
　　김용주, 2016, 『백제 대부완 연구』, 충북대학교 석사학위논문.
85) 한지선·김왕국, 2012, 「한성백제기 전달린토기 연구」『한강고고』8, 한강문화재연구원.
　　나인정, 2018, 『백제 사비기 전달린 완의 등장과 전개』, 전북대학교 석사학위논문.
86) 서성훈, 1979, 「百濟虎子 二例」『백제문화』12, 공주대학교 백제문화연구소.
　　은화수, 1998, 「전 개성출토 청자호자에 대한 고찰」『고고학지』9, 한국고고미술연구소.

지붕의 굴뚝 상부를 장식하는데 사용한 연가煙家에 대한 논문도 있다. 김용민의 「백제의 연가에 대하여」와[87] 김규동의 「백제토제 연통시론」, 이지은의 『백제 사비기 토제연통의 연구』라는[88] 글이 있다. 최근 상기 논문에서 부여 관북리 수혈주거지에서 확인된 토관을 연통으로 본 것에 대해 허의행은 「토기조 우물에 대한 고찰」이라는[89] 글에서 우물통으로 보고 있어 전용轉用 전후의 기능에 대해 새로운 접근 방법을 사용하기도 하였다.

도가니는 광석에서 광물을 채취하거나 광물을 끓이는데 사용하는 것으로 김종만의 「부여지방출토 도가니」가 있다.[90] 이후 부여지방과 익산지방을 중심으로 사비시기에 해당하는 유적에서 발견된 도가니에 대한 연구가 진행되었다. 특히, 박장식은 도가니에 대한 과학적인 분석을 실시하여 부여와 익산지방의 금속공예기술의 차이점을 기술하고 있는 점이 특징적이라고 할 수 있다.[91] 등잔에 대한 연구는 사비시기를 중심으로 이루어졌는데, 이상일의 『백제 등잔 연구』가 있다.[92]

대부배는 백제토기로서는 소량에 불과하지만 한성시기부터 사비시기에 이르기까지 발견된 것으로 낙랑토기의 파급에 의해 마한시기에 출현해서 백제까지 이어진 기종으로 일본의 고분시대에 제작된 스에끼 중에 스리바찌[ㅈリ鉢]의 원류로 본 김종만의 「백제 대부배 소고」라는 글이 있다.[93]

유영재, 2016, 『삼국시대 호자 연구』, 고려대학교 석사학위논문.

87) 김용민, 2002, 「백제의 연가에 대하여」『문화재』35, 국립문화재연구소.

88) 김규동, 2002, 「백제 토제 연통시론」『과기고고연구』8, 아주대학교 박물관.
이지은, 2015, 『백제 사비기 토제연통의 연구』, 충남대학교 석사학위논문.

89) 허의행, 2004, 「토기조 우물에 대한 고찰」『금강고고』창간호, 충청매장문화재연구원.

90) 김종만, 1994, 「부여지방출토 도가니」『고고학지』6, 한국고고미술연구소.

91) 국립부여문화재연구소, 2007, 『왕궁의 공방Ⅱ -유리편』.
박장식, 2009, 「부여 관북리 왕경지구 출토 금속관련 유물의 금속학적 분석을 통한 유적지의 성격추정」『부여 관북리 백제유적 발굴보고Ⅲ』, 국립부여문화재연구소.

92) 이상일, 2018, 『백제 등잔 연구』, 충남대학교 석사학위논문.

93) 김종만, 2012, 「백제 대부배 소고」『백제와 주변세계』, 진인진.

제4절. 용도·기술유형·문양별 연구

기종별 연구와는 달리 백제토기를 기종에 맞는 용도를 구한 논문이 등장하게 되었다. 백제토기에 대한 용도는 아직 논의 단계에 있지만 생활용기와 장제용기로 나눈 야마모토다카후미의 「백제 사비시기 토기양식의 성립과 전개」라는[94] 연구가 있다. 그리고 백제시대에 만들어진 취사용기와 사용흔에 대해 폭넓게 연구한 정종태의 『백제 취사용기의 유형과 전개양상』과[95] 정수옥의 「풍납토성 취사용기의 조리흔과 사용흔의 분석」과 한지선의 「백제의 취사시설과 취사방법」이라는 글이 있다.[96]

백제토기 중 흑색마연기법에 의해 나타난 기종을 연구한 논문이 있다. 흑색마연은 백제토기 성립기의 주요기종에 채용된 제작기법으로 고구려토기 영향설,[97] 칠기 영향설,[98] 중국 시유도기 재현설과[99] 흑색마연토기 등장을 한성백제 기층문화인 초기철기시대, 원삼국시대부터 존재하였던 마연을 통한 광택과 침탄을 통한 흑색 발현이라는 각 기술속성을 채택·융합하여 백제 고유의 미로 승화시킨 새로운 기술유형으로 탄생한 것으로 보는 연구도 있다.[100] 그리고 중국 도자

---

94) 山本孝文, 2005, 「백제 사비시기 토기양식의 성립과 전개」『백제 사비시기 문화의 재조명』, 국립부여문화재연구소.

95) 정종태, 2006, 『백제 취사용기의 유형과 전개양상』, 충남대학교 석사학위논문.

96) 정수옥, 2007, 「풍납토성 취사용기의 조리흔과 사용흔의 분석」『호서고고학』 17, 호서고고학회.
한지선, 2009, 「백제의 취사시설과 취사방법」『백제학보』 2, 백제학회.

97) 김원룡, 1986, 『한국고고학개설』, 일지사.

98) 박순발, 2001, 『한성백제의 탄생』, 서경문화사.

99) 부여 능산리사지의 하부층에서 확인된 전달린토기는 경질토기에 칠을 바른 것이 확인된 바 있으므로 흑색마연토기가 칠기를 모방하여 만들어졌을 가능성을 배제할 수 없지만 흑색마연기법에 대한 실험 결과는 시칠리타 기법에 의해 흙물을 도포한 것이 포함되어 있는 것으로 확인되고 있다(최석원 외, 2001, 「백제시대 흑색마연토기의 산출과 재현 연구」『문화재』 34, 국립문화재연구소).

100) 남상원, 2013, 『백제 흑색마연토기 연구』, 충북대학교 석사학위논문.

기처럼 해외에서 만들어져 반입된 것으로 보는 견해[101] 등 다양한 연구 성과가 있다.

중서부지역의 4세기대 토광묘에서 출토한 토기의 시문기법을 연구한 전경아의『백제토기의 시문기법』이라는 글이 있다.[102] 또한 토기의 표면에 나타난 조족문을 통해 마한과 백제토기의 한 범주로서 연구를 진행한 김종만의「조족문토기의 기원과 전개양상」이라는 글이 있는데, 서북한지역에서 내려오는 낙랑토기와의 관련성을 통해 전파된 토기로 알려지게 되면서 새로운 연구결과가 나오게 되었다.[103]

제5절. 기타

1990년대 들어 주로 금강유역과 영산강유역의 백제토기와 일본 스에끼(계)가 공반하는 것에 대해 국내 연구자는 물론 일본학자들의 관심이 집중되고 있다. 사카이기요지[酒井淸治]는「韓國出土の須惠器類似品」에서[104] 백제고지百濟故地의 청주·나주지역에서 발견된 개배, 유공호有孔壺에 대하여 기존의 백제토기와는 형태, 제작기법이 다르고 일본의 스에끼[須惠器]와 유사한 것이 포함되어 있다고 지적하고 일본 스에무라[陶邑] 집단과의 교류나 스에끼 유사품의 일부는 일본에서 건너왔을 가능성을 제시하였다.

한국에서 확인된 왜계토기倭系土器를 스에끼계라는 명칭을 붙여 사용할 것을 지적한 기노시타와타루[木下亘]는 주로 백제고지에서 출토된 것 중에는 스에끼로 볼

---

101) 이남석, 2001, 「백제 흑색마연토기 연구」『선사와 고대』16, 한국고대학회.

102) 전경아, 2001, 『백제토기의 시문기법』, 공주대학교 석사학위논문.

103) 김종만, 2008, 「조족문토기의 기원과 전개양상」『한국고대사연구』52, 한국고대사학회.
金鍾萬, 2010, 「鳥足文土器の起源と展開樣相」『古文化談叢』63, 九州古文化硏究會.

104) 酒井淸治, 1993, 「韓國出土の須惠器類似品」『古文化談叢』30(中), 九州古文化硏究會.

38 — 백제토기의 생산유통과 국제성

수 있는 것도 포함되어 있다고 하였다.[105] 최근 몽촌토성과 풍납토성 출토 외래계유물을 분석한 권오영은 「풍납토성 출토 외래유물에 대한 검토」에서[106] 왜계토기의 출현이 미미하지만 한성시기부터 이루어진 것으로 보고 있다. 문화라고 하는 큰 틀에서 보면 어느 한쪽에서 일방적으로 보내는 형식의 것은 있을 수는 없다. 그런 의미에서 왜계토기의 등장은 당연한 것으로 생각되나 왜계토기가 백제토기에 어떠한 영향을 주었는지는 아직 밝힐만한 단계에 있다고 생각되지는 않는다.

이상에서 백제토기의 연구사를 종합, 지역단위, 기종별, 용도·기술유형·문양별, 기타로 나누어 살펴보았다. 백제토기에 대한 연구는 앞으로 많은 부분이 보완되고 다듬어져야 한다. 백제토기에 대한 기종 구분뿐만 아니라 용도와 사용방법에 대한 연구도 지속되어야 한다. 특히 자연과학분야와 연계·협업하여 태토분석을 통한 산지 추정에 대한 연구를 심화시키고, 백제토기의 생산과 유통에 대한 기술체계와 수급관계에 대해서도 폭넓은 연구가 진행되어야 할 것이다.

---

105) 木下亘, 2003, 「韓半島出土 須惠器(系) 土器에 대하여」 『백제연구』 37, 충남대학교 백제연구소.

106) 권오영, 2002, 「풍납토성 출토 외래유물에 대한 검토」 『백제연구』 36, 충남대학교 백제연구소.

Ⅲ
등장과 발전

제1절. 마한토기

『삼국사기』의 기록에 의하면 백제는 기원전 18년에 개국한 나라이다. 기원전 1세기는 청동기와 철기가 병용되어 사용되고 있었으며 한반도 중서부지방의 상황을 고려해볼 때 고대국가로 진입한 뚜렷한 물적 증거는 나타나지 않고 있다. 그리고 이 시기는 한반도 중서부지방에 삼한 중 마한이라는 소국 집단들이 각각의 영토를 갖고 지배하고 있었으며, 백제가 마한의 허락을 받아 변방 중 하나였던 한강유역에 내려와 정착했다고 하는 고대 사서의 기록을 감안해 보면 고대 왕국으로 진입하기 전 단계에 해당한다고 할 수 있다.

마한은[107] 주지하듯 한강유역을 포함한 경기를 비롯하여 호서, 호남에 이르기까지 54개국이 「국國」의 형태를 유지하면서 반도의 중·서·남부지방에서 중국 등

---

107) 마한은 고고학상 시기 구분으로 사용하는 용어는 아니지만 백제고지는 마한의 옛 땅을 발판삼아 발흥하였으므로 원삼국시대라고 표현하지 않았다. 그리고 마한시기라고 한 것은 마한고지에서 발견된 유물일 경우 사용하였고, 원삼국시대라고 한 것은 광의의 개념일 때와 마한고지 이외의 지역을 설명할 때 사용하였다.

주변국과 자체적으로 교류를 하고 있었던 것이 『삼국지』「위지」동이전에 기록되어 전한다. 백제는 마한의 일국으로 출발하고 있었기 때문에 마한에서 제작한 토기의 실체를 살펴보는 것이 계승적 차원에서의 백제토기와 추가적으로 새로운 기종을 선보이면서 나타난 백제토기를 파악하는데 주요한 기준이 될 수 있다. 마한토기에 대한 이해가 없었기 때문에 이전의 연구에서는 백제토기로 간주하는 경우가 종종 있었지만 마한토기에 대한 지역적인 인식은 물론이고 기원 등 시·공간에 대한 문제와 과학적인 방법이 동원되는 등 최근의 연구가 다양하게 전개되면서 많은 부분이 해결되고 있다.[108]

1. 경질무문토기와 타날문토기

마한의 출현 시점에 대한 연구는 많다.[109] 마한에 대한 기록은 중국 고대 사서에 의존할 수 밖에 없지만 전하는 것이 영성하여 자세한 것을 알기에 턱없이 부족한 실정이다. 현재로서는 마한의 시작 시점에 대한 문제도 명확하지 않고 마한의 물질문화에 대한 인식도 아직 해결되지 않은 점이 많기는 하지만 실체를 파악

---

108) 마한토기는 원삼국토기의 범주에 드는 것으로 백제가 고대 왕국으로서의 기틀을 마련한 지역의 토기가 포함된다. 최근에 마한토기에 대한 기원, 지역성 등 다양한 접근 방법으로 연구가 진행되고 있다.
성정용, 1999, 『중서부 마한지역의 백제 영역화과정 연구』, 서울대학교 박사학위논문.
김종만, 1999, 「馬韓圈域 兩耳附壺 小考」『고고학지』10, 한국고고미술연구소.
서현주, 2001, 「이중구연토기 소고」『백제연구』33, 충남대학교 백제연구소.
국립전주박물관, 2009, 『마한-숨 쉬는 기록』.
임영진 등, 2017, 『동북아시아에서 본 마한토기』마한연구원 총서4, 학연문화사.

109) 노중국, 1987, 「마한의 성립과 변천」『마한·백제문화』10, 원광대학교 마한·백제문화연구소.
권오영, 1996, 『三韓의 國에 대한 硏究』, 서울대학교 박사학위논문.
임영진, 1995, 「마한의 형성과 변천에 대한 고고학적 고찰」『삼한의 사회와 문화』, 한국고대사연구회.
박순발, 2018, 「마한의 시작과 종말」『마한의 중심 '익산'』, 원광대학교 마한·백제문화연구소.

하고자 하는 관심과 노력이 개진되고 있다. 전술한 바와 같이 백제토기의 시작 시점을 알기 위해서는 이전 토기인 마한토기의 전개과정을 파악하는 것이 중요 하다. 마한은 중부, 호서, 호남지방에 위치하고 있었던 것으로 알려져 있다. 마 한토기의 시작은 기원전 3세기경으로 보고 있지만[110] 고고학상으로는 청동기와 초기철기시대에 해당하기 때문에 백제가 건국한 시점으로 기록되고 있는 기원전 18년을 기준으로 하면서 기원을 전후한 시기에서부터 마한고지馬韓故地에서 사용 하고 있었던 경질무문토기와 타날문토기에 대하여 살펴보기로 하겠다.[111] 마한 고지는 백제고지와 궤를 같이하기 때문에 광범위하고 토기류의 물질문화도 시기 별·지역별로 다양하게 나타나고 있어서 전체적인 것을 혼자서 다루는 것은 어렵 게 되었으므로 기존의 연구자들이 중점적으로 진행한 부분을 중심으로 살펴보고 자 한다.

　한반도 중부, 호서, 호남지역에서 기원전 2~1세기경의 토기 상황은 삼각형점 토대토기가 일부 사용되다가 경질무문토기硬質無文土器로 대체되고 있다. 경질무 문토기는 다양한 기종을 이루지는 않지만 호형토기, 완, 심발형토기, 파수부토 기, 장란형토기, 시루 등이 주류를 이룬다.

　백제가 한강유역에 자리하여 마한의 일 소국으로 성장하던 장소로 풍납토성을 든다. 특히, 풍납토성 발굴조사에서 발견된 3중 환호環濠 시설이 고대 국가로 진 입하기 전의 백제伯濟가 있었던 곳으로 추정되고 있어 주목된다. 이후 판축기법版 築技法으로 축조된 풍납토성이 환호를 구축했던 동일 집단에 의해 만들어진 것으 로 알려져 있어 계승적인 차원에서 중요시되고 있다.(사진 1)

　풍납토성의 3중 환호에서 발견된 토기류는 경질무문토기와 타날문토기打捺文土

110) 임영진, 1997, 「나주지역 마한문화의 발전」, 『나주 마한문화의 형성과 발전』, 나주시·전 남대학교 박물관.

111) 초기의 한과 마한이 연속성을 가지고 있다는 관점에서 한의 시작을 점토대토기와 토광 묘의 출현으로 보고 기원전 3세기보다 이른 기원전 5세기까지(성정용, 2013, 「韓의 시 작과 馬韓」, 『마한·백제의 분묘문화Ⅰ』, 진인진) 올려보기도 하지만 마한의 시작 시점에 대해서는 대체적으로 기원전 1세기 전후로 보고 있다(박순발, 2009, 「마한 사회의 변 천」, 『마한-숨쉬는 기록』, 국립전주박물관).

器가 있다. 경질무문토기는 기원전 100년경을 전후하여 중부지방에 출현한다.[112] 풍납토성 출토 경질무문토기는 밑이 납작하고 동체가 긴 장란형토기와 심발형토기가 주를 이룬다. 이와 유사한 경

사진 1. 풍납토성 환호 출토 경질무문토기(좌, 중)

질무문토기는 경기도와 강원도지역에서 확인된다. 타날문토기는 철기문화의 보급과 더불어 나타나는 유형으로 중국 전국계토기戰國系土器의 영향으로 등장한다. 풍납토성 3중 환호 유구를 통해 볼 때 중부지방에서 타날문토기는 경질무문토기보다 약간 늦은 것으로 볼 수 있으며, 서북한지역에서는 이른 시기부터 동 시기에 존재한 것이 알려지고 있다.

타날문토기는 중부지방뿐만이 아니라 전국적으로 전파되었는데, 마한의 강역인 서울, 경기도를 포함하여 충청도, 전라도에 이르기까지 급속도로 확산되었다.

---

112) '경질무문토기'는 청동기시대의 무문토기보다 경도가 단단하다는 의미에서 붙여진 명칭으로 '풍납리식무문토기', '종말기무문토기', '말기무문토기', '중도식무문토기' 등으로도 불린 바 있다. 경질무문토기는 청동기시대 이래의 무문토기 기술 전통에 새로운 고화도 소성의 기술이 가미되어 만들어졌다. 계보는 서북지방 세죽리-연화보유형의 명사리식토기와 관련된 것으로 보기도 하고, 연해주를 포함한 동북지방의 끄로우노프까 문화와의 관련성도 제기되고 있다. 경질무문토기는 지역별로 시기차를 두고 소멸하며 중부지방을 제외한 이남 지역에서는 4~5세기까지 사용되기도 하였다.

김원룡, 1986, 『한국고고학개설』, 일지사.
김양옥, 1987, 「경질무문토기시론」『최영희선생화갑기념한국사논총』.
정징원·신경철, 1987, 「종말기 무문토기에 관한 연구」『한국고고학보』20, 한국고고학회.
부산대학교 박물관, 1989, 『늑도주거지』.
최성락, 1989, 「원삼국기 토기의 변천과 문제점」『영남고고학보』5, 영남고고학회.
이홍종, 1991, 「중도식 토기의 성립과정」『한국상고사학보』6, 한국상고사학회.
박순발, 1998, 『백제 국가의 형성 연구』, 서울대학교 박사학위논문.
최병현, 1998, 「원삼국토기의 계통과 성격」『한국고고학보』38, 한국고고학회.

기원 전후한 시점에서부터 2세기경을 통하여 꾸준히 서울, 경기지역에서는 경질무문토기가 타날문토기로 대체되고 있다.[113] 한편 전라도 일부 지역에서는 경질무문토기 단계가 등장하지 않고 무문토기 단계에서 곧바로 타날문토기로 대체된 곳이 포함되어 있으며 타날문토기의 남부지방 등장 시점을 2세기 전반경으로 보는 견해도 있다.[114]

원삼국시대에 해당하는 마한의 영토에서 경질무문토기가 타날문토기로 대체하는 과정에는 중국과의 직접적인 교류 이외에도 낙랑토기의 제작기술이 많은 영향을 주었다.(사진 2) 인천 운북동유적을 비롯한 한강 하류권의 분구묘의 일부와 백색토기는 기원전 1세기경부터 중국 산동지역에 기원을 두고 있다는 점을[115] 참고해보면 기원 전후한 시기부터 중국 본토와 연계된 물

사진 2. 가평 달전리 낙랑토기

113) 경기남부와 호서북부지역의 타날문토기와 주구토광묘의 등장 시점을 기원전 1세기경으로 보는 견해가 있으며 상당히 설득력을 갖는 견해로 보인다(김장석, 2014, 「중부지역 격자문타날토기와 U자형토기의 등장」, 『한국고고학보』 90, 한국고고학회). 오이도 패총, 아산 진터, 오산 궐동에서 발견된 타날문이 있는 U자형토기(원저외반호)가 중국 산동지역의 회형토기(盔形土器)에 기원을 두고 있는 것으로 보고 기원전 1세기에 한반도에 등장하는 것으로 본 것이다. 기존의 견해와 비교해 보면 2~3세기의 시간 차를 끌어올리는 것이지만 한반도 타날문토기의 등장이 낙랑만을 통해 이루어진 것이 아니라 중국 본토에서 직접 들어온 물질문화의 영향도 있다는 것이다. 최근의 마한토기 기원 문제를 중국과의 직접 교류를 통해 유입된 것으로 보는 것과 상통한다(임영진, 2017, 「마한토기의 기원 연구」, 『호남고고학보』 55, 호남고고학회).

114) 김장석, 2009, 「호서와 서부호남지역 초기철기-원삼국시대 편년에 대하여」, 『호서고고학보』 33, 호서고고학회.
   김은정, 2017, 『호남지역의 마한토기』, 전북대학교 박사학위논문.

115) 정인성, 2012, 「운북동유적의 중국계유물」, 『인천 운북동유적』, 한강문화재연구원.

질문화가 한반도 중부지방에 유입되어 기존에 알려진 타날문토기 시작 시점을 끌어올리는 계기가 되고 있다. 한편 낙랑토기의 제작기술은 회전판을 이용하여 토기를 만드는데 내박자와 타날판을 이용하여 기벽을 얇고 단단하게 해주고, 바닥과 동체의 경계지점을 날카로운 예새를 이용하여 깎기 조정하며, 회전판에 있는 점토에서 토기를 떼어낼 때 실을 이용하는 등 이전의 토기제작기술에서 진일보하고 있다. 낙랑토기는 풍납토성, 수원 서둔동, 양평 양수리, 하남 미사리, 가평 달전리·대성리, 화성 기안리, 양양 가평리, 동해 송정동, 강릉 안인리, 아산 갈매리·탕정, 천안 두정동 등 중부지방을 비롯하여 호서지방에서도 확인되어[116] 그 영향이 매우 컸던 것으로 보인다.

이러한 영향으로 경질무문토기는 3세기 초중반 이전에 장란형토기, 심발형토기와 취사용기가 타날문토기로 대체되고 3세기 중엽경 이후부터 소멸하기 시작한다. 타날문토기는 생활 유구뿐만이 아니라 무덤 유구에서도 확인되고 지역적으로도 넓은 분포를 하고 있다. 생활 유구에서는 장란형토기, 심발형토기, 시루 등의 취사용기와 대형 단경호, 중형 단경호 등의 저장용기가 세트를 이루며 확인된다. 3세기 이후 경기 남부지역과 호서 북부지역의 무덤 유구에서는 원저단경호, 심발형토기가 조합되어 나타나고 금강 하류지역을 중심으로 아산만권에 이르는 서해안 일대에는 양이부호兩耳附壺, 이중구연토기二重口緣土器, 조형토기鳥形土器, 원통형토기(분주토기)가 등장하여 새롭게 마한토기의 기종을 추가한다. 특히, 영산강유역에서는 5세기를 전후한 시점에 백제가 영역확장을 하면서 물질문화의 파급이 이루어지고 있는 중에도 지역성이 강한 유공광구호有孔廣口壺가 새롭게 출현하고, 양이부호, 이중구연토기, 조형토기, 분주토기 등이 정형화되면서 발전하는 양상을 보여주고 있다. 시루는 중부와 중서부·남부지방의 형식이 다르게 나타난다. 중부지방의 시루는 밑이 둥글지만 중서부지방에서는 밑이 납작하고 바닥에 작은 둥근 구멍들이 뚫려 있는 특징을 갖고 있다. 마한토기 중에는 토기의 어깨 부분에 톱니무늬[鋸齒文]를 압날한 것이 포함되고 있는데 조족문토기

---

116) 이남석·서정석, 2000, 『두정동유적』, 공주대학교 박물관.
　　　충청남도역사문화원, 2007, 『아산 갈매리(Ⅱ구역) 유적』.

사진 3.파주 운정(좌), 인천 운남(우) 기대형 토기

와 함께 마한토기 문양으로 대표되고 있으며 호류壺類, 장란형토기, 주구토기注口土器, 영산강유역의 옹관 등에서 확인되고 있다.[117)

한편 인천, 김포, 파주 지역의 패총과 주거지에서는 의례용토기로 알려진 기대형 토기 또는 깔대기형 토기가 확인되고 있다. 형태상으로 보면 하부가 좁고 상부가 넓으면서 상하가 관통되어있는 것으로 우리가 알고 있는 삼국시대 기대와는 형태상으로 반대이다. 이 토기는 불안정한 모습을 하고 있으며 동체에는 돌대와 원형·삼각형·사각형 등의 투공이 빼곡하게 배치되어 있고 하부에도 돌대문이 있는 것이 있다. 이 토기는 지역적으로 한정되어 있고 패총과 주거지에서 발견되고 있어서 분묘 출토품과는 기능에서 차이가 있다. 기능은 제기로 알려져 있으며, 하부가 좁고 투공이 없는 점과 상부에는 다양한 투공이 있는 것을 볼 때 동체와 대족이 일체형으로 부착되어 있는 것으로 용도에 대해 다양한 검토가 진행되어야 할 것으로 보인다.(사진 3)

남부지방에서는 마한의 토기가 영산강유역만이 가질 수 있는 독특한 형태의 물질문화로 발전하여 영산강유역 토기문화를 만든다. 영산강유역 토기문화의 형성 과정에는 마한의 축소와도 깊은 관련이 있으며 5세기 말을 전후하여 백제토기의 영향을 받으면서 점차 소멸한다.[118)

117) 김승옥, 1997, 「거치문토기:정치적 권위의 상징적 표상」 『한국고고학보』 36, 한국고고학회.
조성숙, 2004, 『肩部押捺文 土器에 대한 硏究』, 한신대학교 석사학위논문.
118) 서현주, 2006, 『영산강유역 고분토기 연구』, 학연문화사.

2. 마한토기 주요 기종

마한토기는 전술한 바와 같이 지역별로 다양한 형태로 존재하고 있다. 현재는 대규모 발굴조사를 통하여 많은 자료가 축적되어 있으나 경질무문토기, 타날문토기 이외에도 적갈색연질토기, 회색계연질토기 등이 존재한다. 기종별로는 연구가 심화되어 있는 대표적인 기종으로는 양이부호, 이중구연토기, 조형토기, 유공광구호, 분주토기 등과 원저단경호, 광구호, 장란형토기, 심발형토기, 시루 등을 들 수 있다. 그리고 마한토기에 대한 연구에 있어 중요시되고 있는 것으로 기종은 아니지만 문양사 연구에 있어 빼놓을 수 없는 것으로 동체에 새발자국 무늬를 타날한 조족문토기를 포함할 수 있다.

1) 양이부호

양이부호는 토기의 어깨에 세로 방향의 구멍이 있는 것으로[119] 1970년대부터 서산지역에서 발견되기 시작하여 백제토기의 일 기종으로 알려진 것 이외에는 특별히 주목받지 못하다가, 이 기종을 주종으로 하는 일군의 문화유형이 일정한 지역에 분포하면서 하나의 문화권을 형성하고 있는 점에 착안하여 분포양상, 형식 및 변천과정에 따른 전개양상과 그 성격에 대하여 살펴보면서 마한의 토기 양식으로 자리하게 되었다.[120]

양이부호의 기원에 대해서는 후한대의 중국 강남(서)지방의 평저 양이부호가 낙랑에 도입되고 다시 낙랑에서 한반도 서남부로 전래 되었거나 중국과의 직접적인 교류에 의하여 도입되었을 것으로 보는 것이 유력하다. 이후 마한사회의 교류 상황과 정치 동향을 살펴볼 수 있는 중요한 상황임을 인식하고 중국 강남지방의 토돈묘의 영향과 관련하여 낙랑을 거치지 않고 직접 유입된 기종으로 보는 견해로

---

119) 최근 양이부호의 어깨에 가로 방향의 구멍이 있는 형태도 마한토기의 범주에 넣어 기술하고 있으나 송국리형 무문토기, 변한지역 출토품과의 관계를 고려하여야 하는 등 복잡한 면모를 갖고 있다.

120) 김종만, 1999, 「마한권역출토 양이부호 소고」 『고고학지』 10, 한국고고미술연구소.

사진 4. 각종 양이부호(위 중앙: 청주 송절동)

재차 강조되었는데, 마한 분구묘와 중국 토돈묘는 매장 주체시설이 지상에 성토
된 분구 중간에 위치하는 점으로 매장 주체시설이 지하의 토광에 위치하는 일반
봉토묘와 다르고 동일한 분구에 추가장에 의한 다장多葬이 이루어지는 것도 비슷
한 점에서 고려된 것이다.[121](사진 4)

　　출현 시기는 1~2세기설과,[122] 3세기설,[123] 4세기설이[124] 있으나 3세기설이
유력하며 소멸 시기는 5세기로 보는 것이 지배적이다.

　　양이부호는 서울·경기도 일부, 충청도, 전라도 지방에서 확인되고 있는데, 생
활유적인 주거지, 수혈, 구상유구, 패총과 무덤유적인 분구묘, 주구토광묘, 토

121) 임영진, 2015, 「한·중·일분구묘의 비교 검토」『마한 분구묘의 기원과 발전』, 마한연구원.
　　　박영재, 2016, 『마한·백제권 양이부호 도입과정』, 전남대학교 석사학위논문.
122) 김승옥, 2000, 「호남지역 마한 주거지의 편년」『호남고고학보』11, 호남고고학회.
123) 김종만, 1999, 「마한권역출토 양이부호 소고」『고고학지』10, 한국고고미술연구소.
　　　윤온식, 2008, 「2~4세기대 영산강유역 토기와 지역의 변천단위」『호남고고학보』29, 호
남고고학보.
　　　박영재, 2016, 『마한·백제권 양이부호 도입과정』, 전남대학교 석사학위논문.
124) 서현주, 2006, 『영산강유역 고분 토기 연구』, 학연문화사.

광묘, 석실묘, 옹관묘 등에서 발견되고 있다. 양이부호는 생활유적보다는 고분유적에서 많이 발견되며 분구묘에서 가장 많은 양이 출토되었다.

양이부호는 저부, 구연부, 귀의 부착 위치, 소성도에 따라 형식분류가 가능하다.[125] 양이부호의 형식분류에 있어 가장 중요한 분류기준은 저부이며 평저에서 원저로 변화한다. 양이부호의 다양한 분류기준을 통해 충남 서해안지역이 가장 이른 시기의 형식이 출현하고 있으며 이후 중부지방과 남쪽으로 확산된다.

무덤유적 출토 양이부호는 경기, 호서, 호남에서 고루 발견되고 있지만 경기지방의 출토량이 가장 적다. 중서부지방에서는 서해안지역의 서천, 서산지방 출토품이 시기가 빠르며, 금강의 중류인 공주, 대전, 청주 등지에서도 확인되고 있다. 청주 송절동에서 발견된 양이부호는 동체에 승석문이 있는 것으로 연기(세종) 송원리 KM-046호 토광묘, 서천 봉선리 등 금강유역에서 찾아볼 수 있는 형태로, 일본 규슈[九州]지방의 니시진마찌[西新町] 유적에서 확인된 양이부호와의 관련성이 주목된다.[126] 양이부호는 서울 가락동의 한강유역에도 일부 유입이 이루어지다가 백제문화의 확산과 더불어 마한권역이 전라도지방으로 좁혀지면서 남부지방에서 확인된다.

양이부호의 생산유적에 대해서는 잘 알려져 있지 않지만 공주 귀산리 I지역 1호 요지에서 양이부호의 귀부분이 출토되었다.[127] 양이부호편과 함께 공반된 토기받침은 서천 지산리 유적에서[128] 확인되고 있어 금강유역에서의 유통관계를 확인할 수 있다. 그리고 광주 행암동 4·6호 요지에서 수습한 양이부호는 구연부가 낮고 동체에 파상문이 시문되는 등 후기적인 것이며 5세기 중반경의 말기 형태를 보여주고 있어 영산강유역의 생산과 유통과정을 살펴볼 수 있다.[129]

---

125) 양이부호의 주요 속성인 저부, 구연부, 동체 세장도에 따라 형식을 분류한 글도 있다(박영재, 2016, 『마한·백제권 양이부호 도입과정』, 전남대학교 석사학위논문).

126) 金鍾萬, 2008, 「日本出土 百濟系土器の研究」, 『朝鮮古代研究』9, 日本朝鮮古代研究刊行會.

127) 충청매장문화재연구원, 2000, 『공주 귀산리 유적』.

128) 국립부여박물관, 2006, 『백제의 공방』.

129) 전남문화재연구원, 2011, 『광주 행암동 토기가마』.

2) 이중구연토기

이중구연토기는 외반하는 구연 위에 다시 구연을 만들거나 직립하는 구연부의 중간에 돌대를 만들어 붙인 토기를 말하며, 양이부호와 마찬가지로 마한토기로 알려져 있다.[130] 이중의 구연을 갖는 토기를 지칭하는 것으로 동체가 단지 형태를 하고 있어 이중구연호라고도[131] 부르며, 형태와 기능의 특징을 고려하여 경부돌대부가호頸部突帶附加壺, 대경호帶頸壺 등으로도 불리고 있다.(사진 5)

기원에 대해서는 중국 산동지역 악석표石문화 호, 요하유역의 고태산高台山문화 호형토기,[132] 요녕지역 절경호節頸壺[133] 등에서 구하고 있다. 다만 시기적으로나 형태적인 면에서 차이점을 극복하지 못한 요인을 갖고 있기는 하지만 악석문화, 고태산문화의 호형토기와는 흡사하다. 또한 서북한 낙랑지역의 평저호와 연관시

사진 5. 각종 이중구연토기(아래 우: 서울 가락동)

---

130) 김종만, 1999, 「마한권역출토 양이부호 소고」『고고학지』10, 한국고고미술연구소.
　　서현주, 2001, 「이중구연토기 소고」『백제연구』33, 충남대학교 백제연구소.
131) 임영진, 2017, 「마한토기의 기원 연구」『호남고고학보』55, 호남고고학회.
132) 임영진, 2017, 「마한토기의 기원 연구」『호남고고학보』55, 호남고고학회.
133) 박순발, 2001, 「대경호일고」『호남고고학보』13, 호남고고학회.

켜 보는 견해도 있다.[134]

출현지역은 한강유역, 호남지역, 영산강유역권의 서북부에 해당하는 고창·영광·함평 등지로[135] 다양하지만, 영산강유역권 서북지역의 매장 유구에서 시작되어 서해안을 따라 북상한 토기로 보는 견해도 있다.[136] 그렇지만 이중구연토기와 공반하는 토기류가 취사용기 위주라는 점을 근거로 일상생활용기로 먼저 사용되다가 부장품으로 변화하였을 거라는 연구가[137] 있어 주목된다. 시기는 3세기경에서부터 6세기경까지 사용된 토기로 호서지방의 서남부와 서해안, 호남지방에서 강한 출토 예를 보인다. 이 토기는 평저호, 원저호, 난형호, 장란형토기, 소호 등 다양한 기종의 구연부에 채택되었다. 이러한 점에서 보면 양이부호와 다르게 이중의 구연부의 형태가 마한 집단에 선호되어 채택된 것이며, 전파를 통해 다수의 기종에 파급된 것으로 보아야 하므로 양이부호와 출현지역이 다를 수 있다.

이중구연토기는 구연부, 저부, 동체부의 형태에 따라 형식분류하고 있는데, 다양한 기종에 채택되어 사용되었고 명명된 이름에서도 알 수 있듯이 구연부를 가지고 분류하는 것이 우선시되어야 할 것이다. 구연부의 형태를 보면 외반된 구연부에 다시 직립구연을 부착하는 형식, 직립된 구연의 바깥 중앙부에 돌대를 붙여 만든 것, 구연 중앙을 눌러서 만든 것 등 3가지로 나눌 수 있다. 이 중에서 가장 보편적이고 광범위하면서 출토 양이 많은 것은 외반된 구연 위에 다시 직립구연을 부착하는 방식이다.

이중구연토기는 마한의 생활유적과 무덤유적에서 많은 형식과 지역적 다양성을 가지면서 확인되고 있는 주요 기종으로, 서울 가락동, 공주 남산리를 비롯하

---

134) 성정용, 2000, 『중서부 마한지역의 백제영역화과정 연구』, 서울대학교 박사학위논문.
    서현주, 2006, 『영산강유역 고분 토기 연구』, 학연문화사.

135) 박형열, 2013, 「호남 서남부지역 고분 출토 이중구연호의 형식과 지역성」『호남고고학보』44, 호남고고학회.

136) 왕준상, 2010, 「한반도 서남부지역 이중구연호의 변천과 성격」『백제문화』42, 공주대학교 백제문화연구소.

137) 임영진, 2017, 「마한토기의 기원 연구」『호남고고학보』55, 호남고고학회.

여[138] 금강유역, 영산강유역에서 많이 출토되었다. 양이부호와 마찬가지로 백제토기의 남진과 관련하여 4세기경부터는 출토지역이 점차 남쪽으로 한정되어 가면서 5세기경 이후가 되면 호남지역에서만 발견되다가 6세기경 소멸하는 기종이다. 생산유적에 대해서는 아직 알려진 것이 없으나 향후 발견될 가능성이 많다.

특히 이중구연토기는 양이부호와 마찬가지로 일본 규슈지방을 비롯하여 몇 군데에서 유사한 것이 확인되고 있어 주목되고 있다.[139]

3) 조형토기

조형토기는 전체 모습이 위가 넓고 아래가 좁아 역삼각형을 이루는데, 평저에 동체 윗부분에는 주입구를 중심으로 양쪽에 각각 1개의 구멍이 뚫려 있어 대칭을 이루며 새모양처럼 보인다.

조형토기에 대한 연구는 양이부호나 이중구연토기보다는 늦으며 편년과 기능을 중심으로 이루어져 왔다. 1980년대 중반경 동물형토기 중 계형鷄形토기로[140] 처음 알려진 이래로 해남 군곡리패총 발굴조사를 통해 유대각배, 이형토기로 부르다가 조형토기로 고정되었다.[141]

기원에 대해서는 잘 알려진 것이 없으나 중국 조형토기와 관련되었을 것으로 본 연구가 있다.[142] 중국 절강성, 호북성, 강소성에서 발견되고 있는 조형토기는 한반도에서 발견되고 있는 조형토기와 흡사하지만 이 역시 시기적으로 많은 차이가 있으며 형태가 매우 흡사한 점에서 영향 관계를 살펴볼 수 있을 것이다. (사진 6)

출현 시기는 해남 군곡리패총 출토품을 볼 때 경질무문토기와 공반하는 1~2세기경부터 나타나기 시작하여 3~4세기를 통하여 호남지방을 중심으로 본격적

---

138) 김종만·신영호·안민자, 2001, 『公州 南山里 墳墓群』, 국립공주박물관.

139) 金鍾萬, 2008, 「日本出土 百濟系土器の研究」『朝鮮古代研究』9, 日本朝鮮古代研究刊行會.

140) 안승주, 1985, 『백제토기도록』, 백제문화개발연구원.

141) 최성락, 1987·1989, 『해남 군곡리패총 Ⅰ·Ⅲ』, 목포대학교 박물관.
    최성락 외, 2001, 『영광 군동유적』, 목포대학교 박물관.

142) 임영진, 2007, 「마한분구묘와 오월 토돈묘의 비교 검토」『중국사』51, 중국사학회.

사진 6. 각종 조형토기(위 중앙: 익산 간촌리)

으로 확산되면서 북으로는 아산만 지역까지 파급되고 있다. 그러나 조형토기도 양이부호와 마찬가지로 5세기경 이후에는 소멸하는 양상을 보인다.

조형토기는 구연의 높이와 동체의 높이 변화에 따라 형식분류가 가능하다. 조형토기의 변천은 경질무문토기 단계부터 확인되고 타날문토기 단계를 지나 5세기경의 백제고분에서도 출토된 예가 있는데, 아산 남정리유적에서 가장 정형화된 형태를 보여준다.

조형토기는 출토 양이 그리 많지 않지만 기능에 대한 연구는 다각도로 이루어져 왔다. 조형토기는 가야지방의 오리형토기를 시원적인 것으로 보고 보고자가 직접 한쪽 구멍에 입을 대고 불어보는 실험을 통해 신호기로 추정한 이후[143] 악기로까지 발전하였으며,[144] 이후 실용기보다는 제의용기로 보는 견해도 있다.[145] 여기에서 한발 더 나아가 제의와 관련해 주관자가 의식을 거행할 때 정화수 등의 액체를 담아 따르는 기능으로 보기도 하였다.[146] 또한 담양 태목리 65호

---

143) 최성락, 1989, 『해남 군곡리패총Ⅲ』, 목포대학교 박물관.

144) 노미선, 2012, 「마한·백제지역 조형토기의 기능 연구」『호남문화재연구』13, 호남문화재연구원.

145) 이상균, 2001, 「한반도 선사인의 죽음관」『선사와 고대』16, 한국고대학회.

146) 국립김해박물관, 2004, 『영혼의 전달자 특별전 도록』.

사진 7. 기장 청강 대라리 2-4호
주거지(위), 산청 평촌리
114호 석곽묘(아래)

주거지에서 발견된 조형토기 내부에 유기물이 부착된 것을 토대로 기름 용기 또는 기름으로 피막을 입힌 후 액체를 담았을 것으로 추정하였다.[147]

조형토기는 북으로는 아산만 일대, 남으로는 해남에 이르기까지 호서지방과 호남지방에서 확인되고 있으며 무덤(토광묘, 옹관묘) 출토품보다는 주거지 출토품이 많다. 조형토기는 부산 기장 대라리 Ⅱ-4호 주거지와 산청 평촌리 114호 석곽묘에서 발견되어 마한과 가야의 교류를 살펴볼 수 있는 자료가 되고 있다.[148](사진 7)

4) 유공광구호

유공광구호는 평저에 둥그런 동체와 외반하는 구연부를 하고 있는데, 특히 동체의 가운데 부분에 조그만 구멍이 뚫려 있는 것이 가장 큰 특징이다. 초기에는 크기가 작은 토기만 발견되어 유공광구소호, 유공소호, 유공호 등의 이름으로 불렸으나 최근 대형품도 확인되어 유공광구호로 명명되고 있다.(사진 8)

유공광구호는 한강유역, 아산만권, 금강유역, 만경강유역, 영산강유역, 남해안 등에서 확인되고 있으며 영산강유역에서 집중적으로 발견되고 있는 기종이다. 출토 유구로는 주거지보다 무덤(옹관묘, 석실분)에서 많이 발견되고, 영산강유역권에서는 광주 〉 나주 〉 무안 〉 영암 순으로 확인되었다.[149]

김영희, 2013, 「호남지방 조형토기의 성격」『호남고고학보』 44, 호남고고학회.

147) 호남문화재연구원, 2010, 『담양 태목리유적Ⅱ』.

148) 복천박물관, 2015, 『가야와 마한·백제』.

149) 박형열·김진영, 2011, 「광주·전남지역의 유공광구소호」『"유공광소호"속에 숨은 의미와 지역성 논의』, 국립광주박물관.

사진 8. 호남지방 출토 각종 유공광구호

　기원은 남해안지역 광구소호에서 발달한 견해로 본[150] 이후 가야에서 구한 견
해,[151] 중국 월주요산 계수호의 사용법이 광구소호 등에 적용되어 3세기경 영산
강하류권에서 나타났다는 견해,[152] 영산강유역권에 가야의 광구소호 등의 영향
으로 장경소호에 구멍을 뚫어 영산강하류에서 백제의 영향력 확대에 따라 독자성
을 부각하기 위해 서진대의 타호의 영향을 받아 등장하였다는 견해,[153] 영산강유
역의 상류인 황룡강·극락강권에서 등장하여 파급되었다는 견해,[154] 일본 스에

　　오동선, 2017, 「개배와 유공광구호」『마한·백제토기 연구 성과와 과제』, 학연문화사.
150) 김정학, 「웅천패총연구」『아세아연구』10-4, 고려대학교 아세아문제연구소.
151) 이은창, 1978, 「유공광구소호」『고고미술』136·137, 한국미술사학회.
152) 小池寬, 1999, 「有孔廣口小壺の祖型」『朝鮮古代硏究』1, 朝鮮古代硏究刊行會.
153) 서현주, 2006, 『영산강유역 고분 토기 연구』, 학연문화사.
　　서현주, 2011, 「백제의 유공광구소호와 장군」『"유공광구소호"속에 숨은 의미와 지역성 논
　　의』, 국립광주박물관.
154) 원해선, 2015, 「유공광구호의 등장과 발전과정」『한국고고학보』94, 한국고고학회.

끼와 관련된 것으로 보는 경우,[155] 분구묘 사용집단과 관련하여 등장한 기종으로 고창에서 기원했다고 보는 견해가[156] 있고, 최근에는 토기의 기능문제와 관련하여 중국 강남지역의 오련관五聯罐과 관련되어 등장하였다고 보는 견해[157] 등이 있다. 유공광구호의 등장 시기에 대해서는 다양한 견해가 공존하며, 3세기설보다는 5세기 전반경 영산강유역에서 등장하였다고 보는 것이 유력하지만 다소간 연대가 상향할 개연성도 열어두고 있다. 5세기 전반경을 통하여 한성백제의 중심지였던 풍납토성에도 이입되고 있으나 6세기경에는 소멸한다.

기능은 실용기와 의례용기로 나눌 수 있다. 실용기는 동체에 있는 조그만 원형 구멍에 대롱을 끼워 술 등의 액체를 따르는 용기이거나[158] 등잔으로 사용되었을 것으로도 보고 있으며,[159] 의례용기로서 맹세나 의식을 행할 때 술과 피 등을 나눠 마시기 위해 대롱을 꽂아 빨아 마시는 그릇으로 보는 견해,[160] 고배 등과 같은 제사용기로 보는 견해[161] 등이 있고, 토기의 구조적인 특징상 상징적·관념적 기능을 가진 의례용기로 보는 견해도[162] 있다. 그리고 토기의 용량에 따라 소형은 의례용기로 대형은 실용기로 본 견해가[163] 알려져 있다. 마한토기 중 양이부호, 이중구연토기의 출현 시점보다는 2세기나 늦게 확인되고 있는 점 등을 볼 때 뒤늦게 마한지역에서 선호된 이유에 대해서는 앞으로 연구가 진행되어야 할 것이

---

155) 木下亘, 2003, 「韓半島 出土 須惠器(系) 土器에 대하여」 『백제연구』 37, 충남대학교 백제연구소.
　　　酒井淸治, 2004, 「5~6세기의 토기에서 본 羅州勢力」 『백제연구』 39, 충남대학교 백제연구소.

156) 노미선, 2004, 「有孔廣口小壺 小考」 『연구논문집』 4, 호남문화재연구원.

157) 임영진, 2017, 「마한토기의 기원 연구」 『동북아시아에서 본 마한토기』, 학연문화사.

158) 中口裕, 1978, 「ハソウの用途」 『考古學研究』 25-3, 考古學研究會.
　　　신인주, 1998, 「新羅 注口附容器에 대한 研究」 『문물연구』 2, 동아시아문물연구학술재단.

159) 경희대학교 박물관, 1974, 『영암내동리옹관묘조사보고』.

160) 김원룡, 1981, 『신라토기』, 열화당.

161) 田辺昭三, 1981, 『須惠器大成』, 角川書店.

162) 임영진, 2017, 「마한토기의 기원 연구」 『동북아시아에서 본 마한토기』, 학연문화사.

163) 小池寬, 1999, 「はそう考」 『瓦衣千年』, 森郁夫先生還紀念論文集刊行會.

다. 5세기경은 한성시기의 백제토기가 남부지방으로 한창 전파되고 있는 시기이며 마한에서 기능상 특수한 목적을 가지고 기종을 선택한 것으로 보인다.

형식은 구연부, 구순부, 경부, 저부 등으로 분류가 가능하지만 가장 중요한 속성분류 방식으로 채택되어야 할 것은 구순부에서 구경부까지의 변화 양상이 시간성을 반영하고 있는 것으로 보아야 한다. 초기의 형식은 목이 동체 높이보다 낮고 단순하게 외반된 형태에서 늦은 시기로 갈수록 점차 목의 길이가 길어져 장경長頸이 되고 반구형의 형태를 띠면서 광구廣口가 된다. 이른 시기의 것으로 보고되고 있는 광주 하남동 100호 주거지 출토품은 평저소호의 동체에 구멍을 뚫은 것으로[164] 초기의 형식을 잘 대변하고 있으며, 가장 늦은 시기에 속하는 것으로 광주 월계동 1호분에서 출토된 바와 같은 것(사진 8의 우에서 두 번째)으로 입술 아래에 장식이 달리기도 한다.

5) 분주토기

분주토기는 무덤의 분구 상부와 자락 주변을 장식한 토기로 원통형토기, 하니와형토제품, 분구수립토기, 원통형 특수토기 등 여러 명칭으로 부르고 있다. 분주토기는 일제강점기 나주 신촌리 9호분에서 처음 출토된 이래로 광주 월계동고분 등 전방후원형고분의 주구에서 발견되는 등 영산강유역에서 주로 확인되었으나, 아산 명암

사진 9. 분주토기(좌: 아산 명암리 밖지므레, 우: 아산 갈매리)

164) 오동선, 2017, 「개배와 유공광구호」 『마한·백제토기 연구 성과와 과제』, 학연문화사.

리·갈매리와 천안 청당동 지역의 토광묘 발굴조사에서 분주토기의 조형으로 볼수 있는 원통형토기가 확인됨에 따라 발견지역이 북한北限은 아산만권, 남한南限은 해남에 이르고 있다.(사진 9)

분주토기의 기원에 대해서는 일본 영향설, 자생설, 중국 영향설 등이 있다. 일본의 하니와 초기 형태의 등장 시점인 3세기보다 늦은 시기의 것만 확인되어 일본에서의 유입이나 영향설에 무게를 두고 진행되었다.[165] 자생설은 일본 호형 하니와의 영향을 받은 영산강유역 세력이 만들었다는 견해와[166] 2000년대에 접어들어 아산만권에서 일본의 하니와 출현 시점보다 이른 시기의 원통형 특수토기가 발견됨에 따라 중국과의 교류를 통해 기원을 찾고, 한반도 내에서 지역성을 가지며 변천한 것으로 보고 있다.[167]

분주토기의 형식은 전체적인 형태에 따라 이루어지고 있는데 원통형과 호형으로 대별하고 있으며,[168] 이에 통형을 추가하였다. 호형은 다시 장고형·기대형·화분형으로, 통형은 통A형·통B형으로 세분한다.(사진 10) 분주토기는 다양한 형식이 존재하기 때문에 형식적인 면에서 더 세분되어야 하겠지만 자료가 많지 않고 아직 연구가 진행되고 있는 점에서 자료의 증가를 기다려 보아야 한다. 그리고 한반도 출토 분주토기가 아산·천안 지역에서 발견된 원통형토기를 기원으로

---

165) 우재병, 2000, 「영산강유역 전방후원분 출토 원통형토기에 대한 시론」 『백제연구』 31, 충남대학교 백제연구소.
小栗明彦, 2000, 「全南地方 出土 埴輪의 意義」 『백제연구』 32, 충남대학교 백제연구소.
坂靖, 2014, 「韓半島의 埴輪과 日本列島」 『한국 원통형토기(분주토기)의 연구현황과 과제』, 국립나주문화재연구소·전남대학교 박물관.
임영진, 2003, 「한국 분주토기의 기원과 변천」 『호남고고학보』 17, 호남고고학회.
이영철, 2007, 「호형 분주토기의 등장과 시점」 『호남고고학보』 25, 호남고고학회.
김낙중, 2009, 『영산강유역 고분 연구』, 학연문화사.

166) 大竹弘之, 2002, 「韓國全羅南道의 圓筒形土器」 『前方後圓墳と古代日朝關係』, 同成社.
임영진, 2014, 「한국 분주토기의 발생과 확산 배경」 『한국 원통형토기(분주토기)의 연구현황과 과제』, 국립나주문화재연구소.

167) 임영진, 2015, 「한국 분주토기의 발생과정과 확산 배경」 『호남고고학보』 49, 호남고고학회.

168) 이영철, 2007, 「호형 분주토기의 등장과 시점」 『호남고고학보』 25, 호남고고학회.

사진 10. 분주토기(좌: 군산 축동, 우: 나주 신촌리·광주 월계동)

하여 자체 발전하였는지 아니면 각 시기·지역별로 기원을 달리하는 기종의 영향
이 있었는지에 대해서는 잘 알려진 바가 없다. 최근 함평 금산리 방대형고분에서
발견된 인물형 분주토기도 확인된 바 있어 앞으로 새로운 연구 성과가 기대된다.

6) 장란형토기

장란형토기는 둥근 저부, 긴 동체에 짧게 외반한 구연부를 하고 있어서 계란의
윗부분을 자른 모양이며, 동체가 세장한 탓에 포탄형토기, 장동옹長胴甕이라는 명
칭으로도 부르고 있다. 장란형토기는 경질무문토기 사용기부터 취사용기로 널리
사용되었기 때문에 마한시기 주거지에서 대부분 출토되고 있으며 간혹 옹관甕棺,
공헌토기貢獻土器로 사용되기도 하였다.

장란형토기는 경질무문토기가 소멸되는 과정에서 타날문토기의 한 기종으로
등장하여 서해안을 따라 남부지방까지 발견된다. 장란형토기와 심발형토기는 공
반하는 경우가 많아 3세기 초부터 동시에 변화했을 가능성이 높다. 그러나 장란
형토기가 약간 후행하는 것으로 보는 견해도 있으며,[169] 선후를 확인할 수 있는
유적이 드물고 심발형토기와 장란형토기는 오랫동안 공반 관계를 유지해 오고 있

---

169) 신종국, 2002, 『백제토기의 형성과 변천과정에 대한 연구』, 성균관대학교 석사학위논문.

사진 11. 풍납토성 경당지구   사진 12. 호남지방 출토 장란형토기(우에서 두 번째: 익산 관원리)
1구역 경질무문토기

는 점이 중부지방과 중서부지방에서 공통적으로 확인되는 바 그 유입 시기에 대한 선후차를 고려하는 것은 곤란하다는 견해가 우세하다.[170](사진 11, 12)

　기원은 낙랑의 화분형토기의 영향설,[171] 요동반도 연식부燕式釜 영향설이[172] 있다. 장란형토기는 취사용기로 부뚜막에 고정하여 사용한 경우가 대부분이며 구연부에 시루를 놓아 밥을 찌거나 액체 상태의 음식물을 끓이는데 증기를 배출하는 역할을 하는 것이다.

　형식은 문양과 구연부, 저부를 통해 살펴볼 수 있으며, 문양으로 지역성을 구별한다거나 구연부나 저부의 형태로는 시기성을 살펴볼 수 있다. 장란형토기 입술 부분의 형태적 변화양상은 심발형토기와 매우 유사하다. 그 이유는 심발형토기와 함께 오랜 기간 사용된 기종이기 때문에 강한 전통성으로 인하여 기술상이

170) 한지선, 2005, 「백제토기 성립기 양상에 대한 재검토」 『백제연구』 41, 충남대학교 백제연구소.

171) 박순발, 2004, 「백제토기 형성기에 보이는 낙랑토기의 영향」 『백제연구』 40, 충남대학교 백제연구소.

172) 김장석, 2012, 「남한지역 장란형토기의 등장과 확산」 『고고학』 11-3, 중부고고학회.

나 형태상으로 변화의 폭이 적기 때문이다. 장란형토기는 입술 부분의 형태에 따라 둥근 것, 입술 중간에 홈이 있는 것, 입술 하단이 아래로 발달한 것으로 나눌 수 있다. 마한시기의 장란형토기는 격자문계가 주류를 이룬다. 장란형토기는 소성할 때 가마 안에서 산소와의 접촉이 이루어져 적갈색연질을 띠며 모래가 많이 섞여 있는 점토를 이용하여 만들었는데 이것은 불에 직접적으로 닿았을 때 열을 잘 흡수할 수 있도록 하기 위한 것이다.

7) 시루

시루는 위가 넓고 밑이 좁은 역사다리꼴 모양으로 생겼으며, 저부에 뚫린 구멍[蒸氣孔]으로 올라오는 증기를 이용하여 조리하는 취사용기이다. 우리나라에서는 청동기시대부터 사용되었으며 마한시기에는 장란형토기, 심발형토기와 함께 취사용기로서 본격적으로 사용되었다.(사진 13)

기원은 요동지역을 통해 내려왔을 것으로 보고 있지만 중부지역에서 중국 한나라 시기의 유물과 공반하는 점을 들어 중국과의 직접 교류를 통해 유입되었을 가

사진 13. 호남지방 출토 시루(우: 전주 송천동)

능성도 제기되었다.[173]

마한 시기의 시루는 대체로 납작한 바닥에 원형의 증기공이 있는 것이며 동체에 남아 있는 손잡이는 우각형(소뿔)을 하고 있는 것이 많다. 시루의 뚜껑은 발견된 예가 없는데, 증기가 쉽게 날아가기 때문에 사용하지 않을 경우는 음식물을 찌기가 어려워 나무판을 이용하였을 것으로 보고 있다. 마한의 시루는 바다 건너 일본의 나라, 규슈지방에서도 확인되고 있어 교류 또는 이주를 연구하는데 귀중한 자료로 이용되고 있다.

8) 조족문토기

조족문토기는 새의 발 모양은 타날판에 새겨서 그것을 토기를 성형할 때 두드려 나타난 것으로 단경호, 분주토기 등의 마한토기 뿐만 아니라 백제토기의 대형호, 중형호, 소형호, 대부호, 파배, 병, 시루, 주구부토기, 심발형토기, 장란형토기, 발, 완, 분주토기 등 다양한 기종에 적용되었다. 영산강유역을 중심으로 많은 출토 양을 보이기 때문에 마한토기의 범주로 이해되면서 교류를 통하여 일본열도에 유입된 것으로 보았다.[174] 그러나 조족문토기는 서북한지역에서 내려오는 낙랑토기와의 관련성을 통해 전파된 토기로 알려지게 되면서 새로운 연구결과가 나오게 되었다.[175]

형식은 크게 두 가지로, 1개의 중심선의 상하에 있는 가지선이 중심선에 붙은

---

173) 오후배, 2003, 『우리나라 시루의 고고학적 연구』, 단국대학교 석사학위논문.
박경신, 2003, 『한반도 중부이남지방 토기 시루의 성립과 전개』, 숭실대학교 석사학위논문.
나선민, 2016, 『중서부지역 원삼국–한성기 백제 시루(甑) 연구』, 충남대학교 석사학위논문.

174) 박중환, 1999, 「조족문토기고」 『고고학지』 10, 한국고고미술연구소.
최영주, 2006, 『조족문토기 고찰』, 전남대학교 석사학위논문.
최영주, 2006, 「조족문토기의 변천 양상」 『한국상고사학보』 55, 한국상고사학회.

175) 김종만, 2008, 「조족문토기의 기원과 전개양상」 『한국고대사연구』 52, 한국고대사학회.
金鍾萬, 2010, 「鳥足文土器の起源と展開樣相」 『古文化談叢』 63, 九州古文化研究會.

것과 붙지 않은 것으로, 그리고 2~5개의 중심선 중 상하에 있는 선에 가지선이 붙은 것과 붙지 않은 것으로 대별되며 세부적으로 나눌 수 있다. 조족문은 중심선에 부착된 가지 선의 개수, 굵기 등에서 시기적인 차이가 있다.(그림 2)

　기원은 서북한지역에서 발견되고 있는 낙랑토기의 내부에 조족문과 같은 무늬가 타날되어 있는 점을 들어 이주 혹은 교류에 의해 나타난 것으로 보았다. 정형화는 4세기 전반경에 경기도 지방에서 이루어지고 7세기 전반경을 전후하여 소멸한다. 조족문이 정형화되는 과정에는 2~3세기경 중부지방에 이주한 서북한지역 이주자들과 관련이 있다. 즉, 이 문화를 소유한 사람들이 남쪽으로 이주하는 과정에서 양양 가평리 C지구 1호 주거지 출토품과 같이 중부지방에서 이른 형태가 나타나고 4세기 전반경 한강유역의 하남 미사리 고26호 주거지 출토품과 같이 정형화된다.(그림 3)

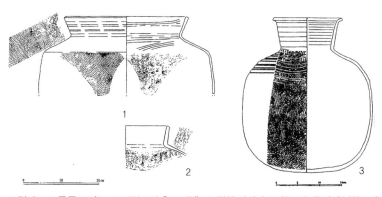

그림 2. 조족문토기(1·2.낙랑토성 출토 관罐, 3.양양 가평리 C지구 1호 주거지 낙랑토기)

형식	I Aa	I Ab	I Ac	I Ba	I Bb	I Bc	I Bd	I Be	II A	II B
형태										

그림 3. 조족문토기 형식

전개양상은 마한이나 백제에서의 수용보다는 서북한지역의 이주자들이 남하하는 과정에서 그들의 표지로 삼아 전개한 것이다. 이들은 비슷한 시기에 중부지방~남부지방으로 확산되어 동일 시기에 백제 및 마한문화와 지역에 관계 없이 공존하고 있어서 마한토기로만 지칭하는 것은 곤란하다.

조족문토기는 생활·무덤유구에서 발견되었다. 생활유구는 주거지·관방·요지이며, 무덤유구는 토광묘·석곽묘·석실분·횡혈묘·옹관묘·분구묘 주구·전방후원형고분이다. 주거지는 하천과 바다 주변 등 교역 거점지역을 중심으로 발견되어 교역과 관련하여 확산한 것으로 보았다. 3세기 후엽경~4세기 초 풍납토성 경당지구 101호 유구에서 발견되고 있는 것은 조족문토기 집단이 초기부터 백제의 중앙으로 진출하였음을 의미한다. 남한강유역에 거점식으로 위치하고 있는 산성은 교통의 요충지로 고구려에 대한 방어, 물류운반과 관련되어 설치된 것이다. 토광묘는 단순토광묘에서만 확인되고 있으며, 천안, 청주지역에서 풍부한 유물이 부장된 것도 발견되고 있어 지역의 중심세력으로 신분이 성장한 곳도 있다. 석곽묘는 수혈식으로 남원과 하동에서도 발견되어 다양한 문화와 접촉하고 있는 것을 알게 되었다. 석실분은 횡혈식으로 청주, 군산, 나주지방에서 확인되었다. 금강유역의 청주나 군산은 이 지역의 횡혈식석실분의 초기 형태로, 5세기 말~6세기 초 금강유역의 상류와 하류에서 맡고 있었던 역할이 주목되었다. 영산강유역에서는 횡혈식석실분의 등장과 관련하여 이들이 관여한 사실이 있음을 알았다. 또한 이들은 옹관묘가 해체되는 5세기 말경에 영산강유역에서 두각을 나타내며 발전하고, 6세기 전반경에는 주변 문화의 적극적인 수용자로서 광주에서 전방후원형고분과 같은 대형고분 축조에 관여한다. 이러한 모습은 금강유역에서 5세기 말~6세기 초에 이 집단이 지방의 유력계층으로 변화해간 양상과 유사하다.

공반유물은 토기류, 금속류가 있다. 남한강·금강유역과 영산강유역에서의 유물 공반 관계는 시기별로 조족문토기 사용자들이 성장하는 과정을 잘 보여주고 있다. 3세기 후엽경~4세기 초는 흑색마연토기편, 단경호, 장란형토기 등 실생활용기와 공반한다. 4세기 후반경~5세기 전반경에는 백제가 국가를 운영하는데 필요한 물자공급지의 보호 루트와 거점지역에 조족문토기 사용집단을 배치하면서 이들은 지방의 수장층에 오른다. 특히 청주, 천안에서 금동제이식, 단봉單鳳·

삼엽문三葉文이 장식된 환두대도 등 위신재와 공반한다. 토기류도 흑색마연토기, 광구장경호, 고배, 개배 등 백제 기종과 함께 중국도자기도 함께 나온다. 5세기 중반경에는 풍납토성에서 보는 바와 같이 백제토기의 전 기종과 공반한다. 영산 강유역에서 조족문토기는 4세기 말~5세기 전반경에는 주로 마한토기(옹관 등), 5세기 중엽경 이후에는 백제토기, 5세기 말~6세기 전반 경에는 유공호, 원통형토기와 함께 발견된다.

이들의 역할은 무인, 상인, 성곽축조·말사육[馬飼育]·토기[陶工] 기술자 등 다양한 분야에 걸쳐 있는데, 중부·중서부지방에서는 무인武人·기술자·상인(교역), 영산강유역을 포함한 남부지방에서는 주로 상업 담당자의 역할이었다고 생각된다.

일본열도 조족문토기는 백제의 마한 잠식과정에서 건너온 것이 아니라 교역의 거점지역을 확보하기 위하여 항구도시에 이 집단이 거주하면서 나타나고 있는데, 한반도에서 주로 물류의 중심지에 거점을 두고 있었던 상황과 동일하다. 일본의 초창기 조족문토기는 남한강·금강유역과 관련이 있다.

서북한지역의 이주자들은 4세기경 조족문의 정형화 이후 경기도·충청도·전라도 지방에서 다양한 역할을 하면서 성장하였다. 이들은 중부~남부지방에서 마한과 백제문화가 있었던 시기에 지역적인 차이점을 극복하면서 시기에 따라 변화하는 물결 속에서 전통적인 문화를 유지하고 다양한 문화를 수용하면서 백제와 동맹 관계로 시작하여 종속화되었을 것이다.

이렇게 동일한 시기에 지역을 달리하고 문화적으로도 이질적인 요소가 많이 게재되고 있음에도 불구하고 조족문토기 사용집단의 발전 양상이 비슷하게 나타나고 있는 것은 이들을 하나의 끈으로 연결하고 있었던 조족문이라고 하는 문양을 매개체로 하는 요소가 지역에 관계없이 연계되면서 동일 집단으로서 맺어져 있었기 때문이다.

3. 마한토기의 대외교류

기원 전후한 시기에 마한은 안정화된 사회 기반 속에서 소국들이 중국 본토와 낙랑을 통한 대외교류를 통하여 다각적인 발전을 이루었다.

최근 중부지방의 한강 하류역에서 확인되고 있는 일부 분구묘와 그곳에서 출토된 토기류는 중국 산동지역의 물질문화에 기원을 두고 있는 것으로 알려지면서 낙랑문화의 파급과 함께 마한문화의 국제성을 살펴볼 수 있게 되었다. 낙랑의 선진기술이 마한지역으로 파급된 것에 대해서는 중부지방을 포함하여 마한고지에서 나타난 외래기성품外來旣成品을 포함한 고고학적인 정황을 통하여 알 수 있다. 기원전 1세기~기원후 3세기경 중부지방을 비롯하여 남해안에 이르기까지 발견되고 있는 낙랑(계)토기를 비롯해 가평 대성리·시흥 오이도·광주 신창동 등의 철경동촉, 천안 청당동·고창 남산리의 금박유리, 오산 세교·청원 송대리·청주 봉명동 등의 동탁銅鐸은 낙랑인의 이주나 마한이 낙랑과의 교류를 통해 유입한 것으로 보고 있다.

　　마한토기의 탄생과 더불어 정형화가 이루어지기까지는 중국 본토에서 직접 건너온 토기제작기술이 반영되기도 했지만 낙랑의 토기제작기술이 직접적으로 영향을 주었는데, 이전 시기에는 볼 수 없었던 등요의 등장과 토기제작 도구인 녹로와 타날판의 사용을 들 수 있다.

　　마한토기는 정형화된 이후 주변 지역으로 전파되었다. 마한의 물질문화는 육로를 통해 대부분 이동하였겠지만 서울 풍납토성이나 김해지역에서 마한(계)토기가 확인된 것으로 보아 강과 해상활동을 통해서도 도성이나 항구도시로 전파된 것을 알 수 있다. 풍납토성 경당지구 206호 우물 내부에서 백제토기와 함께 발견된 유공광구호는 광주 하남동 유적 출토품과의 유사성이 인정되어 5세기경 마한인이 도성 내부의 제사에 참여한 것으로 알려져 있다.[176) 그리고 가야고지인 고성지역에서 출토하고 있는 유공광구호도 마한과의 교류에 의해 나타난 것으로 보고 있다.[177) 가야의 항구도시였던 김해 대성동·양동리·구지로 등에서 발견된 양이부호, 원저단경호, 거치문토기 등은 아산만권, 영산강유역권과의 교류에 의해 나타난 것이다. 거제 아주동과 창녕 계성리 봉화골에는 마한토기가 다수 발견

---

176) 권오영, 2008, 「성스러운 우물의 제사」 『지방사와 지방문화』 11-2, 역사문화학회.
177) 원해선, 2015, 「유공광구호의 등장과 발전과정」 『한국고고학보』 94, 한국고고학회.

되었는데 호남지역의 마한 집단이 이주한 것으로 보고 있다.[178] 특히 창녕 계성리 봉화골 유적에는 가야토기와 일본 하지키[土師器]계의 항아리가 확인되어 여러 지역의 사람들이 모여 살았던 다국적 집합촌이었을 것으로 추정된다.

그리고 제주도의 탐라와 마한이 교류를 하였던 것이 유적의 발굴조사를 통해 알려지게 되었다. 탐라에서는 3~5세기를 통하여 소량의 마한토기가 확인되고 있다. 마한토기의 종류로는 양이부호, 이중구연토기, 원저단경호, 조족문토기를 들 수 있다.[179] 이 토기들은 제주도의 지형 특성상 만들 수 없는 것들로 마한지역에서 유입된 것들이다. 탐라에서 이들 토기가 필요해서 수입한 것은 아닌 것으

사진 14. 제주도 출토 각종 마한토기

---

178) 복천박물관, 2015, 『가야와 마한·백제』.

179) 김경주, 2017, 「탐라의 대외교류와 활동」 『제주도, 탐라의 형성과 발전』, 호남고고학회. 김종만, 2018, 「탐라와 백제」 『탐라』, 국립제주박물관.

로 보이고, 이들 기종은 탐라와의 문물교역을 통해 얻어진 육지의 내용물을 담아 가져온 데서 남겨진 것으로 이해할 수 있다.(사진14)

마한토기는 바다 건너 왜와의 교류·교역을 통하여 전해졌다. 일본열도에서 발견된 마한(계)토기는 규슈[九州]와 긴키[近畿]지역에 집중되며 시코쿠[四國]와 간토[關東]지역에서도 확인되고 있다. 일본열도에서 발견되고 있는 마한(계)토기의 기종으로는 양이부호, 이중구연토기, 거치문토기, 시루, 심발형토기, 장란형토기, 파수부잔, 완 등이 있다.

일본열도 출토 토기류는 주로 영산강유역을 포함한 호남지방에 계보를 갖는 것으로 알려져 있다.[180] 그러나 자료를 면밀히 검토한 결과 호남지방뿐만 아니라 남한강유역을 포함한 경기도, 아산만·금강유역을 포함한 충청도 등 보다 넓은 지역과 교류를 통해 유입된 것으로 보고 있다.[181]

일본열도에서 출토한 양이부호는 2종류가 있는데, 4세기경을 전후하여 규슈지방의 국제항구도시로 유입된 것이다. 양이부호는 서산 대산리, 금강 하구의 서천 오석리 출토품, 청주 송절동 1호 토광묘, 연기 송원리 KM-046 토광묘, 대전 구성동 C-24호 주거지, 서천 봉선리 출토품과 비교했을 때 유사성이 인정되어 아산만과 금강유역에서 도왜渡倭한 것으로 보인다. 특히 규슈의 니시진마찌[西新町] 유적에서 확인되고 있는 거치문토기, 소원공이 있는 시루는 청주 송절동·대전 구성동 유적에서도 보이고 있는 점은 매우 주목되는 요소로 이들과 관련이 깊은 사람이 하카다만[博多灣]으로 건너 간 것으로 추정된다. 양이부호는 5세기경이 되면 금강유역보다는 고창, 해남 등지에서 발견된 형태와 유사한 것이 일본열도에 나타나고 있어 호남지방의 요소도 많이 확인되고 있다.(그림4~9)

---

180) 林永珍, 2001, 「百濟の成長と馬韓勢力そして倭」『檢證古代の河内と百濟』, 枚方歷史フォーラム實行委員會.
　　서현주, 2004, 「4~6세기 백제지역과 일본열도의 관계」『호남고고학보』11, 호남고고학회.

181) 金鍾萬, 2008, 「日本出土 百濟系土器の研究」『朝鮮古代研究』9, 日本朝鮮古代研究刊行會.
　　土田純子, 2011, 「日本 出土 百濟(系)土器:出現과 變遷」『백제연구』54, 충남대학교 백제연구소.

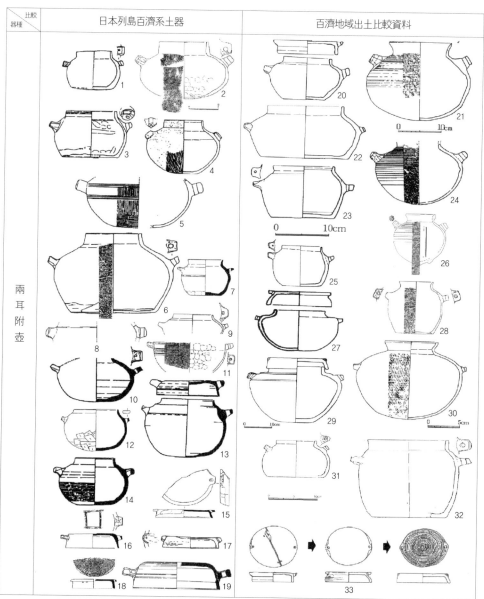

比較器種	日本列島百濟系土器	百濟地域出土比較資料

両耳附壺

그림 4. 한일 고대 양이부호 비교자료[1.塔ノ首, 2·3·5·6.西新町, 4.浦志, 7.長原, 8.タテチョウ, 9.茶臼山東窯跡, 10.陶邑TK216號窯, 11.南講武草田, 12.四ツ池, 13.六十谷, 14.難波 宮下層, 15·18.久寶寺, 16.小阪, 17.新屋敷, 19.伏尾, 20.서산, 21.청주 송절동, 22.서산 대산리, 23.서천 오석리, 24.대전 구성동, 25.공주 남산리, 26.연기(세종) 송원리, 27.고창 신월리, 28.서천 봉선리, 29.무안 사창리, 30.영암 모정리, 31·32.부여 논치, 33.뚜껑 변천도(서산, 고창, 무안)]

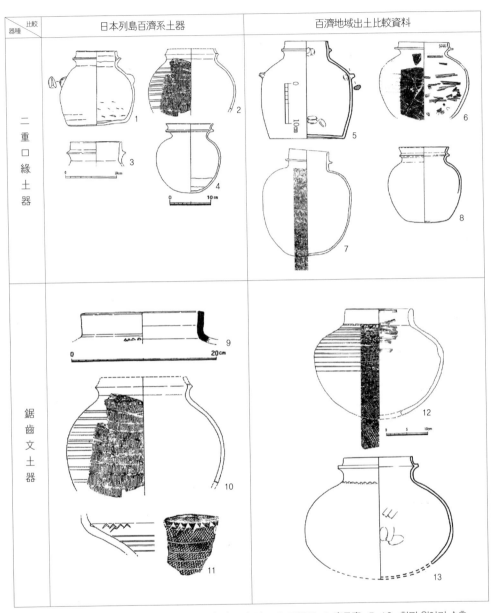

比較 器種	日本列島百濟系土器	百濟地域出土比較資料
二 重 口 緣 土 器		
鋸 齒 文 土 器		

그림 5. 한일 고대 이중구연토기, 거치문토기 비교자료(1~3.西新町, 4.唐子臺, 5·13. 함평 월야리 순촌, 6.순천 요곡리, 7.청원 송대리, 8.영광 화평리, 9.博多, 10.西新町, 11.新町貝塚, 12.대전 구성동)

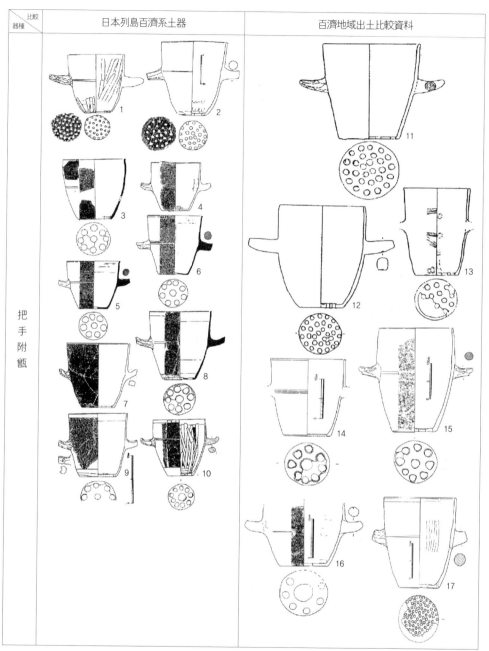

比較器種	日本列島百濟系土器	百濟地域出土比較資料

把手附甑

그림 6. 한일 고대 시루 비교자료(1·2.西新町, 3.播磨出合, 4.南鄕佐田, 5·6.大縣, 7.四條大田 中, 8.山田道, 9.長原, 10.久寶寺, 11.대전 송촌동, 12.승주 대곡리, 13.논산 마전, 14.광주 동림동, 15.거창 대야리, 16.서천 봉선리, 17.부여 논치)

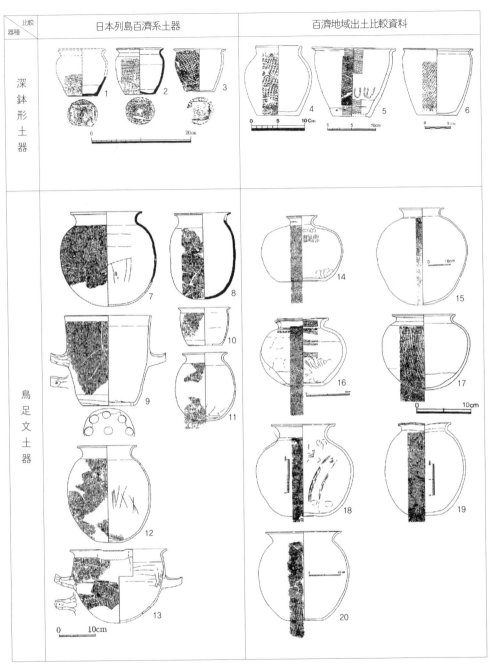

比較器種	日本列島百濟系土器	百濟地域出土比較資料
深鉢形土器		
鳥足文土器		

그림 7. 한일 고대 심발형토기, 조족문토기1 비교자료(1·2.山田道, 3.四條大田中, 4.파주 주월리, 5.천안 두정동, 6.승주 대곡리 : 7·9〜13.長原, 8.城山, 14.이천 설성산성, 15.천안 용원리, 16.공주 단지리, 17.연기 와촌리, 18.서천 봉선리, 19.대전 오정동, 20.청주 신봉동)

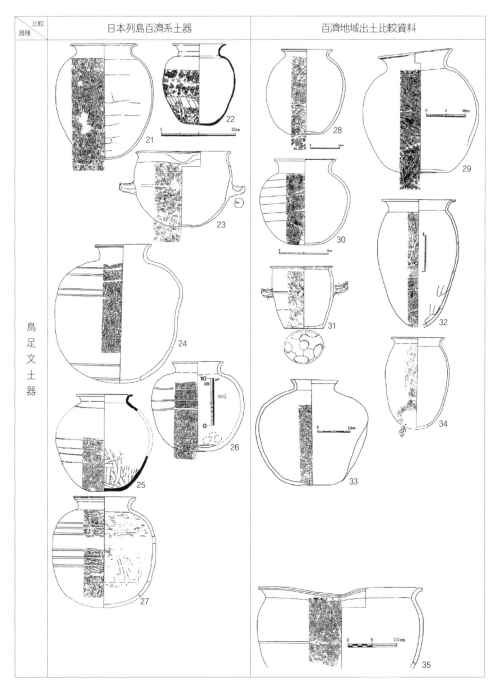

그림 8. 한일 고대 조족문토기2 비교자료(21.長原, 22.中臣, 23.布留, 24.星塚1號墳, 25.蔀屋北, 26.宇和町岩木, 27.楠, 28.청주 신봉동, 29.청주 가경, 30.군산 고봉리, 31·34.나주 복암리, 32.담양 성산리, 33·35.나주 신촌리)

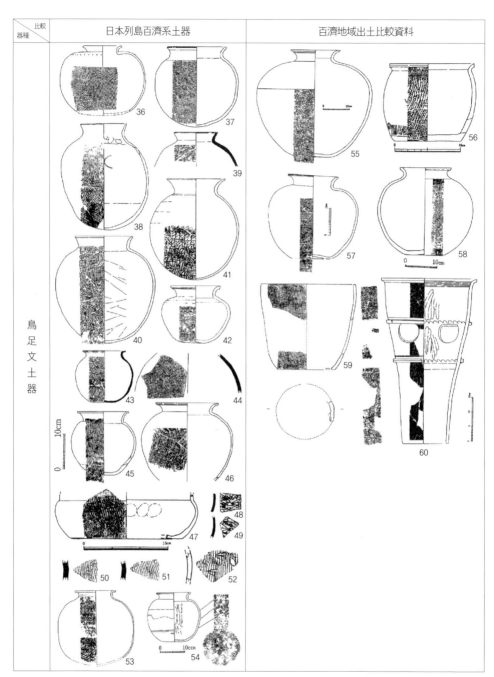

比較器種	日本列島百濟系土器	百濟地域出土比較資料

鳥足文土器

그림 9. 한일 고대 조족문토기3 비교자료(36.相賀古墳, 37.糟屋郡新宮町 夜臼·三代, 38.井原上學, 39·44. 在自下ノ原, 40.井原塚廻, 41·46·52.富地原川原田, 42.梅林古墳, 43.井ノ浦古墳, 45.番塚古墳, 47~49.吉武, 50·51.在自上ノ原, 53·54.福岡 ハサコの宮, 55.나주 덕산리, 56.함평 노적, 57.무안 인평, 58.영암 만수리, 59.나주 동림동, 60.광주 명화동)

이중구연토기와 거치문토기는 양이부호와 동시기에 일본열도로 유입되지만 양이부호 만큼 선호되지 않았다. 니시진마찌 유적의 이중구연토기 중 일부는 함평, 영암지역 등 영산강유역과의 대비가 가능하므로 마한의 여러 소국과의 교류를 상정할 수 있다.

시루와 심발형토기는 일상생활용기의 기본이기 때문에 도왜인이 거주하는 곳에서 대부분 발견되고 있다. 서일본 지방에서 발견되고 있는 시루, 심발형토기는 한반도의 여러 지방에서 사용했던 것이 혼합되어 있어서 계보를 파악하는데 어려움이 있다. 니시진마찌, 나가하라[長原] 등 긴끼나 규슈에서 발견되고 있는 시루, 심발형토기는 한반도의 중부~남부지방과 관련된 것이기 때문에 어느 지역으로 특정하는 것은 위험하다. 그리고 서일본에서 발견되고 있는 취사용기는 5세기 전반경에 오사카의 스에무라[陶邑]에서 직접 제작하여 사용하고 있어서 대비자료는 스에무라에 참여한 도공이 백제고지의 어느 지역과 관련이 있었는가를 파악하는 자료로서 의미가 있을 것이다.

조족문토기는 서일본지역에서 하카다만과 오사카만[大阪灣] 주변 지역의 국제항구도시에서 다수 발견되었으며 일본 고고학자의 관심 대상이었다.[182] 서일본 출토품은 백제의 마한 잠식蠶食 과정에서 나타나는 것이 아니라 교역의 거점지역을 확보하기 위하여 항구도시에 조족문토기 집단의 일부가 거주하면서 나타난 것으로 알려져 있다. 이 집단은 야마토[大和] 정권, 지방 수장층과 우호적인 관계를

182) 竹谷俊夫·日野宏, 1993, 「布留遺蹟杣之內地區出土の初期須惠器と韓式系土器」 『韓式系土器研究』Ⅳ, 韓式系土器研究會.
田中淸美, 1994, 「鳥足文タタキと百濟系土器」 『韓式系土器研究』Ⅴ, 韓式系土器研究會.
西田大輔, 1996, 「夜臼·三代地區遺蹟群出土の韓式系土器について」 『韓式系土器研究』Ⅵ, 韓式系土器研究會.
櫻井久之, 1998, 「鳥足文タタキメのある土器の一群」 『大阪市文化財協會研究紀要』 創刊號.
國立公州博物館, 1999·2000·2002, 『日本所在 百濟文化財 調査報告書』Ⅰ·Ⅱ·Ⅲ.
寢屋川市敎育委員會, 2001, 『楠遺蹟Ⅱ』.
中野咲(和田晴吾編), 2007, 「近畿地域·韓式系土器集成」 『渡來遺物からみた古代日韓交流の考古學的研究』.
岩瀨透, 2008, 「大阪府蔀屋北遺蹟」 『集落から都市へ』Ⅴ, 考古學研究會第54會研究集會.

유지하고 있었는데, 야마토 정권과 관련이 깊은 제사 유적인 나래[奈良] 후루이[布留]·규슈 무나가타[宗像市 在自小田·富地原川原田] 지역과 반츠카[番塚]고분에서 확인되고 있는 것을 그 증거품으로 제시하였다. 규슈 반츠카 고분에서 발견된 개구리[蟾蜍] 장식이 공주 무령왕릉의 허리띠[腰佩]에서 확인되고 있는 것을 실례로 들어 금강유역에서 활동하던 조족문토기 무인 집단과 관련된 것으로 볼 수 있다.

일본열도의 초창기 조족문토기는 영산강유역보다는 남한강·금강유역과 관련이 있다. 금강유역의 천안, 청주의 조족문토기 집단의 무덤에 마구류가 부장되어 있는 것을 통하여 시토미야키타[蔀屋北]유적 등 오사카지역의 말 사육장과의 관련성을 지적할 수 있다.

금강유역을 출발한 조족문토기 집단의 선단船團은 서해안과 남해안에 있는 물류기지에 정박하여 물자를 선적하고 일본에 도달하였을 것이므로 영산강유역을 포함한 호남지방의 물류도 전해졌을 것이다.[183]

한편 진도 오산리에서 발견된 동체에 커다란 타원형 구멍이 뚫린 유공호는 해남, 곡성, 김해, 산청, 함양 등 남부지방에서 주로 발견되는 것으로 일본 야요이시대에 확인되고 있는 원창부토기圓窓付土器와의 유사성이 인정되고 있어[184] 남원

사진 15. 진도 오산리 유공호

---

183) 金鍾萬, 2010, 「鳥足文土器の起源と展開樣相」『古文化談叢』63, 九州古文化研究會.

184) 김경칠, 2006, 「유공호형토기」『백제문화』35, 공주대학교 백제문화연구소.

세전리 장경병, 광주 신창동 야요이토기편과 함께 일본과의 교류를 통해 마한에 들어온 왜(계) 문화라고 할 수 있다.(사진 15) 유공호의 기능에 대해서는 지금으로서는 자세히 알 수 없지만 최근 어느 소수민족이 제철로에 바람을 불어 넣어주는 도구 중 하나로 이용하고 있는 것이 확인된 바 있다. 즉, 유공호의 구멍에 원통형 관을 집어넣고 제철로에 연결한 다음 유공호에 가죽 천을 덮어 북처럼 해서 바람을 만드는 장면이 있었는데 기능을 고려하는데 참고가 될 것이다.

제2절. 백제토기의 성립과 발전

백제토기는 한강유역에서 백제가 마한을 통합하는 과정에서 중국 등 주변국과의 교류를 통해 만들기 시작하였다. 백제토기의 성립은 토기의 발전과정에 있어 백제인이 사회적으로 단합과 일정한 양식의 표출을 위해 이전 시기에 사용된 토기의 기능 수용과 주변국의 여러 문물이 토기의 제작기법과 용도에 영향을 주어 이루어졌다.

마한시기에 백제가 중심에 위치하면서 중국 본토와[185)

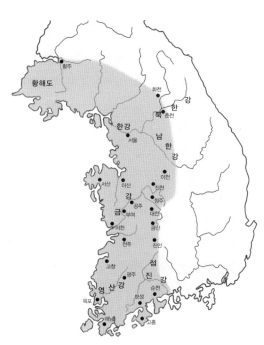

그림 10. 백제토기 출토지역 분포도

---

185) 김수태, 1998, 「3세기 중·후반 백제의 발전과 마한」『마한사 연구』, 충남대학교.

낙랑과의 교류과정에서 나타난 국제성과 개방성에 발맞추어 백제인의 선호도에 맞는 유행 용기容器의 제작을 기획하고, 전시기와는 다른 형태의 기종을 만들어 사용하고자 했을 것이다. 백제의 정치·경제가 우위를 점하기 시작하면서 영토확장을 위한 계획이 가동되고 그 과정을 통하여 이룬 점령지와 그에 속해 있는 사람들을 통합할 수 있는 물질문화를 제도화하는데 필요한 것을 정하다 보니 우선 도량형度量衡의 통일이 급선무가 되었고, 그 안에는 용기(토기)도 포함되어 있었을 것이다. 그러므로 용기(토기)를 만들 수 있는 도처의 장인들을 도성으로 초치했을 것이며 수많은 모방과 시행착오를 거쳐 기존의 마한토기와 다른 모습의 백제토기가 탄생한 것이다. 백제중앙정부가 관여해서 새롭게 선보인 백제토기는 일정한 양식을 유지하는 것이 기본이었을 것이나 생산량이 수요에 맞추지 못했거나 기층사회의 선호도에 맞지 않아 초기에는 도성 인근에만 독점하게 되면서 모든 계층이 사용할 수 없었을 것이다.[186] 그러나 백제가 중국과의 교류가 지속되고 풍부한 물자가 유입되면서 모방 토기가 생기게 되고 물질문명의 발전속도가 가속화되면서 수요자의 의도를 반영한 실용성 있는 기종들을 추가적으로 개발하였으며 다양한 방법을 통하여 전파되었다.

초기 백제토기의 특징은 표면 문지르기[磨研], 깎기, 회전물손질 등의 낙랑토기 제작기술과 중국 도자기를 모방하여 나타난 기종의 등장이다. 1980년대 말 백제토기에 대한 연구는 몽촌토성과 석촌동고분군 등에서 출토된 토기 기종을 중심으로 진행되었다. 즉, 유적에서 발견되고 있는 흑색마연토기의 견부 문양대가 중국 고월자古越磁에 기원을 두고 있으며, 직구호의 출현이 후한 만기~서진시기에 이루어지는 것으로 보고 3세기 중후반으로 정했으며 이후 이 연대관은 변함없이 수용하여 사용하였다.[187] 그러나 서울 가락동 2호분 출토 직구광견호와 공반하는 이중구연토기가 부산 동래패총 F피트 8층에서 출토하는 일본 하지끼[土師器]와 공

---

186) 김성남, 2004, 「백제 한성양식토기의 형성과 변천에 대하여」『고고학』 3-1, 중부고고학회.
187) 박순발, 2001, 『한성백제의 탄생』, 서경문화사.
    박순발, 2018, 「토기 읽기」『아시아 고대토기의 사회학』, 전북대학교 BK21플러스사업단.

반하는 점을 들어 백제토기의 출현을 4세기 2/4분기를 상한으로 제시하고 있어 양자 간에 1세기의 편차가 발생하게 되었다.[188]

　1990년대 말부터 실시된 풍납토성의 발굴조사는 백제토기 등장에서부터 발전 단계를 살펴볼 수 있는 기본 자료들이 풍부하게 발견되어 매우 중요한 역할을 하고 있다. 즉, 백제토기를 구성하는 최초 기종으로 보았던 것보다 빠른 시기의 유구와 토기류가 알려지면서 백제토기 성립기에 대한 기종과 편년이 꾸준히 밝혀지면서 발전하고 있다. 기존의 백제토기 성립과정은 고배, 삼족토기, 직구단경호, 반류盤類 및 기대 등의 출현을 그 분기점으로 삼았으나 풍납토성 경당지구의 101

사진 16. 풍납토성 경당지구 101호 유구 출토 백제토기

---

188) 김일규, 2007, 「한성기 백제토기 편년재고」 『선사와 고대』 27, 한국고대학회.
　　　김일규, 2015, 『백제 고고학 편년 연구』, 부산대학교 박사학위논문.

사진 17. 풍납토성 출토 시유도기 및 전문도기

호 유구에서 발견된 흑색마연의 직구광견호, 광구단경호, 꼭지가 없는 뚜껑 등은 마한시기에 제작된 경질무문토기, 이중구연토기, 타날문 호류와는 전혀 다른 새로운 형태로 등장하고 있다. 이러한 새로운 기종의 출현 시점에 대해서는 같이 나온 중국제 전문도기錢文陶器의 표면에 있는 동전 무늬에 대한 연구결과 동오東吳 ~동진東晉대에 반입된 것으로 보고 있어서[189] 기존의 연대관보다는 약간 늦은 3세기 후엽경~4세기 초의 연대를 부여하고 있다.[190](사진 16, 17)

  한성시기의 백제(계)토기는 서울 이외에도 화천, 춘천, 횡성, 파주, 이천, 천안, 서산, 청주, 공주, 연기, 금산, 군산, 나주 등 동쪽과 남쪽 지역에서도 확인되고, 북쪽으로는 황해도 황주에서도 발견되고 있어 주변 지역으로 영역의 확장과 함께 전파되고 있음을 알 수 있다.(그림 11, 사진 18) 각종 백제 유적에 대한 발굴조사는 아직 초기 단계에 해당하며 아직도 진행 중에 있기 때문에 백제토기 출현 시점에

189) 권오영, 2011, 「한성백제의 시간적 상한과 하한」『백제연구』53, 충남대학교 백제연구소.
190) 권오영, 2001, 「풍납토성 경당지구 발굴조사의 성과」『한밭대학교개교제47주년기념학술발표대회 요지문』, 한밭대학교 향토문화연구소.
   한신대학교 박물관, 2003, 『풍납토성Ⅲ』, pp.128~129.

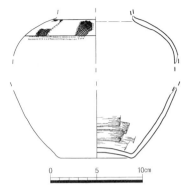

그림 11. 화천 원천리 2지구 33호 주거
지 출토 흑색마연토기 실측도

사진 18. 황해도 황주 출토 고배

대해서는 명확하게 할 수 없지만 당시 한반도의 정치적인 상황과 주변국의 발전
상황을 고려한다면 지금까지 알려진 연대보다 빠른 시기의 것이 발견될 가능성도
충분히 있다고 본다. 백제토기는 마한뿐만이 아니라 기존의 전통양식을 계승한
양식과 새로운 토기류의 백제 양식이 있다.

　백제토기 성립기에 낙랑의 토기제작기술이나 중국 본토의 문물이 도입되었다
고 하는 것은 백제가 당시 중국과 교류 및 교역을 할 수 있는 정치·경제적인 성
장을 이루었고, 또한 인적 재원을 끌어들일 수 있는 포용력과 개방성, 국제성을
갖추고 있었음을 말해주는 것이다.

1. 마한 양식의 계승

　마한 토기를 계승한 것으로는 호류壺類, 장란형토기, 심발형토기, 시루, 완 등
이 있다. 이 기종들은 일상생활용, 고분부장용으로 발견되고 있으나 일상생활용
이 광범위하게 확인되고 있다. 백제토기가 등장하고 발전하는 과정에서 전통양
식을 계승한 기종은 한강유역에서 남부지역에 이르기까지 변화의 속도가 약간 다
르게 나타나고 있다. 이러한 변화 양상은 백제가 재지 세력을 복속하는 과정이
시기적으로 다른 점에서 나타나는 현상으로 보인다. 이들 전통양식을 계승한 토

기들은 경질무문토기와 공반하면서 발전해왔으며, 타날문 제작기법이 수용되면서 백제토기로 거듭나게 되었다.

2. 새로운 토기류의 등장

백제가 물질문화에 대한 표지를 만들고 고대국가로 발돋움하면서 새롭게 나타난 토기류가 등장하게 되었는데, 기존의 마한시기 토기류와 전혀 다른 형태로 흑색마연기법이 채용된 직구광견호, 광구단경호, 무개고배, 뚜껑 등이 있으며 백제의 발전과 더불어 영역확장과정과 교류를 통해서 남부지방에 전파되었다. 이들 기종은 일상생활용, 의례용으로 처음 만들어지기 시작하여 점차 고분부장용으로도 사용되었다. 이들 기종의 출현 계기에 대해서는 낙랑토기 제작기술로 보는 견해가 유력하지만[191] 발전적인 측면에서 본다면 재지의 기술력도 동원되었을 것이며 한군데에 치우친 영향력보다는 다양한 방면을 통해서 기술을 전수 받아 이루어졌다는 점을 간과해서는 안 된다.

백제토기를 구성하는 새로운 기종의 등장은 동아시아에 있어 문화의 흐름과 궤를 같이하고 있으며 주로 중국과의 문화교류를 통해서 유입된 중국 도자기에서 많은 영향을 받았다. 백제토기 등장기 토기 중 가장 연대가 올라가는 것으로 알려진 풍납토성 출토품과 공반하고 있는 시유도기와 전문도기錢文陶器 등은 대표적인 증거물품들이다.

---

191) 이성주, 1991, 「原三國時代 土器의 類型, 系譜, 編年, 生産體系」 『한국고대사논총』 2, 한국고대사회연구소.
김길식, 2001, 「삼한 지역 출토 낙랑계 문물」 『낙랑』, 국립중앙박물관.
신종국, 2002, 『백제토기의 형성과 변천과정에 대한 연구』, 성균관대학교 석사학위논문.
권오영, 2003, 「물자·기술·사상의 흐름을 통해 본 백제와 낙랑의 교섭」 『한성기 백제의 물류시스템과 대외교섭』, 한신대학교 학술원 제1회 국제학술대회.
박순발, 2003, 「백제토기 형성기에 보이는 낙랑토기의 영향」 『백제와 낙랑』, 충남대학교 백제연구소.

3. 백제토기의 발전

백제의 고대국가 성립과 함께 한강유역에서 등장한 새로운 토기류는 금강·영산강유역의 재지계 집단에 전파되거나 수용되고 있어서 백제토기의 확산과정이 어떻게 이루어졌나를 잘 살펴볼 수 있다. 백제토기는 기능과 선호도에 따라 발전을 거듭하여 40여 종에 이르고 있는데, 동아시아 최대의 용기 제작국이 되었다. 국가의 통제 아래 기술체계의 정립과 선진문물에 대한 자료 수용은 백제토기의 다양성과 전문성을 갖게 하는 자양분이 되었다.

백제는 주변국과 부단한 교류를 통하여 기술의 전파자로서 역할을 충실히 하였고 웅진시기를 지나 사비시기에 이르러 실용적인 면에서 완성하고, 7세기경 용기 문화의 평준화가 이루어지기 전까지 동아시아 토기문화를 한 단계 발전시키면서 최고의 기술력을 갖고 있었다.

IV
기종과 용도

제1절. 기종의 분류

백제토기는 시기별로 기종 수의 차이가 있다. 한성시기는 기술유형 분류와 1차 형태 속성을 통해 호류, 병류, 장란형토기, 배류, 기대류, 발류, 완류, 시루, 전달린토기류, 접시류, 대부파수부잔, 대부배, 도가니 등이 있다. 웅진시기는 한성시기와 비슷한 기종이 발견되고 있지만 호류 중 일부는 보이지 않고 있어 약간 감소한 것으로 볼 수 있다. 사비시기는 호류에서 가장 많은 변화를 나타나고 있으며, 특수용기들의 증가로 인해 풍부한 기종을 보여주고 있는데 단경호류, 광구단경호, 광구장경호, 직구호, 파수부호, 장란형토기, 심발형토기, 발, 시루류, 자배기, 완류, 전달린토기(완, 호), 접시류, 병류, 기대류, 고배, 삼족토기, 사족토기, 개배, 파수부잔, 대부배, 호자, 변기, 등잔, 연가, 벼루, 도가니 등 가장 많은 기종이 확인되고 있다. 백제토기는 일부 기종의 명칭에 대해서 연구자마다 약간씩 다르게 부르고 있으나 가장 보편, 타당한 것을 선택하여 서술하고자 한다. 백제토기의 기종은 최근에 이르러 많이 증가하였는데, 이는 발굴조사와 연구자들의 부단한 노력의 결과라고 할 수 있다. 백제토기의 기종은 현재 알려진 것이 40여 종이 있으며 앞으로 더 늘어날 가능성이 있다.

백제토기는 개개 기종을 분류함에 있어서 지역마다 약간의 차이점이 있는 것을 알 수 있다. 백제토기는 처음 일본 학자에 의해 인식이 이루어졌다.[192] 초기에는 기종의 분류보다는 주로 백제고지百濟故地에서 나오는 기종을 대상으로 바닥의 형태나 문양에 관심을 갖다가 점차 기술적 또는 기종에 따른 서술을 전개하고 있다. 그리고 한국학자들에 의해서도 생활유적, 고분유적 출토자료를 토대로 연구가 진행되기도 하였다. 그러나 백제의 천도에 따라 '시기=지역'이라는 점이 도식화되어 해당지역의 토기를 분석하지 않고 특정 시기로 파악하고 있어 지역구분에 따른 통일된 분석이 이루어지지 않은 면도 있다.

백제토기는 각 기종마다 많은 변화가 나타나는 것은 아니지만 새로 출현하는 기종은 다르다. 호류는 일부 학자에 따라서는 구연부의 형태에 따라 외반호, 직구호, 광구호로 나눌 수 있다. 또한 호류는 받침[臺]의 유무有無에 따라 나눌 수 있다. 받침이 낮은 것은 굽이라고 하며, 높은 것은 대족이라고 한다. 호류는 크기에 관계없이 쓰임새에 따라 뚜껑의 유무도 중요하다. 호의 경우 시기에 따라 전혀 새로운 기법에 의해 제작된 뚜껑을 사용하고 있는 경우가 있기 때문에 분류가 다양해질 수밖에 없다. 그리고 소형호 중에는 백제의 기형으로 보아야 할지 아니면 그 시기에 문화교류의 영향으로 나타난 것인지 자세히 알 수 없는 기종도 포함되어 있다. 소형호 중에는 두 개를 붙여 사용한 것도 있다.

병류도 마찬가지이다. 병은 액체를 담는 것이지만 구연부나 굽의 유무에 따라 기형에 대한 명칭이 다르다. 병은 경부의 형태에 따라 단경短頸과 장경長頸이 있으며, 구연부의 형태에 따라 자라병, 횡병, 정병, 유공횡병, 양이부병, 반구병, 환상병, 사이부병 등이 있으며, 구순부 한쪽에 반구의 형태를 부착한 배부병杯附甁 등 다양한 종류가 확인되고 있다. 장경병 중에는 굽의 유무도 차이가 있다. 병은 시기나 지역에 따라 강한 지역색이 반영되는 자료이다.

다리나 대족의 형태에 따라 분류되는 소형 기종이 있다. 백제토기 중 다리나

192) 輕部慈恩, 1946, 『百濟 美術』, 寶雲舍.
　　藤澤一夫, 1955, 「百濟の土器 陶器」『世界陶磁全集』13, 河出書房.
　　小田富士雄, 1979, 「百濟の土器」『世界陶磁全集－韓國古代』17, 小學館.

대족이 달린 것으로는 고배, 삼족토기, 사족토기, 오족토기, 벼루 등이 있다. 이 들 기종은 다리의 형태에 따라 달리 표현되고 있다. 즉, 둥근 대족이 달린 것은 고배라고 하며, 다족多足인 것은 삼족토기와 사족토기, 벼루라고 한다. 삼족토기 는 백제고지에서 확인되는 가장 특징적인 토기로 주변 지역에서는 잘 나타나지 않는 기형임에 틀림없다. 사족토기는 삼족토기와 같은 기형이지만 4개를 부착하 고 있는 것으로 시기적으로 한정되고 소량이 확인되고 있다. 벼루는 다리만 달려 있는 것이 아니라 대족이 달려있는 것도 많이 발견되고 있다.

얕고 평평한 기형으로는 접시가 있다. 접시는 형태가 굽의 유무에 따라 다르고 시기적으로는 굽이 없는 것이 이른 시기에 나타나고 있지만 한성 후기에 굽이 있 는 것도 등장하고 있어 사비시기에 이른다. 접시와 비슷한 형태 중에 한성시기부 터 출현하는 것으로 개배가 있다. 개배는 뚜껑과 배신부가 한 짝이 되어야만 부 를 수 있는 명칭이지만 배신부만 확인되어도 개배라고 지칭하고 있다. 백제 중앙 정부에서 개배의 수용은 복잡한 과정을 거치면서 제작되고 다시 남하하는 과정에 이른다. 개배를 이용한 특이한 형태의 것도 있는데, 개배 한 짝을 상하로 붙이고 다시 배를 횡으로 부착하고 구멍을 뚫어 액체가 나오도록 고안한 것도 있다.

액체를 담아 놓거나 나르는 기종으로 자배기를 들 수 있다. 사발과 같은 형태 를 완 또는 합이라고 부르고 있다. 완은 굽이 있으면 대부완, 전이 부착되면 전달 린 완이라고 할 수 있다. 전달린 완은 받침의 유무에 따라 분류하기도 한다.

기대는 수발부의 형태에 따라 고배의 배신처럼 생긴 것, 깔때기 모양인 것으로 크게 나누어지며 저부가 둥근 것을 받치는 의례용기로 사용되었다. 사람의 생리 작용에 필요한 것으로 호자와 변기가 있다.

실내에서 난방에 의해 만들어진 연기를 굴뚝을 통해 실외로 배출할 때 굴뚝의 상부를 장식하던 토기가 확인되었는데 연가煙家라고 한다. 연가는 최근에도 옹기 로 만들어져 백제고지에서 사용되고 있는데 전통이 매우 오래 지속되고 있는 기 종이라고 생각된다.

도가니는 금속이나 유리를 용해하는 용기로 대부분 저부가 뾰족한 것으로 되 어 있지만 소형은 저부가 둥글며, 대형인 것은 원통형으로 되어 있는 것도 있다.

제2절. 기능에 의한 용도 분류

백제토기는 기능에 따라 생활용기, 의례용기(제사용기, 부장용기)로 분류할 수 있다.[193]

1. 생활용기

백제토기는 생활유적에서 발견되는 기종이 가장 이른 시기의 연대를 갖고 있으므로 생활용기로 출발하였다고 할 수 있다. 생활용기가 용도에 따라 구별되었던 시기를 정확하게 알 수 없지만 한성시기부터 필요에 따라 꾸준히 개발되었을 것으로 짐작된다. 생활용기는 토기의 쓰임에 따라 저장용貯藏用, 운반용運搬用, 조리용調理用, 배식용配食用, 문방구용文房具用, 다기용茶器用, 특수용特殊用으로 세분할 수 있다.

저장용은 호류와 병이 있다. 호는 크기에 따라 다양하게 사용되었던 것을 알 수 있다. 호는 대·중·소형으로 구분되는데, 일상생활용으로는 대형과 중형이 많이 사용되었다. 대형 단경호는 한성시기부터 사비시기에 이르기까지 주거지의 내부에서 확인되는 것이 많아서 곡식이나 액체를 담았던 것으로 보인다. 서울 풍납토성, 하남 미사리, 화성 석우리 먹실, 포천 자작리, 파주 주월리에서 확인된 한성시기의 대형 단경호는 주거지의 바닥에 얕게 파묻어 넘어지지 않도록 하였다. 파주 주월리 96-7호 주거지에서 수습된 8개체의 대형호 내부에서 조, 콩과 같은 곡물이 발견되기도 하였다.[194] 사비시기의 유적인 부여 쌍북리 18호 건물지 내부에서는 대형 단경호 3개체가 수습되었는데, 액체를 담았던 것으로 추정된

---

193) 山本孝文, 2005, 「百濟 泗沘期 土器樣式의 成立과 展開」 『백제 사비시기 문화의 재조명』, 국립부여문화재연구소.
  홍보식, 2005, 「삼한·삼국시대의 조리시스템」 『선사·고대의 요리』, 복천박물관.
194) 경기도박물관, 2006, 『한성백제』.

사진 19. 부여 쌍북리 18호 건물지

다.[195](사진 19) 부여 능사 공방지1의 서쪽기단에 연접하여 확인된 중형 단경호는 공방의 담금질시설로 물을 저장하는 용기로 사용되었다.[196] 나주 복암리 1호 수혈 내부에서는 복숭아 씨앗과 참외 씨앗을 담아 벽에 걸어 보관하였던 중형 단경호도 발견되었다.[197] 액체를 담아 필요한 만큼 따라서 사용하는 것으로 각종 병과 유공호를 들 수 있으며, 꽃을 꽂아 놓았을 것으로 추정되는 사이부병도 있다.

운반용은 호류, 자배기, 쟁반을 들 수 있다. 백제와 풍습이 비슷한 것으로 알려진 고구려의 안악 3호분 우물 그림을 통해서 호와 자배기의 용도를 짐작할 수

---

195) 충청문화재연구원, 2005, 『부여 쌍북리 유적』.

196) 국립부여박물관, 2000, 『능사』.

197) 국립나주문화재연구소, 2010, 『나주 복암리 유적Ⅰ』.

사진 20. 안악 3호분 물 운반용기

있다.(사진 20) 호류는 저장용으
로서의 기능이 크지만 많은 액체
를 담아 나르는 데에도 유용하
게 사용되었을 것이다. 풍납토
성 대진·동산연립주택부지 우
물에서 발견된 소형 단경호는 끈
을 메달아 물을 퍼올리는 두레
박의 역할을 하였다.(사진 21) 나
주 복암리 1호 부정형 유구에서
발견된 중형 단경호 동체 외부

사진 21. 풍납토성 우물 내 두레박용 소형 단경호

에 '관내용官内用'이라고 적혀 있는 것이 확인되어 관청에서 사용한 전용 운반 용기
임을 알 수 있다. 그리고 부여지방에서는 칠漆을 담았던 소형의 그릇들이 확인되
고 있다. 부여 궁남지 출토 소형호와 부여 능사 공방지1 출토 뚜껑 등에는 칠이
담겨 있었는데, 후자는 공헌貢獻된 칠을 큰 통에서 따라서 사용한 것으로 생각되
지만, 전자는 생산지에서 직접 그릇에 담아 보낸 것으로 짐작된다.(사진 22) 또한
호자와 변기는 이동 운반형 용기에 포함할 수 있다. 쟁반은 풍납토성, 하남 미사

사진 22. 부여 능사 칠용기

사진 23. 안악 3호분 부엌 시루, 호형토기, 연통

리 등에서 발견된 전달린 것이 있는데, 과일이나 음료 등을 나를 때 사용하였을 것으로 짐작된다.

조리용은 자배기, 시루, 파수부반把手附盤이 있다. 조리용 중 자배기와 시루는 음식을 펄펄 끓이거나 데치는데 사용하는 것으로 밥이나 죽을 만드는데 주로 사용하는 것이며, 반찬을 졸일 때는 오늘날의 프라이팬과 같은 파수부반이 필요했을 것이다. 고구려 안악 3호분 부엌 그림에 보이는 시루는 탄소막이 형성된 흑색와기이며 그 밑에 장란형토기와는 다른 광구호 형태를 한 토기와 조합되어 음식을 만드는 장면이 묘사되어 있다.(사진 23) 자배기와 시루는 외양은 동일하지만 바닥에 원형의 구멍이 뚫려 있는 것이 다르다. 특히 부여 용정리 소룡골 건물지 출토 시루에는 '증甑'이라는 한자가 기록된 것도 있어 당시 용도에 따라 용기의 적용이 분명했다는 것을 알 수 있다.

배식용은 완류, 접시류, 소형 호류가 있다. 배식용은 계급에 따라 종류가 다르게 나타날 수 있는 것이다. 배식용의 주종은 완류였다고 할 수 있는데, 밥과 국을 담았을 것이다. 반찬 그릇으로 이용된 접시류는 내용물에 따라 다양하게 사용되었던 것으로 복숭아형 접시, 높은 굽이 달린 접시, 얕은 굽이 달리고 동체의 깊이

그림 12. 고구려 무용총 벽화 용기 사용도

가 있는 접시, 얕은 굽이 달리고 동체가 평평한 접시, 삼족토기, 고배 등이 있다. 또한 생활유적에서 확인된 반찬 그릇으로는 간장 등 양념을 담을 수 있는 쌍호, 소형직구호 등을 들 수 있다. 과일을 담을 수 있는 것으로 고배형 기대, 반형 삼족기 등이 있다. 고구려 무용총에 그려진 삼족토기에는 떡과 같은 것이 가득 담겨 있다.(그림 12)

　다기용은 다기와 다완이 있다. 다기는 직구호나 발형토기의 동체 어깨 부분에 작은 구멍을 뚫고 반원형 귀때[注口]를 부착한 것과 기종은 알 수 없지만 동체에 작은 구멍을 뚫고 둥근 주구를 부착한 형식 등 두 가지가 있다. 전자는 3점이 알려져 있으며 청주 가경 1구역 13호 토광묘에서 발견된 것은 직구호의 형태가 한성 후기의 것이며 이보다 약간 시기가 늦어 웅진시기에 해당하는 공주와 부여의 경계지점에 있는 분강·저석리 고분군과 나주 장등 2호 수혈·복암리 8호분 주구 출토품이 있다. 발형은 광주 동림동에서 발견된 것이 있는데, 동체 중간에 여러 개의 소원공을 뚫은 다음 그 외부 하단에 주구를 붙인 것이다. 후자는 주구만 남아 있는 편에 불과하지만 고창 봉덕리 1호분 서쪽 주구에서 6개의 소원공이 뚫

사진 24. 다기(1.광주 동림동, 2.청주 가경, 3.분강·저석리)

려있는 것이 확인되었다. 봉덕리 1호분 석실 내부가 아닌 주구부에서 확인되었기 때문에 한성시기 말~웅진시기 초기에 해당할 것으로 짐작된다.(사진 24) 다완은 여러 형식의 잔이 이에 해당될 수 있다. 소형 직구단경호 중에는 바닥에 다리 3개를 부착한 삼족호三足壺가 있다. 풍납토성 197번지 가-2호 주거지, 화성 먹실 16호 주거지, 분강·저석리 16호 석실분 주변, 연산 표정리 등에서 발견되고 있으며 특히, 풍납토성 출토품은 손잡이가 부착되어 있었던 것이 떨어져 나갔는데, 초두鐎斗의 기능처럼 내용물을 끓이는데 사용했던 탕기湯器의 일종으로 추정된다.(사진 25)

문방구용은 벼루와 연적이 있다. 벼루는 연면硯面의 형태에 따라 사각형 벼루, 원형 벼루로 구분된다. 다리의 형태에 따라 무족식, 대각식, 대족식이 있다. 대

사진 25. 풍납토성 197번지 가-2호   사진 26. 배부개배(국립부여박물관 소장품)
주거지 출토 삼족호

각식은 시기가 올라갈수록 다리의 숫자가 적고, 후기로 갈수록 많아지는 것이 특징이다. 무족식·대족식은 사비시기에 나타나는 형태이다. 연적으로는 배부개배杯附蓋杯가 알려져 있지만 특정할 수 없고 액체를 담을 수 있는 소형의 완이나 잔이 사용되었을 가능성이 있다.(사진 26)

특수용은 일반적으로 널리 사용된 것은 아니며 상위계층이 사용한 것을 의미한다. 이 기종으로 연가, 다투창단지, 장고형기대, 도가니, 우물용 토기, 등잔 등을 들 수 있다. 특수용은 건물의 내부를 밝히거나 공방工房과 같은 작업장에서 사용하는 것과 건물의 장식으로 이용된 것을 포함하고 있다. 다투창단지는 중국에서 '온수기溫水器' 혹은 '훈로薰爐'로 분류되고 있다. 우물용 토기는 사비시기에 주로 사용되고 있으며 자배기형 대형토기, 우물통을 만들어 사용하였다. 등잔은 기름을 쉽게 얻을 수 있는 계층에서 사용할 수 있는 것이며, 동체를 분할하여 만든 것과 손잡이가 달려있는 것은 왕궁이나 사찰유적 내부에서 확인되고 있기 때문에 상위층에서 사용한 것이다. 특수용은 장고형기대를 제외하고 모두 부여, 익산을 중심으로 확인되고 있어 사비시기에 특수계층에서 사용하고 있었음을 알 수 있다.(그림 13·14) 그리고 물건의 양을 재는 양기量器도 있었을 것으로 보인다.(사진 27)

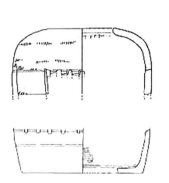

그림 13. 부여 동남리 다투창단지 실측도

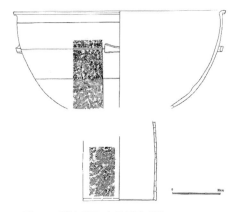

그림 14. 익산 왕궁리 우물통 실측도

백제토기 중에는 사용방법을 알 수 없는 기형도 많이 있는데, 우리는 이러한 기형들을 이형토기라고 부르고 있다. 현재로서는 우리가 사용 용도를 파악할 수 없는 좀 더 다양한 기종이 백제시대에 존재하고 있었음을 알 수 있다.

사진 27. 청주 신봉동 백제 양기(추정)

2. 의례용기

의례용기는 제사용기와 부장용기로 나누어 살펴볼 수 있다. 백제는 『삼국사기』에 의하면 제사를 지낸 기록이 많이 나오기 때문에 제사용기를 사용했을 것이다. 마한의 유적인 해남 군곡리 패총, 남원 세전리 주거지에서 발견된 명기明器들은 제사와 관련된 유물로 알려져 있다. 이들 기종은 외반호, 직구호, 고배, 완, 발형토기, 시루, 국자, 대부각배 등 다양한데, 생활용기를 소형으로 만든 모조품이다. 이들은 일상생활용이라기보다는 공헌용으로서 만들어진 것이다. 그러나 백제시대에는 명기는 대부분 사라지고 생활토기와 특수토기를 이용하여 제사용기로 사용하였다. 백제는 한성시기에서 부터 사비시기에 이르기까지 적석총, 석곽묘, 석실분, 전축분, 횡혈묘, 옹관묘, 화장묘, 토광묘 등 다양한 묘제를 수용하고 발전시켰다. 한성~웅진시기에는 사비시기의 단면 6각형 횡혈식석실분으로 통일되기 전까지 무덤 내부에 금속류, 목제류, 석제류, 토도류 등 다양한 재질의 제품을 부장하였다. 그리고 토기를 이용하여 고분의 매납용으로 전용專用하는 토기를 만들어 사용하거나 일상생활토기를 전용轉用하기도 하였다. 6세기 중엽경 사비시기에는 무덤에 부장된 토기류는 영산강유역의 일부 지역을 제외하고는 박장화 현상으로 인하여 매우 한정되어 발견되고 있다.

1) 제사용기

백제시대 제사는 일상생활을 영위하면서 실시한 것과 피장자를 위한 것의 두 가지 형태로 나누어 살펴볼 수 있다.

일상생활을 하면서 시행한 것은 천신天神, 산신山神, 지신地神, 해신海神, 조상신 祖上神 등 다양한 제사가 있을 수 있다. 풍납토성 경당지구 9호 유구에서 말머리, 멧돼지, 소, 사슴, 곰과 같은 포유동물의 뼈와 닭, 조기, 북어, 마형토기와 함께 발견된 '대부大夫', '정井'명 직구단경호, 광구단경호, 삼족토기 등은 제사용기로 알려져 있다.[198](사진 28) 부여 논치유적에서 확인된 산신 제사는 호류, 심발형토기, 개배, 완 등의 각종 토기를 집어던져 깨는 파쇄행위破碎行爲를 함으로써 추수 절과 안녕질서를 빌었던 것으로 보인다. 금강유역을 중심으로 여러 형태의 산신 제사가 행해지고 있었는데, 부여 논치유적은 그 중의 하나였다.[199] 그리고 진천 석장리 제철유적에서도 제철생산의 원활성을 기하기 위해 제사를 지낸 흔적이 발

사진 28. 풍납토성 경당지구 9호 유구 출토 '대부'명 토기, '정'명 토기

---

198) 서울역사박물관, 2002, 『풍납토성』, pp.50~55.

199) 김종만, 2006, 「금강유역의 산악제사」『고고자료로 본 고대 제사』, 복천박물관.

사진 29. 진천 석장리 제사토기

견되었는데, 토기 구연부편 위에 원저단경호를 얹어 기원한 것으로 확인되었다.[200](사진 29) 청주 신봉동에서 화장장골용기라고 보고된 유구도 제사를 올린 흔적이 아닌가 한다. 용인 수지유적에서 고배를 다량 매납한 유구도 제사유적과 관련되었을 가능성이 있다.[201] 용인 수지유적과 비슷한 형태로 청주 석소동유적을 들 수 있는데, 대형 단경호를 묻고 그 안에 다량의 고배와 삼족토기를 매납한 것으로 보아 제사를 지낸 후 제기를 보관했던

것으로 추정하고 있다.[202] 부여 가탑리 금성산 두시럭골에서는 사이부병을 이용한 제사가 있었을 것으로 추정되며,[203] 부여 금성산은 백제 삼산 중 하나로 알려져 있으므로 이와 관련된 산신 제사가 거행되었을 가능성이 있다. 부여 군수리유적에서는 직구단경호, 파수부호 등을 매납하고 있는 유구가 확인되었는데, 토지신에 대한 제사유구로 알려져 있다.[204]

바다신에 대한 제사는 부안 죽막동유적을 통해 자세히 알 수 있다. 부안 죽막동유적에서 확인된 용기는 마한부터 백제 사비시기에 이르기까지 다양하게 확인되었다. 마한시기에는 원저호, 원저·평저직구호가 제사용기로 사용되었다. 백제 한성시기와 웅진시기로 볼 수 있는 용기가 주류를 이루는데, 외반호, 광구호,

200) 국립청주박물관, 2001, 『국립청주박물관도록』, p.55 사진 66.

201) 이남규·권오영·조대연·이동완, 1998, 『용인 수지 백제 주거지』, 한신대학교 박물관.

202) 중원문화재연구원, 2009, 『淸州 石所洞遺蹟』.

203) 정석배 외, 2013, 『부여 가탑리 금성산 두시럭골 유적』, 한국전통문화대학교 고고학연구소.

204) 박순발 외, 2003, 『사비도성』, 충남대학교 백제연구소, pp.68~69.

사진 30. 부안 죽막동 제사유적

사진 31. 부안 죽막동 출토 토기 일괄

병, 직구호, 광구장경호, 통형기대, 파수부잔, 발형기대 등이 있다. 이들 기형은 백제에서 확인되는 것도 있지만 주변국인 신라, 가야, 바다 건너 왜와 관련된 유물이 다량 확인되고 있어 당시 백제의 바다제사가 국제적이었음을 알 수 있다. 부안 죽막동유적에서 백제 사비시기에 사용한 용기로는 외반호, 병, 고배 등이 있다.(사진 30·31)

　수변제사와 관련해서는 부여 쌍북리 북포유적이 알려져 있다.[205] 금강에서 부소산성의 북쪽으로 접근하기 위해서는 북포유적을 이용해야 했기 때문에 안전한 항해를 기원하는 제사를 실시했을 것이다. 북포유적에서 정면에 왕흥사가 위치하고 있어서 강을 건널 때 이곳을 이용했을 가능성이 높다. 유구는 여러 개의 단독 원형구덩이와 중복된 원형구덩이가 확인되었으며 구덩이 내부에서 제사를 지낸 후 파쇄한 것으로 보이는 단경호, 주구부단경호, 귀달린 직구호, 병, 벼루, 대부완(회색토기), 뚜껑류 등이 발견되었다.

　피장자에 대한 제사는 공주 수촌리고분군·정지산·능사 유적에서 확인되고 있다. 공주 수촌리고분군에서 석축 단시설을 만들고 무덤에 제사를 지낸 것으로 알려져 있다. 공주 정지산유적은 성격에 대해 검토의 여지가 있지만 지금까지 제사유적으로 알려진 곳이다. 이곳에서 발견된 유물이 모두 제사용기로 사용되었다고 단언할 수 없지만 광구호, 유공호, 고배, 개배, 기대, 삼족토기, 심발형토기는 제사용기의 주요기종이었을 것으로 추정된다.(사진 32) 백제 왕실에서 왕릉에 대한 제사는 주변에 석축단을 만들고 지낸 것으로 알려져 있다.[206] 공주 송산리고분군에는 제일 높은 곳에 방형 계단을 만들고 삼족토기를 중앙에 놓고 제사를 지낸 흔적이 확인되었다.(사진 32) 그리고 부여 능사에서도 북편 건물지2의 뒷편에서 기대가 확인된 석축 단시설이 있는데, 이곳에서 제사를 지낸 것으로 보았

---

205) 이호형·이판섭, 2009, 『부여 쌍북리 현내들·북포유적』, 충청문화재연구원.
206) 임영진, 2013, 「공주 송산리 D지구 적석유구의 성격」『백제문화』 48, 공주대학교 백제문화연구소.
　　이남석, 2013, 「백제 적석총의 재인식」『선사와 고대』 39, 한국고대학회.

사진 32. 공주 송산리고분군(상단부 왼쪽이 석축단 시설)

다.[207] 주검을 매장한 후 석실 입구나 주변에서 제를 올린 것도 있다. 서산 여미리유적에서는 총 9기의 매납유구에서 외반구연호, 고배, 완 등의 유물이 발견되었다.[208] 나주 복암리 고분군에서는 현실문을 폐쇄하고 연도에서 제를 올린 것이 발견되었는데 이때 사용한 것이 외반호, 직구호, 개배 등이다.

2) 부장용기

부장용기는 원칙적으로 고분 내부에서 발견된 것을 의미하나 고분과 관련되었

207) 김종만, 2016, 「부여 능산리사지 발견 신요소」『선사와 고대』 48, 한국고대학회.
208) 이상엽, 2001, 『서산 여미리유적』, 충청매장문화재연구원, pp.152~164.

다고 볼 수 있는 것을 포함한다. 한성시기 부장용기는 일상생활용과 별 차이 없이 사용되고 있다. 즉, 풍납토성이나 몽촌토성에서 발견된 광구장경호, 광구호, 단경호, 심발형토기, 삼족토기, 흑색마연토기 등의 기종이 서울의 석촌동·가락동과 경기도 군포·용인·오산·하남·화성·안성, 충청도의 청주·서산·홍성·서천·공주 등의 토광묘, 옹관묘, 석곽묘, 적석총, 분구묘 등 3~5세기의 고분 내부에서도 확인되고 있어 이를 증명하고 있다. 이렇게 일상생활용기를 고분내부의 부장용기로도 이용하고 있는 것은 대체로 백제시대 초기에는 생활용기를 부장용기로 전용轉用한 것으로 볼 수 있겠다. 다만 생활유적과 고분유적에서 출토된 고고자료가 과학적 분석 자료를 모두 거치지 않은 현 단계에서 부장용기와 생활용기가 차이점이 전혀 없다고 말할 수는 없을 것이다. 예를 들어 서산 부장리 8-1호 분구묘에서 확인된 흑색마연토기 잔은 아직까지 생활유적에서의 발견 예가 없어서 특별히 부장용기로 만들어 사용했을 가능성도 있다. 그리고 일부 지방에서

사진 33. 서산 부장리 분구묘

사진 34. 부여 염창리 옹관

는 낙랑계토기의 기종이 매납되는 현상까지 나타나고 있다.(사진 33·34)

　일상생활용기를 고분에 매장하는 습속은 사비시기까지 이어지고 있는데, 부여 저석리에서 확인된 다기는 분명 일상생활용기로 사용하다가 주검과 함께 고분에 매납된 것으로 생각된다. 웅진시기 영산강유역에서는 가야계의 토기, 유공호, 유공횡병이 부장되는 곳이 있어 한강·금강유역의 부장품과는 다른 양상을 보여주고 있다. 한편 금강 하류의 익산지방에서는 아궁이의 모조품이 확인되기도 하였다. 그러나 사비시기는 고분 내부에 부장되는 기종이 엄격하게 제한되고 있어 주목된다. 이러한 현상은 지역별로 약간의 차이가 있지만 대부분 외반호, 병, 개배, 삼족토기로 한정되고 있다. 그러나 영산강유역의 나주 반남지역은 부장되는 토기의 기종은 동일하지만 수량이 풍부한 점이 다르다. 한편 영산강유역에서는 옹관이 소멸하고 있는데 반해, 금강유역의 부여·공주·익산지역에서는 대형 단경호를 이용한 옹관이 사용되고 있다.(사진 35~45)

사진 35. 대형 단경호(1.풍납토성 경당지구 상층, 2.몽촌토성, 3.부여지방, 4.부여 장암)

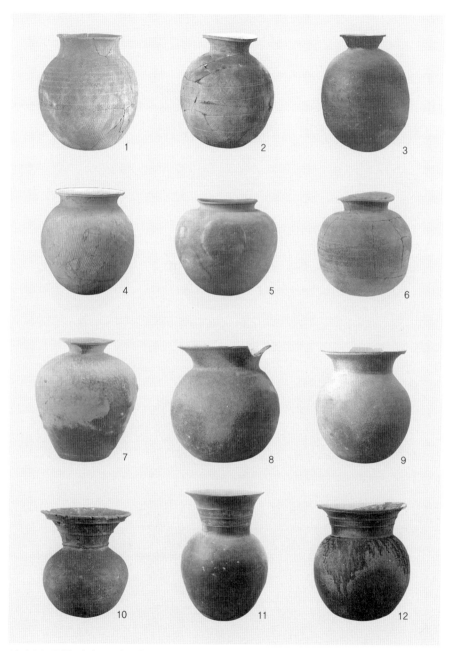

사진 36. 중형 단경호, 광구장경호(1.풍납토성 현대연합주택 가-3호 주거지, 2.석촌동, 3·8. 몽촌토
성, 4.청주 신봉동, 5.나주 신촌리 4호 옹관, 6.화성 마하리 9호 석곽, 7.논산 육곡리, 9.풍납
토성 현대연합주택 가-2호 주거지, 10.청원 주성리, 11.논산지방, 12.군산 산월리)

사진 37. 쌍호(1.몽촌토성), 유공호(2.무안 사창리), 직구호(3.풍납토성 현대연합주택 가-2호 주거지,
4.공주 산의리, 5.나주 대안리 9호 경관, 6.서천 문산리), 사이호(7.고창 대기부락), 광구단경
호(8.석촌동, 9.풍납토성 경당지구 9호, 10.몽촌토성), 다기(11·12.분강·저석리)

사진 38. 병(1·10.몽촌토성, 2.공주 옥룡동, 3.논산 표정리 당골, 4.공주 산의리, 5.부여 동남리, 6.나주 대안리 4호 석실분, 7.부여 관북리 추정왕궁지, 8.해남 용운리, 9.청원 주성리, 11.군포 부곡, 12.고창 봉덕리)

사진 39. 고배(1·4.석촌동, 2·6.몽촌토성, 3.화성 석우리, 5.풍납토성, 7.무령왕릉 봉토, 8.논산 모촌리,
9.고창 봉덕리, 10.부안 죽막동, 11.나주 복암리 1호분, 12.함평 신덕)

사진 40. 삼족토기(1~4.몽촌토성, 5.홍성 금당리, 6.공주 송산리 방대형 기단, 7.광주 월계동, 8.서천 비인 장포리, 9.논산 표정리, 10.보령 구룡리, 11.영암 설매리), 사족토기(12.고창 장곡리)

사진 41. 개배(1.몽촌토성, 2.나주 신촌리 9호분), 기대(3.몽촌토성, 4.나주 덕산리, 5.논산 신흥리,
6.분강, 저석리, 7.풍납토성 197번지 나-42호 수혈, 8.풍납토성 197번지 나-60호 수혈,
9.청주 봉명동, 10.공주 정지산, 11.공주 송산리고분, 12.부여 신리)

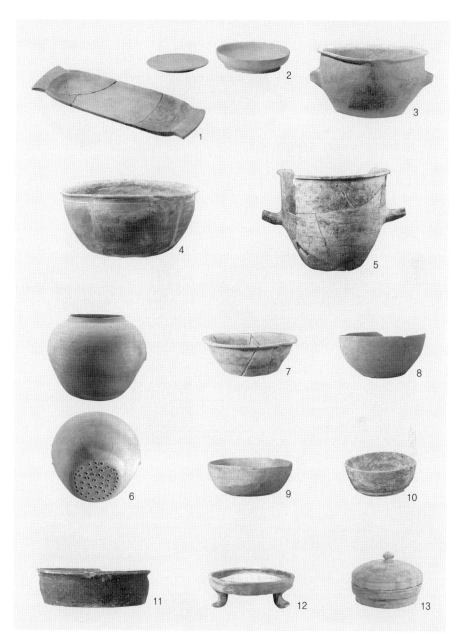

사진 42. 쟁반(1.풍납토성 197번지 나–60호 수혈), 접시(2.부여 관북리), 자배기(3.부여 정암리 A지구
요지, 4.부여 염창리), 시루(5.몽촌토성, 6.예산 대흥리), 완(7.석촌동, 8.풍납토성 현대연합주
택 가–3호 주거지, 9.몽촌토성, 10.부여 정암리 요지), 반(11.풍납토성 현대연합주택 가–유물
포함층), 벼루(12.공주 공산성, 13.부여 정암리 요지)

사진 43. 호자(1.부여 군수리), 변기(2.부여 군수리), 파수부잔(3.청주 신봉동, 4.고창 석교리), 연가
(5.부여 능사), 연통(6.부여 관북리 추정왕궁지), 도가니(7.부여 관북리 추정왕궁지, 8.익산 왕
궁리)

사진 44. 공주 수촌리고분군 출토 각종토기

사진 45. 청주 신봉동 각종토기

V
제작기술과 생산유통 체계

　　백제토기는 이전 시기의 토기제작기법과 새로 중국 등 주변국에서 들어오는 기술을 수용하여 백제인의 선호도에 맞게 만들어진다. 최근 백제고지의 추정왕궁지, 성지, 사지 등 생활유적과 제사유적, 고분유적에 대한 발굴조사가 활발하게 이루어지고 자료가 증가함에 따라 백제토기에 대한 제작기법의 양상을 일부 알 수 있게 되었다.[209] 제작기법에서 나타난 여러 상황을 검토하고 생산과 유통에 대하여 살펴보고자 한다.

제1절. 원료의 획득과 태토胎土

1. 토기 원료

　　토기의 원료는 흔히 점토라고 하는 점성이 강한 물질로서 기물을 만들 때 가장

---

209) 金鍾萬, 2002, 「百済土器に見られる製作技法」 『朝鮮古代研究』, 朝鮮古代研究刊行會.

기본이 되는 요소이다. 점토의 선정이 잘못되면 재료를 만든 다음 점성에 문제가 발생할 수 있다. 진천 산수리 요지에서 확인된 점토 채취는 인근에서 이루어진 것으로 연구결과가 발표되었다.[210) 그러나 점토에 대한 장인들의 선택이 모두 같았던 것은 아니며 제각각 선호도에 따라 달랐을 것으로 생각된다.

2. 태토

일반적으로 태토라 함은 토기를 만드는 재료이다. 토기의 원료에는 기본적으로 물을 함유하면 점성과 가소성을 가지며 도공이 빚고자 하는 대로 형태가 만들어지는 고운 입자의 퇴적물인 점토, 토기를 빚기 쉽게 하고 건조가 잘될 수 있도록 자연적인 상태로 존재하거나 인위적으로 섞는 광물이나 유기물인 비가소성 입자, 점토가 가소성을 갖게 하고 건조와 소성과정을 통해 증발해 버리는 물 등 세 가지 요소가 있다.[211) 점토는 토기를 만들 때 가장 기본이 되는 요소이다. 점토는 화성암의 화학적, 물리적 풍화를 통해 형성되며, 규산silica과 알루미늄alumina이 포함되어 있어 소성을 하게 되면 토기의 표면이 유리화해서 방수성이 생긴다. 점토에는 이 외에도 철분이 들어있는데, 소성할 때 산소의 결합여부에 따라 토기의 색깔에 영향을 준다.

점토를 채굴하여 고르는 작업이 필요한데 우리는 이것을 점토 정선과정[水簸]이라고 한다. 백제 장인의 점토 정선과정이 오늘날의 도자기 제작과정에서 볼 수 있는 것과 마찬가지로 몇 번이고 채를 이용하여 걸러낸 매우 고운 점토를 의미하는 것이라고는 말할 수 없지만 서울 풍납토성의 토기 태토 구덩이와 진천 산수리 요지에서 수습한 점토덩어리[粘土塊]를 통해서 태토의 모습을 잘 살펴볼 수 있다. 점토 정선과정을 거쳐 불순물이 제거되면 식물, 목탄, 석영, 모래 등을 섞어 토기의 재료인 태토가 완성된다. (사진 46·47) 태토를 분석하는 방법은 토기암석학土

---

210) 조대연, 2005, 「한성백제토기의 생산기술에 관한 일 고찰」 『백제의 생산기술과 유통체계』, 경기도·한신대학교학술원.

211) 칼라 시노폴리(이성주 역), 2008, 『토기연구법』, 考古.

사진 46. 풍납토성 태토 저장구덩이

사진 47. 진천 산수리 요지 출토 태토 덩어리

器巖石學과 중성자방사화분석中性子放射化分析으로 토기 생산기술의 각 공정 연구에 필요한 가장 기본적인 정보를 제공해 준다. 토기암석학은 바탕흙과 첨가제의 선택, 토기 성형기법의 확인, 표면 처리기법, 소성 온도 등 다양한 분석을 시도하여 데이터를 얻을 수 있다. 진천 산수리 요지의 경우 초기 단계에서는 첨가제를 적절히 섞어 태토를 만들었으나 시간이 경과하면서 가마의 폐기단계까지는 첨가물을 섞지 않고 바탕흙만을 사용하였다고 한다.[212] 이렇게 바탕흙만을 사용하는 것은 바탕흙 자체만을 이용해도 소성 시에 터지거나 주저앉아 찌그러지는 것을 방지할 수 있는 소성기술을 갖고 있었다는 점으로 해석된다. 중성자방사화분석은 미량의 분석시료를 원자로의 중성자로

212) 조대연, 2005, 「한성백제토기의 생산기술에 관한 일 고찰」 『백제의 생산기술과 유통체계』, 한신대학교 학술원, pp.23~24.

충격하여 방사선동위원소로 변화시키고, 그 결과 시료에서 나오는 β선 또는 γ선을 측정함으로써 목적하는 원소 또는 핵종의 존재량을 정량적으로 조사하는 방법이다.[213] 이러한 분석방법은 유관상으로만 관찰해서 나타나는 시행착오를 보다 줄일 수 있는 획기적인 자료를 제공할 수 있다. 풍납토성 출토 토기류를 대상으로 실시된 태토분석 결과 기종이나 경도에 관계없이 광물조합이나 성분분석치 면에서 유사성이 있는 것으로 밝혀져 동일 태토를 이용하되 정선율을 감안했던 것으로 보고 있다.[214] 현재 우리 고고학계가 안고 있는 가장 현실적인 문제가 생산기술과 유통망체계를 세워야 하는 것이 급선무이므로 자연과학적 분석방법과 지속적인 협업이 필요하다.

제2절. 성형成形과 제작과정 복원

성형은 토기를 만드는 기본단계에서 표면을 다듬어 기형을 만들고, 마지막으로 무늬를 넣거나 검사하는 과정을 말한다.

일반적으로 1차로 성형할 때 점토를 다루어 빚는 기술로 손빚기[手捏法, 手練法], 테쌓기[輪積法, 積輪法], 띠 쌓기[捲上法, 盤條法] 등을 들 수 있다.[215]

손빚기는 덩어리의 점토를 손으로 주물러 형태를 만드는 제작기법이다. 테쌓기는 점토를 일정한 굵기의 고리를 만들어 똬리 모양으로 쌓아 올려가면서 토기를 만드는 방법이다. 띠 쌓기는 엿가락처럼 만든 흙테를 나사처럼 감아올려서 만드는 것이다. 대형·중형토기는 토기 내부에 일정 간격으로 요철대가 나타나는

213) 김장석, 2005,「백제 한성양식 토기의 유통망 분석」『백제의 생산기술과 유통체계』, 한신대학교 학술원, p.50.

214) 국립문화재연구소, 2011,『한성지역 백제토기 분류표준화 방안연구』.
한민수·한지선, 2014,「태토 분석을 통한 백제토기 소성기술 기초연구」『백제의 하이테크 기술』, 백제학회.

215) 홍보식, 2003,「土器 成形技術의 變化」『기술의 발견』, 복천박물관.

것으로 보아 테쌓기, 소형토기는 손빚기와 띠 쌓기가 사용된 것으로 보이는데, 백제토기의 제작에 있어 기본은 테쌓기이다. 일본 스에끼 성형제작의 기본도 테쌓기로 알려져 있다.[216] 1차 성형의 방법으로 틀을 이용한 기법을 추가할 수 있다. 이는 다양한 틀을 만들어 놓고 점토를 약간 넓은 판으로 만들어 내형內型에 붙여 만들어내는 것이다. 토기를 대량생산할 때 사용한 것으로 볼 수 있는데, 토기의 규격화와 밀접한 관련이 있는 것으로 해석된다. 우리나라에서는 가평 대성리에서 발견된 낙랑토기의 화분형토기 내부에 포목흔이 남아있어 틀을 사용해 만든 것을 알 수 있는데,[217] 백제토기에서는 잘 보이지 않는다. 다만 한성시기~사비시기에 이르기까지 건물의 지붕을 장식하던 수막새는 틀로 찍어냈기 때문에 토기에서도 나타날 것으로 보고 있다.[218](사진 48) 한편 한성시기의 볼록형 뚜껑이

사진 48. 가평 달전리 출토 화분형토기(좌)와 내부 포목흔

216) 田邊昭三, 1981, 『須惠器大成』, 角川書店, pp.21~22.
217) 국립전주박물관, 2009, 『마한-숨 쉬는 기록』.
218) 가평 달전리 출토 화분형토기의 내부에 포목흔이 있어 틀에 의한 성형으로 보는 것이 가장 합리적인 생각이지만 나무봉에 포목을 말은 다음 점토판을 붙여 편평한 바닥에 굴려 둥글게 만든 다음 외면을 조정하여 만들었을 수도 있다.

동체의 좌우 대칭성, 일정한 두께의 기벽, 내외면에서 확인되는 회전물손질에 나타난 특징을 고려하여 틀 성형을 이용하여 제작하였을 가능성이 알려져 있지만[219] 다량제작과 규격화에 사용되었던 기법인 만큼 지속적으로 나타나지 않고 있어서 속단할 수는 없다. 물론 틀에 의해 만들어진 것도 2차 성형은 녹로를 이용하여 정면하게 된다. 이 방법은 점토 덩어리를 약간 넓은 판으로 만들어 내형內型에 붙여 만들어내는 것이다. 백제토기 중에는 잘 나타나지 않고 있는데 일본의 7~8세기 흑색와기의 제작시에 사용된 기법으로 알려져 있어[220] 앞으로 백제지역에서 발견될 가능성은 충분히 있다고 생각한다.

2차 성형은 1차 성형에 의해 만들어진 대체적인 기형을 다듬어서 형태를 만드는 것을 말한다. 2차 성형은 녹로 성형을 말하며 표면 두드리기까지 포함한다. 표면 두드리기는 성형할 때 기벽器壁의 공기를 빼내고 단단하게 해주는 것으로 타날판과 내박자를 이용한다. 대형호, 장란형토기와 같은 둥근 바닥을 만들 때 타날판과 내박자를 이용하는 것도 2차 성형에 해당한다. 내박자는 나무판, 돌판, 토제판 등이 있었을 것으로 보인다. 원삼국시대 이래의 박자를 그대로 이용하였을 것으로 보이며, 전북지방에서 발견된 토제 내박자는 판에 #자선을 그어 격자문을 나타냈는데, 6세기 초에 창건된 중국 낙양 영녕사에서 출토한 타날판과(보고서 그림 99-4) 유사하다. 내박자와 타날판을 이용하여 대형토기의 둥근 바닥을 만드는 것도 이 단계에 해당한다.(사진 49) 서울 풍납토성 현대연합주택 가-3호 주거지 내부에서 녹로 받침대가 발견되었다.(사진 50) 진천 삼룡리 89-1호 집터 내부에서도 녹로나 작업시설을 설치했던 구덩이들이 확인되었다.

한편 토기 표면에 남아 있는 정면 방향에 따라 물레를 어느 방향으로 돌렸는지, 또는 돌리는 사람의 주수主手가 어느 쪽인가를 알 수 있다. 예를 들어 토기의 표면 조정을 손에다 헝겊을 감고 정면하였다면 그 끝이 어느 쪽에 있는가를 살펴보면 장인匠人이 왼손잡이인지, 오른손잡이인지 알 수 있다. 사비시기 백제토기에 나타난 표면조정 방향은 대부분 물레를 오른쪽으로 돌렸던 것으로 보인다. 임실

---

219) 국립문화재연구소, 2011, 『한성지역 백제토기 분류표준화 방안 연구』.

220) 川越俊·井上和人, 1981, 「瓦器製作技術の復原」『考古學雜誌』67-2, 日本考古學會.

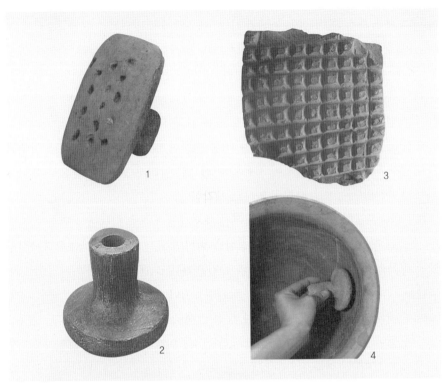

사진 49. 내박자(1.낙랑토성, 2.진천 산수리 요지)와 타날판(3.전북지방), 내박자 사용 모습(4)

사진 50. 풍납토성 현대연합주택 가-3호 주거지 불탄 녹로 시설

성미산성 내부 구들 유구에서 발견된 대형 단경호의 외부 바닥을 편평하게 만들기 위해 박자를 이용하여 두드린 자국을 보면 시계방향으로 돌려 만들었음을 알 수 있다.[221] 스에끼 제작기법에 있어 물레의 방향이 왼쪽으로 돌려 만드는 것이 오른쪽으로 돌려 만드는 것보다 선행된 기법으로 알려져 있다.[222] 그리고 회색토기는 구연부가 수평을 이루는 것이 한 점도 없다. 이는 구형의 토기를 동체와 뚜껑으로 분리할 때 예새를 이용하게 되는데, 녹로의 상판이 수평을 이루지 못했거나 원심력에 의해 나타나는 현상이다.

백제시대에 만들어진 내박자는 진천 산수리 요지 출토품을[223] 보면 형태가 둥글고 무늬가 없는 것이 특징이다. 토기의 내부에 있는 둥근 자국은 내박자에 의해 나타난 것이다. 그러나 서천 봉선리 원삼국시대 주거지에서는 말각장방형의 내박자도 있어서[224] 백제시대에도 원형 이외의 다른 형태가 나타날 가능성이 있다. 조족문토기에 나타난 평행선과 조족문이 결합되어 나타난 시문을 보면 장방형의 타날판이 사용된 것을 알 수 있다.

한편 풍납토성 경당지구 9호 유구에서 수습된 장란형토기의 내면에는 무늬가 남아 있어 한성시기의 내박자에 무늬를 새긴 것도 있었음을 알 수 있다. 내박자에 동심원의 무늬를 새긴 것은 일본 고분시대 것과 비슷하다. 백제지방에서는 부안 죽막동 제사유적 출토 호류,[225] 부여 관북리 추정왕궁지 석축 연못·화지산·쌍북리 현내들 2호 수혈에서 확인된 중형 단경호의 내부에 동심원의 무늬가 발견되었는데 일본 스에끼계로 분류되고 있다. 가야토기가 출토된 남원 대곡리유적에서는 동심원문, 동심원문+집선문, 집선문, 방사선문 등 무늬가 새겨진 내박자가 4종이 확인되어 백제토기보다는 가야토기에서 다양한 무늬가 새겨진 내박자

221) 전북문화재연구원, 2009, 『任實 城嵋山城』, p.116의 도면 62.
222) 白石太一郎 編, 1990, 「古墳時代の工藝」『古代史復元』 7, 講談社, p.159.
223) 최병현, 1995, 『신라고분연구』, 일지사.
224) 충청남도역사문화원, 2005, 『서천 봉선리 유적』.
225) 국립전주박물관, 1994, 『부안 죽막동 제사유적』.

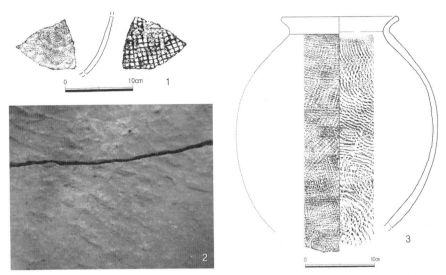

그림 15. 토기 내부에 남아 있는 내박자 문양(1.풍납토성 경당지구 9호 유구, 2.부안 죽막동 제사유적,
3.부여 관북리 추정왕궁지 석축 연못)

를 사용하고 있었음을 알 수 있다.[226](그림 15)

　3차 성형은 2차 성형에 의해 만들어진 토기를 깨끗하게 정면하는 것을 말한
다. 3차 성형 작업으로 볼 수 있는 것으로 토기의 표면에 남아 있는 횡대 조정 등
을 들 수 있다. 횡대 조정은 호의 표면에 등간격으로 정연하게 나타나고 있는데,
이것은 호가 둥글게 만들어졌는지 확인하는 과정에서 생긴 것이다. 이렇게 등간
격을 이루며 횡대가 나타나는 것은 주로 높이 30cm 정도의 중형호 이상에서 볼
수 있는 것이고, 30cm 이하의 호는 표면 두드리기 이후 전면을 정면하는 것을
볼 수 있다. 기대에 나타난 투공 및 돌대작업도 3차 성형 중의 하나로 볼 수 있
고, 또한 소형호에서 볼 수 있는 파상문, 화문花文 등의 무늬 배치 및 토기의 표면
각자刻字도 해당된다. 소형토기인 완, 등잔, 개배 등은 표면을 정면할 때 녹로를
회전하면서 대부분 조정하고 있지만 정지된 상태에서 다듬는 경우도 있다.(사진

---

226) 김승옥·이민석, 2003, 『남원 대곡리유적』, 전북대학교 박물관.

사진 51. 나주 신가리 당가 요지 출토 깎기조정이 이루어진 개배

사진 52. 공주 단지리 4−18호 횡혈묘 단경병

51) 그리고 물레에서 떼어내는 작업도 이에 해당한다고 할 수 있겠다.

공주지방의 공주 단지리 4−11호 횡혈묘 단경소호·4−18호 횡혈묘 병, 금학동 6호분 직구호, 부여 저석리 2호분 단경소호[227] 등의 유물 표면에는 목리로 조정한 자국이 남아 있다.(사진 52) 이러한 성형방법을 일본에서는 '가끼메'라고 하는데, 고배의 대각이나 제병에 나타나는 3차 성형기법으로 알려져 있다.[228] 한성시기는 풍납토성 대진·동산연립주택부지 우물 바닥 출토 광구장경호에 보이는데 널리 이용된 성형방법은 아닌 것 같고 공주, 부여지방에서 웅진

227) 충청문화재연구원, 2006, 『공주 단지리 유적』, pp.286·310 도면162−1·175−3.
충청문화재연구원, 2002, 『공주 금학동 고분군』, p.51 도면17−1.
국립부여문화재연구소, 1992, 『부여저석리고분군』, p.58 도판23.
228) 田邊昭三, 1981, 『須惠器大成』, 角川書店.

사진 53. 풍납토성 경당지구 상층 대형 단경호

후기~사비 전기에 금강유역에서 유행한 제작기법의 하나로 볼 수 있다.[229]

이상의 과정을 토대로 백제토기에 나타나고 있는 제작기법과 성형과정을 복원해 보면 다음과 같다.

한성시기부터 사비시기에 이르기까지 전 기간에 걸쳐 제작기법을 알아볼 수 있는 기종으로 호壺를 들 수 있을 것이다.

한성시기 초기에 나타나는 대형 단경호의 제작은 다음과 같다. 대형 단경호의 성형 및 정면기법은 풍납토성 출토품을 통해 알 수 있는데 점토 띠를 쌓아 올려 성형하였기 때문에 동체와 경부에 일정간격으로 터진 자국이 있으며 전면에 문양을 타날하고 경부頸部는 횡방향의 물손질로 타날흔을 지웠다.[230](사진 53) 대형호의 견부 문양은 동체에 타날한 동일한 타날판의 모서리를 이용해서 거치문의 효과를 낸 것과 능형문이나 원형 등의 문양을 스탬프로 찍듯이 압인하는 방식이 있다.[231]

이러한 제작기법은 연산지방 출토품을 통해 웅진시기에도 계속 이어진 것으로 보이나 사비시기는 약간의 차이가 있다. 즉 이전에는 문양이 겹치지 않게 타날하고 있지만 사비시기에는 타날판을 서로 교차되게 두드리면서 문양을 겹치고 있으며 경부에도 밀집파상문을 시문하는 등 이전에는 없었던 시문 방법을 채택하고 있다. 선문은 부여 관북리 추정왕궁지 대형 단경호에 새겨진 문양을 살펴보면 선문을 수없이 교차하면서 두드려 그 끝을 뾰족하게 하고 있다. 이렇게 선문의 끝

---

229) 청양 학암리 백제요지에서는 이 기법으로 만들어진 토기가 있다(김종만, 2007, 「청양 학암리요지 출토 백제토기」『그리운 것들은 땅 속에 있다』, 국립부여박물관).

230) 서울역사박물관, 2002, 『풍납토성』, p.66 도면 51.

231) 한지선, 2003, 『토기를 통해서 본 백제고대국가 형성과정 연구』, 중앙대학교대학원 석사학위논문, pp.58~62.

사진 54. 신안 내양리 양이부병(좌)과 조임자국

이 뾰족하게 된 것은 기와제작공정과 관련이 깊은 것으로 생각된다.

　대형호의 저부는 풍납토성 현대연합주택 가-2호 주거지·파주 주월리 96-7호 주거지 출토품처럼 바닥에 좁은 굽이 있는데 이는 조임기법에 의해 만들어진 것이다.(사진 54) 조임기법은 영광 송죽리 고분에서 발견된 양이부병의 내면을 통해서도 확인되고 있다.[232] 또한 바닥에 격자문 타날 등의 문양이 있는 예가 사비시기까지 줄곧 발견되고 있는데 평저인 바닥을 원저로 만들기 위한 성형방식에 의해 나타난 것으로 생각되고 이러한 제작기법은 낙랑토기 제작기술의 영향으로 알려져 있다.[233]

　심발형토기와 장란형토기는 동체에 문양을 타날하는 방법은 비슷하다. 심발형토기는 정지 깎기, 회전 깎기에 의한 방식이 있으며, 회전 깎기기법이 비교적 이

---

232) 은화수·선재명·윤효남, 2003, 「영광 송죽리고분 출토유물」『해남 용일리 용운고분』, 국립광주박물관, p.22 사진 16·17.

233) 정인성, 2003, 「낙랑토성 출토 토기」『동아시아에서의 낙랑』제5회 한국고대사학회 하계세미나, pp.58~60.

른 시기에 등장하고 있다. 이러한 방식은 웅진시기까지는 이루어지고 있으나 사비시기에는 바닥 판을 따로 만들지 않기 때문에 물손질 정면기법으로 통일되는 양상을 보여준다.

토기에 흑색마연기법을 채용한 예가 있다. 기종으로는 직구광견호, 광구단경호, 광구장경호, 광구호, 고배, 대부배, 개배, 삼족토기, 뚜껑 등을 들 수 있다. 흑색마연토기는 백제 중앙산, 모방산, 마한 재지 기술산 등으로 구분되고 있으나[234] 흑색마연의 기법이 채용되고 있는 것은 공통적인 사항이다.

병은 호와 마찬가지로 한성시기부터 만든 전통적인 기종으로 형태에 따라 여러 가지 이름으로 불리고 있다. 한성시기부터 사비시기에 이르기까지 줄곧 확인되고 있는 단경병은 대부분 바닥을 따로 만들고 그 위에 동체를 띠 쌓기나 테쌓기로 성형하며 동체에서 목부분에 이르는 지점은 대부분 조이기 기법으로 만든다. 횡병, 자라병은 둥글게 동체를 만들고 목을 부착할 부분을 오려낸 뒤 목을 붙이는 구절기법球切技法으로[235] 만든다. 장경병 중에는 일부 구절기법에 의해 만들어진 것이 있는데, 장경병이 파괴될 때 병목만 따로 분리되는 것을 보아 알 수 있다.

국립부여박물관 소장품인 전 연산지방 출토 합은 동체와 뚜껑이 한 짝으로 뚜껑의 정부에 작은 구멍이 있다. 합은 구절기법으로 만든 다음 뚜껑의 정부에 작은 구멍을 뚫어 내부의 공기를 빼내고 동체와 뚜껑을 분리하였다.(사진 55)

----

234) 남상원, 2013, 『백제 흑색마연토기 연구』, 충북대학교 석사학위논문.

235) 구절기법은 속이 비어있는 토기를 만들어 필요한 부분을 자르거나 내부의 공기를 빼어내기 위해 구멍을 뚫고 있다는 점에서 삼국시대에 널리 사용된 透刻技法의 일종으로 추측된다. 이 기법은 원삼국시대를 거쳐 삼국시대의 비교적 이른 시기부터 존재했을 가능성이 높고 모두 정확한 그릇을 제작하기 위하여 개발된 기술이며, 有蓋의 銅製·陶磁製品을 모방하는 의미에서 더욱 발전한 것으로 보인다. 일본에서는 이러한 제작기술을 가리켜서 風船技法이라는 명칭으로 부르고 있으나, 사실 형태상, 제작상의 명칭으로는 부적절한 면이 있다(北野博司, 2001, 「須惠器の風船技法」『北陸古代土器硏究』9, pp.159~169). 그렇다고 透刻技法이라는 명칭을 사용하기에는 너무 포괄적인 면이 있어 적합하지 않다고 생각되어 타원형이지만 어느 정도 원형을 유지하는 기형을 두 부분으로 절단하거나 일정부분을 오려내고 있는 것이어서 球切技法이라는 용어를 사용한 것이다(김종만, 2003, 「泗沘時代 灰色土器의 性格」『호서고고학』9, 호서고고학회).

사진 55. 전 연산지방 합(국립부여박물관 소장)

　시루는 정질 태토를 이용하여 만든다. 시루는 시기에 따라 증기공을 만드는 시점이 다를 수 있다. 한성시기에는 대부분 바닥과 동체를 만든 다음에 증기공을 만들어 바닥과 동체가 만나는 지점까지 자른 흔적이 남는다. 그러나 사비시기의 경우 시루의 바닥의 가장자리에는 구멍을 잘라낸 흔적이 없기 때문에 바닥판을 둥글게 만든 다음 구멍을 뚫고 동체를 올렸을 가능성도 있다. 시루의 동체는 대체로 테쌓기에 의해 만들어진 것으로 보인다.

　백제토기 중 가장 많은 양을 차지하고 있는 것은 완이다. 한성시기의 완은 지두압흔이나 물손질을 사용한 정면흔이 있어 마한시기 이래의 제작기법이 계속 채용된 것으로 보인다. 간혹 많은 양은 아니지만 완의 동체 외부에 선조문, 조족문 등의 타날문이 그대로 남아있는 것이 있다. 그러면서 낙랑토기의 영향이 나타나고 있는데, 동체 경계면에서의 깎기 정면방식이 이에 해당한다. 한성시기에는 완의 외면을 마연한 것도 있다. 그리고 사비시기에는 완의 외면에 칠漆을 바른 것도 등장하고 있다. 토기 표면에 칠을 바른 토기는 낙랑토기에 보이고, 그러한 전통이 지속되어 백제에 나타난 것으로 볼 수 있다.

　완을 성형하는 방법은 다음의 2가지가 있다. 하나는 녹로를 이용한 성형이고, 다른 하나는 녹로에 의한 성형은 기본적으로 같지만 구절기법을 이용한 것이다. 녹로 바닥에 완의 저부를 만드는 것도 두 가지가 있는 것으로 보인다. 하나는 처

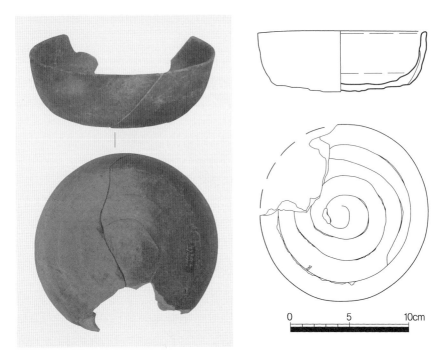

사진 56. 풍납토성 197번지 나-31호 수혈 출토 완

음부터 넓적한 판형의 점토를 놓고 타날판을 이용하여 만드는 경우이다. 다른 하
나는 점토 띠를 똬리처럼 돌려가면서 바닥을 만드는 경우인데 타날판을 이용하여
두드렸으나 원형상의 띠가 선명하게 남아있는 것이 풍납토성 197번지 나-31호
수혈에서 확인되었다.(사진 56) 녹로 성형은 띠 쌓기 성형보다는 테쌓기나 큰 점토
덩어리를 회전시켜 제품을 만들었다. 완을 성형한 후 정지된 상태에서 예새를 이
용하여 바닥을 조정한 것은 한성시기부터 나오며 아산 소동리 요지에서 확인되고
있다.[236] 한편 완 내면 조정은 동체의 경우 회전 손빗음에 의해 기벽이 조정되고
있으나 바닥의 상황은 다르다. 내부바닥 조정을 회전 손빗음으로 한 것은 부여
관북리 석축 연못 출토품이 있다. 그리고 녹로의 회전판에서 완의 바닥을 만드는

---

236) 금강문화유산연구원, 2012, 『牙山 松村里遺蹟·小東里가마터』.

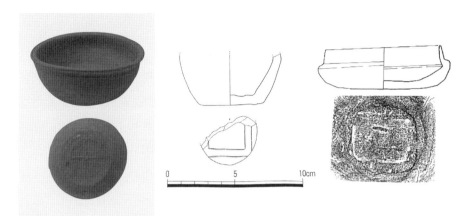

그림 16. 토기 저부 녹로봉 자국

과정에서 손가락, 도구 등으로 중심을 잡기 위해 조정하는 과정에서 만들어진 원
권문圓卷文이 남아있다. 그리고 부여 궁남지에서 수습된 완의 내면 바닥에는 예새
를 이용하여 조정한 흔적이 남아있다.

녹로에서 제품을 떼어내는 방법은 네 가지로 세분할 수 있다. 첫째, 녹로 위에
서 성형한 후에 녹로의 중심 봉을 들어 올려 녹로판에서 토기를 떼어내는 방법으
로, 소형토기만 이용할 수 있다. 이 방법으로 인해 토기 바닥에는 여러 형태의 자
국이 남아있는데, 이 자국은 원삼국시대 이래 요업의 발전과 더불어 유입된 것으
로 둥근 것, 2중의 둥근선+십자문, 'ㄷ'자형, 방형띠, 장방형판 등이 있어 녹로
봉의 상부 상태가 다양함을 보여주고 있다.[237](그림 16) 둘째, 예새와 같은 도구
를 이용하여 잘라내는 것으로, 부여 구아리 우물지와 능사 출토품이 이에 해당한
다. 예새를 이용하여 잘라낸 경우는 바닥에 나선형의 테가 나타난다. 셋째, 토기
를 녹로 바닥에서 그대로 떼어내는 것으로 부여 관북리 석축 연못 출토품·구아리
우물지 출토품이 있다. 넷째, 실끈기법[絲切技法]을 사용한 것도 발견되고 있는데,
낙랑토기에[238] 나타나고 있어 한대토기 이래의 전통임을 알 수 있다. 또한 이러

---

237) 김종만, 2004, 『사비시대 백제토기 연구』, 서경문화사.

238) 谷豊信, 1985·1986, 「樂浪土城址出土の土器(上)·(中)·(下)」『東京大學文學部考古學研

한 기법은 한성 전기의 풍납토성 경당지구 101호 유구에서 벽돌·환형 토제품에 도[239] 보이고 있어 당시 점토덩어리에서 재료를 잘라내는 기법으로 널리 채택되어 사용한 것으로 보인다. 실끈을 이용하여 점토덩어리와 제품을 분리시키는 방법으로는 물레를 정지된 상태와 회전시키면서 잘라내는 것의 두 가지가 관찰된다. 그리고 정지된 상태는 한쪽만 또는 좌우를 똑같이 잡아당기는 방법이 있다. 한성~웅진시기의 토기제품에서는 잘 보이지 않지만 사비시기 완은 정지된 상태에서 분리된 것이 많다. 실끈을 잡아당기면서 나타난 너비는 2~3mm 정도로 나타났다. 이것은 기와에 나타난 수치(5mm)보다 좁게 나타나 정성을 들여 제품을 만들고 있음을 알 수 있다. 실끈기법은 한성시기부터 나타날 가능성이 높으며 사비 중기부터 부여지방에서 완과 병의 성형제작에 널리 사용되었다. 일본 스에끼의 경우 밑바닥에 실을 이용하여 커트하는 조정 흔적이 남는 시기는 아스카시대

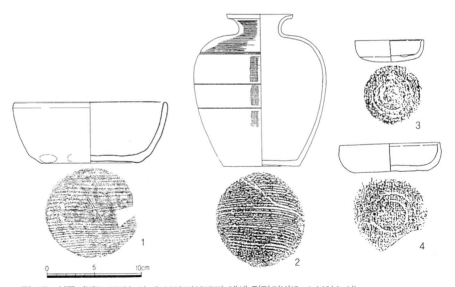

그림 17. 실끈기법(1.부여 능사, 2.부여 지선리)과 예새 절단기법(3·4.부여 능사)

　　究室紀要』第2·4·6號.
239) 국립문화재연구소·한신대학교박물관, 2005, 『풍납토성Ⅵ』.

이후이다. 녹로를 돌리면서 예새를 이용하여 바닥표면을 일정하게 조정한 것은 부여 구아리 우물지 출토 흑색와기 완과 능사 등잔에 나타나고 있다. 이러한 예새 깎기 기법은 웅진시기 개배 제작에 널리 사용된 기법이며, 일본 스에끼 중 개배를 만드는 기법의 기본으로 알려져 있다.[240] (그림 17)

다음으로 구절기법으로 제작한 회색토기에 대해 살펴보면 다음과 같다. 이 제작기법은 기본적으로 정확성이 요구되는 하나의 세트를 만들 때 사용한 것이다. 이 기법은 완 뿐만이 아니라 전달린 완, 접시도 같은 방법으로 제작되었으며 제작 순서를 정리하면 다음과 같다. ① 회전기법으로 내부가 공통空洞된 타원형의 구球를 만드는데, 기벽 조정 시에 박자를 이용한다. ② 타원형의 구를 만들 때, 상부는 따로 원형의 점토판을 부착하여 완성한다. 이후 기면은 예새를 이용하여 기벽의 두께를 조정한다. ③ 굽을 붙일 자리에 내부의 공기를 빼낼 구멍을 외부에서 찔러 뚫는다. 예외적으로 공기 구멍이 굽을 붙일 자리보다 약간 위에 뚫은 예도 확인되었다. (국립부여박물관 3489번) ④ 뚜껑과 동체을 잘라낸다. 잘라낸 후 바닥에 있는 공기구멍을 내부에서 예새나 손가락을 이용하여 조정한다. ⑤ 동체를 뒤집어 놓고 바닥에 여러 줄의 선을 긋고 굽을 부착한다. 뚜껑의 경우는 수하연垂下緣을 만들고, 보주형 꼭지를 부착한다. ⑥ 동체는 굽을 부착한 뒤 완의 경우는 굽에 인접하여 기호나 숫자를 음각으로 표시한다. ⑦ 완은 둥근 받침대 위에 올려놓고 구연부 및 내외부 일부를 조정하기도 한다. 제작된 완 중 일부는 굽의 바닥에 예새로 떼어낸 자국이 남아있어 받침대를 이용하지 않고 회전대 위에 올려놓고 조정한 것도 있는 것으로 생각된다. ⑧ 마지막으로 떼어냈던 뚜껑과 짝을 맞추고 예새로 한 쌍임을 알리는 상하 일직선을 긋는다. 부여 관북리에서 수습된 정병도 이 제작 기법에 의해서 만들어진 것으로 보인다. (사진 57)

개배는 소형품으로 손빚기로 성형한다. 개배의 성형은 먼저 동체를 만든 후 구연부를 붙이는데, 이 과정이 미숙하여 구연부의 두께가 고르지 못한 경우가 공주 도천리유적 출토품에서 확인되었다. 웅진시기 개배는 뚜껑받이 턱이 상당히 넓어

---

240) 김종만, 2001, 「公州 道川里出土 百濟土器 小考」 『국립공주박물관기요』 창간호, 국립공주박물관.

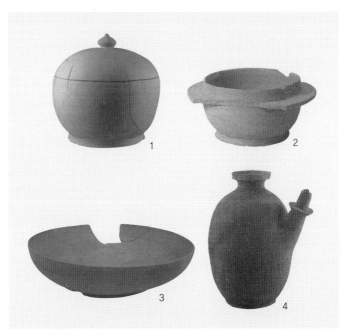

사진 57. 구절기법으로 제작된 회색토기(1.부여 신암리, 2~4.부여 관북리 추정왕궁지)

지고, 구연 하단부와 뚜껑받이 턱에는 거의 대부분 홈이 만들어진다.[241] 사비시기의 개배는 동체와 구연부가 상당히 낮아지고 있지만 웅진시기 개배와 마찬가지로 손빚기로 만들었다.

성형의 마지막 과정은 장인의 의도에 따라 토기 표면을 마무리하는 것인데, 슬립 형태의 마무리와 정면하는 것으로 시문한 문양을 지우지 않고 정연하게 만들어 토기를 돋보이게 하거나 표면을 매끈하게 하는 효과를 얻었을 것이다. 흑색마

---

241) 中村浩, 1980, 『須惠器』, 日本 ニュー サイエンス社, pp.46~48에 의하면 배의 동체와 구연을 만들 때 사용된 기법으로 ハリツケ법과 オリコミ법이 있는데, オリコミ법으로 만들 경우 개배 내부에 침선이 생기는 것으로 되어 있고 이것이 ハリツケ법으로 만들어진 것보다 기술적으로 발전한 형식이라고 한다.

연토기 기종 중에 성형 후 표면에 슬립을 바르고 소성하여 탄소막炭素膜을 흡착하는 것이 포함되어 있다는 점은[242] 일반 토기 소성 방법보다는 도자기의 재벌구이와 같이 2번 성형하는 과정을 거치면서 토기 표면을 매끈하게 하고 윤택이 나게 하는 장점이 있다.

『일본서기』에[243] 의하면 위덕왕 35년(588)에 백제가 일본으로 파견한 전문공인 중 와박사가 있는데, 이 공인이 토기제작에 관한 사항도 총괄한 것으로 보인다. 실제로 한성~사비시기에 확인된 백제 요지 중에는 기와와 토기가 같이 생산되며, 토기의 문양 타날기법 또는 소성방법이 백제기와의 제작 공정과 비교해볼 때 유사성이 인정된다.[244] 이와 관련해서 구절기법이나 틀 제작은 통일양식 체제에서 토기의 규격화가 이루어진 것을 말해주는데 박사제도와 관련이 있다. 사비시기의 토기 중에 규격성을 갖고 전문화된 집단에서 만든 것으로 흑색와기와 회색토기가 있는데, 율령과 깊은 관련이 있다.

제3절. 생산과 유통

1. 생산

1) 가마

(1) 축조

한반도에 토기를 굽는 가마[窯]가 등장한 것은 신석기시대부터이다. 주로 청동기시대까지 노천요露天窯에서 토기를 소성하였지만 원삼국시대에 이르면 중국 전

---

242) 남상원, 2013, 『백제 흑색마연토기 연구』, 충북대학교 석사학위논문.

243) 『日本書紀』 21, 崇峻天王 元年 是歲條.

244) 김종만, 2000, 「사비시대 백제토기에 나타난 지역차 연구」 『과기고고연구』 7, 아주대학교 박물관.

국시대 가마의 영향을 받은 환원염 실요室窯가 등장한다. 원삼국시대의 가마를 더욱 발전시킨 것이 백제시대이다. 가마는 가마 바닥과 벽체, 천장의 지표상 위치에 따라 지상에 설치되는 지상식, 위에서 수직으로 파고 내려가 만드는 반지하식, 옆으로 굴을 파고 들어가 만드는 지하식의 3가지 방법이 있다.[245] 백제시대의 가마 구조는 반지하식과 지하식이 있는데 대부분 지하식이며, 한성시기를 거쳐 사비시기에 이르기까지 다양한 변천과정을 거치면서 발달하였다.

가마의 입지는 대체로 자연풍화암반층이 형성된 곳으로, 앞에 강이나 하천이 흐르고 주변에 울창한 숲을 지닌 곳이 선택되었다. 그리고 토기를 만드는 점토가 풍부한 곳이어야 하고 운반하기 편리한 장소가 좋은 곳이었다. 한성시기부터 사비시기에 이르기까지 백제시대 요지는 상기한 5가지 조건이 충족된 장소를 선택하여 사용하고 있으며, 등요登窯와 평요平窯가 있다.[246]

백제는 한성시기에 장타원형의 등요가 먼저 나타났다. 영산강유역에서는 지역적인 것이기는 하지만 한성시기 후기에 나주 오량동에서 평요가 등장하는데 가마의 형태는 등요와 비슷하고, 사비시기에 이르러 중국의 남북조시대에 유행한 장사각형 평요를 받아들여 등요와 함께 조영되었다. 그러면서 대단위 조업시설을 하고 있어 국가의 생산체제가 대규모로 이루어지고 있음을 알 수 있다. 백제 이전 시기부터 나타난 토기만을 전문으로 생산하는 전업요專業窯 체제가 한성시기부터 사비시기까지 지속되어 생산유통체계를 확고히 했다. 그리고 한성시기부터 일부 가마에 나타나기 시작한 기와와 토기를 함께 번조하던 와도겸업瓦陶兼業의 생산체제는 사비시기에 들어와 평요를 중심으로 확산하는데, 생산 효율적인 차원에서 최대 효과를 보여주고 있다.

가마에서 발견된 태토와 토기의 성분을 분석하는 연구가 지속적으로 이루어지고 있다. 이는 태토의 산지와 유통망 체계를 밝힐 수 있는 좋은 자료가 된다.[247]

---

245) 이상준, 2003, 「영남지방의 토기요」 『도자(陶瓷)고고학을 향하여』, 한국상고사학회.

246) 가마는 소성실의 경사도에 따라 10° 내외는 평요로, 그 이상은 등요로 구분한다.

247) 조대연, 2005, 「한성백제토기의 생산기술에 관한 일 고찰」 『백제의 생산기술과 유통체계』, 한신대학교 학술원.

(2) 구조

한성시기의 가마는 풍납토성, 진천 산수리·삼용리, 천안 매성리, 아산 소동리[248] 공주 귀산리, 부여 궁남지, 정읍 화룡리, 광주 행암동, 영광 군동에서 조사된 등 요가 있다. 한성시기 요지의 분포는 전국적이며 다원화된 체제를 구축했음을 알 수 있다. 이들 요지는 자연풍화암반층에 반지하 또는 지하로 굴을 파서 형성한 단독요單獨窯 또는 군집요群集窯 상태를 이루면서 오랫동안 조업이 이루어졌던 것을 알 수 있다. 진천 산수리·삼용리 요지를 통해 한성시기 요지의 구조를 살펴 볼 수 있다. 요지는 화구火口에서 연기가 나오는 연도煙道에 이르기까지 하나의 통 형으로 되어있다. 요지의 구조는[249] 화구에서 연소실은 한단 떨어져 내려가고(수 직 연소식), 소성실은 연소실에서 한단 올려 만들어 중국의 전국시대 가마의 형태를 모방하고 있다. 천안 매성리와 아산 소동리 요지는 진천 산수리 요지와 비교하였 을 때 연소실 입구에 한 단 낮은 작업공간이 생기고 연소실이 낮아지면서 소성실 이 넓어지는 차이점이 있다. 이는 백제 장인이 가마를 운영하면서 나타난 시행착 오를 통해 백제화하는 과정에서 변화하는 것으로 화력 대비 생산품에 대한 가성 비를 고려하여 나타난 구조의 변화라고 생각한다. 아산 소동리 요지의 소성실 바 닥에는 소형의 구덩이들이 있는데 토기의 적재를 쉽게 하기 위해 파놓은 것으로 보고 있다. 한편 호남지방의 특색을 보여주는 등요가 영산강유역을 중심으로 확 인되고 있다.[250] 광주 행암동 요지는 한성시기 후기의 말쯤부터 조영이 시작되

김장석, 2005, 「백제 한성양식 토기의 유통망 분석」『백제의 생산기술과 유통체계』, 한 신대학교 학술원.

248) 금강문화유산연구원, 2012, 『아산 송촌리유적·소동리가마터』.

249) 가마는 화구와 연소실의 연결 상태에 따라 수평 연소식, 수직 연소식, 경사 연소식으로 구분하고 단면 형태에 따라 수평 무단식, 수평 유단식, 수직 무단식, 수직 유단식으로 나눈다(이지영, 2008, 『호남지방 3~6세기 토기가마 변화상 연구』, 전북대학교 석사학 위논문).

250) 박수현, 2001, 「호남지방 토기요지에 관한 일시론 −요의 구조를 중심으로−」『연구논문 집』 1, 호남문화재연구원.
이정호, 2003, 「영산강유역의 고대 가마와 그 역사적 성격」『삼한·삼국시대의 토기생산 기술』, 복천박물관.

었으며, 영산강유역에서 운영된 가마 중 가장 큰 규모의 요업 단지이다. 행암동 요지는 군집의 형태를 이루며 운영되었는데, 진천 산수리·삼용리 요지의 구조와 비슷하지만 3개 지구에서 연소실 바닥과 화구와의 단이 낮아지고 화구와 요전 회구부가 평탄화(수평 연소식)가 이루어지는 등 변화가 나타나기 시작하여 시기적인 요소를 반영하고 있다. (사진 58~76)

　웅진시기 요지는 512년에 축조한 무령왕릉의 벽돌을 생산했던 부여 정동리 요지, 광주 행암동 요지, 청양 학암리 요지, 부여 중정리 요지, 나주 오량동 요지,[251] 익산 신용리 요지 등이 알려져 있다. 부여 정동리 요지는 무령왕릉 출토 벽돌에 새겨진 내용에 의하면 중국 양梁나라 장인의 지도로 만든 최초의 가마가 될 것이다. 이곳에서는 토기도 만들었으며 기와와 함께 번조하는 와도겸업의 가마였다는 점에서 중요성이 인정되지만 발굴조사가 이루어지지 않아 구조는 알 수 없다. 청양 학암리 요지는 2기가 동시에 조영된 반지하식 쌍요 체제이며 웅진시기 후기~사비시기 전기에 운영되었다.[252] 부여 중정리 요지는 2기의 소규모 체제의 등요로 비교적 넓은 화구, 연소실과 소성실 사이의 단이 거의 보이지 않고 요전회구부가 상당히 넓어진 특징을 갖는다. 특히, 2호 가마 소성실 바닥에 둥글게 패인 구덩이들이 있는데 토기를 올려놓기 위한 시설로 보인다. 익산 신용리 요지는 나주 오량동 등요를 더욱 발전시킨 것으로, 등요의 전형을 보여주며 사비시기로 이어진다. 나주 오량동 요지는 옹관을 소성하던 곳으로 영산강유역의 지방 가마 구조를 가장 잘 보여주는 곳이다. 가마는 반지하식 평요로 연소실과 소성실 사이에 단이 없고 연도부 끝에 굴뚝을 조성하기 위한 타원형 시설이 있는 특징을 갖는다.[253] 광주 행암동 요지는 수직 연소식에서 변화가 나타나 수평식으로 이행하는 단계에 해당한다.

　이영철·조희진, 2005,『고창 석교리 유적』, 호남문화재연구원.

251) 목포대학교 박물관·동신대학교 박물관, 2004,『오량동 가마유적』.
　　국립나주문화재연구소, 2011·2014,『나주 오량동 요지 I·II』.

252) 충청남도역사문화원, 2006,『청양 학암리·분향리 유적』.

253) 연도부 끝에 수혈이 있는 것은 사비시기의 부여 정암리 B지구 7호 요지에서 확인된다.

사진 58.
풍납토성 토기 요지

사진 59. 인천 불로동 토기 요지

사진 60. 천안 매성리 요지　　　　　　사진 61. 진천 산수리 87-7호 요지

사진 62. 진천 삼용리 88-1호 요지

사진 63. 아산 소동리 1~3호 요지

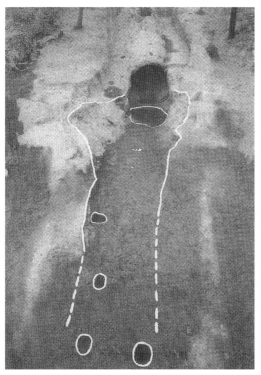

사진 64. 청주 가경 4지구 요지

사진 65. 청양 학암리 요지

사진 66. 부여 중정리 요지

사진 67. 정읍 용산동 토기 요지

사진 68. 나주 오량동 3호 토기 요지

사진 69. 나주 신가리 당가 요지

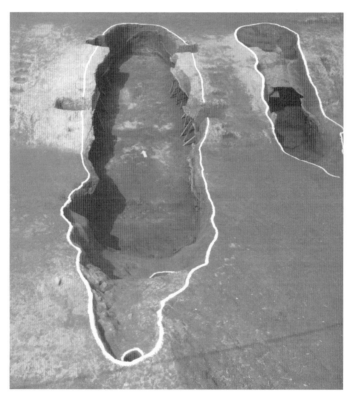

사진 70. 광주 행암동 6, 7호 요지

사진 71. 부여 정암리 A지구 1호 요지

사진 72. 부여 정암리 B지구 1-3호 요지

사진 73. 부여 정암리 5~9호 요지

사진 74. 익산 연동리 요지

사진 75. 청양 왕진리 4호 요지

사진 76. 청양 관현리 질평 요지

사비시기 토기요지는 금강유역과 영산강유역에서 발견되고 있다. 금강유역에는 등요와 평요가 있다.[254] 등요는 부여 쌍북리 남요지·쌍북리 북요지[255]·정암리 B지구(7·8·9호)[256]·신리[257]·송국리 76-70지구[258]·청양 관현리 질평[259] 등에서 확인된다. 부여 쌍북리 북요지에서는 녹유제품이 확인되고 있어 주목된다. 그리고 금강유역의 하류인 익산 신용리 요지에서 토기가 만들어져 금강유역으로 공급되고,[260] 고창 운곡리, 익산 산북리에서 평요와 등요가[261] 발견되고 있어 점차 다원적으로 체제를 갖추었던 것으로 보인다. 한편 광주 행암동 요업 시설은 대단위 생산단지로 웅진시기에는 재지 토기를 굽다가 사비 전·중기에 들어와 백제 중앙양식토기를 생산한 것으로 보인다.[262] 순천 대안리 소안 요지,[263] 나주 신가리 당가, 광주 행암동 3호 요지도 사비시기 등요로 알려져 있다.[264] 광주 행암동 2지구 기와 가마는 3기가 요전회구부를 함께 사용하였는데, 시기는 알려져 있지 않지만 부여 정암리 요지에서 나타나는 구조와 유사하다.

254) 김성구, 1990, 「부여의 백제요지와 출토유물에 대하여」 『백제연구』 21, 충남대학교 백제연구소.
김종만, 2002, 「泗沘時代 瓦에 나타난 社會相 小考」 『국립공주박물관기요』 2, 국립공주박물관.
최경환, 2010, 『백제 토기요지에 대한 연구』, 충남대학교 석사학위논문.

255) 윤무병, 1982, 「부여 쌍북리유적 발굴조사보고서」 『백제연구』 13, 충남대학교 백제연구소.

256) 신광섭·김종만, 1992, 『부여 정암리 가마터(Ⅱ)』, 국립부여박물관.

257) 김종만, 1999, 「백제후기 토기완의 양상과 변천」 『동원학술논문집』 2, 한국고고미술연구소.

258) 국립중앙박물관, 1995, 『송국리Ⅳ』.

259) 대전보건대학박물관, 2002, 『靑陽 冠峴里 瓦窯址』.

260) 김종만, 2000, 「公州 道川里出土 百濟土器 小考」 『국립공주박물관기요』 창간호, 국립공주박물관.

261) 전영래, 1973, 「고창, 운곡리 백제요지 발굴보고」 『전북유적조사보고(하)』, 서경문화사.

262) 전남문화재연구원, 2011, 『광주 행암동 토기가마』.

263) 순천대학교박물관, 1997, 「순천 해룡면의 문화유적」 『순천 검단산성과 왜성』.

264) 국립나주문화재연구소, 2013, 『영산강유역 고대생산유적』.
전남문화재연구원, 2011, 『광주 행암동 토기가마』.

이들 등요는 소성실 내부의 형태에 따라 무단식과 계단식으로 나누어 볼 수 있다. 무단식은 한성시기부터 웅진시기에 조영된 등요가 이러한 형태를 띠고 있는데 사비시기에는 부여 송국리 요지, 익산 신용리·연동리 요지, 고창 운곡리 요지, 청양 관현리 질평 요지가 이를 계승하고 있다. 계단식은 부여 정암리요지·쌍북리 남요지에서 확인되고 있다. 익산 연동리 요지[265] 출토품은 인근한 미륵사지에 공급을 하기 위해 조성된 가마로 소성실의 뒤편에 만들어진 원형 구멍은 불이 연도로 가기 직전 한번 멈추었다가 나가게 하는 시설로 부여 정암리 B지구 8호요 연도에 있는 것과 비슷한 역할을 했을 것으로 보인다.

평요는 부여 정암리 A지구(1호) 및 B지구(2·3·5·6호)·동남리 구 인삼창부지·정림사 강당지 하부요지, 청양 왕진리 강변 4호 요지에서[266] 발견되었다. 부여 동남리 구 인삼창부지 요지는 사비시기 초로 추정되는 반지하식 평요로 소성실 앞과 뒤의 각이 거의 없는 완전한 평요로서 부여지방에 처음 나타나는 요소이다. 이곳에서 중국 청자편도 확인되었다. 부여 정암리 B지구 요지의 평요는 등요와 동시에 조영된 것은 아니며 등요 조영 후에 평요가 조성되는 특징을 보여주고 있다. 그러나 출토유물로 본다면 시기적인 차이는 크지 않았다는 것을 알 수 있다. 등요와 평요가 거리를 두지 않고 바로 인접해서 조영하고 있었다는 것은 소성의 차이점을 제외하면 장인들은 동일 집단이었음을 의미하는 것이다. 부여 동남리 구 인삼창부지 요지와 정암리 요지는 중국 도공의 지도로 요업이 운영되었을 가능성이 있다.(사진 77) 이는

사진 77. 부여 정림사지 동쪽 평요 발견 중국 청자

---

265) 원광대학교 마한·백제문화연구소, 2013, 『익산 연동리 유적』.
266) 김성구·김종만·윤용이, 2008, 『청양 왕진리 가마터』, 국립중앙박물관·국립부여박물관.

『삼국사기』 성왕 19년조에 나오는 양나라 장인·공장의 초청에 의해 조영된 요업 상황을 말해주는 장소일 가능성이 있는 것이다. 고창 운곡리 요지는 부여 정암리 요지보다는 부여 동남리 구 인삼창 요지와 구조가 비슷한 것으로 추정된다.

2) 소성

(1) 토기 적재 방법

토기를 성형한 다음 그늘에 말리는 작업이 그 뒤를 잇는다. 말리는 작업은 성형한 토기가 터지는 것을 방지하기 위해서 양지가 아닌 음지에서 행해졌을 것으로 보인다. 그늘에서 일정 시간 말린 토기들은 완성된 제품으로 만들기 위해 가마의 소성실의 연도 부근에서 부터 연소실 쪽으로 적재한다.

토기는 소성할 때 내·외면에 자국이 남게 되는데, 이는 가마 내 토기 적재 방법을 알아볼 수 있는 증거가 된다. 소성실에 토기를 적재하는 방법은 기본적으로는 크기에 따라 달랐던 것으로 보이지만 여러가지 기종을 함께 적재하는 경우도 있다.

대형품인 대형호의 소성실 적재 방법은 두 가지 방법이 추론된다. 첫째는 대형호와 소형품을 동시에 소성실에 적재하는 방법이다. 이 방법은 기와와 함께 소성했던 와도겸업요가 들어오기 전까지 보편적으로 사용했던 방법이라고 생각된다. 둘째는 대형호만을 소성실에 적재하는 경우가 있다. 이것은 영산강유역의 전용관專用棺을 만들 때 사용했던 방법으로 이 지역에서만 유행했던 것이라 할 수 있다.

풍납토성 출토 토기를 검토하여 나타난 가마 내 적재 방법은 정치正置 또는 도치倒置의 방법으로 중첩과 결합의 형태가 이용되었으며, 고배나 삼족토기와 같은 배류는 중첩으로 적재하거나 여러 기종을 섞어 중첩하는 경우도 있었다. 그리고 소형 단지류와 배류는 뚜껑을 덮고 구웠던 자국이 남아 있는 예도 있었다. 중형 토기의 경우 중첩하기 보다는 단독으로 세워 소성한 사실도 확인되었다. 아산 소동리 요지 발굴조사에 의하면 가마 내 용기의 재임 방법은 대형 토기를 중심으로

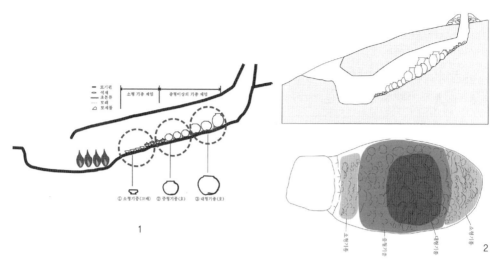

그림 18. 소성실 내부 토기 적재 복원도(1.국립문화재연구소 풍납토성 2013 보고서 전재, 2.금강문화유산연구원 아산 소동리 요지 2012 보고서 전재)

중형과 소형을 분리하여 적재한 것으로 보았다.[267](그림 18)

　부여지역의 백제시대 가마는 새로 등장하는 장방형 평요와 매우 고운 입자로 된 점질토의 사용으로 흑색와기를 생산하였다. 자배기, 완, 등잔, 연가 등이 이 방법으로 소성된다. 완을 소성실에 적재하는 방법은 두 가지 방법으로 구웠던 것으로 상정된다. 첫째, 부여 정암리 요지 출토품처럼 기와와 함께 굽는 경우가 있다. 이때는 완을 포개 굽지 않아서 토기 전면에 흑색의 탄소막이 형성되어 있는 것을 볼 수 있다. 둘째, 순수하게 완만 굽는 경우가 있었던 것으로 보인다. 이 소성 방법은 부여 송국리 요지와[268] 같은 토기요지에서 이루어졌을 가능성이 높다. 토기 전용 가마는 대량생산을 위해 동일 종류를 정치하거나 도치로 중첩하였던 것으로 보인다. 부여 궁남지 출토품 중에는 소성 후 포개지지 않은 부분에 흑

---

267) 김성이, 2013, 「풍납토성 출토 토기의 소성기술」『풍납토성XV』, 국립문화재연구소.
　　유기정, 2012, 『아산 송촌리 유적·소동리 가마터(고찰)』, 금강문화유산연구원.
268) 국립중앙박물관, 1991, 『松菊里Ⅳ』.

사진 78. 완에 나타난 탄소막 띠(1.연산 표정리, 2.부여 궁남지)

색의 탄소막이 흡착되어 띠를 형성한 것처럼 표시가 나타난 것이 있다. 이와 같은 방법으로 만들어진 것이 논산 표정리 A지구 7호분 출토품 소형 완에서[269] 확인되고 있어 이미 웅진시기부터 이러한 소성 방법이 사용되고 있었음을 알 수 있다.(사진 78) 통일신라 유적으로 알려진 경주 안압지와[270] 황룡사 출토 토기류 중에서[271] 바깥 표면에 생긴 검은 띠를 볼 수 있는데, 백제에서 그 소성 방법이 전파된 것으로 추정하고 있다.[272] 국립부여박물관의 박만식 기증유물 중 고배 동체 내부바닥에 나타난 자국을 보면 중첩하여 구웠던 흔적이 있다.[273] 그리고 백제의 것은 아니지만 경주 손곡동 물천리 1호 요지에서 확인된 고배의 적재상황은 이를 잘 대변해 주고 있다.(사진 79~86)

회색토기의 소성은 표면상으로 보면 도자기를 굽는 것처럼 정성을 들여 만들어진 것이지만 갑발과 같은 것을 덮어 구운 것은 아니다. 회색토기에 나타난 경

269) 윤무병, 1979, 「연산지방 백제토기의 연구」 『백제연구』 10, 충남대학교 백제연구소.

270) 문화공보부 문화재관리국, 1978, 『안압지발굴조사보고서』, 도판 210·215.

271) 문화재관리국 문화재연구소, 1983, 『황룡사발굴조사보고서』, 도판 262-3 우측.

272) 최종규, 1992, 「濟羅耶의 文物交流 -百濟金工Ⅱ-」 『백제연구』 23, 충남대학교 백제연구소.

273) 국립부여박물관, 1995, 『박만식교수기증백제토기』, p.72, 136의 우측 고배.

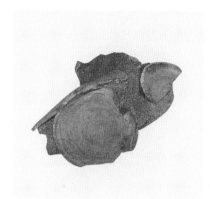

사진 79. 청양 학암리 요지 출토 토기

사진 80. 고배(국립부여박물관 소장)

사진 81. 익산 신용리 요지 삼족토기

사진 82. 익산 신용리 요지 고배

사진 83. 광주 행암동 요지 출토
소형토기 적재 모습

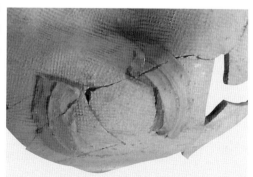

사진 84. 나주 신촌리 9호분 출토 토기

사진 85. 나주 신가리 당가 요지 출토 토기

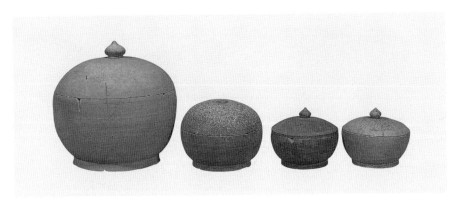

사진 86. 회색토기 소성 적재 모습

도는 흑색와기를 만드는 소성 방법보다[274] 발전된 기법으로 만들어진 것을 알 수
있는데 기술적인 진보라고 생각된다. 회색토기는 대부분 경질에 가까운 것이지만

---

274) 김종만, 1995, 「충남서해안지방 백제토기연구 −보령·서천지방을 중심으로」 『백제연구』
　　 25, 충남대학교 백제연구소. 부여 능사의 하부층에서 확인된 전달린 완은 경질토기에
　　 漆을 바른 것으로 회색토기가 어떠한 과정을 거쳐 만들어지게 되었는지 알 수 있는 자료
　　 이다.

일부는 와질도 포함되고 있다. 이러한 현상은 도자기 태토처럼 고운 점토를 사용하여 소성 시 높은 열을 이용할 수 없기 때문에 나타난 현상이며, 이는 또한 당시 유행한 와도겸업이라는[275] 요업구조도 관련이 있을 것으로 보인다. 회색토기 중에는 와질에 가까운 것이 바닥 부분이 터진 예가 일부 확인되고 있다. 특히 회색토기 중 대부완은 부여 관북리 추정왕궁지 배수로에서 발견된 것을 검토한 결과 완에 뚜껑을 덮고 구웠던 것으로 확인되었다.[국립부여박물관 소장 3814(2-2)·3845(2-1)]

(2) 이기재離器材, 이상재離床材

가마의 소성실에 토기를 적재할 때 바닥과 토기 사이에 눌러 붙지 않도록 이기재離器材와 이상재離床材를 사용한다. 이기재와 이상재의 재료는 장인에 따라 달리 나타나며 점토로 만들어 사용하기도 하지만 주변에서 쉽게 구할 수 있는 재료를 이용하는 경우가 많다. 이기재는 볏집, 보릿대, 갈대, 조릿대, 모래, 점토, 토기편 등을 사용했고, 이상재는 모래, 토기편, 옹관편, 토제 도침, 석재 도침 등 다양한 재료를 이용하였다.(사진 87·88)

풍납토성 출토 토기를 검토하여 나타난 이기재는 볏집 또는 갈대류를 사용하고, 이상재는 모래, 토기편, 석재를 이용한 것으로 알려져 있다.[276] 아산 소동리 요지는 소성실 바닥에 별도의 토기 받침을 놓지 않고 가마 바닥에 홈을 내서 토기를 세우고 수평이 맞지 않을 경우 편마암 잔돌과 거친 흙덩이를 이용해서 이상재와 이기재의 역할을 한 것으로 보았다.[277] 그리고 아산 소동리 3호 요지에서는 고배 위에 소형 단경호를 올려놓고 소성한 것도 발견되었다. 공주 귀산리 요지와 서천 지산리에서는 공工자형 도침이 이용되었다. 광주 행암동 요지에서는 이기재와 이상재로 짚, 모래, 점토, 석재·토제(I·Y·판형·장방형) 도침 등이 다양하게 사용되었다. 광주 행암동 요지에서는 완을 중첩하거나 소형토기를 정치와 도치를 반복하여 소성하기도 하였다. 나주 오량동 8·9·10호 요지에서는 절구형과

---

275) 灰色土器가 瓦陶兼業과 관련이 있지만 기와와 동시에 燔造한 것을 의미하는 것은 아니다.
276) 김성이, 2013, 「풍납토성 출토 토기의 소성기술」『풍납토성XV』, 국립문화재연구소.
277) 금강문화유산연구원, 2012, 『아산 송촌리 유적·소동리 가마터』.

사진 87. 개배에 나타난 이기재 선상자국(1.공주 도천리, 2.나주 복암리)

원통형의 토제 도침이 수습되었으며, 소성실 바닥과 측벽에 토기편을 깔거나 세워서 토기가 바닥이나 벽에 달라붙지 않도록 하고 토기 적재 시에도 토기편을 이용하였다. 풍납토성 197번지 나-3호 부뚜막 출토 대형 단경호와 군산 신관동 2호 옹관묘 매납용,[278] 서천 판교 저산리 6-1지점 A·B호 분묘 출토 난형호, 공주 저석리 서-16-H호의 난형호의 저부에 부착된 토기편은 상기한 과정을 통해서 나타난 현상이다. 창녕 여초리 토기요지에서도 토기편을 이용하여 고였던 것이 확인되어 삼국시대 토기의 소성과 적재 방법이 비슷하였던 것을 알 수 있다. 또한 옹관편을 이용하여 소성한 제품은 나주 반남 덕산리 3호분 출토 대형호에서[279] 확인된다. 그리고 토기와 토기 사이에 개배, 소호 등의 소형토기를 넣어

---

278) 군산대학교박물관, 2002,『群山 堂北里·新觀洞』, p.272.

279) 朝鮮古蹟硏究會, 1928,「羅州潘南面古墳の發掘調査」『昭和十三年度古蹟調査報告』, 圖

사진 88. 각종 이상재와 적재 모습 복원(1·7.영광 원흥리 군동, 2.서천 지산리, 3.청양 학암리, 4.광주 행암동, 5.나주 신가리 당가, 6·9.진천 삼룡리, 8.나주 오량동)

달라붙는 것을 방지한 것이 있는데, 나주 반남 덕산리 4호분 출토 단경호의[280] 동체에 둥근 자국과 나주 신촌리 9호분에서 발견된 단경호의 밑바닥에는 장경호의 구연 부분이 부착되어 있어 별도의 도침을 사용하지 않고 토기 위에 올려 놓고 구웠던 것으로 확인되었다. 영광 원흥리 군동 '가'요지에서는 공자형과 삼각형의 토제 도침이 확인되었다.[281] 일본 오사카의 스에무라[陶邑, 泉州]에서 스에끼 제작 초기 단계에 사용된 이상재는 고리형, 원통형, 삼각형 등의 도침과 토기편을 사용한 것으로 알려져 있다.[282]

웅진시기 이후가 되면 토제나 석재 도침을 사용하는 것보다 모래, 토기편 등의 간단한 이기재 및 이상재를 이용하거나 토기 기종별로 모아 도치 또는 정치의 방법으로 적재하였던 것으로 추정된다. 개배는 중첩하여 구웠던 사실이 확인되었으며,[283] 이러한 방법은 소형토기를 소성할 때 널리 사용하였다. 또한 삼족토기는 소성할 때 뚜껑을 덮어서 소성한 예가 있는데, 공주 정지산 유적,[284] 보령 웅천면 노천리, 서천 비인 장포리 출토품이[285] 이에 해당한다. 청양 학암리 요지에서는 고리형, 원통형, 공자형의 이상재가 확인되었다. 회구부에서 발견된 토기편들로 보았을 때 소성실 적재는 완의 경우는 중첩한 경우가 많았으나, 대체로는 기종을 구분하지 않고 적재하였던 것으로 보인다.

소형토기를 소성실 내부에 중첩할 때 나뭇잎 또는 줄기와 같은 이기재를 토기 사이에 끼워 넣어 눌러붙는 것을 방지하여 나타난 자국이 있는데, 선상 자국이라고 하며 일본에서는 '히다스키[火襷]'라 부르고 있다. 선상 자국은 공주 도천리 유

版 30.

280) 국립광주박물관, 1988, 『나주반남고분군』, 원색 도판 19-②.

281) 박수현, 2001, 「湖南地方 土器窯址에 關한 一試論」 『연구논문집』 1, 호남문화재연구원.

282) 大阪府埋藏文化財協會, 1994, 『須惠器の始まりをさぐる』.

283) 김종만, 2001, 「公州 道川里出土 百濟土器 小考」 『국립공주박물관기요』 창간호, 국립공주박물관.

284) 국립공주박물관, 1999, 『정지산』, 도판 72-②·③.

285) 김종만, 1995, 「충남서해안지방 백제토기연구-보령·서천지방을 중심으로」 『백제연구』 25, 도면 50·51·67·68, 충남대학교 백제연구소.

적 출토 뚜껑, 나주 복암리고분 출토 뚜껑, 무안 맥포리 3호 토광묘 출토 완, 부여 쌍북리 출토 벼루의 뚜껑에 잘 남아 있다.[286] 사비시기에는 선상 자국이 남게 하는 방법도 일부 나타나고 있지만 중국 도자기 소성에서나 볼 수 있는 모래나 소형의 점토 받침을 이용하고 있는 경우도 확인되어 기술적으로 발전한 것을 엿볼 수 있다. 나주 복암리 3-10호분 출토 개배에 3~5개의 받침 자국이 남아있다.[287] 그리고 회색토기는 가마의 소성실 바닥에 모래, 식물이 포함된 점토, 작은 토기편 등을 토기 저부에 받침으로 사용하였다.

백제토기에는 아직 발견 예가 없지만 가야토기 중에는 소성실 내부에 짚이나 풀로 역은 똬리를 놓고 구운 토기(국립진주박물관 소장 1491)도 있고, 짚이나 풀에 석회와 같은 성분의 흙을 섞어 만든 것을 장경호와 기대 사이에 넣고 소성하였던 예(국립진주박물관 소장 1299·1304)도 확인되고 있어 향후 백제토기에서도 나타날 가능성이 높다.[288]

(3) 토기 소성 방법

백제시대는 선사시대의 노천요보다 실요室窯인 반지하식·지하식 가마에서 환원염으로 제품을 만든다. 이러한 소성 방법은 가마의 형태, 태토가 좌우한다.

백제토기의 소성 방법은 기술적인 면이 강조되는 것으로 회청색경질토기, 흑색와기와 회색토기로 나누어 살펴볼 수 있다. 회청색경질토기는 가마의 내부 온도가 1,000~1,200℃ 사이가 되어야 만들어낼 수 있는 것이다. 회청색경질토기는 한성시기에 등장하며 사비시기에 이르기까지 줄곧 만들어졌다. 그러나 가마 내에서 높은 온도로 소성한다고 해서 모두 회청색경질토기로만 되는 것이 아니고 가마의 구조 변화와 치밀질 태토를 사용하는 과정에서 일부 기종에서는 흑색와기나 회색토기도 함께 나타날 수 있다. 흑색와기는 소성실 내부에서 환원염으로 소

---

286) 김종만, 2001, 「公州 道川里出土 百濟土器 小考」『국립공주박물관기요』 창간호, 국립공주박물관, pp.102~103.
   백제문화개발연구원, 1985, 『백제토기도록』, 도판 247 참조.
287) 국립문화재연구소, 2001, 『나주 복암리 3호분』, 사진 342-①.
288) 김종만, 2004, 『사비시대 백제토기 연구』, 서경문화사.

성하다가 마지막 단계에서 불연소하는 방법으로 토기 기벽에 있는 구멍을 막는 동시에 표면에 탄소막을 입혀 만드는 것이다.

한편 흑색마연토기의 제작에는 소성시 토기 표면에 입혀진 탄소막과는 다른 한 겹의 막이 더 형성되어 있는 것을 볼 수 있다. 대표적인 것으로 서울 석촌동 그리드 N6E2·천안 용원리 9호 석곽묘·화천 원천리 2지구 99호 주거지·서산 부장리 8호 분구묘·해미 기지리 Ⅱ-27호 분구묘 출토품이 있다. 이 흑색마연토기에 형성된 윤기 나는 막은 탄소막이 조성된 표면을 긁개를 이용하여 문질러서 형성한 것보다는 아주 미세한 입자의 흙물을 입힘으로써 나타나는 광택일 가능성이 있다. 시유도기에 표현된 유리막 성분처럼 하였기 때문에 3차 성형에 해당할 가능성이 높다.[289] 그리고 탄소막이 입혀진 위에 다시 발라 성형한 뒤에 2차 소성을 하였는지는 자세히 알 수 없지만 슬립이 안정적으로 표면에 부착하기 위해서는 칠이 아니고서는 간단하게 2차 소성도 하여야 할 것이다. 흑색마연토기 시편을 아무런 처리 없이 연료와 함께 가열한 결과 흑색 표면 부분이 광택을 띤다는 실험[290] 결과는 2차 소성이 이루어졌다는 것을 말해주고 있다. 만약 2차 소성이 이루어진 것이라면 자기를 번조할 때 사용했던 재벌구이에 대한 인식이 한성시기부터 있었던 것으로 보아야 한다.[291] 이러한 기술력이 웅진시기에 나타나지 않는 것에 대해서는 일상생활용기, 의례용기, 부장용기에 대한 제약 등 여러가지 요인이 있을 수 있겠지만 사비 전기에 녹유(기) 발색의 출현에는 백제 도공의 잠재적인 기술력을 바탕으로 크게 영향을 주었을 수도 있다.

289) 김승욱, 2004, 「테라 시질라타 슬립 연구」 『경희대학교부설디자인연구원 논문집Vol 7』, pp.23~26.

290) 최석원 외, 2001, 「백제시대 흑색마연토기의 산출과 재현연구」 『문화재』 34, 국립문화재연구소.

291) 토기 성형 후 표면 마연을 하고 소성실에서 탄소막을 입히면 흑색마연토기가 생성되는 것으로 본 연구도 있다(남상원, 2013, 「백제 흑색마연토기 제작기법」 『풍납토성XV』, 국립문화재연구소). 과학적인 실험을 통해 흑색마연토기를 생성하는 과정은 여러가지 접근 방법이 있으므로 단언할 수 없다.

2. 유통

한성시기 백제의 마한병합은 생산체제를 구축하는데 매우 유리한 고지를 점하게 해주었다. 백제 중앙정부의 남방경영에 따라 금강·영산강유역의 제작 물품이 장거리체계에 돌입할 수 있었던 것으로 생각되며, 풍납토성에서 연산토기와 가야토기 등이 확인되고 있어서[292] 이를 잘 대변해 주고 있다. 그러나 이러한 장거리 유통망 체계는 널리 이용된 것은 아닌 듯하며, 풍납토성에서 확인되었다고 알려진 진천 산수리 요지 출토품은[293] 자연과학적 방법에 의하면 태토가 완전히 다른 것으로 확인되어 유통망에 대해 재검토가 필요하다. 이러한 점을 통해 볼 때 한성시기의 토기 유통망은 장거리 체계도 있었지만 근거리 체계가 더욱 활발하였던 것으로 보인다. 그리고 한성 후기가 되면 각지에서 한성양식토기와 재지양식의 토기를 생산하는 소단위의 가마가 만들어져 근거리 공급이 이루어졌다. 이러한 점은 한성시기 중앙정부의 문화정책과 궤를 같이하는 것으로 보이며, 한강유역에서 영산강유역에 이르기까지 생산체계의 다원화가 이루어졌다.

웅진시기는 도성 인근에 요업 단지를 배치하지 않고 주변에서 토기를 공급받은 것으로 보인다. 웅진 도성에서 가까운 청양·부여지방과 금강유역을 따라 익산, 그리고 영산강유역의 나주지방에서 토기류를 공급하였다. 청양 학암리 요지와 부여 정동리 C지구 요지는 웅진 도성으로 토기류를 공급한 곳이다. 공주 도천리에서 발견된 개배는 최근 영산강유역의 나주 오량동과 광주 행암동 요지에서도 확인되고 있어 영산강유역에서 금강유역으로 물품이 유통된 것을 알 수 있다. 이러한 것은 남부지방에 활발한 문화정책과 통제를 통하여 영산강유역의 생산품을 공급받은 예이다. 특히, 나주 오량동 요지에서 발견된 토기류를 볼 때 장거리와 근거리 체계를 동시에 운영한 것으로 볼 수 있다. 영산강유역은 특히 일상생활용

---

292) 권오영, 2002, 「풍납토성 출토 외래유물에 대한 검토」 『백제연구』 36, 충남대학교 백제연구소, pp.32~33.

293) 유기정, 2002·2003, 「鎭川 三龍里·山水里窯 土器의 流通에 관한 硏究(上)·(下)」 『숭실사학』 15·16, 숭실사학회.

요지	출토유물		성왕 I기 (공주 정지산 출토품)	성왕 II기 (부여 능사 출토품)
부여 정동리 A지구				
익산 신용리				
고창 운곡리				
정읍 화룡리				
부여 정암리 A지구				
청양 학암리				

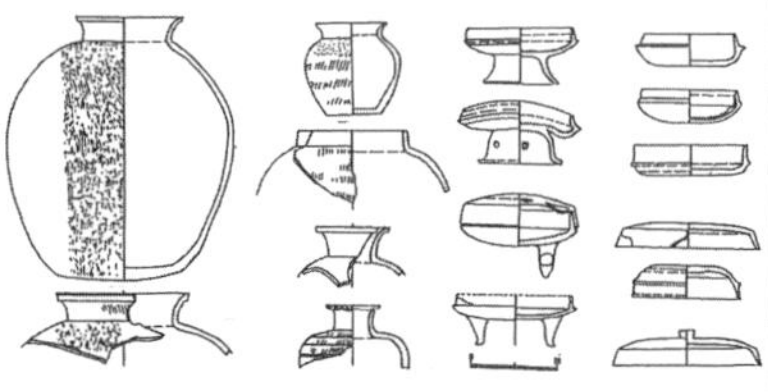

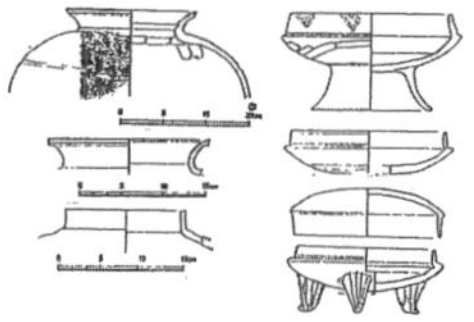

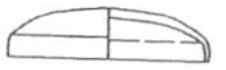

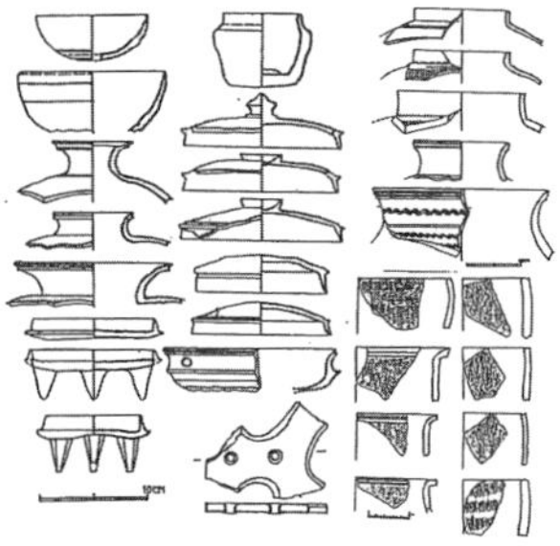

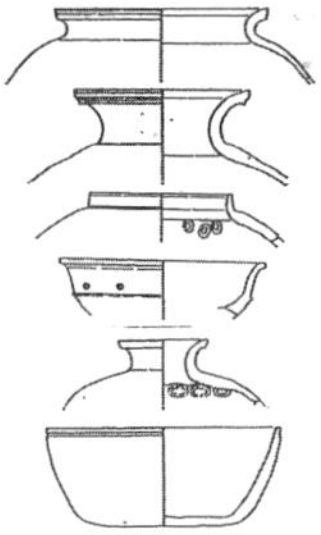

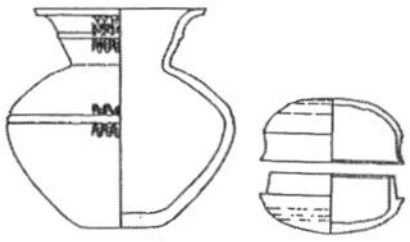

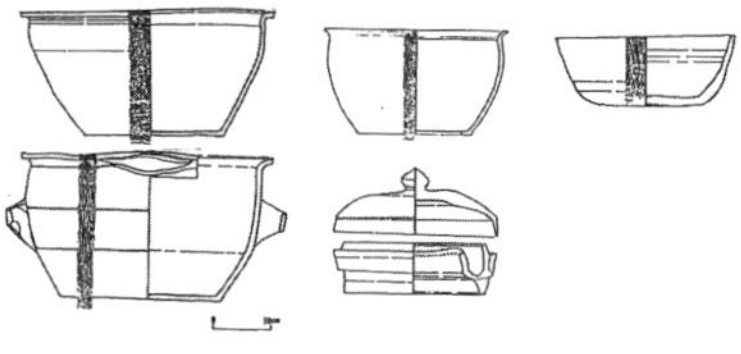

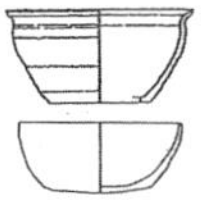

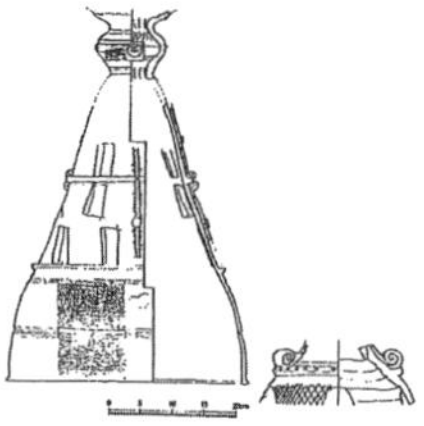

그림 19. 6세기 백제생활토기 생산과 유통

보다 고분 부장용 토기의 생산이 활발해져서 중앙에는 보이지 않는 독특한 토기 문화를 창출하였다.(그림 19)

사비시기는 웅진시기 보다 더욱 발달한 유통망 체계에 따라 지정된 가마에서 각 수요처로 공급되었다. 사비시기 백제토기의 공급에 따른 생산유통은 여러가지로 생각해볼 수가 있겠다. 첫째는 왕실을 포함한 도성 내부용, 둘째는 중앙에서 사용하면서 지방으로 분배한 보급용, 셋째는 사찰용, 넷째는 고분 부장용 등으로 나누어 살펴볼 수 있다.[294] 특히, 왕실의 발원에 의해 건립되는 사찰의 경우 경제적인 생산유통망 구조에 입각하여 해당 지역에 생산 시설을 만들어 공급하는 것이 원칙적이었다. 사찰이 준공된 다음 사용하던 과정에서 보수를 하게 되면 국가에서 운영하는 관공방官工房 요업단지에서 일괄적으로 만들어 공급했던 것으로 보인다. 부여 정암리 요지에서 생산한 연화문와당이 여러 장소에서 확인되고 있는 점은 이를 확인해주고 있다.[295] 각 가마에서 만들어진 공급 토기류는 회청색경질토기류, 흑색와기류, 회색토기류, 칠토기 등 다양한데, 요지는 주로 금강유역에서 확인되고 있어서 중앙정부가 통제하고 보급에 관여하여 이루어진 것을 알 수 있다.

부여 정동리 요업 단지는 6세기 초부터 경영을 시작한 이후 사비시기를 통하여 도성 내외부에 토기를 공급하였는데 호류, 삼족토기 등의 회청색경질토기와 대부완 등의 회색토기 등이 있다.(사진 89) 회청색경질토기는 청양 왕진리 요지에서도 만들어 공급하였다. 흑색와기류는 청양 관현리, 부여 초촌 송국리·정암리 요지에서 공급하였을 가능성이 높다.

그리고 완, 전달린 완, 배, 발, 접시에 발려진 칠漆의 생산지는 토기에 사용된 칠을 과학적으로 성분 분석하여 공급지를 확인하거나 칠용기에 대한 제작처를 알아보는 것이 급선무라 할 수 있다. 칠토기의 생산은 부여 능사, 부소산성, 쌍북리 북포(N구역 1호 지엽부설)와 궁남지에서 칠을 담았던 용기가 확인되고 있어 공납貢

---

294) 金鍾萬, 2006,「泗沘時期 百濟土器の 生産と流通」『鹿苑雜錄』, 奈良國立博物館.

295) 김종만, 2002,「泗沘時代 瓦에 나타난 社會相 小考」『국립공주박물관기요』 2, 국립공주박물관.

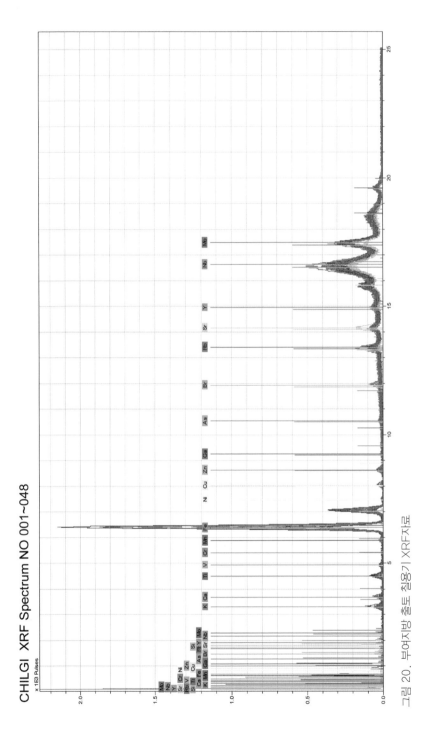

그림 20. 부여지방 출토 칠용기 XRF자료

사진 89. 부여 정동리 C지구 요지 출토 회청색경질토기(좌), 회색토기(우)

納한 칠을 토기 사용처에서 발라 사용했을 가능성이 높다.[296] 칠을 담았던 용기는 소형호(궁남지), 완(북포), 직구소호·뚜껑(능사)이 있는데, 이 중 궁남지에서 확인된 소형호와 능사에서 발견된 직구소호는 칠생산지에서 담아 보낸 용기로 보인다. 부여지방에서 출토한 칠용기 및 칠토기를 XRF분석을 통해 얻어진 자료를 볼 때 성분이 모두 유사하게 나타나고 있어 어느 한 지역에서 국가에 공납한 것으로 보인다.(그림 20)

제4절. 규격토기의 제작과 분배

백제에서 통치조직이 체계적으로 정비된 시기는 3세기 중엽경의 고이왕 때로 알려져 있다.[297] 백제는 여러가지 제도를 만들어 사용하고 있었지만 토기에 대한

---

296) 金鍾萬, 2006, 「泗沘時期 百濟土器の生産と流通」 『鹿園雜集』 8, 奈良國立博物館, pp.53~69.

297) 이기백·이기동, 1983, 『韓國史講座(古代篇)』, pp.135~137.

기록은 남아 있지 않다. 『삼국사기』 33, 「잡지」 기용조의 기록을[298) 보면 소략하기는 하지만 신라의 기용器用에 대한 규정이 있어 백제의 경우도 유추하여 볼 수 있을 것이다.

백제토기의 규격화는 새로운 기종이 출현하는 단계에서부터 이루어졌다고 보는 것이 옳을 듯하다. 고대국가의 틀을 규정하는 요소 중 하나로 도량형의 통일을 들 수 있다. 도량형의 통일은 국가를 경영하는데 있어서 기준이 되는 것으로 특히, 양기量器를 정하는 요소야말로 대단히 중요한 일이었을 것이다. 최근 한성시기 주요 백제유적을 통해 발견되고 있는 흑색마연토기, 단경호, 직구단경호, 광구장경호, 시루, 고배, 삼족토기, 개배, 접시, 완 등 다양한 기종들이 크기와 제작기법이 동일하거나 비슷한 것은 백제중앙정부가 토기제작에 관여를 하고 있었다는 점을 말해주는 것이고, 서울을 위시하여 주변인 경기, 영서, 호서지방에 일정 시기를 통하여 중앙양식의 토기가 나타나고 있는 것을 보면 보급과 전파에 대해서도 통제를 하고 있었던 것으로 볼 수 있는 것이다. 기록에는 전하지 않지만 기물에 대한 율령이 적용된 토기를 만들고 있다는 것을 확인해주는 고고학적 자료인 것이다. 특히, 백제토기의 시작 시점을 알려주는 흑색마연토기는 흑색 발현, 마연기법, 문양 채용, 제한된 기종, 공급지역의 지역별 제한 등 여러가지 면에서 백제중앙정부가 관여하여 만들고 영역확장과정이나 교류, 교역을 할 때 전파했던 것임을 알 수 있다. 중부지방 흑색마연토기가 한성 전기~후기에 이르기까지 줄곧 일상생활 유구나 고분 유구에서 상류층과 관련되어 발견되고 있다는 점과 웅진시기에 들어와 제작이 중단되고 직구단경호로 단일화되고 어깨에 시문된 문양이 기하학적인 것에서 파상문으로 변화되고 있는 것은 도공의 의도보다는 국가에서 장식적인 면을 포함하여 기물에 대한 통제를 실시하고 있다는 점을 입증해주는 것이라고 할 수 있다.

풍납토성 197번지에서 확인된 심발형토기는 한성 후기가 되면서 뚜껑을 갖추고 비슷한 크기로 제작되고 있는 것이 많아서 규격화가 이루어진 것을 알 수 있

---

298) 『三國史記』 33, 雜志 第2 器用條.

다. 한성 중기까지만 해도 정연해 보이지 않았던 심발형토기가 크기별로 제작되어 일정 장소에서 사용되었다고 하는 것은 용도와 양에 따라 규격화뿐만이 아니라 전문화도 함께 이루어지고 있음을 보여주는 것이다.

단경호 중에서 대형품도 규격토기로서의 제작을 언급할 수 있다. 예를 들어 연기(세종) 나성리에서 발견된[299] 한성 중기~후기에 해당하는 대형 단경호의 존재는 경기도 내의 파주 주월리 96-7호 주거지, 포천 자작리 2호 주거지 등에서도 유사한 형태가 확인되어 백제가 도성인 한강유역에서 북동쪽과 남쪽으로 영역을 확장하는 과정에서 비슷한 유형의 토기를 사용하고 있는 점으로 볼 때 규격토기의 제작이 백제중앙정부의 통제하에 이루어지고 있었다는 점을 말해준다.

한성시기를 통하여 지방에서 발견되고 있는 한성중앙양식의 토기들은 모두 백제중앙정부의 통제하에 제작되어 전파된 것으로 그것의 성격이 위세품 사여, 물자교환, 생산시설에 대한 체제 관여, 제작기술 지원 등 다양한 방법으로 이루어졌더라도 규격토기의 범주에서 제작된 것을 말해주는 것이다.

한편 호서지역의 아산, 천안, 청주지역에서 발견되고 있는 파수부잔 중 일부 형식은 양기量器로서 가능성이 높으며, 사비시기 토기로서 부여 관북리 추정왕궁지 1호 석곽 곳간에서 발견된 바리[鉢]도 양기로 볼 수 있어서 규격화된 토기라고 할 수 있다.(그림 21)

규격토기의 제작은 기법에서도 찾아볼 수 있다.

풍납토성에서 수습된 볼록형 뚜껑의 제작이 틀에 의해 제작되었을 가능성이 제기되는 것이나 박만식 기증유물에서 보이는 구절기법球切技法에 의해 제작된 토기류는 기본적으로 금속품의 모방품으로 볼 수 있어서 규격화를 시도하였다는 점에서 주목된다. 풍납토성 197번지 나-60호 수혈의 삼족토기·개배·접시·심발형토기는 제작기법이 동일하고 크기가 비슷하여 동일 장소에서 규격화가 되어 생산된 것임을 알 수 있고 동 지역의 라-105호 수혈에서 발견된 완도 마찬가지라고 생각된다.

---

299) 중앙문화재연구원, 2015, 『燕岐 羅城里遺蹟』, p.530.

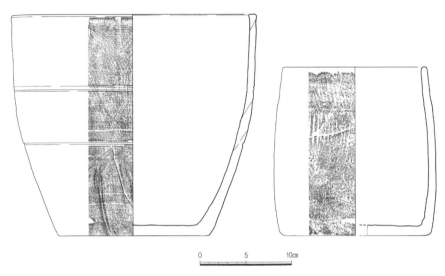

0   5   10cm

그림 21. 부여 관북리 추정왕궁지 1호 석곽 곳간 출토 바리[鉢] 실측도

웅진시기는 한성시기 이래의 제작전통을 계승하고 있었기 때문에 당연히 규격화된 토기를 만들었을 것으로 짐작된다. 예를 들어 대형 단경호의 경우 난형의 동체를 유지하고 있는 점, 삼족토기의 형태가 배형으로 통일되고 있는 점은 이를 잘 대변하고 있다.

사비시기 토기는 부장용보다 일상생활용이 발전하며, 7세기에 들어오면 일상생활용과 부장용이 구분되지 않고 사용되고 있다. 그리고 백제토기의 기종에 있어서도 웅진시기까지는 볼 수 없었던 규격화된 것들이 다수 포함되고 있다. 이렇게 토기에 대한 규격화는 토기를 전담하던 부서와 그것을 총괄했던 관청이나 담당자가 있었음을 의미한다. 백제토기 담당 관리자는 와박사로 볼 수 있는데, 이러한 점은 한성시기 이래로 백제 요지 중에는 기와와 토기를 겸업하는 곳이 많이 발견되고 있고, 토기 요지에서 발견된 토기의 문양 타날 방법 또는 소성 방법이 백제기와의 제작 공정과 비교해볼 때 유사성이 인정되고 있기 때문이다.[300]

---

300) 김종만, 2000, 「사비시대 백제토기에 나타난 지역차 연구」『과기고고연구』 7, 아주대학

사비시기의 토기 중에 규격성을 갖고 전문화된 집단에서 만든 것은 다수의 기종에서 확인된다. 호류는 동체가 광견형으로 변하고 기대는 한성시기 이래의 형태를 유지하되 단순화하고 도가니는 금속품을 다루는 것인 만큼 내부의 용량에 따라 사용할 수 있도록 크기를 조정한 것으로 보인다. 사비시기의 백제토기 중 규격성을 잘 살펴볼 수 있는 것으로 흑색와기黑色瓦器와 회색토기灰色土器를 들 수 있다. 흑색와기는 부여와 익산지방에서 동일 기종이 확인되고 있어 주목되는데, 연가, 완, 등잔 등의 기종이 규격성을 갖고 있다. 회색토기는 사비시기 백제토기의 전문화, 규격화와 분업화를 한꺼번에 볼 수 있는 귀중한 자료이다. 이 회색토기는 대부완, 전달린 완, 접시, 정병, 고배형 기대 등을 들 수 있다. 이들 토기는 흑색와기와 마찬가지로 매우 고운 태토를 이용하여 만들었으며 중국 도자기처럼 정제되어 있다.

이러한 기종들이 사비시기에 나타나고 있는 것은 율령과 깊은 관련이 있는 것으로 보인다. 특히 회색토기의 규격성은 부여 관북리 추정왕궁지에서 '북사北舍'라고 하는 곳에서 대량으로 출토하여 의례용 토기로서[301] 의미를 갖고 있기 때문에 규격화된 것이다. 회색토기 중 대부완과 전달린 완은 부여지방의 백제 사지寺址를 비롯하여 익산 왕궁리유적 등 최상급 유적에서 수습되고 국가에서 익산 장화동과 같은 일부 지역에 보급까지 한 것을 보면 이들 회색토기들은 국가의 통제 아래에서 제작된 공헌토기貢獻土器로 보이며, 백제 중앙정부의 지방통치에 대한 일 단면을 보여주는 물질 자료이다.[302]

　　교 박물관.

301) 윤무병, 1990, 「山城·王城·泗沘都城」『백제연구』 21, 충남대학교 백제연구소, pp.5~28.

302) 백제가 지방을 통치하는 방법은 여러가지 제도(김수태, 1997, 「百濟의 地方統治와 道使」『백제의 중앙과 지방』, pp.209~232 및 吉井秀夫, 1997, 「橫穴式石室墳의 受容 樣相으로 본 百濟의 中央과 地方」『백제의 중앙과 지방』, 충남대학교 백제연구소, pp.187~208)가 있을 수 있다. 물론 1개 기종의 보급이 백제 중앙정부의 지방통치제도의 수용을 좌우하는 것은 아니지만 부여 관북리 추정왕궁지에서 수습된 회색토기는 백제 중앙정부의 의지가 담겨 제작된 것으로 백제가 지방통치 수단의 일환으로 보급한 것

제5절. 녹유기의 생산

백제시대 요업사에서 소성기술이 도달하지 못한 것이 자기磁器이다. 백제는 중국과 교류를 하면서 지속적으로 자기를 수입하였다. 백제시대에 수입된 자기는 당시 최고의 작품으로 알려지면서[303] 백제인이 명품을 고르는 품격이 매우 뛰어났음을 알 수 있다.

녹유기의 등장 이전에 한성시기 백제 장인은 흑색마연토기의 제작을 통해 시유기를 재현해보려는 의지가 있었지만 노력에 비해 생산력의 저하에 따른 생산량의 감소가 큰 관건이었을 것이다. 흑색마연토기는 한성시기에 중앙뿐만이 아니라 지방에서도 제작하여 사용하고 있지만 웅진시기에 들어와 소멸하며 새로운 대체품의 생산에 주력하였을 것이다. 중국에서 수입된 자기와 금속기는 공급량이 부족하였을 것이고 이로 인해 모방품 제작이 이루어진 것으로 보인다. 모방품으로서 나타난 것이 흑색와기이다. 흑색와기 중 완이 가장 널리 만들어진 용기이며 태토, 소성의 면에서 흡수율을 제어하기 위해 한 단계 더 끌어올린 것이 칠용기와 회색토기이다. 녹유기의 생산은 이보다 약간 늦을 가능성이 있으나 녹유에 대한 시유는 6세기 중엽경(사비시기 중기)으로 알려져 있다.

녹유기를 만들 때 사용하는 연유는 잿물이나 규산에 연단鉛丹을 섞고 발색제인 동銅이나 철분鐵粉을 섞어 만든다. 발색제인 동이 가마 안에서 산소와 결합하면 청록색이 되고, 산소가 부족하고 철분이 많으면 갈색 계통이 된다. 사비시기에 만들어진 녹유기는 두 종류의 색이 모두 존재하고 있다.

백제 장인은 소성 온도가 1,000℃가 넘으면 규산질이 녹아 자연유가 생성된다는 것을 인식하고 있었을 것이다. 그러나 중국으로부터의 기술 이전 등 여러가지 어려움으로 인해 자기의 생산은 끝내 이루어지지 않았으나 6세기 중엽을 전

으로 추정된다(김종만, 2000, 「사비시대 백제토기에 나타난 지역차 연구」『과기고고연구』7, 아주대학교 박물관, pp.81~140).

303) 이난영, 1998, 「백제지역출토 중국도자 연구」『백제연구』28, 충남대학교 백제연구소.

후한 시점에 토기보다는 불상에 녹유를 바른 제품을 처음으로 생산하게 되었다.(사진 90) 이 불상은 부여 정림사지에서 발견된 것으로 생산처에 대해서는 아직 확언할 수 없으나 정림사지 동쪽 인근에서 발견된 평요가 가장 유력하다. 이 평요에서는 중국 남북조시대의 청자편이 확인된 곳이기도 하다. 이러한 과정을 거쳐서 녹유기 생산에 국가 차원의 생산주문이 있었을 것으로 보이며 마침내 부여 쌍북리 북요지에서 녹유기(녹유이부호)

사진 90. 부여 정림사지 출토 녹유불두

사진 91. 부여 쌍북리 북요지 출토 녹유이부호

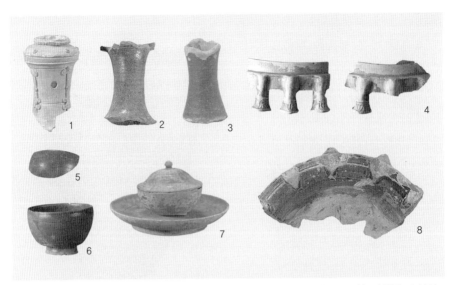

사진 92. 각종 녹유기(1.부여 능산리 기대편, 2·5.부여 동남리 병편과 완편, 3.부여 능사 병편, 4.부여
부소산성 벼루편, 6.여수 고락산성 잔, 7.나주 복암리 1호분 잔과 받침, 8.순천 검단산성 벼루편)

사진 93. 익산 왕궁리 유개직구호

의 탄생이 이루어진 것으로 보인
다.[304](사진 91) 이후 녹유기는 기
대, 벼루, 완, 탁잔, 병, 유개직
구호 등으로 기종을 넓혀갔으며
생산된 제품은 국가에서 직접 남
부지방에 이르기까지 공급한 것
으로 보인다.(사진 92·93) 익산 왕
궁리에서 수습된 녹유기에 대한
분석 결과 동 지역이나 미륵사지
에서 발견된 유리 재료와는 다른

---

304) 윤무병, 1982,「부여 쌍북리유적 발굴조사보고서」『백제연구』13, 충남대학교 백제연구소.

성분임이 밝혀졌다.[305] 녹유기의 생산과 분배는 토기에서 자기로의 변화과정에 있어 큰 진전이라고 할 수 있다.

제6절. 토기에 나타난 명문銘文 · 기호記號의 성격

백제토기 중에는 문자나 기호를 쓰거나 새기거나 찍혀있는 것이 한성시기부터 발견되고 있다. 토기에 문자를 남기는 과정은 장인만이 알 수 있는 고유한 것일 수도 있지만 나름대로 큰 의미를 갖고 있다. 시기별로 살펴보면 다음과 같다.

한성시기 토기에 문자가 있는 것은 풍납토성에서 확인되었다. 풍납토성 경당지구 9호 대형수혈에서 출토한 '정井' · '대부大夫'명 직구호는 동물뼈, 생선뼈 등과 공반되어 제사를 지낸 특수한 유구에서 수습된 것으로 2점 모두 공히 어깨에 글씨를 새겼다.(사진 28 참조) '정井'이라는 것은 문자로 볼 때와 기호로 볼 때의 의미가 다르다고 한다. 즉, 문자라고 하였을 때는 수신水神과 관련이 있고, 기호일 경우는 질병을 막아주는 벽사辟邪의 의미로 해석하기도 하나 정확히는 알 수 없다. '대부大夫'는 국내외 사서史書에 기록되지 않았으나 관직명官職名 또는 일정 수준 이상의 관료에 대한 호칭일 가능성이 있다는 견해가 제시되고 있지만 아차산 시루봉 보루에서 발견된 '대부정대부정大夫井大夫井'명 단경호로 보아 기우제祈雨祭와 관련된 종교적 의미의 단어로 추정하기도 한다.[306]

한성~사비시기에 이르기까지 개배의 밑바닥에는 'X', 'V', '∠' 등 알 수 없는 각선부호를 새긴 것을 볼 수 있는데, 풍납토성, 청주 신봉동 고분, 공주 도천리, 나주 복암리 고분 등에서 확인되었다.(사진 94) 나주 오량동 요지에서 출토한 토기류에 남아 있는 각선부호는 모두 17종이 확인되었다.(그림 22) 이러한 기호들은 죽

---

305) 국립부여문화재연구소, 2007, 『왕궁의 공방Ⅱ-유리편』.
306) 권오영 · 권도희 · 한지선, 2004, 『풍납토성Ⅳ』, 한신대학교 박물관.

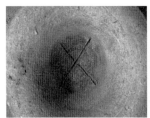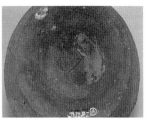

사진 94. 풍납토성 출토 고배 각선부호

1('一'형)	2('V'형)	3('ㅏ'형)	4('X'형)	5('O,X'형)	
6(조족①형)	7(조족②형)	8('*'형)	9('H'형)	10('‡'형)	11('#'형)
12('U'형)	13('S'형)	14('O'형)	15(파상형)	16('Y'형)	17('5'형)

그림 22. 나주 오량동 요지 II 토기 각선부호(국립나주문화재연구소 2014 보고서 전재)

음과 관련된 벽사의 의미로 해석하고 있다.[307] 이 기호는 가야, 신라토기에도 나타나고 있어 토기제작 시 일반화된 양상으로 숙련된 도공이 아니면 순간적으로 나타낼 수 없는 것이며 장인의 서명, 제작처, 주문처, 수량 등을 나타내는 것으로 추측된다.

웅진시기의 명문토기는 소량이지만 공주 공산성에서 '대통사大通寺'명 벼루가 확

---

307) 국립청주박물관, 2000, 『한국 고대의 문자와 기호유물』.

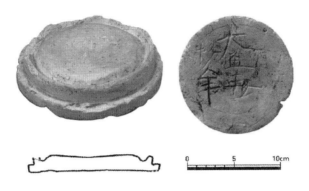

그림 23. 공주 공산성 '대통사'명 벼루

인되었다. 대통사는『삼국유사』권제3 원종흥법조에 527년 성왕이 양제梁帝를 위해서 공주에 세운 절이다. 『삼국사기』에 의하면 성왕은 526년 웅진성을 대대적으로 수리하고 나서 그 이듬해에 대통사를 창건하였다. '대통사大通寺'명 벼루는 대통사 소속의 스님이 가지고 다니던 것으로 527년이 하한이 되는 것이다. 한편 청양 학암리 요지에서 생산된 삼족토기의 밑바닥에도 기호가 새겨져 있다.(그림 23)

사비시기의 명문토기는 부여지방을 중심으로 다량 확인되고 있다.[308] 부여 관북리 추정왕궁지·부소산성·궁남지 웅덩이 유구 Ⅰ에서 수습된 대형 단경호의 경부頸部와 중형 단경호의 견부肩部에 지름 1.7~2.7cm 내외의 둥근 오목면[凹面] 내에 '북사北舍'가 양각으로 압인되어 있다.'북사北舍'의 글자체는 약간씩 다르게 나타나고 있어 도장이 여러 개가 있었던 것으로 보인다. '북사北舍'란 북쪽에 있는 건물을 가리키는 것으로 당시의 공공기관에 딸린 부속건물이거나 제사와 관련된 시설물(祭器庫)로 짐작된다.

부여 능사에서 수습된 대형 단경호의 동체에는 세로 방향으로 비교적 큰 글씨로 '계문작원□ 係文作元瓩'라는 글자를 음각으로 유려하게 새겨져 있다. '계문係文이 원□元瓩을 만들다'란 의미로 풀이되는데, 이로 보아 '원□元瓩'란 용어 자체가 토

---

308) 국립부여박물관, 2003,『백제의 문자』.

기를 지칭하는 이름이거나 아니면 '瓦'이 토기를 지칭하는 이름이 되어 '계문이 가장 좋은 瓦를 만들다'라는 뜻으로 이해된다. 이는 '瓦'에 질그릇이란 의미를 내포하고 있는 와瓦자가 사용된 것에서도 알 수 있다. 장인의 솜씨를 미화한 것으로 보인다. 또한 이곳에서 수습된 대형토기편에는 격자문과 함께 방형으로 구획한 중앙에 '대大'자가 연이어 압인되어 있는 것도 있다. 부여 능사에서 확인된 목간 중에는 의례와 관련된 것이 많이 있고 사찰 자체가 성왕을 추복하기 위한 곳이기 때문에 '대大'자명은 의례에 사용된 공헌토기 중 하나라고 생각된다.[309]

부여 관북리 추정왕궁지 수혈주거지(철기제작소)의 우물로 사용된 '소상小上'명 우물통은 아래 위가 뚫린 원통형圓筒形으로 동체의 위와 아래에 각 4개씩의 띠모양 손잡이가 달려 있다. 전체적으로 위로 올라가면서 조금씩 지름이 좁아지며, 아가리는 다시 그 위에 다른 것을 끼워 올릴 수 있도록 단段을 만들은 것으로 연통의 맨 아랫 단에 해당하는 것을 전용轉用한 것이다. 글씨는 연통의 상부에 세로로 새겨져 있으며, '작은 구멍이 위에 해당한다'라고 해석할 수 있다.(사진 95·96)

부여 쌍북리 280-5번지 4호 건물지에서는 단지의 저부에 '만□리□'가 음각으로 새겨져 있다. '만卍'자 다음에 새겨진 글자는 현재 '십+'자만 남아있으나 '토土'자일 가능성이 있다. 해석하면 '불국토'로 볼 수 있고, 토기의 연대가 사비시기 전기에 해당하는 것으로 보이므로 성왕~위덕왕 재위 시에 국가의 정신적인 지주였던 '불교의 땅'이라는 의미를 토기 바닥에 새긴 것이 아닐까 한다.[310]

부여 도성 내·외부, 익산지방의 추정왕궁지, 건물지, 사지 등에서 수습된 회색토기 대부완에는 '七', '八', '人 혹은 T' 등의 글씨가 동체의 아랫부분에 음각되어 있다. 나주 복암리에서 발견된 회청색 경질 완의 동체에도 '人 혹은 T'자가 새겨진 것이 있어 연관성을 찾아볼 수 있다. 이것은 숫자가 포함되어 있어서 그릇의 크기나 용도用途를 표시한 것으로 추측되고 있으며 토기의 규격화와 관련이 있다.

---

309) 김종만, 2011, 「부여 능산리 건물군의 성격과 변천」 『고고학지』 17, 국립중앙박물관.
    김종만, 2016, 「부여 능산사지 발견 신요소」 『선사와 고대』 48, 한국고대학회.
310) 백제문화재연구원, 2011, 『부여 쌍북리 280-5유적』.

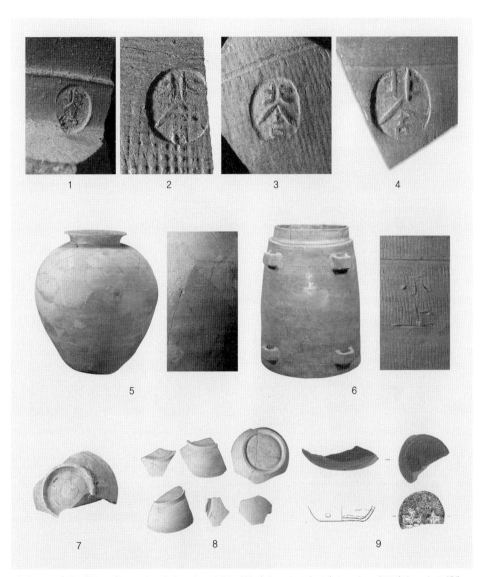

사진 95. 각종 명문토기(1~4.'북사'명 토기, 5.'계문작원□'명 토기, 6.'소상'명 토기, 7.'군문'명 토기, 8.'칠·
'팔'·'인 또는 T'명 토기, 9.'만□'명 토기)

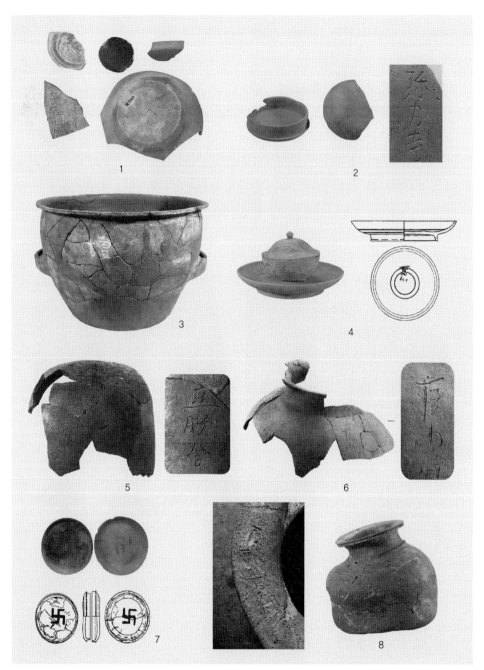

사진 96. 각종 명문토기(1.'대'·'사'·'인 또는 T'명 토기, 2.'미륵사'명 토기, 3.'증'명 토기, 4.'응□'명 토기,
5.'두힐사'명 토기, 6.'관내용'명 토기, 7.'만'명 토기, 8.'하부사리리'명 토기)

또한 부여 정암리 B지구 요지에서 발견된 대부완의 바깥 바닥에는 '군문軍門'이라는 글씨가 음각되어 있다. '군문'은 군영軍營의 입구 또는 '군대'를 비유하여 이르는 말인 점을 감안하면 '군문軍門'이란 글씨는 군수용軍需用임을 표기한 것으로 해석된다. 특히, 정암리 요지에서 생산한 제품의 수급처를 알 수 있는 자료이다.[311]

부여 용정리 소룡골에서 발견된 시루에는 '증增'이라는 글씨가 음각으로 새겨져 있다. 와질 시루의 구연부 조금 아래에 유려流麗한 서체로 된 '증增'은 본래 시루를 의미하는 '증甑'이라는 글자가 새겨져야 하나 '더한다'는 의미의 글자가 새겨지게 된 것으로 보인다. 물론 '증식增食'의 의미로도 사용되었을 수도 있다. 토기 바깥 면은 평행선문이 타날되었는데, 글씨는 타날 후 새겼으며, 토기의 용도가 시루임을 알려주는 것이다. 부여 능사 북편 건물지1에서 발견된 직구단경호의 동체에는 '위危'자가 새겨져 있는데 위급함에 대처하여 만든 약 등을 담았던 그릇이라는 기능을 말할 수도 있을 것이지만 '위危'자에는 '곧음'이라는 의미가 포함되어 있어서 도공이 토기의 명칭으로 새긴 것이 아닐까 한다. 부여지방에는 이 외에도 '대大', '사舍', '인人', '영휘슈暉', '전前', '월이십月廿' 등 다양한 글씨가 음각되어 있는 토기가 발견되었다.

익산 왕궁리유적 조사에서 발견된 개배에는 '미륵사□弥力寺鬽'라는 글씨가 음각으로 뚜껑에 새겨져 있다. 이 글귀로 보면 개배가 미륵사에서 사용했던 것을 말하거나 미륵사에 공헌을 목적으로 만들었던 것으로 보인다. 미륵사에서 수습된 통일신라시대 토기편에 '대중십이년大中十二年(858년) 미륵사弥力寺'란 글귀로 보아 개배에 새겨진 미륵사는 백제 때 창건한 미륵사를 지칭하는 것이 분명하다. 개배의 미륵사 뒤에 나오는 한자는 지금으로서는 알 수 없지만 부수가 '범凡'자처럼 보이지만 '와瓦'자로 읽을 수 있어 부여 능사에서 출토된 대형 단경호 명문과 함께 흙을 가지고 제품을 만들었다는 의미가 담겨 있는 것이 아닌가 하며 개배와 같은 기종을 부르는 이름일 수도 있다. 이 글자는 부여 능사에서 출토한 대형호의 동체

311) 김종만, 2004, 『사비시대 백제토기 연구』, 서경문화사.

에 새겨져 있는 '계문작원□係文作元□'이라는 글귀의 마지막 글자와 상통하는 면이 있다. 익산 왕궁리 출토 '관官'자명 대부완은 왕궁의 전용 용기임을 알려주는 것이다. 그리고 익산 왕궁리의 건물지27 기단 남측에서 발견된 토기 뚜껑에 '숙예宿禰'란 글이 새겨져 있다. 보고서에 따르면 숙예宿禰는 백제계 일본 도왜인의 관직 혹은 성씨로 추정하고 있다. 그러나 '예禰'자는 '아버지를 모신 사당'이라는 뜻이 있어 제사에 사용하던 그릇을 의미하는 것일 가능성도 있다.

나주 복암리 3호분 8호 석곽옹관묘 출토 개배에는 뚜껑의 윗면과 접시의 아래 면에 '만卍'자가 붉은 글씨로 쓰여 있다. '만卍'은 경사스러운 일과 많은 덕행을 행한다는 길상만덕吉祥萬德을 뜻한다. 죽은 자에 대한 불교적 의미의 기원이 담긴 것으로 추측된다.[312] 나주 복암리 1호분에서 수습된 녹유탁잔의 받침인 접시의 바닥 면 중앙부에 '응□鷹□'자로 추정되는 2자의 먹글씨가 발견되었다. 이 글씨는 매와 관련된 습속이 남아있는 마한 토착세력에서 백제를 지칭할 때 별칭인 응준鷹準·응유鷹遊와 관련된 것으로 보고 있어 흥미롭다.[313] 나주 복암리 1호 부정형 유구에서 발견된 중형 단경호 동체 외부에는 '관내용官內用'이라고 적혀 있는 것이 확인되었는데 관청에서 사용하던 전용 운반 용기임을 말해준다. 나주 복암리 12-2호 수혈에서 발견된 '두힐사豆肹舍'명 장군은 '두힐사豆肹舍' 현판이 있는 관청에서 액체를 담아 사용했던 용기이다. '관내용官內用'명 단경호와 함께 사비 후기 영산강유역을 관장한 백제 발라군發羅郡 두힐현豆肹縣의 치소治所에서 사용했던 용기임을 알려주고 사용처가 관청임을 명기한 것이다. 이 명문을 통하여 두힐사에는 관청에서 사용하고 있는 관용물품 목록이 존재했을 것으로 추정되며 지방행정 경영의 단면을 보여주는 귀중한 자료이다.

한편 백제지역에서 발견된 것은 아니지만 백제의 행정단위로 생각되는 내용이 적힌 것이 경남 합천 저포리 고분에서 수습되었다. 이 토기는 무덤의 봉토에서 발견된 의례용儀禮用으로 외반한 구연 윗면에 끝이 날카로운 도구로 행서풍行書風에 가까운 서체로 '하부사리리下部思利利'라는 글씨를 새겼다. 하부下部는 행정단위

---

312) 국립문화재연구소, 2001, 『나주 복암리 3호분』.

313) 임영진·조진선·서현주, 1999, 『복암리고분군』, 전남대학교 박물관.

의 하나로 추정되며, 사리리思利利는 사람 이름으로 해석하고 있다. 이 중 하부는 백제의 중앙 행정 단위인 5부五部 중 하나일 가능성도 있어 당시 백제와 가야와의 관계 연구에 중요한 자료로 다루어지고 있다.

지금까지 살펴본 문자가 있는 백제토기는 제사 공헌용 표식, 장인명, 규격품을 알려주는 기호, 사용 방법을 알려주는 것, 행정단위, 지역, 주문처, 사용처, 용도 등 다양한 의미를 내포하고 있음을 알 수 있으며 영성한 백제 문헌사를 보충해 줄 수 있는 기초 자료로서도 의미가 크다.

제7절. 문양文樣의 의미

토기에 문양을 시문하기 시작한 것은 토기의 역사와 궤를 같이한다. 토기문양은 성형과정에서 남겨지거나 의도적으로 장식을 하는 경우가 있다. 토기 표면에 남겨진 문양은 형태와 더불어 토기연구에 직접적인 영향을 주고 있어서 매우 중요한 자료가 된다. 문양은 토기의 표면에 나타난 선과 더불어 백제인의 미적 감각을 느껴볼 수 있는 것이다.

백제토기 표면에 남아있는 문양을 살펴보면 두드린 것[打捺文], 새긴 것[刻文], 누르면서 두드린 것[押捺文], 눌러 찍은 것[押印文]이 있고, 이 외에 토기 표면에 직물을 두른 후 그 위를 두드리거나 나무 봉에 직물을 감싸 토기 표면을 문질러서 나타낸 것이 있다. 그리고 나무 봉에 점토를 감은 다음 돗자리 위에 놓고 굴려서 생긴 문양도 있다. (사진 97~107)

토기 표면을 박자로 두드려서 나타낸 문양으로는 선문線文, 격자문格子文, 수지문樹枝文, 얼굴문[人面文], 화문花文, 복합문複合文 등이 있다.

선문은 평행선문, 횡주橫走평행선문이 있는데, 대체로 평행선문이 많다. 평행선문은 한성~웅진시기에는 서로 겹치지 않게 타날판을 두드려 시문하고 있으나 사비시기에는 평행선문을 서로 교차하여 두드려 그 끝을 뾰족하게 만드는 특징을 갖는다. 백제고분에서 출토한 호류를 분석한 결과 승석문 다음으로 평행선문이

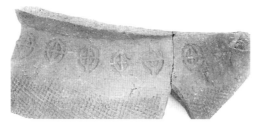

사진 97. 압인문

사진 98. 압인문

사진 99. 압인문(1.원문, 2.점열문)

사진 100. 삼자 삼각문

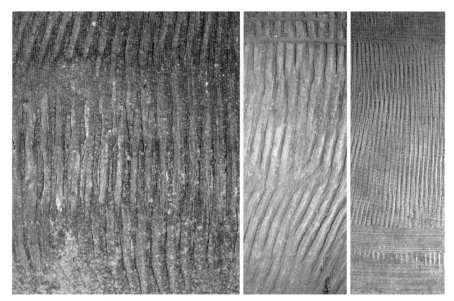

사진 101. 각종 평행선문

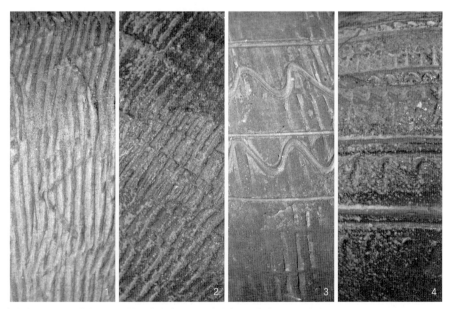

사진 102. 1.파상문, 2.횡주평행선문, 3.평행선문+파상문, 4.파상문

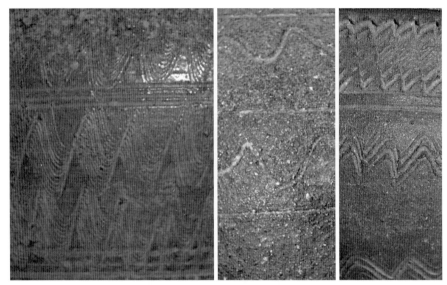

사진 103. 각종 파상문

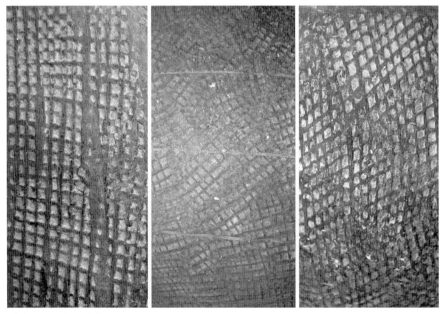

사진 104. 각종 격자문

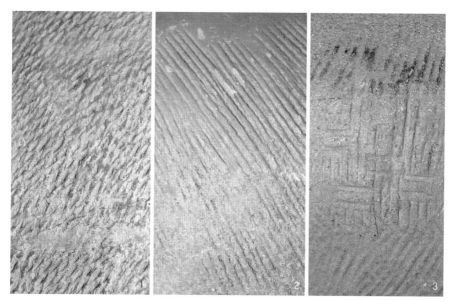

사진 105. 1·2.승문, 3.기하학문

사진 106. 1.화문, 2.선문+화문, 3.수지문

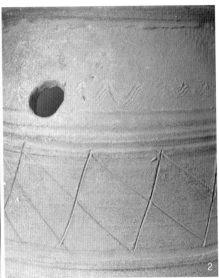

사진 107. 1.얼굴문, 2.사격자문

많은 것으로 밝혀졌다.[314] 또한 청주 신봉동고분군에서 확인된 문양 중 가장 높은 비율을 차지하고 있는 것이 평행선문으로 알려져 있다.[315] 횡주평행선문은 평행선문에 직교하여 횡으로 선문이 있는 것을 말한다. 횡주평행선문은 일본열도의 초기 스에끼 요지인 TK73호에서 확인되어 백제와의 교류로 나타난 문양으로 보고 있다.[316]

격자문은 정격자, 장방형 격자, 사격자 등이 있다. 격자문은 타날문토기의 도입 이래 꾸준히 나타나는 문양으로 한성시기의 호류와 심발형토기에 주로 시문되고 있으며 사비시기까지 일부 토기에 사용되고 있다. 수지문과 화문은 충남 서천·부여지방의 사비시기 유적에서 수습된 호류에 나타나는 문양이다. 얼굴문은 부여 부소산성·관북리 추정왕궁지의 사비시기 유적에서 확인된 토기 편에 도장

---

314) 안승주, 1975, 「백제고분의 연구」『백제문화』7·8, 공주대학교 백제문화연구소.

315) 전경아, 2001, 『백제토기의 시문방법』, 공주대학교 석사학위논문.

316) 大阪府立近つ飛鳥博物館, 2006, 『年代のものさし陶邑の須恵器』.

을 찍어 연이어 나타냈으며 머리에 모자를 쓰고 긴 수염을 기르고 생각에 잠긴 듯한 모습으로 표현되어 있어 백제인의 모습을 재현하는데 매우 중요한 자료이다.

타날에 의해 나타난 복합문은 부여 능사에서 발견된 예가 있다. 능사에서 수습된 토기류에는 종전에 볼 수 없는 다양한 문양이 타날되었는데, 특수한 문양이나 글자가 부가된 복합문이 확인되었다. 능사에서 발견된 복합문은 선문+방곽문+태극문+기하문+六문(①), 선문+2중 방곽문+8엽 연화문(②), 선문+4중 방곽문+* 문(③), 선문+방곽문+방사선문+3중 원문(④), 격자문+방곽문+방사선문+3중 원문(⑤), 격자문+방곽문+六문(⑥), 선문+2중 원문+십자문(⑦), 선문+점열문+3중 능형문+십자문(⑧), 선문+방곽문+태극문(⑨) 등 방형, 원형, 태극문, 연화문, 기하문이 확인되었다. 복합문이 있는 토기류는 항아리 기종이 많고 일부 자배기편이 있다. 출토지는 중문지 앞 광장의 대지기반토인 황갈색사질토층 하부가 대부분을 차지하고, 북편 건물지1·2·3, 북편 집수장, 북편 건물지2의 북동쪽 유물산포지에서 확인되었다. 한성시기 풍납토성 출토 토기류에서 확인된 타날 문양은 격자문, 선문이 주를 이룬다. 이 가운데 복합문이라고 할 수 있는 것은 선문에 조족문이 가미되었거나 압인문 중에 원형 혹은 오각형의 내부에 십자문, '*'문과 수적문이 있는 것 정도가 알려져 있다. 복합문이라고 해도 견부에 간단하게 찍혀 있는 정도이다. 한편 웅진시기의 토기상을 살펴보아도 이상의 범주를 벗어나지 않는다. 그런데 부여 능사에서는 복합문이 시문된 토기가 다수 발견되고 있어 토기 문양의 다양성을 살펴볼 수 있다. 복합문이 시문된 토기는 주로 항아리 기종에서 많이 볼 수 있어 물품을 저장하는 용도로 사용되었을 것이다.(그림 24)

부여 능사 출토 복합문 토기는 중심시설인 금당지, 목탑지에서는 발견되지 않았고 가람의 주변인 북편 건물지1~3, 북편 건물지2 동쪽 유물산포지, 중문지 앞 광장 하부토층에서 가장 많이 발견되었다.[317] 북편 건물지1은 능사가 창건되기 이전에 만들어진 시설로 알려지고 있다. 중문지 앞 광장 하부토층은 광장이 조성되기 전에 대지를 조성하면서 이루어졌거나 능사가 창건되기 전에 사용된 층으로

---

317) 북편 건물지2에서 선문과 조족문이 시문된 토기편이 발견되었으나 한성시기에도 발견되고 있어 이 복합문은 제외하였다.

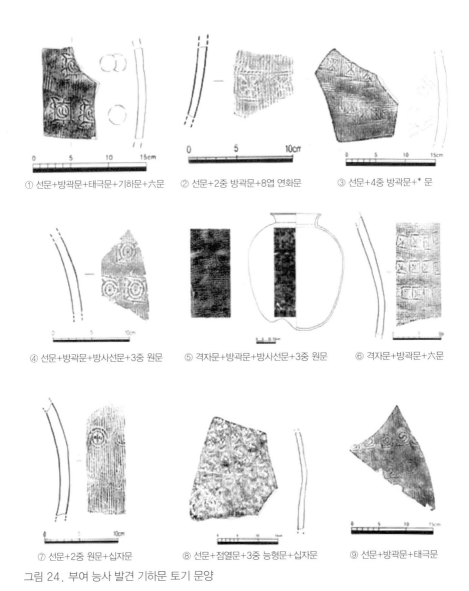

① 선문+방곽문+태극문+기하문+六문 ② 선문+2중 방곽문+8엽 연화문 ③ 선문+4중 방곽문+* 문

④ 선문+방곽문+방사선문+3중 원문 ⑤ 격자문+방곽문+방사선문+3중 원문 ⑥ 격자문+방곽문+六문

⑦ 선문+2중 원문+십자문 ⑧ 선문+점열문+3중 능형문+십자문 ⑨ 선문+방곽문+태극문

그림 24. 부여 능사 발견 기하문 토기 문양

볼 수 있어 6세기 중엽경보다 선행할 수 있으며, 따라서 초기 건물지와 관련하여 사용된 토기로 추정된다.

복합문의 등장은 이곳이 능사 이전의 종묘 또는 침전건축, 빈전시설, 제단 등 제사시설과 관련되어 사용된 곡물·곡주 등의 물품을 담아 놓는 역할을 담당했었기 때문에 땅을 상징하는 방곽·하늘을 상징하는 원문 등의 우주관, 태극문·기하문과 관련된 음양사상 등을 시문한 것이 아닌가 한다. 지금까지 부여 일대의 백제 일상생활유적에서 발견된 토기류에 복합문은 확인되지 않고 있어, 능사 출토 복합문은 유교사상에 입각하여 제사시설에서 사용한 제기에 시문된 문양으로 해석하고 있다.[318]

토기 표면에 끝이 뾰족한 도구를 이용하여 새기거나 긁어서 문양을 나타낸 것으로는 횡침선橫針線, 삼각집선문三角集線文, 화문花文, 사다리꼴문[梯形文], 사격자문斜格子文, 파상문波狀文, 구획문區劃文, 기마인물문騎馬人物文, 암문暗文 등이 있다.

횡침선은 타날문토기가 등장하면서 나타난 문양인데, 주로 승석문 심발형토기, 중형 단경호에 많이 보이며, 직구단경호와 직구광견호 견부에 있는 각종의 문양은 기본적으로 상하로 된 횡침선 내부[구획문]에 문양이 시문되는 특징을 갖는다. 삼각문은 직구단경호와 직구광견호의 견부 문양으로 나타난 것을 볼 수 있다. 삼각문은 삼각형으로 된 틀 안에 사선을 교차하여 나타낸 것으로 직구단경호보다 직구광견호에 많이 보인다. 직구단경호에 나타난 삼각문은 단독으로 시문된 것은 없고 삼각형 압인문과 결합된 것으로 풍납토성 197번지 나-14호 주거지 출토품이 있다. 직구광견호에 나타난 삼각집선문은 상하의 횡침선 또는 상하의 횡침선+삼각형 압인문·열점문 내부에 만들어지는데 직구단경호와 같은 방법으로 만들어지며 풍납토성 경당지구 196호·197번지 가-31호 수혈, 석촌동 적석 유구, 화성 석우리 먹실 6호 주거지에서 발견되었다. 화문花文은 한성 중기에 나타나는 문양으로 풍납토성 197번지 나-그리드, 천안 용원리 9호 석곽묘에서 발견되었다. 풍납토성에서 발견되고 있기 때문에 백제 중앙에서 채용한 문양이지만 지역적으로나 시기적으로 오래 사용된 것은 아니며, 흑색마연토기 중 광구단경호의 뚜껑에 나타나 있다. 사다리꼴문은 두 종류가 있다. 하나는 사다리꼴로 된 구획 안에 사선을 교차하여 만든 것으로 가락동 2호분 출토 직구광견호를 들 수 있다. 다른 하나는 수직으로 된 선을 이용하여 사다리꼴을 만든 것으로 화

318) 김종만, 2016, 「부여 능산리사지 발견 신요소」『선사와 고대』 48, 한국고대학회.

천 원천리 33호 출토품을 들 수 있다. 사격자문은 직구단경호, 직구광견호의 견부에 나타나는 문양으로 한성시기에 한정되고 있다. 사격자문은 끝이 예리한 도구를 이용하여 새겼다.

파상문은 두 줄의 횡침선을 그어 문양대를 구획하고 그 내부에 한 줄 돌린 것, 상하로 두 줄 돌린 것, 중간에 다시 침선을 그어 분할한 후 각각 한 줄씩의 파상문을 돌린 것, 밀집파상문을 돌린 것 등 다양하게 나타나고 있다. 파상문은 한성시기의 직구단경호, 기대, 광구장경호에 나타나고 사비시기가 되면 대형 단경호의 경부에도 시문된다. 직구단경호에 남아있는 파상문은 시기가 올라갈수록 문양대 안에 단치구 또는 다치구에 의해 그려지고, 시대가 내려오면 문양대 없이 시문되는 경우가 많다. 금강유역을 따라 공주 수촌리 직구단경호, 연산 모촌리 광구장경호, 전 연산 출토 기대, 군산 산월리 대부직구단경호에서 확인된 파상문은 유려하고 힘이 있는 선으로 표현되어 여타의 다른 지역 파상문과 비교되는 예술적인 감각을 갖춘 장인에 의해 만들어진 것이다. 직구광견호의 견부에 새겨진 구획문은 교차사선문, 창살문, 열점문, 압인문 등 다양한 문양이 가미되어 있는 것으로 서울 석촌동 적석 유구, 천안 화성리 A-2호분, 화천 원천리 99호 출토품을 들 수 있다.(사진 108) 기마인물문은 특수한 것으로 충남 서산 여미리 13호 석곽분에서 수습한 병의 동체에 새겨져 있다. 병에 시문된 기마인물문은 추상적이기는 하지만 말의 엉덩이에 사행상철기蛇行狀鐵器가 그려져 있어 백제 기마인물상 연구에 좋은 자료가 된다.[319](그림 25)

풍납토성 197번지 나지구 출토 직구단경호의 견부에 나타난 문양은 횡침선문, 사격자문, 파상문, 삼각집선문 등이 확인되어 한성 후기에 문양대의 표현이 완성되며,[320] 웅진시기에는 사격자문, 삼각집선문은 소멸하는 것으로 보인다.

토기 표면에 도장을 이용해 눌러서 압날押捺하거나 압인押印하는 것은 거치문鋸齒文, 삼각문, 능형문菱形文, 원문+십자문 등의 기하문幾何文, 수적문水滴文, 원문이 있다. 기하문은 대형 단경호의 어깨에 시문된 것으로 한성시기에 주로 확인되

---

319) 이상엽, 2001,『瑞山 餘美里遺蹟』, 충청매장문화재연구원, p.86의 도면 62.
320) 국립문화재연구소, 2012,『풍납토성XIII』.

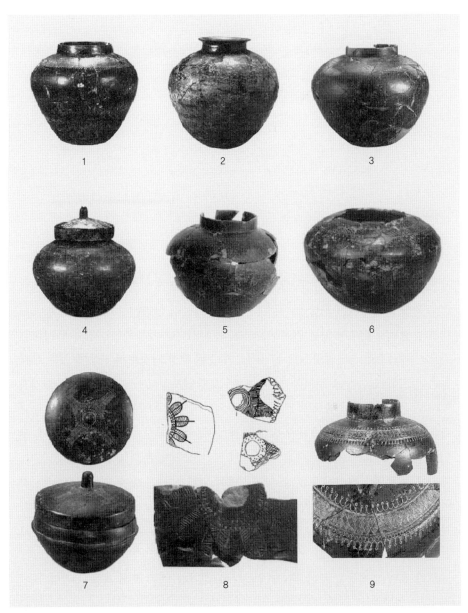

사진 108. 흑색마연토기 각종 문양(1.가락동 2호분, 2.석촌동 제3호분 동쪽고분군 제1적석, 3·7.천안 용원리 9호 석곽묘, 4.천안 용원리 72호 토광묘, 5.해미 기지리 II−27호 분구묘, 6.서산 부장리 8호 분구묘, 8.풍납토성 경당지구 유물포함층·경당지구 171호 유구·197번지 나−그리드, 9.화천 원천리 2지구 99호 주거지)

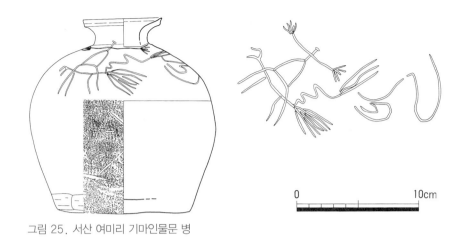
그림 25. 서산 여미리 기마인물문 병

고 있다. 기하문은 박자의 모서리를 이용하거나 별도의 소형 박자를 만들어 스탬 프로 찍듯이 압인하여 문양을 베푼다. 경기도 미사리 한양대 A-1호 주거지 출토 대형 단경호의 견부에 있는 거치문은 박자의 모서리를 이용하여 문양을 압날하였 다.321) 풍납토성 경당지구 9호 유구에서 수습된 대형 단경호의 견부에 있는 삼각 문은 압인하여 나타난 것이다.322) 수적문은 풍납토성 197번지 나-7호 주거지 에서 발견되었는데, 3중으로 된 물방울의 외부에 점열點列로 한 겹을 돌려 만들었 다. 원문은 삼족토기의 배신부 중간과 대상帶狀으로 꼭지를 부착한 뚜껑편에 끝 이 둥근 붓 뚜껑과 같은 도구를 이용하여 찍은 것이 몽촌토성 출토품에 보인다. 그리고 서천 봉선리 3지역 20호 주거지에서 발견된 토기 중에 원문이 압인된 것 이 있다.323) 도장은 아니지만 신라나 가야토기에서 볼 수 있는 점열 형태의 인화 문印花文이 풍납토성·몽촌토성에서 수습된 기대편, 호류와 연산 표정리 당골 고 분군의 기대에서 확인된다.

토기 표면에 직물을 두른 후 그 위를 두드리거나 나무 봉에 직물을 감싸 토기

---

321) 배기동·윤우준, 1994, 『美沙里』 2, 한양대학교 박물관, p.239.

322) 권오영·권도희·한지선, 2004, 『풍납토성 Ⅵ』, 한신대학교 박물관, p.75의 도면 27.

323) 충청남도역사문화원, 2005, 『舒川 鳳仙里 遺蹟-圖版-』, p.223의 도판191-⑤.

표면을 문질러서 나타난 것은 주로 승문繩文, 격자문에서 찾아볼 수 있다. 흑색와기로 분류되고 있는 부여 관북리 연지 출토품은[324] 얇은 기벽에 깊게 시문된 문양을 보면 찍어낸 듯한 인상을 강하게 주고 있다.

한편 백제토기에 나타나는 암문暗文은 풍납토성 경당지구 유물포함층에서 확인되어 한성 후기부터 나타나기 시작한 것이다. 암문토기는 사비시기 부여지방 흑색와기에 자주 등장하는데, 지금까지는 고구려의 영향으로만 보았으나 풍납토성에서 발견된 상황으로 보아 출현 배경에 대해 검토할 필요가 있게 되었다. 풍납토성 경당지구에서 발견된 것은 목부분을 위에서 아래로 긁어 내린 것으로 서산 기지리 Ⅱ-27호 분구묘 출토 흑색마연토기로 이어진다. 토기의 경부에 수직으로 긁어내린 자국은 동해 송정동 6호 주거지에서 발견된 낙랑토기에 보이는 것으로[325] 한성시기의 경우는 낙랑토기 제작기법에서 영향을 받은 것으로 보인다.(사진 109)

사진 109. 경부 긁은 토기(1.동해 송정동 6호 주거지 출토 낙랑토기, 2.서산 해미 기지리 27호 분구묘 출토 흑색마연토기)

324) 윤무병, 1985, 『扶餘官北里百濟遺蹟發掘報告(Ⅰ)』, 도판 26 a·b, 충남대학교 박물관.
325) 국립중앙박물관, 2001, 『낙랑』, 도판 229.

VI
형식과 편년

제1절. 시기 구분

 지구상에 남겨져 있는 고고 유물 중 명확하게 연대가 기록된 기년명 자료를 제외하고 보편적으로 편년 자료로 삼을 수 있는 것이 토기이다. 백제토기는 1980년대 들어서서 편년 작업이 이루어지기 시작하였는데 지역이 편중되었거나 일부 기종에 대해서만 실시하여 우리가 알고자하는 내용에 미흡한 점이 있었다. 이러한 백제토기 편년설정은 한강유역의 한성시기 백제토기에 대한 편년안이 제시되면서 본격화되었다.[326]

 백제토기 편년에 있어 중요한 것은 백제의 도읍지를 기준으로 삼는 것이다. 백제는 3번의 천도遷都에 따라 한성시기(~475), 웅진시기(475~538), 사비시기(538~660)로 나눌 수 있다. 이 삼시기는 고고학뿐만 아니라 미술사를 포함한 백제사 전반에 걸쳐 유물의 편년 기준으로 유용하다. 각 시기에 있어 세부 편년이 필요하며, 세부 편년을 정하는 기준자료는 기형, 문양 등의 외부 표현방식, 제작기법,

---

326) 박순발, 1998,『백제 국가의 형성 연구』, 서울대학교 박사학위논문.

공반 토기류를 들 수 있으며 공반 유물 중 금속유물, 청자류, 기년명 자료 등이 있다.

1. 한성시기

한성시기 백제토기는 백제가 고대국가로 진입하는 3세기 후엽경~4세기 초부터 웅진으로 천도하는 475년까지의 기간에 제작되어 사용된 토기를 말한다. 한성시기의 토기는 전기, 중기, 후기로 나누어 살펴볼 수 있다. 한성시기는『삼국사기』에 의하면 백제시대 전 기간 중 2/3에 해당한다. 그러나 고고학적으로 백제가 고대국가로 진입한 시기에 대해서는 여러 설이 제기되고 있으며, 범용으로 사용되고 있는 3세기 후엽경을 그 시작으로 본다면 한성시기는 백제 전 기간에 있어서 1/2에 해당하는 시기이다. 따라서 각 분기로 세분하여 발전과정을 살펴볼 수 있을 것이다.

전기는 백제토기가 등장하는 시기이다. 이 단계는 3세기 후엽경에서 신기종의 토기가 추가로 등장하기 전인 3세기 말을 전후한 시기로 백제가 한강유역을 중심으로 고대국가로 진입할 때이다. 이 시기의 시작 시점을 결정한 주요 고고학적 근거자료는 풍납토성 경당지구 101호에서 수습한 시유도기 및 전문도기로 중국 후한後漢~동진대東晋代에 제작·사용한 것과 동일한 것이다. 중국에서 들어온 도기들은 흑색마연 직구광견호·광구단경호·꼭지가 없는 뚜껑과 더불어 마한시기 이래로 사용된 대형·중형 단경호, 장란형토기, 심발형토기, 시루, 완 등과 공반하여 발견되었다. 전기의 하한은 어깨가 발달한 직구호, 동체에 무늬가 없거나 일부가 지워진 대형 직구호, 동체 중상위 부분의 타날이 지워진 대형 단경호가 발견된 풍납토성 경당지구 196호 수혈의 연대를 참작하여 4세기 초까지 내려올 수도 있다.

중기는 백제토기의 새로운 기종이 더 많이 등장하는 단계로 4세기 초부터 시작하여 4세기 말까지 해당한다. 중기에는 다리가 있는 소형토기류의 등장이 주목된다. 소형토기는 고배류와 삼족토기로 전기에는 보이지 않았던 기종이다. 고배류와 삼족토기는 모두 제사의례 등 당시 음식문화와 관련하여 새로 개발된 기

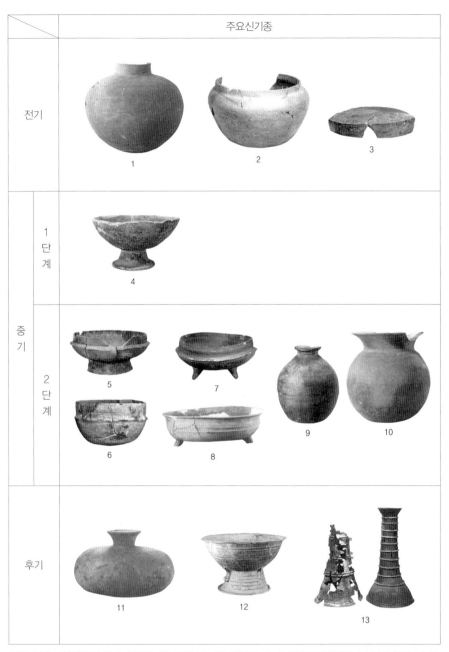

		주요신기종
전기		1 2 3
중기	1단계	4
	2단계	5 7 9 10 6 8
후기		11 12 13

사진 110. 백제토기 주요 기종(1.풍납토성 가-2호 주거지, 2·3.풍납토성 경당지구 101호 유구, 4.석
촌동 즙석봉토분, 5·7.풍납토성 경당지구 폐기장 31호 유구, 6.풍납토성 경당지구 9호 유구,
8.몽촌토성, 9·10.석촌동, 11·12.몽촌토성, 13.풍납토성)(축척부동)

종이다. 물론 중기에 들어와 고배류와 삼족토기가 한꺼번에 등장한 것은 아니다. 이러한 점에서 중기는 두 단계로 세분할 수 있겠다. 한성 중기의 전반기는 무개 고배가 출현한다. 한성 중기의 후반기는 유개고배, 배형 삼족토기, 개배가 새로 이 추가되어 전체적으로 배류가 완성되는 단계이며, 생활용기의 하나인 단경병 과 광구장경호가 새롭게 등장한다. 4세기 말 백제는 문화적으로 크게 발전하며, 서울을 벗어나 경기도 지방을 비롯하여 인근 지역에 이르기까지 영역을 확장하는 시기이다.

후기는 백제의 영역확장에 따라 새로운 기종과 전통기종이 남하하는 단계이면 서 병류와 기대류가 새로 추가되는 시기로 5세기 초부터 웅진으로 천도하는 475 년까지 해당한다. 단경병은 반구형의 단경병이 이미 중기에 출현하고 있으며, 후 기에 들어와 다양한 구연 형태의 병이 추가되고 횡병과 유공횡병 등이 중앙과 지 방에서 나타나고 있다. 이 단계는 백제가 금강유역과 영산강유역의 일부 지역에 전통 양식을 발전시킨 형식과 새로운 기종의 일부를 확산시키며 토기 양식의 통 일을 점차 이루는 시기이기도 하다. 금강유역에는 광구장경호, 직구호, 고배, 삼 족토기, 횡병 등이 확산되고, 영산강유역에서 흑색마연 직구광견호, 개배, 시루 가 등장한다.

2. 웅진시기

웅진시기는 백제가 고구려의 침략으로 문주왕이 공주로 남천南遷한 475~538 년 사이를 말한다. 웅진시기는 한성시기에 비하면 매우 짧은 기간에 불과하지만 당시 급박했던 시대상, 이후 안정을 찾으면서 새롭게 발전하는 모습이 토기류에 도 반영되고 있어서 전기와 후기로 나누어 살펴볼 수 있다.

전기는 백제가 정치적으로 안정을 찾기 위해 노력하던 시기로 상대적으로 문화 적인 발전은 미약한 시기이며, 5세기 후엽경부터 5세기 말까지이다. 이에따라 백 제토기는 한성시기 기종보다 발전한 것은 거의 없던 단계이지만 부장토기는 일 상생활용보다 활발하게 전개된다. 횡혈식석실분橫穴式石室墳에서 토기가 많이 발 견되는데, 단경호, 직구호, 광구장경, 개배, 병 등 다양한 토기들이 부장된다.

특히, 대형 단경호가 석실묘 내부나 옹관으로 사용되기 시작한다는 점이 주목할 만하다. 직구호는 중형이 소량 부장되고, 송산리에서는 공주지역에서 유행하던 토기류가 부장되었다. 소형토기는 한성시기 후기와 비교할 때 고배보다는 개배를 부장하는 양상이 강해진다. 고배는 연산지방 출토품의 전통을 잇고 있는 것이 많이 발견되고 있다. 전기에는 단경병의 부장이 많아진다. 이에 반해 삼족토기가 부장된 예는 많지 않다.

후기는 한성시기의 토기 양상이 대부분 소멸되고 웅진시기의 토기 양상이 새롭게 반영되어 전기보다는 많은 기종이 제작되었다. 후기는 백제가 안정을 되찾던 시기로 무령왕 집권 이후~사비(부여)로 천도하기 이전 단계로 볼 수 있다. 백제 중앙세력이 귀족세력을 아우르면서 금강 이남 지방이 정치·문화적으로 안정된 기반에 접어들며 선진화된 토기문화의 기조를 수용하여 백제토기의 기종이 늘어나고, 기형이 복잡하지 않고 세련된 모습으로 변한다. 이 시기는 중국과의 문화교류가 활발히 진행되어 남·북조의 새로운 문물이 유입되고, 일본과도 견고한 교류가 이루어진 시기로 백제토기 확장기이다.

공주지방을 중심으로 전개된 후기 백제토기의 특징은 다음과 같다. 대형 단경호가 석실묘 내부의 옹관으로 부장되지 않는다. 석곽옹관묘의 관으로 대형 단경호와 대형 직구단경호가 이용되었다. 그리고 중형의 단경호, 광구장경호, 직구단경호 등은 점차 부장품에서 제외된다. 소형 기종 중에서도 개배, 삼족토기, 병의 부장양상이 강하게 나타난다. 고배는 발견되기는 하지만 소량만 확인된다. 완, 심발형토기 등 생활용기가 부장품으로 계속해서 등장한다. 특히 외래묘제인 횡혈묘에서 심발형토기가 등장하는 것은 흥미로운 일이다. 뚜껑은 유뉴식과 무뉴식이 있는데, 권대뉴가 이 단계에 처음으로 등장한다.

3. 사비시기

사비시기는 백제가 국가경영의 틀을 더욱 견고히 하고 대외교류를 원만히 펼치기 위해 부여로 천도한 538년에서 나·당연합군에 의해 멸망하는 660년까지의 시기를 말한다. 이 시기는 백제문화의 완성기이자 절정기로서, 백제토기 또한 가장 완벽한 제품이 제작되고 있다. 사비시기는 전기, 중기, 후기로 나누어볼 수 있다.

전기는 웅진시기의 기종을 그대로 사용하면서 주변국에서 들어오는 기형을 백제화하는 과도기적인 시기로 6세기 중엽경까지이다. 성왕이 중국에 새로운 기술을 도입하여 중흥을 꿈꾸던 단계로 칠漆을 바른 토기류와 전달린 완 등 웅진시기에 보이지 않았던 기종과 새로운 제작기법이 나타나고, 기대류와 같은 대형품들은 장식이 소략해지는 단계이다.

중기는 과도기적인 단계를 지나 백제화가 꾸준히 추진되면서 백제토기의 고급화를 실현하는 시기로 회색토기가 등장한다. 이 단계는 백제토기가 규격성을 가지면서 생산되고 유통이 엄격하게 제한되는 시기로 6세기 말경까지이다. 일부 사비시기까지 나타나던 한성양식의 고배, 삼족토기, 개배는 배신부와 다리의 비율이 달라지고 형태도 단순하게 표현된다. 국가의 지식층 증가와 관련하여 다양한 벼루가 제작되기 시작한다. 또한 흑색와기는 자배기, 완 등 주로 생활토기를 중심으로 만들어지고, 병이나 완 등은 제작기법이 다양하게 나타나는 시기이다. 중기의 전반기까지 잘 보이지 않았던 화장장골용기에 대한 선호도가 새롭게 나타나 직구단경호를 이용한 매장 풍습이 등장한다.

후기는 일상생활용 토기가 남부지방에 이르기까지 평준화가 이루어져 통일된 기종이 등장하는 단계이다. 부장용 토기는 지역별로 부장양상이 다르게 나타나기는 하지만, 소형토기로 박장화되는 시기로, 7세기 중엽까지 이다. 후기는 일상생활용의 백제토기가 중국제품의 모방단계를 벗어나 가장 정제된 모습으로 규격화를 실현하고 실용화가 이루어지는 단계이다. 고분 부장토기는 박장화에 따라 직구호, 병, 삼족토기로 한정되고 일상생활토기를 전용轉用하는 사례가 많아진다.

제2절. 주요기종의 형식과 편년

백제토기의 기종은 40여 종에 이른다. 여기에서는 주요 기종에 대한 형식 변천과 편년에 대하여 살펴보고자 한다.

1. 단경호

단경호는 입이 바깥으로 바라지고 동체는 난형인 것이 많다. 크기에 따라 대형, 중형, 소형으로 나뉜다. 단경호는 저장용기로 주로 이용되었으며 고분부장용이나 매납용埋納用으로도 사용되었다.

1) 대형 단경호

대형 단경호는 일반적으로 높이 50cm 이상의 토기를 말하며 마한시기의 전통적인 양식에서 발전하였다는 견해와,[327] 중국 서진 시유도기를 모방하여 제작하였다는 견해가[328] 있다. 초기 대형호는 주거지나 수혈 등의 일상생활 유구에서 확인되고 있으므로 잉여산물의 저장을 위해 제작하여 사용한 것이 확실하다. 공주 탄천면 송학리 출토 송국리형 무문토기(국립공주박물관 소장, 높이 74cm)와 부여 송국리 54지구 15호 주거지 송국리형 무문토기(높이 78cm)로 보았을 때 청동기시대부터 대형호를 제작하여 사용하고 있었기 때문에 그 전통은 오래되었다고 보아야 하며, 백제는 시기별로 전통양식의 계승과 선호도에 따른 채용을 통하여 백제화한 물질문화를 많이 생성했기 때문에 상기 두 견해 모두 가능성이 있는 것으로 보아야 한다.(사진 111)

대형 단경호는 일상생활용과 부장용이 발견되고 있으며 형식은 구연부 구순, 동체의 형태 변화로 나눌 수 있다. 대형 단경호는 동체의 형태에 따라 광견형(I형식), 난형(II형식), 구형(III형식)으로 대별 된다. I형식은 구연부의 형태에 따라 길게 외반한 것(1), 구연 경부가 낮고 직립에 가까운 것(2)으로 구분할 수 있다. 그리고 동체의 형태에 따라서도 구분할 수 있는데, 넓은 구연경을 하고 동체의 어깨가 발달했지만 저부까지 완만하게 내려와서 체감율이 급하지 않은 것(A), 구연경이 좁고 어깨가 발달했으며 저부까지 체감율이 급하게 내려와 좁아진 것(B)이 있다.

---

327) 김낙중, 2004, 「영산강유역 옹관고분의 발생과 그 배경」『문화재』37, 국립문화재연구소.

328) 권오영, 2001, 「伯濟國에서 百濟로의 전환」『역사와 현실』40, 한국역사연구회.

사진 111. 송국리형 무문토기(1.국립공주박물관 소장, 2.부여 송국리 54지구 15호 주거지)

입술은 둥근 형태(ⓐ), 각진 형태(ⓑ), 뾰족 형태(ⓒ)로, 저부는 둥근 형태(㉮), 말각평저(㉯)로 세분된다.[329] Ⅱ형식은 구연부의 형태는 Ⅰ형식 분류와 같고, 저부는 둥근 형태(ㄱ), V형태(ㄴ)로 나눌 수 있다. Ⅲ형식은 구연부가 외반한 형식으로 입술은 뾰족하며 저부는 둥글다.(그림 26)

(1) 한성시기

대형 단경호는 어깨에 압날문押捺文이 배치된 것과 그렇지 않은 것으로 나눌 수 있다. 대형 단경호는 입이 두껍고 넓게, 목은 길게 만들어졌으며, 어깨에 거치문, 삼각문, 능형문, 원문, 복합문 등이 압날되어 있다. 압날문은 한강유역에서 출현하여 남쪽으로 전파되었다.

전기는 어깨에 압날문이 있는 풍납토성 경당지구 101호 유구 출토품이 대표적이며, 아직 마한시기 이래의 형태에서 벗어나지 못하여 넓은 구연부에 동체의 어

---

329) 이전 분류 방식에서는 난형(Ⅰ형식), 광견형(Ⅱ형식)으로 대별하였으나 최근의 자료를 취합한 결과 광견형이 난형보다 이른 시기의 유구에서 발견되고 있어서 순서를 바꾸어 기술하기로 하였으며 구형(Ⅲ형식)을 추가하였다.

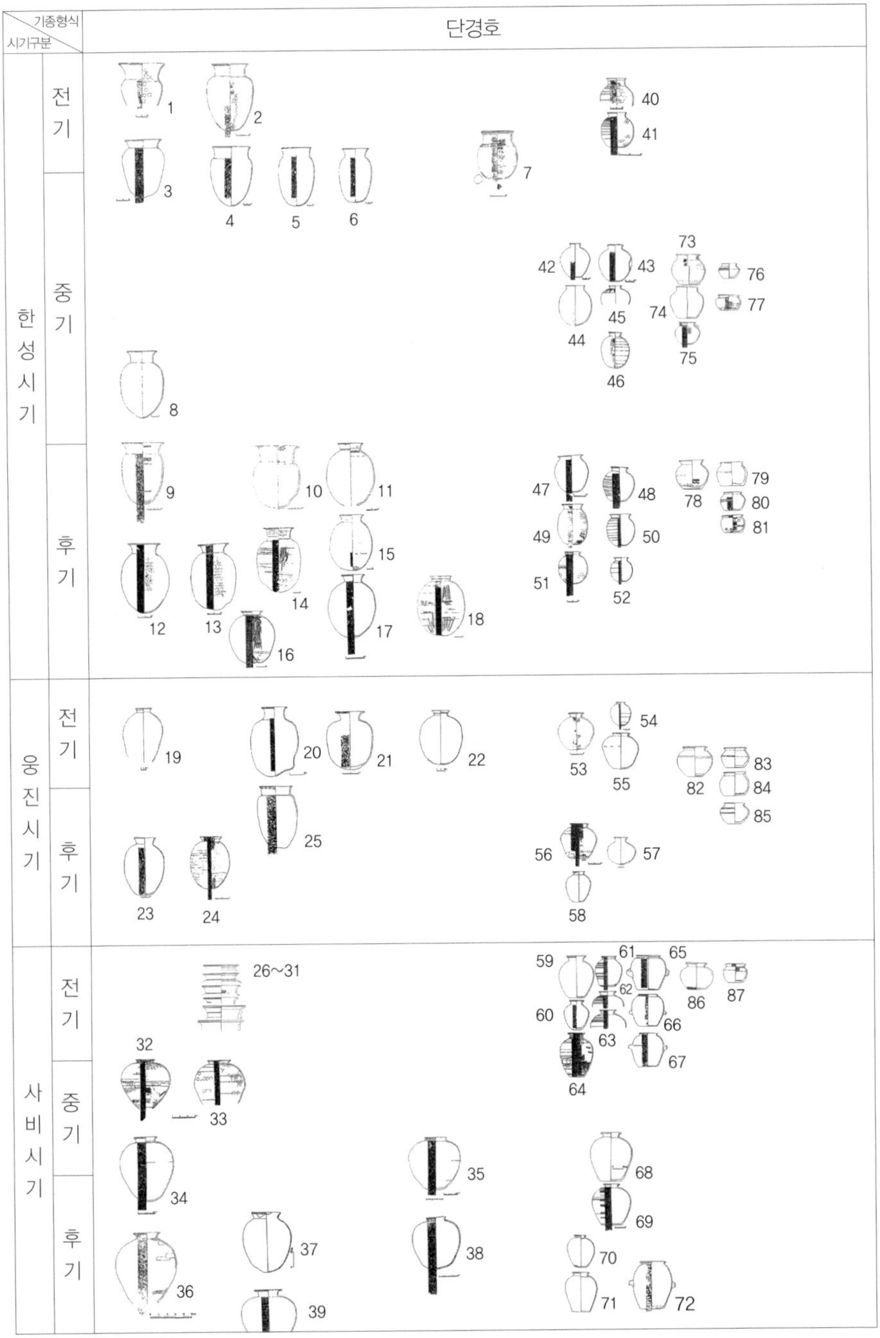
기종형식
시기구분
단경호
한성시기
전기
중기
후기
웅진시기
전기
후기
사비시기
전기
중기
후기
26~31

그림 26. 단경호

1·40. 풍납토성 경당지구 101호 유구
2·7. 풍납토성 경당지구 196호 수혈
3·41. 풍납토성 현대연합주택 가-2호 주거지
4~6·42·43. 파주 주월리 96-7호 주거지
8. 몽촌토성 88-2호 저장공
9·10. 포천 자작리 2호 주거지
11. 풍납토성 197번지 가-4호 주거지
12·13. 풍납토성 197번지 다-38호 수혈
14. 연기(세종) 대평리 16호 주거지
15. 공주 수촌리 11호 토광목곽묘
16. 아산 소동리 1호 요지
17. 연기(세종) 나성리
18. 연기(세종) 대평리 13호 주거지
19·54. 공주 분강·저석리 16호 석실분
20. 연산 표정리 당골 옹관묘
21. 공주 웅진동 79-8호 석실분
22. 공주 분강·저석리 서-16-H호 옹관묘
23·57. 공주 웅진동 79-1호 횡혈묘
24. 공주 금학동 1호 석곽옹관묘
25. 나주 복암리 96석실묘 3호 옹관
26~31. 부여 능사 하층
32·33. 부여 정동리 7호 건물지
34. 부여 쌍북리 두시럭골 1지점 13호 건물지
35. 부여 쌍북리 두시럭골 2지점 2호 건물지
36. 공주 정지산 2호 옹관묘
37. 부여 염창리 옹관묘
38. 익산 왕궁리 서벽 내측
39. 익산 무형리 옹관
44·45. 석촌동 3호분 동쪽 대형 토광묘
46. 천안 용원리 9호 석곽묘
47. 청주 신봉동 92-60호 토광묘
48. 풍납토성
49. 화성 마하리 5호 석곽묘
50. 공주 분강·저석리 14호 석실분
51. 원주 법천리 4호 석곽묘
52. 몽촌토성 87-1호 저장공 Ⅲ층
53. 공주 산의리 21호 석실분
55. 광주 쌍암동 석실분
56. 공주 금학동 15호 석실분
58. 공주 공산성 추정왕궁지 석축 연못
59. 홍성 성호리 9호 석실분
60. 함평 석계 90-2호 석실분
61. 서산 여미리 2호 와관묘
62·63. 부여 능사 하층
64. 부여 가탑리 금성산 두시럭골 5호 매납유구
65. 부여 구아리 북편 우물지 하층
66. 부여 저석리 5호 옹관묘
67. 공주 남산리
68. 부여 관북리 수혈유적(철기 제작 공방)
69. 부여 쌍북리 280-5번지 부석유구
70. 부여 능사 서회랑지 북단 제1공방지
71. 부여 부소산성
72. 부여 궁남지 웅덩이 유구 Ⅰ
73·74. 화성 마하리 목곽묘
75. 풍납토성 대진·동산연립주택부지 우물 4단
76. 풍납토성 현대연립주택 S4E0내 토기산포유구
77. 천안 용원리 13호 석곽묘
78. 청주 신봉동 95-109호 토광묘
79. 청주 신봉동 92-60호 토광묘
80. 청주 신봉동 90-72호 토광묘
81. 천안 용원리 10호 석곽묘
82. 논산 모촌리 6호분
83. 공주 분강·저석리 12호 석실묘
84. 공주 산의리 28호분
85. 대전 노은동 H-4지구 1호 토광묘
86. 부여 염창리 Ⅲ-62호분
87. 공주 분강·저석리 12호 석실묘

깨가 발달한 듯 보인다. 전기의 말쯤에는 풍납토성 196호 수혈 출토품과 파주 주월리 96-7호 주거지 출토품처럼 어깨가 약화되어 Ⅱ형식으로 변해가며, Ⅲ형식도 확인된다. 풍납토성 현대연합주택 가-2호 주거지 출토품은 어깨가 아직도 강조된 듯한 느낌을 주며 바닥에 원형의 굽이 남아있어서 동체가 Ⅱ형식으로 변해가는 과도기에 있다. 전기의 마지막 단계에 이르면 견부에 눌러 찍어 문양대를 형성했던 압날문이 소멸하게 된다.

중기는 구연부가 여전히 넓고 동체는 풍만하며 밑바닥의 원형 굽은 없어지기 시작하는데, 몽촌토성 출토품이 대표적이다. 풍납토성 197번지 가-4호 주거지 출토품은 Ⅱ형식으로 구연부에 홈이 생기고 경부가 낮아지는 등 발달하고 공반품 중 굽이 남아있는 것도 있다.

후기는 구연부 높이와 구경이 작아지고 동체의 중간부가 거의 수직에 가깝게 처리된 몽촌토성 88-2호 저장공 출토품이 대표적인데, 저부는 중기까지의 넓은 듯한 형태에서 좁아지면서 전체적으로 V자 형태를 띤다. 풍납토성 197번지 다-38호 수혈 출토품, 이천 설봉산성 Ⅰ지구 4호 토광 출토품도 동일 형식이다. 이 시기의 특징은 포천 자작리 2호 주거지 출토품에서도 확인되고 있으나, 중기를 대표하는 몽촌토성 성벽 출토품과 유사한 것이 공반하고 있어 지역적으로 늦은 시기까지 중기의 형태가 지속되고 있음을 알 수 있다. 한편 남쪽으로는 용인 구갈리 40호 구덩이·연기(세종) 대평리 16호 주거지·공주 수촌리 11호 토광목곽묘 출토품을[330] 들 수 있으며, 아직도 구연경이 크지만 입술 바깥 면이 수직이면서 아래에 턱이 있는 뾰족 형태로 발전한다. 후기 중에서도 특징적인 것은 Ⅱ2형식이 풍납토성에서도 확인되고 있지만 연기(세종) 나성동·대평동 13호 주거지 출토품을 필두로 중앙보다 지방에서 많이 나타난다는 것이다. 아산 소동리 1호 요지에서는 구연부의 구순이 매우 발전한 Ⅱc가형식이 수습되었는데 후기의 마지막 단계에 해당하며 동체에 조족문이 타날되어 있다.

---

330) 경기문화재연구원, 2001, 『용인 구갈리 유적』.
충청남도역사문화연구원, 2012, 『연기 대평리 유적』.
충청남도역사문화연구원, 2014, 『공주 수촌리고분군Ⅱ』.

(2) 웅진시기

대형 단경호는 한성시기보다 출토 예가 많지 않다. 그 이유는 자세히 알 수 없으나 한성시기는 주거지와 고분에서 발견 예가 많았던데 반해 웅진시기는 일상생활유적의 발견 예가 적고 고분의 부장품으로도 잘 사용하지 않는다.

전기의 대형 단경호는 한성시기보다 작아지고 Ⅱ형식으로 바뀌며 구연부 너비는 동체 최대경보다 현격하게 좁아지고 경부는 매우 미미해진다. 구연부는 단순 외반된 것과 직립한 것이 있다. 전기에 해당하는 Ⅱ1·Ⅱ2형식은 횡혈묘나 옹관묘의 매납용으로 사용한 것이 많다. 공주 웅진동 79-8호분, 분강·저석리 16호 석실분, 연산 표정리 당골 옹관묘 출토품을 들 수 있다. 공주 웅진동 79-8호분 출토품은 몽촌토성 출토품과[331] 비교하였을 때 구경부가 낮아지고 동체는 난형이지만 견부가 강조되고 저부가 말각평저로 변하고 있어서 한성시기 보다 발달한 기형임을 알 수 있다. 동 지역 고분군의 07-3호분 출토품은 구연부가 동체에서 직립하여 올라가다가 구순이 외반하고, 구순의 중앙에 홈이 있고 아래턱이 밑으로 내려오며, 동체가 난형으로 변하고 있어 이 단계에 해당한다.

후기는 논산 모촌리 92-15호 석실분 출토품처럼 경부가 낮아지고 동체는 난형보다 더욱 구형화되고 풍만해진다. 공주 웅진동 79-1호 횡혈옹관묘 출토 Ⅱ1형식은 구연부는 완만하게 외반하고 구순에 홈이 없으며 동체는 난형의 형태를 유지하고 있으나 바닥이 납작하게 만들어지는데, 분강·저석리 17호 석실묘와 서-16-H호 옹관 출토품과 유사하다. 공주 금학동 1호 옹관묘 출토 옹관도 이와 비슷하며, 특히 옹관의 막음용으로 사용된 뚜껑은 합천 옥전 M4호분 출토품과 유사성이 인정되어 가야와 교류를 통해 공주로 유입된 것으로 보고 있다.[332]

영산강유역에서 대형 단경호가 사용된 예는 웅진 후기로 한정되어 있으며, 그 이후 시기 것으로는 아직 발견 예가 없다. 나주 복암리 96석실묘 3호 옹관에 사용된 대형 단경호는 전용 옹관의 변화상이 아닌 전혀 새로운 양식으로 등장하고

---

331) 김원룡·임효재·박순발, 1988, 『몽촌토성』, 서울대학교 박물관.
332) 김종만, 2013, 「공주지역 고분출토 백제토기」『백제문화』 48, 공주대학교 백제문화연구소.

있는데, Ⅰ형식이 아닌 Ⅲ형식을 하고, 구순에 돌대를 돌리고 있으며, 석실분의
형태도 웅진시기로[333] 밝혀졌다.

(3) 사비시기

사비시기는 Ⅰ1Bc가형식이 단연 우위를 점하며 발견하는데, 구연부의 너비가
좁아지고 높이가 매우 낮아지면서 동체의 광견화가 더욱 극대화된다. ⅠB형식이
일상생활에서 저장용으로 성행하고 일부 고분 매납용으로 전용되었다. 그리고 Ⅰ
2형식은 웅진시기 보다 구경이 낮아지며 정형화가 이루어지는데 ⅠB형식보다는
소량이 발견되고 있다. 사비 전기는 부여 능사 하층에서 발견되었는데 구연경이
넓고 경부에 파상문이 시문된 것도 있다. 사비 중기는 전기의 형식이 이어지며 동
체 저부가 더욱 좁아져 견부가 넓게 보이는 Ⅰ1Bc가형식이 부여 정동리 7호 건
물지에서 확인되었다.[334] 부여 쌍북리 두시럭골 1지점 13호 건물지에서 발견된
Ⅰ1Bc가형식은 Ⅱ2형식과 함께 창고에서 곡식 등을 저장하는 용기로 사용하던
것이다. 사비 후기가 되면 ⅠB형식은 공주와 부여에서 옹관으로 사용되었는데,
특별히 호관묘壺棺墓라는 명칭으로 불려진바 있으며 일상생활용을 전용轉用한 것
으로 알려져 있다.[335] 옹관으로 이용된 ⅠB형식은 부여 염창리 출토품을 볼 때
장고형기대와 금동제이식 등 높은 신분이 사용하던 유물과 공반하고 있어 상위층
피장자의 무덤 양식이라는 것을 알 수 있다. ⅠB형식은 공주 정지산 출토 옹관에
서 보는 바와 같이 구순의 선단이 꺾이고 구순 하부가 뾰족하게 되거나 동체 하부
가 견부보다 확연하게 좁아지는 형태로 변한다.

한편 사비 중·후기에는 Ⅱ2형식이 구연부가 약간 외반하고 낮아진 경부에 1조
의 돌대가 나타나며 부여 관북리 추정왕궁지(외적기단 건물지)·부소산성·가탑리 금
성산 두시럭골(1·2호 벽주 건물지)·쌍북리 두시럭골 2지점 2호 건물지·장암면, 익

---

333) 임영진·조진선·서현주, 1999, 『伏岩里古墳群』, 전남대학교 박물관.
    국립문화재연구소, 2001, 『羅州 伏岩里 3號墳』.

334) 충청문화재연구원, 2005, 『부여 정동리 유적』.

335) 강인구, 1977, 『백제고분연구』, 일지사, pp.139~167.

산 왕궁리 서벽 내측·미륵사지에서 수습되어 금강유역을 중심으로 발전한 기종이다. 특히, Ⅱ2형식 중 부여 관북리 추정왕궁지 출토품은 경부와 견부에 '북사北舍'명 인장이 찍힌 것이며, 가탑리 금성산 두시럭골·부소산성 출토품은 인장의 유무는 알 수 없지만 동일 유형의 것이다. 부여 장암면에서 수습된 것은 명문이 없고 발견상황이 자세히 알려지지 않았으나 일상생활용이 아닌 다른 용도로 전용된 것이 아닌가 한다. 익산 미륵사지 출토품도 같은 유형이다. Ⅱ2형식은 영산강유역에서 발견 예가 없는 것으로 일반적으로 광견형의 형태에서 벗어나 난형의 형태를 하고 발견 유적의 성격 및 공반유물로 볼 때 상류층에서 특별히 제작하여 사용한 것이라고 할 수 있다.

2) 중형 단경호

중형 단경호는 높이가 20~50cm인 것을 말하며, 마한토기 중 편구형호偏球形壺의 후신으로 등장한다. 중형 단경호는 난형(Ⅰ형식), 구형(Ⅱ형식), 광견형(Ⅲ형식)으로 나눌 수 있다. 그리고 구연부의 형태에 따라 단순 외반하는 것(1), 경부가 직립하며 올라가다 구순이 바라진 것(2), 경부가 사선으로 벌어진 것(3), 경부가 곡선을 이루어 벌어지며 구순 중앙에 요철면이 있는 것(4)으로 세분된다.

(1) 한성시기

전기의 유적으로 알려져 있는 풍납토성 경당지구 101호 유구 출토품은 Ⅰ형식인데, 이러한 형태는 춘천 둔내 3호 주거지에서 이미 나타나고 있어 원삼국시대 이래로 조금씩 변화가 나타났던 것임을 알 수 있다. 파주 주월리 96-7호 주거지에서 출토된 중형 단경호 중에는 바라진 입술에 목이 위로 올라가면서 좁아지고 동체의 어깨가 강조된 형태가 나타나는데 충주 하천리 F1호 주거지, 춘천 중도 2호 주거지, 천안 청당동 2호 토광묘土壙墓 출토품과 같은 형태에 바닥이 납작하게 변하고 있어 발전된 기형으로 볼 수 있다.

중기는 목이 위로 올라갈수록 팔자형으로 바라지며 동체는 어깨나 중간 부분을 강조한다. 이러한 특징을 갖춘 중형 단경호는 풍납토성 현대연합주택 가-S4W1 그리드, 하남 미사리 숭B-2호 주거지, 화성 마하리 5호 석곽묘石槨

墓, 청주 신봉동 92-60호 토광묘에서 발견되었다. 서울 석촌동 3호분 동쪽 대형 토광적석부에서 발견된 흑색마연의 중형 단경호는 어깨가 발달되어 중기의 특징을 보여준다. 해미 기지리 Ⅱ-27호 분구묘墳丘墓에서도 흑색마연의 중형 단경호가 확인되었는데 동체는 둥근 형태이다. 천안 용원리 9호 석곽묘에서 출토한 중형 단경호는 4세기 말로 추정되는 중국 동진제 흑유계수호와 공반하고 있어 중기의 말쯤에 해당하며 Ⅱ4형식이다.

후기는 몽촌토성 87-1호 저장공 Ⅲ층 출토품과 같이 한성 전기와 유사한 형태를 하고 있으나 토기의 밑바닥 중앙 부분이 약간 들어가는 오목 바닥으로 변한다. 한성 후기는 풍납토성이나 몽촌토성 출토품을 보면 한성 중기 단계와 비슷한 특징을 유지하고 있다. 이 단계가 되면 백제 중앙에서 사용했던 중형 단경호와 비슷한 것들이 원주 법천리 4호 석곽묘,[336] 이천 설성산성, 용인 수지, 홍성 신금성, 청원 주성리 2호 석곽묘, 청주 신봉동 90A-20호 토광묘, 연기(세종) 송원리 석실분石室墳, 서천 봉선리 고분, 논산 모촌리 석곽묘 등에서 발견되고 있다. 출토지역을 살펴보면 백제 중앙인 서울에서 동쪽으로는 남한강을 따라 이천을 거쳐 원주까지 진출하고 있으며, 남쪽으로는 용인, 천안, 공주를 거쳐 금강 하류 지역에서 대전 지방을 통과하는 전파양상을 살펴볼 수 있다. 분강·저석리 14호 석실분 출토품은 몽촌토성 출토품과 유사성이 인정되고, 익산 입점리 3호 석실분 출토품도 이 시기에 해당한다.[337]

(2) 웅진시기

전기는 분강·저석리 16호 석실분 출토품이 해당하는데, 입술 부분은 바라지고 동체는 Ⅱ형식이다.[338] 광주 쌍암동 석실분 출토품과,[339] 공주 산의리 21호 석실분 출토품은 동체가 둥근 Ⅱ형식이고 입술 중앙에 홈이 있는 형식으로 변하

336) 송의정·윤형원, 2000, 『法泉里 I』, 국립중앙박물관.
337) 국립문화재연구소, 1989, 『익산 입점리고분』.
338) 안승주, 1981, 「公州熊津洞古墳群」 『백제문화』 14, 공주대학교 백제문화연구소.
339) 임영진, 1996, 「全南의 石室墳」 『全南의 古代 墓制(圖面·寫眞)』, 목포대학교 박물관.

여 전기의 말에 해당한다.[340]

후기는 표면을 성형할 때 물레의 강한 회전력을 이용하여 정면한 흔적이 나타나는데, 공주 금학동 15호 석실분에서 발견된 것이 대표적이다. 공주 단지리 4-7호 횡혈묘에서 조족문이 있는 것이 발견되었는데, 일본 규슈지방의 반쯔카[番塚]고분에서 나온 것과 매우 유사하다.[341] 공주 웅진동 79-1호 횡혈옹관묘 출토품은 Ⅱ형식으로 전기의 형식을 유지하고 있지만 구순이 사각으로 되는 등 후기적인 요소가 나타난다. 공주 공산성 추정왕궁지 석축 연못 출토품도 이 단계에 해당하며 동체가 둥근 것과 어깨가 넓어지는 Ⅲ형식의 과도기적인 형태를 하고 있다.

(3) 사비시기

중형 단경호는 소성도에 따라 회청색경질과 흑색와질이 있는데 입술 부분이 바라지고 동체는 어깨가 넓은 Ⅲ형식이면서 바닥은 납작한 것으로 통일된다.

전기는 홍성 성호리 9호 석실분 출토품을 가장 빠른 시기로 볼 수 있는데, 입술 아래에 돌기가 있고 동체가 아직 둥근 형태를 유지하고 있어 웅진 후기의 특징을 간직하고 있으나 동체의 어깨가 약간 넓어지고 납작 바닥으로 변화가 보인다. 서산 여미리 2호 와관묘瓦棺墓 출토품도 비슷한 형태적 특징을 갖는다. 부여 금성산 두시럭골 5호 매납유구 출토품은 동체가 길어지긴 했지만 부여 능사 하층에서 발견된 전달린 완과 유사한 것이 공반하고 있어 이 시기에 해당한다. 영산강유역에서는 함평 석계 90-2호 석실분 · 나주 복암리 1호분 연도 출토품이 이 단계에 해당한다.

한편 부여 능사 하층 출토품은 소성도에 따라 회청색경질과 흑색와질이 있으며, 입술의 단면 형태에 따라 둥근 것, 홈이 있는 것, 입술 하단에 턱이 있는 것 등이 있다. 회청색경질의 중형 단경호는 동체 표면의 타날문은 거의 지우고 어깨

---

340) 이남석, 1997, 「汾江·楮石里 古墳群」, 공주대학교 박물관.
　　　이남석, 1999, 「公州 山儀里遺蹟」, 공주대학교 박물관.
341) 金鍾萬, 2010, 「鳥足文土器の起源と展開様相」『古文化談叢』, 九州古文化研究會.

사진 112. 부여 능사 주구부토기

에 등간격으로 선을 돌린 것도 있다. 흑색와질의 중형 단경호는 암문暗文이 있는 것도 있다. 부여 구아리 북편 우물지 하층·부여 저석리 5호 옹관묘甕棺墓에서 발견된 흑색와질의 중형 단경호(파수부호)는 표면에 평행선문이 타날되고 동체에는 양쪽에 대칭으로 띠로 된 손잡이[帶狀把手]가 달려 있다.

사비시기 중기는 전기의 형태와 유사하고 부여 관북리 추정왕궁지 수혈건물지(철기제작소)·궁남지·쌍북리 부석 유구 출토품에서[342] 보듯 동체와 저부의 경계지점을 깎기 기법으로 처리한 형태가 있다. 이러한 것은 사비시기 후기가 되면 부여 부소산성에서 발견된 바와 같이 동체가 세장해지는 장동형으로 변한다.[343] 7세기 이후로 편년되고 있는 익산 미륵사지 출토품도 동체가 장동형이다. 부여 능사와 익산 왕궁리에서는 중형 단경호의 동체 중간에 액체를 따를 수 있는 주구注口가 부착된 것이 확인되었는데, 유구가 사비시기 후기에 해당하는 것이다.(사진 112) 후기에는 논산 육곡리 2호분 출토품처럼 바닥이 더 좁아지고 최대 동체 지름이 위에 있는 기형으로 변하면서 소멸하는 것이 아닌가 한다. 그리고 와질로 소성된 중형 단경호(파수부호)의 마지막은 전주 중화산동 2호 화장장골용기와 같이 동체에서 바로 입술이 바라지면서 높이가 낮아지는 형태이다.

---

342) 최봉균 외, 2010, 『부여 쌍북리 602-10번지 유적』, 백제문화재연구원.

343) 김종만, 2006, 「부소산성출토 토기 소고」『부소산성유적고증 연구』, 한국전통문화대학교.

3) 소형 단경호

소형 단경호는 20cm 이하의 것이 해당되며, 원삼국시대 이래의 편구형호 형태에서 둥근 공모양의 형태로 변화하고 있으나 출토 사례는 많지 않다. 소형 단경호는 형태와 제작기법을 볼 때 낙랑토기의 영향을 받아 등장한 것으로 보고 있다.[344]

소형 단경호는 단경호와 소호로 분리하여 형식 분류하고 있지만, 높이 20cm 이하의 것을 모두 포함해도 소량에 불과하기 때문에 모두 소형 단경호로 통일하여 분류하도록 하겠다. 소형 단경호는 동체의 형태에 따라 광견형(Ⅰ형식), 구형(Ⅱ형식)으로 구분되며, 동체의 문양 유무에 따라 무늬가 없는 것(1), 무늬가 있는 것(2)으로 나눌 수 있다. 소형 단경호는 돌대가 있는 것(A), 침선이 있는 것(B), 돌대나 침선이 없는 것(C)으로, 구연부의 구순에 따라 단순형(a), 요철형(b), 뾰족형(c)으로 세분할 수 있다.

(1) 한성시기

소형 단경호는 전기에는 발견 예가 없으며 중기가 되면 서울 풍납토성·화성 마하리 고분군의 목곽묘[345] 등 중부지역의 생활유적과 고분에서 Ⅰ1형식과 Ⅰ2A형식이 비슷한 시기에 등장한다. 청주 신봉동 92-60호 토광묘 출토 Ⅱ2b형식은 동체의 견부에 요철선이 돌아가며 납작바닥을 하고 있는 등 중기의 말쯤에 해당한다. 풍납토성 대진·동산연립주택부지 우물 4단 출토 Ⅱ2b형식은 경부에 감았던 줄이 남아있어 두레박으로 전용轉用하여 사용한 것이다. 후기가 되면 천안 용원리 10호 석곽묘, 청주지역의 신봉동 82-9·90-72호분, 연기 나성리 등 금강유역에 나타나고 분강·저석리 7호분 주변·14호 석실분, 대전 노은동 A-4지

---

344) 박순발, 2001,『한성백제의 탄생』, 서경문화사.
　　신종국, 2002,『백제토기의 형성과 변천과정에 대한 연구』, 성균관대학교 석사학위논문.
　　土田純子, 2006,「百濟 平底外反口緣短頸壺 및 小型平底短頸壺의 變遷考」『한국상고사학보』51, 한국상고사학회.
345) 국립문화재연구소, 2001,『풍납토성Ⅰ』.
　　김재열 외, 1998,『화성 마하리 고분군』, 호암미술관.

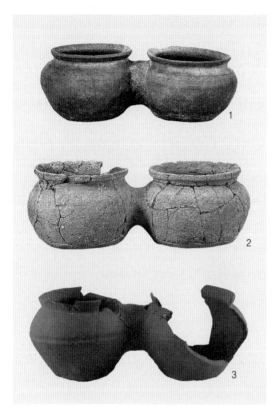

구 1호 토광묘, 부여 가탑리 금성산 두시럭골, 금산 수당리 7호 석곽묘,[346] 익산 웅포리 93-14호분, 남원 상운리 6호 분구묘 3호 토광목관묘[347] 등 금강을 건너 남쪽으로도 확산되고 있어[348] 기본적으로는 고분 부장품으로서 기능을 오랜 기간 유지하면서 백제의 영역 확장과정과 관련하여 전개되고 있다. 연기 송원리 고분군에서 발견된 소형호 중에는 짧게 바라진 입술에 동체의 중간에 요철선이 돌아가고 바닥이 납작한 것이 있는데, 가평 달전리 목곽묘木槨墓에서 확인된 낙랑토기의 영향으로 보인다.[349]

소형 단경호 2개를 붙여 만든 쌍호가 풍납토성 경당지구

사진 113. 쌍호(1.석촌동 5호분 주변, 2.대전 용산동 2지구 2호 토광묘, 3.대전 용산동 2지구 1호 토광묘)

---

346) 충청남도역사문화원, 2007, 『금산 수당리유적』.

347) 김승옥 외, 2010, 『완주 상운리 Ⅰ·Ⅱ·Ⅲ』, 전북대학교 박물관.

348) 차용걸, 1983·1990, 『청주 신봉동 백제고분군 발굴조사보고』, 충북대학교 박물관.
최완규, 1995, 『익산 웅포리 백제고분군』, 원광대학교 박물관.
이남석, 1997, 『분강·저석리고분군』, 공주대학교 박물관.
정석배 외, 2013, 『부여 가탑리 금성산 두시럭골 유적』, 한국전통문화대학교 고고학연구소.

349) 이 기종에 대해 절복호(節腹壺)라는 명칭을 사용하기도 한다(박순발, 2006, 『백제토기 탐구』, 주류성).

상층 폐기장 127호 유구, 몽촌토성, 석촌동 5호분 주변, 대전 용산동 2지구 1호 토광묘와 동일지역의 2호 토광묘에서 발견되었다.[350](사진 113) 쌍호는 소형 단경호를 별도로 제작·소성한 후 두 개를 점토대를 이용하여 붙여 만든 것으로 풍납토성 경당

사진 114. 함평 소명동 쌍호

지구 상층 폐기장 127호 유구 출토품에 잘 나타나 있다. 쌍호는 조선시대의 자기나 옹기에서도 확인되고 있어 제작전통이 길게 이어진 기종으로[351] 양념이나 식재료를 담는 기능적인 문제를 해결하기 위해 나타난 것이다. 이러한 기능은 마한시기에도 있었으며, 함평 소명동 유적에서 발견된 이중구연토기를 통해 알 수 있다.(사진 114)

2) 웅진 · 사비시기

웅진시기는 한성시기와 비교해볼 때 동체가 구형이고 견부에 2~3조의 돌선이 돌려지고 저부의 중앙부가 약간 들어간 평저의 Ⅰ1형식과 Ⅰ2A형식이 생활유구 보다는 공주 금학동·산의리, 분강·저석리, 논산 모촌리 등 고분 유적에서만 발견된다. 구연부의 구순은 a형식이 유지되고 있지만 b형이 등장한다.

사비시기 소형 단경호는 웅진시기보다 그 수가 급격하게 감소하여 부여지방의

---

350) 성정용·이형원, 2002, 『龍山洞』, 충남대학교 박물관.
    조상기 외, 2008, 『大田 龍山·塔立洞遺蹟』, 중앙문화재연구원.
    공주 수촌리 고분군 2016-13호 토광묘에서 쌍호에 사용된 것과 유사한 소형호 6개를 붙인 육연호가 발견되었다.
351) 김종만, 2015, 「백제토기 전통미의 계승」『백제 이후 백제』, 국립공주박물관.

고분군에서 간혹 발견되고 있다. 부여 저석리 18호분 출토품은 I 2Bb형식으로 웅진 후기 마지막 단계로 볼 수도 있겠지만 공반한 삼족토기로 보았을 때 사비시기 전기에 해당하며, 용인 수지 I 지점 토기집중매납유구 출토품의 전통을 이어받은 것으로 볼 수 있다.[352] 부여 염창리 Ⅲ-62호 석곽분 출토품은 동체에 요철선이나 돌대가 사라져 단순해진 I 1Ca형식으로 분강·저석리 14호 석실분 출토품에서 변화된 형태임을 알 수 있다. 또한 부여 염창리 Ⅴ-45호 석실분에서 발견된 I 1b형식은 공반한 개배가 사비시기 중에서 이른 단계에 해당하는 것이어서 전기에 해당하는 것으로 볼 수 있다.

2. 광구장경호廣口長頸壺

광구장경호는 한성시기부터 사비시기 전기에 걸쳐 사용된 백제토기의 주요 기종 가운데 하나로 구형 동체부에 경부는 길고 구연부가 크게 벌어진 형태를 하고 있다. 광구장경호는 서울, 경기, 호서, 호남지방에 걸쳐 분포범위가 넓으며 백제의 영역확장 과정에서 전파된 기종으로 보고 있다.

출현 계기는 초기의 형태에 대해서는 알려진 것이 없으나 경부에 돌대가 나타나는 것은 중국 요녕지방에서 유행한 절경호節頸壺의 영향으로 보고 있다.[353] 출현 시기는 4세기 후엽경이다.

광구장경호는 경부에 무늬가 없는 것(I 형식), 경부에 무늬가 있는 것(II형식)으로 대별 된다. 구연부 구순의 형식에 따라 단순형(1), 요철형(2), 뾰족형(3)으로, 저부 형태에 따라 원저(A), 평저(B), 말각평저(C)로 세분된다. 동체는 구형(가), 광견형(나)이 있다. II형식은 돌대만 있는 것(a), 요철선 사이에 물결무늬가 있는 것(b), 요철대를 두른 것(c), 음각선을 돌린 것(d) 등으로 나눌 수 있다.(그림 27)

---

352) 국립부여문화재연구소, 1992, 『부여 저석리 고분군』.
    한신대학교 박물관, 1998, 『용인 수지 백제 주거지』.
353) 김종만, 2009, 「호서지역의 백제토기」『백제, 마한을 담다』, 충청남도역사문화연구원.

1) 한성시기

마한시기는 물론 한성시기 전기~중기의 전반기로 편년되고 있는 풍납토성에서 발견 예가 없다. 4세기 중엽 이후에 해당하는 유구인 풍납토성 대진·동산연립주택부지 우물의 바닥과 퇴적토 2단에서 출토한 광구장경호는 Ⅰ형식만 확인되고 있다. 그러나 우물 퇴적토 3단에서는 Ⅰ·Ⅱ형식이 함께 확인되는데 여전히 Ⅰ형식이 많이 발견되며, Ⅱ형식은 경부의 돌대가 1줄 정도로 미미하고 문양은 보이지 않는다. 풍납토성 우물에서 보이는 Ⅰ형식 광구장경호는 퇴적된 3단과 4단에서 출토한 양상으로 분명한 시기적 차이점을 찾아볼 수 있는데, 구연부가 요철홈이 있는 2형에서 구순 아래에 뾰족하게 삐져나온 3형으로 변화하고 동체가 가→나형으로 변하는 것을 알 수 있다. 동체의 문양은 평행선문(목리조정)→격자문→격자문+파상문으로 변화한다. 그러므로 풍납토성 우물 3단은 한성시기 중기 후반기의 말로 보이고, 우물 4단은 3단과의 사이에 부엽층이 형성되는 등 사용하지 않은 시기가 있는 듯하여 한성시기 후기에 해당한다고 할 수 있다. 풍납토성 경당지구 9호 유구에서 출토한 것은 Ⅰ형식으로 동체에는 격자문이 타날되었다. 후기의 마지막 단계에 해당하는 것은 풍납토성 경당지구 상층 출토품을 들 수 있는데 Ⅰ·Ⅱ형식이 공반하며, Ⅱ형식은 경부에 한 줄 또는 여러 줄의 요철대가 돌아간다. 몽촌토성 동북지구 1호 저장공에서 발견된 것은 후기에 해당하며 Ⅱ형식이다. 경부에 요철대가 여러 줄 형성된 Ⅱc·Ⅱd형식은 서울, 용인, 이천, 천안, 청주, 청원, 논산, 완주, 전주, 남원, 장흥 등에서 발견되어 분포범위가 넓으며,[354] 가야지방인 산청 옥산리 147호 석곽묘에서도 확인되고 있어 교류관계를 살펴볼 수 있는 자료이다. 그리고 Ⅱ형식 중에 경부와 동체 견부에 파상문 또는 밀집파상문이 시문된 특징을 갖는 것이 있는데 금산 수당리 2호 석실분과 완주 상운리 2호 분구묘 3호 토광목관묘에서 발견되었다. 광구장경호에 밀집파상문이 시문된 것은 충남과 전북 일부 지역에서 웅진시기까지도 확인되는 것으로 보아 금강유역에서 성행한 형태로 볼 수 있다.

---

354) 한신대학교 박물관, 2006, 『풍납토성Ⅶ』.

기종형식 시기구분		광구장경호	광구단경호	직구호
한 성 시 기	전 기			
	중 기			
	후 기			
웅 진 시 기	전 기			
	후 기			
사 비 시 기	전 기			
	중 기			
	후 기			

그림 27. 광구장경호, 광구단경호, 직구호

1·2.풍납토성 대진·동산연립주택부지 우물 4단
3.풍납토성 대진·동산연립주택부지 우물 3단
4.몽촌토성 동북지구 1호 저장공
5.완주 상운리6호 분구묘 9호 목관묘
6.석촌동 86-5호 토광묘 주변
7.대전 용산동 2호 토광묘
8.청원 주성리 2호 석곽묘
9.천안 용원리 4호 석곽묘
10.군산 산월리 8호분
11.전남 장흥 상방촌 A1-47호
12.공주 수촌리 Ⅱ-5호 석실분
13.공주 분강·저석리 바호 매납유구
14.익산 입점리 1호 횡혈식석실분
15.연산 표정리 81-2호분
16.연산 표정리 2호 석실분
17.공주 단지리 4-18호분
18.공주 금학동 12호분
19.공주 정지산 23호 주거지
20.대전 월평동 4호 주거지
21.광주 쌍암동 석실분
22·23.부여 능사 하층
24·25.풍납토성 경당지구 101호 유구
26.풍납토성 현대연합주택 가-2호 주거지
27.천안 용원리 4호 석곽묘
28.몽촌토성 8701호 저장공 Ⅲ층
29.풍납토성 현대연합주택 가-동쪽트렌치
30.용인 수지 Ⅰ-2호 주거지
31·32.군산 산월리 7호분
33.공주 분강·저석리 유물 수습 유구
34.서천 봉선리 1호 석곽묘
35.부여 염창리 Ⅲ-62호분
36.풍납토성 현대연합주택 가-2호 주거지
37.파주 주월리 96-7호 주거지
38.풍납토성 경당지구 196호 수혈
39.풍납토성 197번지 나-10호 주거지
40.석촌동86-8호 토광묘
41.서울 가락동 2호 토광묘
42.천안 화성리 A-2호 토광묘
43.천안 용원리 4호 석곽묘
44.공주 수촌리 Ⅱ-4호 석실분
45.화성 마하리 21호 석곽묘
46.공주 수촌리 Ⅱ-3호 석곽묘
47.천안 용원리 72호 토광묘
48.공주 금학동 1호 토광묘
49.해미 기지리 Ⅱ-27호 분구묘
50.공주 산의리 02-46호분
51.공주 산의리 98-26호분
52·53.공주 금학동 8호분
54.서산 여미리 8호분
55.공주 산의리 39호 석곽묘
56.부여 염창리 Ⅲ-62호분
57.부여 쌍북리 화장묘(오수전 부장)
58.논산 육곡리 2호분
59.부여 쌍북리 화장묘(개원통보 부장)
60.부여 군수리 화장묘

광구장경호는 한성시기 중기 말~후기 초부터는 고분에 부장품으로 매납되기 시작하는데, 서울 석촌동 86-5호 토광묘·87-3호 석곽묘에서 확인되고 서산 부장리 분구묘, 천안 용원리 4호 석곽묘, 청원 주성리 2호 석곽묘, 청주 신봉동 A지구 41호·05-29호 토광묘, 공주 수촌리 석곽묘, 연기(세종) 송원리 석실분 등 한강유역과 금강유역의 고분군에서 확인된다. 서울 석촌동 86-5호 토광묘에서 발견된 것은 경부에 요철선은 없지만 동체의 윗부분에 평행선문, 아랫부분에 격자문이 타날되어 있다. 동체에 평행문 타날만 있는 것은 천안 용원리 38호 토광묘에서 발견되었다. 천안 화성리 B-1호 토광목곽묘 출토품은 한성시기 중기~후기에 걸친 형식이지만 매우 발전된 입술과 목에 1줄의 요철선이 있는 II형식이며 동체에는 격자문이 있다. 광구장경호의 동체에 격자문이 타날되어 있는 것은 풍납토성과 몽촌토성에서 보이는 시문 방식이다.

한성시기 후기 광구장경호의 전파는 금강을 중심으로 양안에 걸쳐 분포하고 서해안을 따라 내려간다. 공주 수촌리 II-3호 석곽묘·II-5호 석실분, 대전 용산동 1·2호 토광묘, 서천 둔덕리와 연산 표정리 85-3호 석곽묘, 군산 산월리 8호 석실분에서는 목에 요철선이 없는 I형식이 발견되었는데, 금강유역에서는 5세기 중엽경까지 한성 중기의 특징이 이어지고 있다. 군산 산월리 8호 석실분에서는 대각이 달린 것이 확인되었으며, 동체에 조족문이 타날되어 있다. 광구장경호에 대각이 달려있는 것은 금산 수당리 2호 석실분에서도 수습되었으며 지방양식이라고 할 수 있다. 연기(세종) 송원리 10지구 KM-060호 토광묘 출토품은 목에 요철대가 있고 어깨에는 파상문과 원문(어자문)이 있다. 그리고 부안 죽막동 제사유적에서는 고배형 기대의 대각부를 동체에 부착한 듯한 비례가 맞지 않는 것도 발견되었다.

한편 한성시기 중기~후기를 통하여 광구장경호가 분구묘의 부장품으로 꾸준히 사용된 완주 상운리 유적은 백제 중앙세력이 내려와 조성했다기 보다는 재지세력이 주인공이었을 것으로 파악하고 있다. 이는 완주 상운리 재지세력이 4세기 중후반에 백제 중앙세력과 연결된 이후 토기제작기술을 공유하고 양식을 모방했을 것으로 보고 있는 것이며,[355] 금강 이남 지역에서 백제 중앙세력의 역할에 대한 중요한 시사점을 던져주고 있다. 그것은 백제 중앙세력이 정치적으로는 통합을 이루고 있었지만, 문화적으로는 형식의 전파단계 수준에 머물러 있었다는 점을 말해주는 것으로, 4세기 중엽 이후 지방에서 백제 중앙세력의 역할뿐만 아니라 지방의 문화변천을 이해하는데 중요한 단서를 제공하고 있다.

2) 웅진시기

광구장경호는 목에 돌대가 있는 Ⅱ형식으로 변한 것이 많지만 Ⅰ형식도 간혹 발견된다. 금강유역의 광구장경호는 시기에 따라 경부에 있는 장식이 변화한다.

웅진시기 전기의 광구장경호는 연산 표정리 81-2호 석실분·익산 입점리 1호 횡혈식석실분 출토품을 들 수 있다. 연산 표정리 81-1·2호 석실분 출토품은 동체가 장동형이며 구연부는 넓게 바라지면서 목에 등간격으로 돈을 띠가 배치되고 밀집파상문을 시문하였다. 전술한 금산 수당리와 완주 상운리 등 한성시기 후기 출토품의 후신後身이라고 할 수 있다. 분강·저석리 바호 매납유구 출토품은 Ⅰ형식으로 동체는 광견형이고, 구연경과 동체경이 비슷하다. 익산 입점리 1호 횡혈식석실분 출토품은 편구형화된 동체에서 좁게 올라간 경부는 구연부 상부에서 넓게 바라졌는데 가야의 수평구연호와 유사하다. 고창 신월리 옹관묘의 부장품으로 발견된 광구장경호는 구연부보다 동체가 확대되고 동체와 경부의 경계는 현저히 좁아지고 있어 백제 중앙양식과 다른 재지계일 가능성이 있다. 고창 봉덕리 나지구 구1에서 수습한 2점은 목에 돈을 띠가 있는 Ⅱ형식인데, 밀집파상문이 시문되고 있어 고창 신월리 옹관묘 출토품보다는 늦은 시기로 보인다. 백제 광구장경호와 비교할 때 동체와 경부의 경계지점이 너무나 축약되어 약간 다르게 보인다.

웅진 후기의 광구장경호는 공주 금학동 12호분 출토품의 예를 볼 때 이전 단계보다 동체가 작아지고 구연부가 과장된 형태로 만들어진다. 또한 동 유적 19

---

355) 김승옥·이보람·변희섭·이승태, 2010, 『上雲里Ⅲ』, 전북대학교 박물관.

호분 출토품은 동체에서 급격하게 좁아진 경부의 하단은 직립하여 올라가다가 깔때기 모양으로 급격하게 바라진 구순, 경부와 동체의 견부에 밀집파상문이 시문되었다. 연산지방 출토품과 비교했을 때 늦은 형식이며[356] 금강유역에서 유행한 것이다. 광구장경호의 경부에 밀집파상문이 있는 것은 공주 정지산 23호 주거지에서도 발견되었다. 공주 단지리 4-18호분 출토품은 II형식으로 동체에서 사각으로 뻗어 올린 구연부의 형태가 금학동 출토품보다 많이 변화하고 있지만 경부에 아직 돌선이 남아있는 등 광구장경호의 형태를 유지하고 있다. 대전 월평동 4호 주거지 출토품은 한성시기의 형태를 간직하고 있으나 구연부 구순이 급격하게 외반하는 점에서 후기의 마지막 단계에 해당한다. 이상의 출토품을 웅진시기 전기의 형태와 비교해보면 경부에 돌대가 1~2줄로 줄어들고 무늬는 그 아래쪽에만 시문하거나 없어진다.

영산강유역의 광구장경호는 입술부의 형태에 따라 두가지 형식으로 나눌 수 있다.[357] 하나는 동체의 크기에 비해 구연부가 작은 것이며, 다른 하나는 백제 중앙양식과 비슷한 모습으로 동체와 구연부의 균형이 잘 이루어진 것이다. 웅진시기 전기의 광구장경호는 전자가 해당하는데, 재지계이며 기대와 공반하지 않는다. 이러한 현상은 웅진시기 후기에 들어와서도 나타난다. 나주 대안리 3호분 주구 출토품은 긴 목에 작아진 동체를 하고 있어 일반적으로 금강유역에서 유행한 광구장경호와 다르다. 그리고 무안 맥포리 3호 토광묘 출토품은 입술이 급격하게 바라지고 동체의 어깨는 각이 지고 바닥이 오목 바닥이 아닌 납작 바닥으로 된 점에서 지방 양식으로 보인다. 그러나 웅진시기 후기에 해당하는 광주 월계동 1호 장고분 주구·쌍암동 석실분, 나주 복암리 1호 북쪽 주구·2호 북쪽 주구에서 백제 중앙양식과 같은 것이 발견되고 있어서 백제의 영향이 분명히 나타나고 있다.

---

356) 백제개발연구원, 1984, 『백제토기도록』, p.155.

357) 호남지방의 광구장경호는 연구자에 의해 광구호, 평저광구호 등으로 불리고 있으며, 시기상으로도 백제의 광구장경호보다도 앞서 출현한 것으로 본다. 이 글에서는 입이 넓고 경부가 긴 것을 지칭하는 의미로 사용한 것이다(이순엽, 2017, 「광구호와 광구장경호」『마한·백제토기 연구 성과와 과제』, 학연문화사).

3) 사비시기

광구장경호는 사비 전기의 부여 능사 하층 유적·군수리 등에서 발견되었는데, 목에 돌대가 있는 Ⅱ형식이다.[358] 이 단계를 지나면 광구장경호는 소멸하는 것으로 보인다.

3. 광구단경호廣口短頸壺

광구단경호는 짧게 직립한 넓은 입에 발달된 어깨를 가진 평저토기를 지칭하는데 뚜껑과 함께 결합하는 토기라는 점에서 합盒으로도 부른다.[359]

광구단경호는 백제토기 성립기의 표지적인 유물로 출현 계기에 대해서는 두 가지 견해가 있다. 하나는 3세기 중후엽경에 백제의 정치 엘리트 집단의 위신재威信材로 중국 요녕지방遼寧地方에서 선별 수용된 것으로 보는 견해와[360] 다른 하나는 광구단경호가 대체로 낙랑고분의 주요 부장품인 배부른 단지와 유사한 면이 있고, 풍납토성 가-2호 주거지 출토품과 같이 동체와 바닥 사이를 예새로 깎는 기법 등은 서북한지역의 평저토기에서 일반적으로 확인된다는 점에서 낙랑토기와의 연관성을 상정하는 견해도 있다.[361] 후자의 견해와 달리 서북한지역의 평저토기는 백제 소형단경호와 유사하기 때문에 광구단경호의 등장과는 연관이 없는 것으로 보기도 한다.[362]

광구단경호는 견부의 돌대 유무에 따라 돌대가 없는 것(Ⅰ형식), 돌대가 있는 것(Ⅱ형식)으로 대별할 수 있다. 구연부의 구순 형태에 따라 각진 것(1), 둥근 것(2), 뾰족한 것(3)으로 나눌 수 있다. Ⅱ형식은 돌대의 배치방식에 따라 견부에만 있는

---

358) 김종만, 2006, 「성왕시대의 백제 생활토기」『백제 성왕과 그의 시대』, 부여군백제신서3.

359) 국립문화재연구소, 2011, 『한성지역 백제토기 분류표준화 방안연구』.

360) 박순발, 1999, 「漢城百濟의 對外關係」『백제연구』30, 충남대학교 백제연구소.

361) 신종국, 2002, 『백제토기의 형성과 변천과정에 대한 연구』, 성균관대학교 석사학위논문.

362) 土田純子, 2006, 「百濟 平底外反口緣短頸壺 및 小型平底短頸壺의 變遷考」『한국상고사학보』51, 한국상고사학회.

것(A), 동체에 등간격을 이루며 배치된 것(B)으로 세분된다.

1) 한성시기

광구단경호는 마연토기로 제작되는 경우가 많은데, 어깨에 요철선이 없는 Ⅰ형식이 시기가 빠르며, 풍납토성 경당지구 101호 유구·현대연합주택 가-2호 주거지와 파주 주월리 96-7호 주거지 출토품이 해당한다. 이러한 형태는 한성시기 전기간에 걸쳐 지속되고 있지만 중기가 되면 동체의 어깨에 요철선이 만들어진 Ⅱ형식이 등장하며, 몽촌토성 87-1호 저장공 출토품, 석촌동 대형토광묘 적석부 출토품, 용인 수지 Ⅰ-2호 주거지 및 풍납토성 현대연합주택 토기산포유구 출토품을 통해 살펴볼 수 있다. 후기가 되면 동체의 요철선은 전부분에 나타나며, 풍납토성 현대연합주택 가-동쪽트렌치, 몽촌토성 89-연못 유구 출토품을 통하여 알 수 있다. 군산 산월리 7호분에는 Ⅰ형식도 있지만 Ⅱ형식도 공반하여 5세기 중엽경에는 금강유역을 넘어 남진하는 것으로 보인다. 한성시기에 발견된 광구단경호의 용량을 파악한 결과[363] 전기에서 후기로 갈수록 크기가 작아져 용량이 줄어드는 것으로 나타나고 있다.

2) 웅진·사비시기

광구단경호는 한성시기 보다 감소하며 금강유역에서 주로 발견되는데, 어깨에 요철 띠가 있는 Ⅱ형식이 많다. 전기는 분강·저석리 유물수습 유구 출토품(ⅡA형식)을 들 수 있는데, 어깨에 작은 구멍을 뚫은 다음 귀때[注口]를 부착하여 내부에 있는 내용물을 따를 수 있도록 하였다.[364] 후기는 전기와 마찬가지로 ⅡA·ⅡB 형식이 발견되고 있으며, 서천 봉선리 1호 석실분·공주 정지산 출토품과 청양 학암리 요지 폐기장에서 출토한 것이 있다.[365]

---

363) 권오영·한지선, 2005, 『풍납토성Ⅵ』, 한신대학교 박물관.
364) 이남석, 1997, 『분강·저석리 고분군』, 공주대학교 박물관.
365) 김종만, 2007, 「청양 학암리요지 출토유물의 의의」『그리운 것들은 땅속에 있다』, 국립

사비시기는 광구단경호가 잘 발견되지 않고 있으나 사비시기 전기에 해당하는 부여 염창리 Ⅲ-62호분에서 Ⅱ형식이 확인되었다. 전체적인 형태는 작아졌으나 견부와 동체 중앙에 요철선이 남아있는 등 웅진시기의 요소를 간직하고 있다.

4. 직구호直口壺

직구호는 둥그런 동체에 짧고 곧은 목을 가진 형태를 말한다. 직구호는 크게 두 종류로 나눌 수 있는데, 하나는 동체의 어깨 부분이 발달하고 바닥이 납작한 것인데 직구광견호 혹은 직구유견호라고도[366] 하며, 다른 하나는 동체가 둥글게 되어있는 것으로 직구단경호라고 부른다. 이 두 기종은 유사하게 보이며 직구광견호의 경우는 동체의 어깨가 강조되어 나타난 명칭이기는 하지만 흑색마연이 있는 것을 주로 지칭한다.[367]

직구호의 출현 계기와 시점에 대해서는 중국 요녕지역설(3세기 중후엽),[368] 중국 남조 청자관 영향설,[369] 재지 직구호+중국 도자기 문양대 결합설(3세기 후반~4세기 전반설)[370] 등 다양하지만 중국 자기의 영향으로 보는 견해가 우세하다. 서울 가락

부여박물관.

366) 한지선·소재윤·신종국, 2011, 「한성지역 백제토기 분류표준화 방안의 모색」『백제학보』5, 백제학회.

367) 직구호에 대한 연구성과를 종합한 글 중에 짧게 직립되는 구연부를 특징으로 하는 '직구호', 흑색마연기법이 적용된 '직구광견호', 견부문양대를 특징으로 하는 '직구단경호'로 구분한 경우가 있다(조가영, 2017, 「한성기 직구호류의 연구 쟁점과 편년 시안」『마한·백제토기 연구 성과와 과제』, 학연문화사). 그러나 이 3가지 분류 중 직구호와 직구단경호의 구분이 가장 애매하며 모든 직구호류가 단경의 모습으로 되어 있기 때문에 두 가지 분류 명칭은 직구단경호로 통합하여 부르는 것이 좋을 듯 하다.

368) 박순발, 1999, 「한성백제의 대외관계」『백제연구』30, 충남대학교 백제연구소.

369) 이명엽, 2003, 『백제토기의 성립과 발전과정에 나타난 중국 도자기의 영향』, 한신대학교 석사학위논문.
韋正, 2010, 「한국출토 전문도기 연대에 관한 몇 가지 고찰」『경남의 가야고분과 동아시아』, 경남발전연구원 역사문화센터 제2회 한·중·일 국제학술대회 발표요지문.

370) 한지선, 2005, 「백제토기 성립기 양상에 대한 재검토」『백제연구』41, 충남대학교 백제

동 2호분 출토 직구광견호는 그 출토 유구의 연대를 통해 3세기 중후반설, 4세기 전반경설이 대립하고 있어 백제토기 출현 시기에 대한 연구 쟁점의 하나로 대두하고 있지만,[371] 대다수의 백제토기 연구자에 의해 가락동 2호분보다 빠른 단계의 유구가 확인되고 있는 점을 고려하지 않을 수 없게 되었다.

직구호는 동체의 형태에 따라 구형(I형식), 광견형(II형식)으로 나눌 수 있다. I·II형식은 어깨에 무늬가 있는 것(A), 무늬가 없는 것(B)으로 나뉜다. II형식은 표면에 흑색마연이 있는 것(가), 흑색마연이 없는 것(나)으로 구분된다. IIA형식은 횡침선, 돌대, 거치문, 교차사선문, 삼각형 집선문, 제형 집선문, 능형 집선문, 사각형+능형문, 어골문, 창살문, 각목문, 점열문, 어자문, 반원문, 복합문, 파상문, 파상집선문 등 다양한 문양 요소가 새겨지고 있어 세분할 수 있다. I형식과 II형식의 문양은 공통성과 특수성이 존재하고 있다. 두 형식 간의 공통성은 견부에 문양이 시문되고 있다는 점인데, 상하로 그어진 횡침선 내부에 교차사선문이 배치되는 것은 공통적으로 확인되는 것이다. 그러나 직구광견호의 집선문·점열문·복합문과 직구단경호의 파상문은 각각의 형식에서 특수성을 갖는 문양 요소라고 할 수 있어서 직구호의 기형을 분류하는 기본 속성으로 작용하고 있다. 직구단경호는 한성~사비시기를 통하여 줄곧 사용된 기종으로 일상생활용과 의례용, 부장용으로 확인되며, 직구광견호는 한성시기 후기~웅진시기 전기에 소멸한다. 직구호는 크기에 따라 대·중·소형으로 형식을 분류하여 변천과정을 살펴본 연구도 있다.[372]

직구호는 백제고지에서 중앙과 지방의 출토 유적을 살펴보면 일상생활유적과 제사, 고분 유적에서 확인되고 있다. 직구호는 초기에는 풍납토성의 예와 같이 제사 유구와 관련되어 나타나다가 석촌동 고분군에서는 매장의례와 연관하여 고

연구소.

371) 성정용, 2000,『중서부 마한토기의 백제영역화과정 연구』, 서울대학교 박사학위논문.
      이남석, 2001, 「백제 흑색마연토기의 고찰」『선사와 고대』16, 한국고대학회.
      김일규, 2007, 「한성기 백제토기 편년재고」『선사와 고대』27, 한국고대학회.
372) 이명엽, 2003,『백제토기의 성립과 발전과정에 나타난 중국 도자기의 영향』, 한신대학교 석사학위논문.

분의 부장품으로 사용되는 경우가 많다. 이러한 경향은 호서지방의 토광묘, 주구토광묘, 석실묘에서 확인되고 있어서 직구호의 매장 풍습이 지방으로 확산되었음을 알 수 있다. 출토 유적별로 살펴본 직구호의 북한北限은 강원 화천 원천리, 동한은 강원 하화계리~법천리를 있는 선이고, 남한은 호남지방의 해남 용일리에 이르고 있다.

1) 한성시기

한성시기 직구호는 백제토기를 대표하는 기종 중 하나로 한강유역을 중심으로 중요 유적에서 발견되고 있으며 직구단경호와 직구광견호로 나누어 살펴볼 수 있다. 한성시기 직구호는 중형이 많고, 대형과 소형은 소량 확인되고 있다.

직구단경호는 백제의 대외교류의 산물로 직구광견호와 함께 성립기 백제토기로 보는 견해가 있다.[373] 한성 전기에 해당하는 풍납토성 현대연합주택 가-2호 주거지와 석촌동 3호분 동쪽 9호 토광묘 등에서 발견되고 있는데, 대체로 직구광견호보다 약간 늦게 출현하는 것으로 보고 있지만 풍납토성 경당지구 101호 유구에서 편이 발견되어 동시기에 출현했을 가능성도 있다. 직구단경호는 I형식이 많다.

I형식은 백제 전 기간을 통하여 널리 통용된 기종으로 동체의 어깨에 있는 문양대를 가장 큰 특징으로 하고 있으며, 시간성을 반영하는 속성으로 본다.[374] 견부 문양 요소는 음각선만 있는 것, 상하의 음각선 내부에 교차사선문과 파상문이 시문된 것, 1~2줄의 파상문이 시문된 것 등 다양하며, 파상문도 다시 단치구와 다치구로 시문한 것으로 세분된다. 직구단경호 견부문양 중 교차선문이 있는 것은 직구광견호의 견부 문양과 비슷한 것이지만 파상문의 존재는 직구광견호에 없는 문양 요소라 할 수 있다. 한성시기 전기는 풍납토성 현대연합주택 가-2호 주거지 출토품이 대표적이며, 높고 좁은 구연부와 둥근 동체가 특징이다. 파

---

373) 권오영·한지선, 2005, 『풍납토성VI』, 한신대학교 박물관.

374) 土田純子, 2013, 『백제토기 편년 연구』, 충남대학교 박사학위논문.

사진 115. 공주 수촌리 II-3호 석곽묘 출토 직구단경호

주 주월리 96-72호 주거지 출토품은 구연부가 풍납토성 출토품과 비슷하지만 동체는 구형에 가까운 장란형을 띠고 있다. 중기가 되면 구연부가 낮아지고 동체가 작아지는 특징을 갖는데, 서울 석촌동 86-8호 토광묘와 풍납토성 197번지 나-10호 주거지 출토품이 대표적이다. 풍납토성 197번지 나-10호 주거지 출토품은 전기로 편년되는 것과 공반하고 있기 때문에 전기의 마지막 단계로 올라갈 가능성도 있다. 후기에는 대체로 동체가 둥글지만 어깨가 발전하여 편구형화된 것이 공주 수촌리 II-4호 석실분에서 발견되었으며, 석촌동 3호분 동쪽 9호 토광묘, 화성 마하리 21호 석곽묘 출토품들도 비슷한 형태를 하고 있다. 한성시기 후기에 해당하는 공주 수촌리 II-3호 석곽묘 출토 I나형식은 견부에 대칭으로 궐수문이 부착되어 있는데 연기(세종) 송원리 KM-038·046, 공주 취리산 등 금강유역을 중심으로 발견되고 있으며,[375] 한강유역에서는 잘 보이지 않는 것이다.(사진 115)

II가형식은 한성시기의 유적에서 주로 발견되고 있으며 전기부터 출현할 가능성이 높다.

---

375) 조은하, 2010, 「송원리고분군 출토 백제토기 연구」『선사와 고대』 33, 한국고대학회.
김종만, 2013, 「공주지역 고분출토 백제토기」『백제문화』 48, 공주대학교 백제문화연구소.

Ⅱ가형식의 기원에 대해서는 고구려토기 영향설,[376] 칠기 영향설,[377] 중국 시유도기 재현설과[378] 함께 흑색마연토기 등장을 한성백제 기층문화인 초기철기시대, 원삼국시대부터 존재하였던 마연을 통한 광택과 침탄을 통한 흑색 발현이라는 각 기술속성을 채택·융합하여 백제 고유의 미로 승화시킨 새로운 기술유형의 탄생으로 보는 연구도 있다.[379] 그리고 중국 도자기처럼 해외에서 만들어져 반입된 것으로 보는 견해도 있으나[380] 진천 산수리 87-7호 요지와 같이 백제 장인에 의해 만들어진 것이 있어서[381] 세밀한 검토가 요구되는 자료이다.

흑색마연토기의 초현기 기종은 직구광견호, 광구단경호, 꼭지가 없는 뚜껑 등으로 풍납토성 경당지구 101호에서 중국 후한~동진대에 제작·사용한 것과 동일한 시유도기 및 전문도기와 함께 발견되고 있어 시유도기 제작과 관련되어 출현한 것으로 보는 점에 대해서는 약간의 문제점도 제기되고 있지만 흑색마연토기 중 많은 양을 차지하고 있는 직구광견호와 같은 기종은 칠기보다는 도자기의 영향을 받아 제작하였다고 보고 있는 만큼 앞으로의 연구 성과가 기대된다.[382] 그리고 토기에서 자기로의 발달이 궁극적으로 흡수율을 낮추려는 끊임없는 노력에서 탄생한 결과로 보고 흑색마연토기를 흡수율 측면에서 탁월한 점과 미적 가치,

---

376) 김원룡, 1986, 『한국고고학개설』, 일지사.

377) 박순발, 2001, 『한성백제의 탄생』, 서경문화사.

378) 부여 능사의 하부층에서 확인된 전달린 완은 회청색경질토기에 漆을 바른 것이 확인된 바 있으므로 흑색마연토기가 이러한 제작기법으로 만들어졌을 가능성도 있지만 실험 결과는 소성 직후 뜨거운 기물을 꺼내어 다시 생솔 잎이나 왕겨 짚 등을 덮어서 연을 발생시켜 만든 예가 있어, 2차 소성에 의해 만들었으므로 시유도기 제작방법과 유사한 것이다(최석원 외, 2001, 「백제시대 흑색마연토기의 산출과 재현 연구」 『문화재』 34, 국립문화재연구소).

379) 남상원, 2013, 『백제 흑색마연토기 연구』, 충북대학교 석사학위논문.

380) 이남석, 2001, 「백제 흑색마연토기 연구」 『선사와 고대』 16, 한국고대학회.

381) 최병현 외, 2006, 『진천 삼용리·산수리 토기 요지군』, 한남대학교 중앙박물관.

382) 이명엽, 2003, 『백제토기의 성립과 발전과정에 나타난 중국 도자기의 영향』, 한신대학교 석사학위논문.
한지선, 2005, 「백제토기 성립기 양상에 대한 재검토」 『백제연구』 41, 충남대학교 백제연구소.

실용도가 높은 토기로 본 연구도 있어 흑색마연토기의 출현 계기를 고려할 때 참고가 된다.[383]

Ⅱ가형식의 표면은 윤이 나도록 하였는데 어깨에 문양대가 있는 것이 많다. 어깨의 문양대는 상하의 음각선 또는 상하의 음각선 외부에 소형의 거치문·점열문을 배치하고 내부에 삼각집선문이 시문된 것, 상하의 음각선 외부에 1~2줄의 점열문을 배치하고 내부에 사다리꼴 모양의 무늬를 배치한 것과 교차사선의 무늬를 돌린 것, 몇 줄로 된 음각선 내부에 교차사선문+창살문+지그재그선문+점열문 등 다양한 문양 요소가 복합적으로 배치된 것 등이 있다.

풍납토성 경당지구 196호 출토품은 4세기 초의 한성시기 전기 말쯤에 해당하는 것으로 상하 음각선 내부에 삼각형 집선문이 시문되었으며, 중기에 해당하는 천안 화성리 A-2호 토광묘 출토품은 거치문 사이에 음각선을 2단으로 긋고 사선무늬를 시문하였다. 해미 기지리 Ⅱ-27호 분구묘에서 수습된 직구광견호에는 어깨의 문양대 밑에 일부분이긴 하지만 또 다른 빗금무늬가 그려져 있는 예도 있고, 화천 원천리 2지구 99호 주거지 출토품처럼 사격자+사선문+원문+반원문 등 6단에 걸쳐 문양이 이루어져 있는 것을 보면 지방 출토품에서 복잡한 문양대를 갖는 것으로 보인다. Ⅱ가형식은 상기 외에도 석촌동 3호분 동쪽, 가락동 2호분, 화성 석우리 먹실 6호 주거지, 용인 신갈동, 천안 화성리 A-2호 및 B-1호 토광묘·용원리 4호 석곽묘 및 72호 토광묘, 서산 부장리 8호 분구묘,[384] 공주 금학동 1호 토광묘,[385] 함평 예덕리 만가촌 13-3호 목관묘木棺墓[386] 등에서 확

---

383) 고대 그리스의 코린트와 아테네, 이탈리아의 로마, 신대륙의 도공들이 얇고 광택있는 표면 질감을 얻는데 사용한 기법으로 아주 미세한 입자로 구성된 흙물에 철, 망간, 크롬 등의 알카리성 안료물질을 첨가하여 표면에 덧바르는 '테라 시질리타'기법이 있었는데, 유약이 발명되면서 사용이 줄어들게 되었다고 한다(김승욱, 2004, 「테라 시질라타 슬립 연구」 『경희대학교부설디자인연구원논문집 Vol 7』).

384) 국립공주박물관·충청남도역사문화원, 2006, 『한성에서 웅진으로』.
이남석·이현숙, 2009, 『해미 기지리 유적』, 공주대학교 박물관.

385) 유기정·양미옥, 2002, 『공주 금학동 고분군』, 충청매장문화재연구원.

386) 임영진 외, 2004, 『함평 예덕리 만가촌고분군』, 전남대학교 박물관.

인되며 4세기 후반경부터 동쪽으로도 확장하면서 한반도 서쪽 부분을 통과하여 남쪽으로 내려가고 있어 주목된다. 해미 기지리 유적에서는 7점의 흑색마연토기가 수습되어 단위유적별로 볼 때 가장 많은 양이 발견되었다. 함평 예덕리 만가촌고분군 13-3호 목관묘 출토품은 어깨에 무늬가 없고 가장 늦은 시기의 것으로 볼 수 있으며 해미 기지리 Ⅱ-27호 분구묘에서 수습된 것과 유사하다.

Ⅱ가형식의 성격에 대해서는 백제 중앙정부가 영토확장을 하는 과정에서 재지 수장층에게 나눠준 위신재로 보는 것이 지배적이고,[387] 지역별로 형태와 무늬가 정연하지 않고 금강 이북 지방에서도 해미~천안을 잇는 북쪽에서 많은 출토 예를 보이고 있어서 한정된 지역에만 확산된 토기양식이라고 할 수 있다. 그러한 점은 Ⅱ가형식이 서울에서 출현했지만 해미 등 서해안으로 내려오면서 변화가 이루어져 어깨에 무늬가 시문되지 않는 단순한 형태로 만들어졌을 수도 있으며 그 것이 함평과 같은 남부지방으로 전파되었을 가능성이 있다. Ⅱ가형식은 백제가百濟家로의 통합·흡수를 표방하는 상징적인 물품으로 볼 수 있고 지방에서는 이를 모방하려는 움직임도 있었던 것으로 보인다.

Ⅱ나형식은 Ⅱ가형식과 유사한 형식으로 본래 흑색마연이 있었던 것이 지워진 것인지는 알 수 없지만 해미 기지리 Ⅱ-15·16·21호 토광묘에서 확인되며, 특히 21호 토광묘에서는 용무늬거울[四乳虺龍文鏡], 금박구슬 등 낙랑의 영향이 남아 있는 고급의 유물이 부장되어 피장자의 신분이 상위 계층이었음을 알 수 있다. Ⅱ가형식이 반드시 백제 중앙정부가 재지 수장층에게 위신재로 내려준 것이라는 점을 입증해주지 않을 수도 있다는 것을 암시하고 있다. 이러한 점은 아산지역의 주구토광묘에서 출토한 직구호도 마찬가지인데, 중국 산동지역에 기원을 두고 있는 원통형토기(분주토기)와 공반하면서 표면에 무늬가 없는 무문의 연질 소성품으로 한성시기 전기의 직구호와는 다른 계보를 갖고 있어서 백제의 지방 영역화 과정에서 전파된 기종이 아닌 별도의 계기를 통해 도입되었을 가능성을 언급하

---

387) 천안 용원리 9호 석곽묘에서 발견된 광구단경호 뚜껑에 새겨진 문양대와 동일한 요소가 풍납토성 197번지 라-105호 수혈·경당지구 9호 유물포함층에서 확인되어 중앙에서 공급한 용기일 가능성이 높다.

고 있는 견해와 상통한다.[388] 백제고지 출토 흑색마연토기가 백제의 통제하에서 기술적인 보급이 전국적으로 이루어지지 않은 점을 들어서 제작기법도 같지 않고 일률적으로 보급되지 않았다고 주장하는 근거가 되고 있다.[389]

소형 직구단경호 중에는 바닥에 다리 3개를 부착한 삼족호三足壺가 있다. 단경호의 동체에 다리 3개를 부착한 것은 낙랑토기에서 확인되고 원삼국시대에 해당하는 부여 초촌 출토 이중구연토기에서도 볼 수 있다. 그러던 것이 한성시기 중·후기에 풍납토성 197번지 가-2호 주거지, 화성 먹실 16호 주거지, 공주 수촌리 Ⅱ-5호 석실분, 분강·저석리 16호 석실분 주변, 연산 표정리 등에서 발견되었다. 그리고 공주 수촌리 Ⅱ-5호 석실분 출토품과 유사한 것이 연기(세종) 송원리 10지구 KM-060호 토광묘에서 확인되었다. 이러한 형태는 완주 배매산성에서도 발견되어 웅진시기까지 형태가 연결되고 있음을 알 수 있다. 한편 청주 가경 1구역 12호 토광묘에서 확인된 소형 직구단경호의 어깨에는 횡으로 3개의 소원공을 뚫고 바깥에 귀때를 붙였던 것이 확인되었다.[390]

2) 웅진시기

웅진시기는 직구광견호가 잘 발견되지 않으며, 직구단경호는 견부의 높이가 낮아져 전체적으로 동체 최대 지름이 밑에 있으며 몇 개의 요철선이 장식된다. 주로 고분에 많이 부장되고 있다.[391]

웅진시기 전기는 동체의 어깨에 파상문이 2줄로 시문되거나 밀집평행선이 간

---

388) 조가영, 2017, 「한성기 직구호류의 연구 쟁점과 편년 시안」 『마한·백제토기 연구 성과와 과제』, 학연문화사.

389) 백제고지출토 흑색마연토기는 중앙산, 모방산, 재지 기술 등 다양한 방법에 의해 제작되고 있지만 흑색을 마연하는 방법은 백제 중앙의 기술력이 전파된 것으로 보고 있다(남상원, 2017, 「백제 흑색마연토기」 『마한·백제토기 연구 성과와 과제』, 학연문화사).

390) 차용걸·노병식·박중균·한선경, 2002, 『淸州 佳景 4地區 遺蹟(Ⅰ)』, 충북대학교 박물관.

391) 박순발, 2003, 「웅진·사비기 백제토기의 편년에 대하여-삼족기와 직구단경호를 중심으로」 『백제 연구』 37, 충남대학교 백제연구소.
박순발, 2004, 「백제의 토기」 『백제문화의 특성 연구』, 서경.

격을 두고 나타나며 바닥은 한성시기 후기의 형태와 비교했을 때 좁아진다. Ⅰ형식은 중·소형이 소량 발견되었다. 공주 산의리 02-46호분 출토품은 아직 구형의 동체를 하고 있으나 문양은 전혀 남아 있지 않고, 동 유적의 98-26호분 출토품은 전 단계와는 달리 동체의 견부가 강조되고 저부가 좁아지는 특징을 갖는다. 서천 봉선리 1-1호 석곽묘 출토품도 형태가 이 단계로 보인다. 한편 공주 송산리 33-8호 수혈식석곽묘에서[392] 발견된 Ⅰ형식은 동체의 견부에 서로 대칭하는 궐수형 장식이 있는데, 공주 수촌리 Ⅱ-3호분 출토품은 한성시기 후기의 후행형식으로 생각되어 웅진시기 전기까지 전통이 유지되고 있음을 알 수 있다. 이 외에 이 시기에 해당하는 것으로 분강·저석리 나호 매납유구 출토품이 있다.

웅진시기 후기의 직구단경호는 대·중·소형이 모두 발견되고 있다. 대형 직구단경호는 공주 금학동 2호 석곽옹관묘 출토 옹관을 들 수 있다. 형태는 비교적 높은 경부에 1조의 돌대가 있고 난형의 형태를 하고 있어 분강·저석리 17호 궁릉상 천장 석실분 출토품과 비교할 수 있으나,[393] 동체의 높이가 낮아지면서 통통해지고 있어 이보다 후행하는 것으로 볼 수 있다. 이 대형 직구단경호의 내부에는 성형할 때 내박자로 인한 동심원문이 있으며, 이러한 제작기법은 일본 고분시대의 스에끼에도 있지만 풍납토성에서 발견된 장란형토기의 내부에서도 확인되고 있다.[394] 이전 단계보다 구연의 높이가 낮아지고 동체의 형태가 견부에 최대경이 위치해서 광견형에 가깝게 변하며 시간이 흐를수록 견부에 돌선이 돌아가거나 돌선 사이에 파상문이 시문되고, 저부는 평저이지만 동체와의 경계지점은 말각으로 처리된 특징이 있다. 공주 금학동 8호분 출토품은 이 시기의 가장 이른 단계의 것으로 아직 동체 최대경이 중앙보다 약간 높은 곳에 있고 견부에 돌선은 보이지 않는다. 공주 산의리 3·23·26·29호 석실묘 출토품은 동체의 견부에 돌선이 돌아가며, 동 유적 40호분 출토품은 견부의 돌선 사이에 밀집파상문

392) 輕部慈恩, 1933, 「公州に於ける百濟古墳」 『考古學雜誌』 23-9.

393) 이남석, 1997, 『汾江·楮石里 古墳群』, 공주대학교 박물관.

394) 권오영·권도희·한지선, 2004, 『풍납토성Ⅳ』, 한신대학교 박물관, p.189의 도면 86.

을 시문하였는데 이는 가장 늦은 단계에 해당한다. 공주 단지리 3-16호분 출토품과 서산 여미리 8호분 출토품도 유사하다. 금학동 6호분 출토품은 동체를 목리로 조정한 흔적이 남아있다. 이러한 성형방법을 일본에서는 '가끼메'라고 하는데, 고배의 대각이나 제병梯甁에 나타나는 3차 성형기법으로 알려져 있다.[395] 한성시기 백제양식토기의 성형방법으로는 잘 보이지 않으나 공주 단지리와 부여 저석리[396] 등의 고분군에서도 발견되고 있어 금강유역에서 유행한 제작기법의 하나로 볼 수 있다.[397]

웅진시기 후기의 직구단경호 특징은 동체 전면에 돋을 띠나 음각선으로 된 횡선대가 등간격으로 장식되며 어깨가 넓어져 광견화가 진행되는 것이다. 대표적인 유물로는 공주 공산성 석축 연못 출토품과 연산 표정리 81-2호 석실분 출토품이 있다.

3) 사비시기

사비시기는 광견화가 절정을 이룬다. 전기는 동체 최대 지름이 위에 있는 특징을 가지며, 동체 중간 부분에 음각선으로 구분된 2~3칸의 구획선에 무늬가 없거나 간혹 밀집파상문이 시문되어 이전 시기에 어깨에 나타났던 다양한 무늬는 소멸되기 시작한다. 대표적인 유물로는 공주 산의리 39호 석곽묘·단지리 3-16호분 출토품과 부여 염창리 Ⅲ-62호분 출토품이 있다.

중기 말부터 고분의 부장품보다는 화장장골용기로 사용되는 경우가 많아진다. 후기가 되면 Ⅰ형식은 동체의 광견화가 더욱 뚜렷해지면서 일상생활용과 고분부장용 또는 화장장골용기로 이용되고 있으나 수량은 많은 편이 아니다. 청양 관현리 질평 요지 소성실에서 발견된 네 귀 달린 직구단경호는 가장 큰 것으로 와질

---

395) 田邊昭三, 1981, 『須惠器大成』, 角川書店.

396) 국립부여문화재연구소, 1992, 『부여저석리고분군』, p.58 도판23.

397) 청양 학암리 백제요지에서는 이 기법으로 만들어진 토기가 있다(김종만, 2007, 「청양 학암리요지 출토 백제토기」『그리운 것들은 땅 속에 있다』, 국립부여박물관).

소성품이다. 직구단경호에 네 귀가 달린 것은 크기는 작지만 부여 능사 북편건물지2에서도 확인되었다. 후기의 최말기에 해당하는 것은 논산 육곡리 2호분 출토품을 들 수 있는데, 무문에 어깨가 크게 발달하고 저부가 급격하게 줄어든 형식이다. [398]

화장장골용기는 모두 뚜껑이 있는 유개식이다. 현재까지 발견된 화장장골용기 중에서 가장 이른 시기의 Ⅰ형식은 중국 수나라 때 제작된 것으로 알려진 오수전 五銖錢(581년 이후)이 부장품으로 나온 부여 쌍북리 출토품으로 중기에 해당한다. 후기는 Ⅰ형식의 동체에 3~4줄의 음각선이 돌려지는 형태가 유행했는데, 중국의 당나라 때 만든 동전인 개원통보開元通寶(621년 이후)가 발견된 부여 쌍북리와 예산 호울리 출토품이 그 뒤를 잇고, 바닥이 좁아지고 동체가 홀쭉해지면서 최대경이 동체의 상부에 있는 부여 군수리 출토품처럼 변천한다.

영산강유역에서는 Ⅰ형식이 고분의 부장품으로만 발견되고 있으며, 사비시기 중기에 해당하는 것이 대부분이다. 장성 학성리 A지구 6호 석실분 출토품은 동체에 시문된 문양뿐만 아니라 보주형 꼭지가 부착된 뚜껑으로 보아 보령 구룡리 석실분 출토품과 비슷하다. 이러한 현상은 뚜껑에 꼭지가 없는 무뉴식 삼족토기의 분포와 비슷한 양상을 띤다. 이렇게 서해안지방을 따라 비슷한 기형이 발견되고 있는 것은 백제토기의 전파, 보급이 서해안을 따라서도 이루어지고 있음을 보여주는 것이다. 영산강유역의 Ⅰ형식은 금강유역보다 일찍 소멸되는데, 그것은 화장장골용기로 사용된 예가 발견되지 않은 것과 연관이 있을 것이다.

한편 소형 직구단경호 중에는 유개식으로 동체의 어깨에 3~5개의 귀가 달린 것이 있는데, 논산 육곡리 6호 석실분, 익산 왕궁리, 고창 아산 대기부락 등 후기의 유적에서 발견되고 있다. 소형 직구단경호는 표면에 유약은 없지만 경질로 소성되었으며 전체 형태는 중국 자기의 관罐을 그대로 본떠 만든 모방품이다.

---

398) 대전보건대학 박물관, 2002, 『靑陽 冠峴里 瓦窯址』.
　　　한국전통문화학교 고고학연구소, 2010, 『부여 능산리사지』, p.151 도면 71.
　　　안승주·이남석, 1988, 『논산 육곡리백제고분군발굴조사보고서』, 공주대학교 박물관.

5. 장란형토기

장란형토기는 시루와 세트를 이루는 결합식 취사용기로 물을 담아 증기를 내뿜는 솥의 역할을 담당하는 것이 주요 역할이지만 단독적으로 기능할 때는 액체나 수분이 많은 음식을 끓이는데 사용하였던 것이 풍납토성 나-10호 주거지·논산 정지리 Ⅲ-18호 저장혈 출토품을[399] 통해 알려져 있다.

장란형토기는 경질무문토기와 타날문토기 단계를 지나 백제시대까지 전통이 계승된 기종으로 짧게 바라진 입과 긴 동체에 둥근 바닥을 하고 있으며, 술을 거를 때 사용하던 용수와 비슷한 형태이다. 장란형토기는 경도가 마한시기보다는 강해졌으나 여전히 연질과 와질이 생산되었고, 적갈색보다는 회갈색을 띠는 것이 많다. 마한시기의 장란형토기와 비교했을 때 형태적으로 동일하지만 구연부와 동체, 저부의 폭이 넓어진다. 그 이유는 한집에 거주하는 식구 수의 증가와 관련하여 시루가 커짐에 따라 생겨난 현상으로 볼 수 있고, 저부가 말각평저를 이루고 있는 것은 내용물을 빠른 시간 내에 쪄내는데 필요한 증기를 배출하기 위해서 화력을 넓게 받기 위한 것으로 짐작된다. 장란형토기는 토기에 남아있는 탄착흔, 그을음, 외면 점토 부착흔, 솥받침 흔적으로 사용 방법을 추정하고 있다.[400]

장란형토기의 출현 계기는 2세기 후반경 낙랑의 화분형토기와 경질무문토기의 취사기능이 결합하면서 3세기 전반경에 중부지방에 등장한 후 남부지방으로 전파했다는 설과[401] 낙랑보다는 요동반도의 연식부燕式釜에서 영향을 받아 남부지방에서 먼저 등장했다는 설이[402] 있다. 장란형토기는 이전 시기의 전통을 계승한

---

399) 국립문화재연구소, 2012, 『풍납토성XIII』.
　　가경고고학연구소, 2013, 『논산 정지리 유적』.

400) 정수옥, 2007, 「풍납토성 취사용기의 조리흔과 사용흔의 분석」 『호서고고학』 17, 호서고고학회.
　　한지선, 2009, 「백제의 취사시설과 취사방법」 『백제학보』 2, 백제학회.

401) 박순발, 2004, 「백제토기 형성기에 보이는 낙랑토기의 영향」 『백제연구』 40, 충남대학교 백제연구소.

402) 김장석, 2012, 「남한지역 장란형토기의 등장과 확산」 『고고학』 11-3, 중부고고학회.

기종으로 백제토기가 등장하는 3세기 후반~4세기 초의 시점보다 이른 시기에 등장하였다는 점에 대해서는 이론의 여지가 없다. 다만 출현 계기는 중국 본토와 한반도로 나누어져 진행되었다고 하는 것은 장란형토기가 지역성이 있는 것이라는 점으로 이해할 수 있고 앞으로 심도 있는 연구가 필요한 취사용기라고 하겠다.

장란형토기 입술 부분의 형태적 변화양상은 백제시대에 들어와서도 심발형토기의 변화양상과 매우 유사하다. 장란형토기는 구연부의 길이, 구순의 형태, 경부의 발달 정도, 저부의 형태, 동체의 문양 등 시간성을 반영하는 요소들이 있다. 동체의 문양에 따라 격자문(I), 격자문+승문(II), 격자문+승문+횡침선(III), 승문(IV), 평행선문(V)으로 대별할 수 있다. 구연부 구순의 형태에 따라 둥근 것(A), 각진 것(B), 넓은 것(C), 홈이 있는 것(D), 뾰족한 것(E)으로 대별한다. 저부는 원저(1)와 말각평저(2)로 나눌 수 있다. 대체로 장란형토기 표면에 남아있는 격자문은 마한시기의 전통이고, 백제시대에는 승문, 평행선문과 횡침선이 새로 등장하며 시기에 따라 문양이 결합되어 나타난다.(그림 28)

1) 한성시기

한성시기 주요 유적에서 발견된 장란형토기는 용량에 따라 대·중·소형으로 나누어진다. 용적량은 평균 11.4ℓ로 나타났고, 풍납토성의 경우 소형 3.5ℓ, 대형 31.5ℓ로 폭이 컸다. 장란형토기는 용량의 크기에 따라 사용 용도가 달랐던 것으로 알려져 있다.[403]

전기는 마한시기 장란형토기의 영향으로 모든 형식이 확인되고 있는데, 풍납토성 등 중부지역에서는 동체가 크고 바닥 면적이 넓으며 동체에 승문이 타날된 것이 시기가 내려갈수록 우세하게 나타난다. 풍납토성 197번지 가-6호 주거지와 파주 주월리 96-7호 주거지 출토품이 해당한다. 전기 말에서부터 중기 초에는 입술 중간에 홈이 돌아가면서 동체에 승문이 타날된 형식이 새로 나타나고 있으며, 중기의 마지막쯤에는 동체에 격자문이 타날된 것이 소멸하기 시작한다. 풍

---

403) 국립문화재연구소, 2011, 『한성지역 백제토기 분류 표준화 방안 연구』.

기종형식 시기구분		장란형 토기	심발형 토기	시루
한성시기	전기			
	중기			
	후기			
웅진시기	전기			
	후기			
사비시기	전기			
	중기			
	후기			

그림 28. 장란형토기, 심발형토기, 시루

　　1·12.풍납토성 경당지구 101호 유구

　　2·44.파주 주월리 96-7호 주거지

　　3.풍납토성 197번지 가-6호 주거지　　　4.풍납토성 현대연합주택 토기요지

　　5.풍납토성 경당지구 9호 유구　　　　　6.부여 청산성 원형 수혈 9호

　　7.화성 마하리 11호 석곽옹관묘

　　8.공주 공산성 외성　　　　　　　　　　9.공주 분강·저석리 서-16-I호 옹관묘

　　10.서천 화산리 14호분

　　11.공주 보통골 90-17호 석실묘

　　13·43.풍납토성 현대연합주택 가-2호 주거지

　　14·15.풍납토성 197번지 나-10호 주거지

　　16·17.원주 법천리 2호분

　　18·19.화성 마하리 21호 석곽묘

　　20~28.풍납토성 197번지 60호 수혈

　　29.청주 신봉동 90B-1호 토광묘　　　　30.석촌동 86-8호 토광묘

　　31.공주 산의리 28호 석실분　　　　　　32.논산 모촌리 93-8호 석곽묘

　　33.공주 산의리 22호 석실분　　　　　　34.공주 단지리 4-9호 횡혈묘

　　35·36.논산 모촌리 93-10호 석곽묘

　　37.청양 장승리 A-17호 주구횡혈식석실분

　　38·40.부여 관북리 추정왕궁지 나지구 남서구역 웅덩이

　　39.부여 관북리 추정왕궁지 가지구 석축 연못 내부

　　41·42.논산 육곡리 2호 석실분

　　45.하남 미사리 고-32호 주거지

　　46.몽촌토성 88-방형 유구

　　47.화성 석우리 먹실 24호 수혈

　　48.풍납토성 경당지구 9호 유구

　　49.예산 대흥리

　　50.부여 정동리 4호 건물지

　　51.부여 용정리 소룡골 건물지

　　52.부여 가탑리 금성산 두시럭골 1·2호 벽주건물지

　　53.익산 왕궁리 서남편 주방 철제솥

납토성Ⅰ-토기가마·경당지구 9호 유구 출토품이 이에 해당한다.

후기의 장란형토기는 화성 마하리 04-11호 석곽 옹관과 경기 미사리 숭B-1호 주거지, 대전 노은동 월드컵 경기부지, 금산 수당리 3호 주거지 등의 유적에서 발견되는데,[404] 서울, 파주, 포천지역에서 확인되는 밑바닥이 넓적하게 변하는 형태는 잘 발견되지 않고 입만 넓어지고 저부는 원저를 하고 있어 지방에서는 마한시기 이래의 전통이 많이 유지되고 있음을 알 수 있다. 후기 단계에는 생활용기 뿐만 아니라 고분 매납 유구로도 사용이 시작되고 있다. 풍납토성 나-10호 주거지에서 출토한 ⅡB2형식의 내부에는 성형할 때 만들어진 원문의 내박자 무늬가 남아있다.[405] 부여 청산성 원형수혈 9호 내부에서 발견된 ⅡE2형식은 웅진 전기까지 내려갈 수 있는 형태이지만 구연경과 동체경이 비슷하며 구순 아래 구연경이 수직으로 내려가고 풍만한 동체는 한성 후기의 특징을 잘 간직하고 있다.

2) 웅진시기

장란형토기는 금강유역을 중심으로 생활유적과 고분유적에서 살펴볼 수 있다. 웅진시기에는 금강 하류에서 한성시기 보다 고분에 매납되는 경우가 많아지는 특징이 있다. 장란형토기 기능에 대한 변화가 급속도로 나타나기 시작한다. 장란형토기는 표면에 승문이나 평행선문이 타날되고 침선문이 그려지기도 한다. 전기는 구연경이 동체 지름보다 작아지며 동체는 중간보다 위에 최대경이 있고 동체의 저부는 약간 V형을 이루는 것이 많은데, 공주 공산성 외성 옹관, 서천 화산리 14호 옹관, 분강·저석리 서-16-Ⅰ호 옹관, 논산 원북리 다-56호·다-79호 구덩이, 진안 와정 출토품이 있다. 특히, 공산성 외성 5지역의 외곽 석열의 하부에서 발견된 장란형토기는 외성을 축조하기 이전의 층에서 확인되었기 때문에 연대가 한성시기 후기로 올라갈 가능성이 있으나 구연부가 발달하고 표면에 평행선문이 타날되는 등 후기적인 요소도 가미되어 있어 웅진시기 전기에 포함하였다.

---

404) 정종태, 2001, 「호서지역 장란형토기의 변천양상」『호서고고학』 9, 호서고고학회.
405) 국립문화재연구소, 2012, 『풍납토성XIII』, p.158·162의 도면 257·283.

후기가 되면 공주 보통골 90-17호 석실묘에서 발견되었는데 논산 원북리 다-11호 구덩이 출토품과 비교가 가능하다. 전용 솥이 등장하면서 장란형토기는 소멸과정을 거친다.[406)

영산강유역에서는 저부가 원저를 유지하고 있으나 격자문보다는 집선문, 승문, 조족문 등 다양한 문양이 타날되며 구연부의 구순에는 요철홈이 나타난다. 구연 아래 경부가 길어지고 동최대경은 동체 중간에 위치하는 특징을 갖는다. 담양 성산리 4호 주거지 출토품이 대표적이다.

6. 심발형토기|深鉢形土器

심발형토기는 취사용기로 평저에 내부가 깊으며 구순이 외반하고, 동체에 타날문이 있는 것을 특징으로 한다. 대개 조질 태토에 산화염계로 제작·사용된 오랜 전통을 보이는 것으로 마한시기 경질무문토기의 변형 기종으로[407) 알려져 있다.

심발형토기는 4세기에 중국 유문회도의 영향으로 춘천 중도에서 처음 출현하였다고 본[408) 이후 경질무문의 심발형토기에서 발전한 기형으로 인식되고 있다. 현재는 기형의 변화뿐만 아니라 취사용기로서 분석을 진행하여 노지와 부뚜막에서 모두 사용한 용기로 보고 있으며, 토기 내면의 그을음이나 탄착흔 분석을 통해 사용 횟수와 음식을 조리한 사실을 밝혀내기도 하였다.[409)

심발형토기는 구연부의 구순의 형태에 따라 둥근 것(Ⅰ형식), 사각으로 자른 것(Ⅱ형식), 구순의 상면을 수평으로 조정한 것(Ⅲ형식), 구순 중앙에 요철이 있는 것(Ⅳ

406) 정종태, 2006, 『百濟 炊事容器의 類型과 展開樣相』, 충남대학교 석사학위논문, pp.97~127.
407) 박순발, 2001, 「심발형토기고」『호서고고학』 4·5, 호서고고학회.
  이선복·김성남, 2000, 『화성 당하리Ⅰ유적』, 서울대학교 박물관.
  한지선, 2003, 『토기를 통해서 본 백제고대국가 형성과정 연구』, 중앙대학교 석사학위논문, pp.38~43.
408) 김원룡, 2000, 「심발형토기에 대하여」『고고학지』 11, 한국고고미술연구소.
409) 정수옥, 2008, 「심발형토기의 조리흔 분석」『취사의 고고학』, 서경문화사.

형식), 구순의 하단이 밑으로 삐친 것(V형식)이 있다. 그리고 경부의 형태에 따라 무경식(A), 유경식(B)으로 나눌 수 있다. 동체에 있는 문양에 따라 승문(a), 승문+횡침선(b), 승문+격자문(c), 승문+격자문+횡침선(d), 격자문(e), 격자문+횡침선(f), 집선문(g), 집선문+횡침선(h), 평행선문+조족문(i), 무문(j)으로 세분된다.

1) 한성시기

전기는 입술의 단면이 둥글며 입술의 윗면을 수평으로 조정하고 목이 없는 Ⅰ A형식으로 동체의 무늬가 승문+격자문, 승문+횡침선인 것이 가장 이른 시기에 나타나며 풍납토성 경당지구 101호 유구·현대 연합주택 가-2호 주거지에서 확인된다. 전기의 마지막 단계에서는 구연부 아래 목이 생기는 Ⅰ B형식이 확인되는데, 파주 주월리 96-7호 주거지 출토품이 대표적이다.

중기는 전기와 마찬가지로 풍납토성 197번지 나-10호 주거지 출토품의 예와 같이 동체에 승문+횡침선이 타날되며 원주 법천리 수습보고 2호 고분 출토품처럼 승문이 타날된 것과 다소간 공반하다가 점차 승문이 보이지 않는다. 그러나 풍납토성 대진·동산연립주택부지 우물 3단에서는 4세기 후엽경인데도 a, e, i 형 문양이 타날된 각각의 다양한 형식이 공반하고 있다. 서울 석촌동 3호분 동쪽 11호 무덤에서는 입술의 단면이 사각인 Ⅱ형식도 발견되었다. 청주 신봉동 고분군과 천안 용원리 고분군에서는 동체에 승문이 타날된 것과 격자문이 있는 것이 공존한다. 동체에 격자문이 타날된 것은 한강유역 보다는 이남 지역에서 많이 발견되고 있는데 마한시기 이래의 전통이 강하게 남아 있는 것이다. 호남지방의 승주 대곡리·낙수리 주거지에서는 전통적으로 격자문이 타날되어 있는 것이 많이 발견된다.

후기는 풍납토성 17번지 나-60호 수혈과 석촌동 86-8호 토광묘에서 발견된 상황을 보면 심발형토기는 동체가 장동화長胴化가 이루어지고 다양한 크기가 제작되고 있어서 음식의 종류와 양에 따라서 사용하는 크기가 달라지고 규격화가 이루어지는 것으로 볼 수 있다. 그리고 이전 단계에서 잘 볼 수 없었던 토제 뚜껑과 공반하는 경우가 확인되고 있어서 기능적인 면을 고려한 점을 본다면 전문성도 이루어진 것을 알 수 있다.[410] 특히, 풍납토성 197번지 나-60호 수혈에서 발견된 다량의 심발형토기는 구연부 일부를 눌러 액체나 조리된 음식물을 따르기 쉽게 만든 것이 다수 확인되었는데 기능을 고려하였다는 점에서 토기의 전문화 측면을 다룰 때 매우 중요하다. 금강유역을 중심으로 이북以北과 이남에서 승문이 절대적으로 우세하고, 영산강유역에서도 승문과 격자문이 공반하다가 승문으로 통합된다. 청주 신봉동 90-B1호 토광묘 출토품은 입술의 중앙에 홈이 있고 목이 없어지며 동체에는 문양이 타날되어 있는 ⅡAe형식으로 후기의 마지막 시기에 해당한다.

2) 웅진시기

웅진시기 이후 심발형토기는 생활유적에서는 급격하게 감소하지만 고분유적에서는 1~2점씩 부장된 것이 확인되고 있다. 한성시기에 활발하게 만들어져 사용되던 심발형토기가 갑자기 감소하게 된 이유는 이 기종을 대체하는 용기가 개발되었기 때문으로 보인다.

전기는 일상생활유적이나 고분유적에서 소량이 발견되었다. 이 시기의 대표적인 유물로는 연산 모촌리 93-8 석곽묘, 공주 산의리 22·28호 석실분 출토품이 있다. 연산 모촌리 93-8호 석곽묘 출토품은 입술에 홈이 있고 날씬한 동체에는 격자문이 타날되었다.(사진 116) 후기가 되면 수혈식석곽묘, 변형 궁륭상 천장 횡혈식석실묘,

사진 116. 논산지방 심발형토기

---

410) 국립문화재연구소, 2012, 『풍납토성XIII』.

옹관묘 등 고분의 부장품으로 확인되며, 동체에 승석문과 평행선문이 타날되고 동체와 저부의 경계지점을 깎는 특징을 갖는다. 연산 모촌리 93-10호 석곽묘 출토품을 보면 입술 중앙에 홈이 돌아가고 통통한 동체와의 사이에 목이 만들어지며 시기가 내려가면서 승석문으로 동체의 문양이 대체된다. 공주 단지리 4지구 9호 횡혈묘 출토품은 연산 모촌리 93-10호 석곽묘 출토품과 전체 모습은 비슷하나 동체에 평행선문이 있다. 그리고 부소산 반월루 옆 수혈건물지 부근의 고분에서 발견된 ⅣBb형식은 이 시기에 해당한다.[411]

영산강유역을 포함한 전남지방은 웅진시기에 들어와 수량이 급격하게 감소하며 격자문이 타날된 것은 소멸하는 과정을 거치면서 승문으로 대체되는 경향을 보인다.[412]

3) 사비시기

사비시기에는 심발형토기가 대폭 감소한다. 금강유역의 경우 전체적인 형태가 광견형을 이루고 승석문이 타날되며 저부와 동체 사이는 예새로 다듬는다. 그리고 영산강유역은 구경이 동체보다 넓어지고 바닥이 불규칙해지며 저부와 동체 사이에 깎기 조정이 이루어지는 특징을 갖는다.[413] 전기는 청양 장승리 A-17호 주구횡혈식석실분(주구변형궁륭상석실분) 출토품을 들 수 있는데,[414] 동체에는 승석문이 시문되어 있고, 구연부는 동체에서 경부 부분이 없이 외반한다. 입지름보다 동체가 넓고, 동체의 아랫부분은 예새로 다듬은 흔적이 남아있다. 사비시기 심발형토기는 대체로 후기에 해당하는 것이다. 금강유역에서는 논산과 서천지방의 횡혈식석실분에서 확인된다. 금강유역에서 발견된 심발형토기는 동체보다 넓어진 입술과 동체의 최대 지름이 바닥으로 내려갈수록 갑자기 좁아지면서 광견형을 이

---

411) 김종만, 2006, 「부소산성출토 토기 소고」『부소산성유적고증 연구』, 한국전통문화대학교.
412) 송공선, 2008, 『삼국시대 호남지역 발형토기 고찰』, 전남대학교 석사학위논문.
413) 김종만, 2004, 『사비시대 백제토기 연구』, 서경문화사.
414) 유기정·전일용, 2004, 『청양 장승리 고분군』, 충청문화재연구원.

사진 117. 부여 관북리 추정왕궁지 심발형토기(도가니)

룬다. 동체에는 모두 승문 또는 승석문이 타날되고 있으며, 형태·제작기법에서 비슷하게 나타난다. 부여 관북리 추정왕궁지 나지구 남서구역 웅덩이 내부와 가지구 석축 연못 내부에서 몇 점이 확인되었는데 승문과 승석문이 타날되어 있으며 그 중에는 도가니로 전용된 것(사진 117)이 발견되었다. 특히 사비시기에 나타나는 Ⅴ형식은 a형과 b형이 주류를 이루고 있으며 형태는 한성시기에 속하는 천안 두정동 출토품의 맥을 잇는 것으로 보인다.

전남지방에서는 순천 검단산성, 나주 대안리 고분·복암리 고분군 등에서 발견되고 있다. 나주 대안리 5호 석실분과 순천 검단산성 출토품은 동체와 바닥 사이를 깎아 다듬었는데, 이러한 제작기법은 바닥을 먼저 만들고 동체를 테쌓기 등의 기법으로 쌓은 데서 오는 표면 조정기법 중의 하나로 한성시기 이래의 전통에 속하는 것이다.

7. 시루[甑]

시루는 둥글거나 편평한 바닥에 구멍[蒸氣孔]을 뚫어 밑에서 올라오는 증기를 이용하여 곡식을 찌는 취사용기로 주로 주거지에서 확인된다.

시루의 출현 계기는 낙랑과 요동지역의 교역과정에서 한반도 남부지역의 시루가 중부지역으로 확산했다는 설,[415] 중부지역에서 타날문토기가 정착하는 단계에 등장했다는 설,[416] 한강유역의 곡물 생산량이 증가하는 원삼국시대 등장설,[417] 중국 한漢과의 교역과정을 통하여 중부지역에 등장했다고 보는 설이[418] 있다. 시루의 등장 계기에 대하여 다양한 견해가 있지만 한반도 자체 제작으로 본 견해는 없으며 중국과의 교류를 통하여 유입된 기종으로 추정하고 있다.

시루는 백제 이전 시기부터 만들어 사용했는데, 바닥의 형태가 원저인 것(I형식), 평저인 것(II형식)으로 대별된다. I형식은 원저이지만 말각평저에 가까운 것이다. II형식은 저부와 동체의 경계부분이 각을 이룬다. 바닥에 있는 구멍의 형태에 따라 원형(A), 반원형(B), 원공+삼각형(C), 원공+반원형(D)으로 나눌 수 있다. A형 시루는 원공의 크기에 따라 소원공+소원공(a), 대원공+소원공(b), 대원공+대원공(c)으로 세분할 수 있다.

1) 한성시기

한성시기의 시루는 바닥에 증기공이 있으며 동체는 위로 갈수록 약간씩 바라지는 원통형에 납작바닥이 주를 이룬다. 한성시기 전기는 구연이 바라지며, 승문+격자문이 조합된 동체 문양과 원저에 가까운 말각평저, 원형의 증기공으로 이루어졌으며 손잡이가 있는 경우 봉상파수가 부착되는 특징을 갖는다. 전기를 대표하는 시루는 풍납토성 현대연합주택 나-8호 주거지 출토품처럼 소원공으로 이루어진 IAa형식이거나 풍납토성 현대연합주택 가-2호 주거지, 파주 주월리 96-7호 주거지 출토품처럼 IAc·ICc형식이 주를 이룬다. 한성시기 중기는 원

---

415) 오후배, 2003, 『우리나라 시루의 고고학적 연구』, 단국대학교 석사학위논문.

416) 박경신, 2003, 『한반도 중부이남지방 토기 시루의 성립과 전개』, 숭실대학교 석사학위 논문.

417) 박순발, 2006, 『백제토기 탐구』, 주류성.

418) 나선민, 2016, 『중서부지역 원삼국-한성기 백제 시루(甑) 연구』, 충남대학교 석사학위 논문.

천 화천리 2지구 33호 주거지 출토품에서 알 수 있듯이 ⅠAa형식이 지속적으로 사용되면서 새로운 변화가 보이는데, 바닥이 납작하게 변하고 증기공도 원공+반원형인 ⅡD형식이 나타난다. 그리고 시루의 형태는 윗부분이 넓고 밑부분이 좁은 상광하저上廣下低의 역사다리 형태인데, 하남 미사리 고-32호 주거지, 몽촌토성 88 방형유구, 홍성 신금성,[419] 화성 석우리 먹실 24호 수혈·16호 주거지 출토품[420] 등이 있다. 한성시기 후기는 풍납토성 경당지구 9호 유구에서 발견된 것이 대표적인데 동체가 좀 더 커지고 위로 올라갈수록 바라지며 바닥에는 중앙에 원형 구멍을 두고 주변에 반원형의 구멍을 배치한 중기 이후의 ⅡD형식이 줄곧 사용되고 있다.

영산강유역의 시루는 한성시기를 통하여 마한시기의 전통을 잘 유지하고 있으나, 나주 온수동에서 한성시기 후기에 해당하는 ⅡD형식의 백제(계) 시루가 발견되고 있어 취사용기에 대한 변화가 보이는 것뿐만 아니라 호남지방에 백제토기의 영향이 서서히 나타나는 증거품으로 볼 수 있다.

2) 웅진시기

웅진시기 전기에 해당하는 것으로는 논산 원북리 다-11호 구덩이 출토품이 있는데, 동체의 모습은 알 수 없지만 바닥에는 중앙에 원공을 두고 주변에 삼각형의 증기공을 배치한 ⅡC형식이다.

웅진시기 후기에 해당하는 진안 와정 3호 주거지 출토품은 큰 심발형토기에 동체에는 대칭으로 쇠뿔모양의 손잡이가 달려 있고 바닥에는 작은 구멍이 뚫려 있는 ⅡAa형식이다. 이는 한성시기에 해당하는 청원 풍정리 주거지 출토품과 유사하며 마한시기 이래로 호서지역에 유행하였던 기형의 연장선상에 있다. 또한 진안 와정 3호 주거지에서는 저부만 남아 있지만 중앙에 둥근 구멍을 배치하고 주위에 삼각형의 구멍을 배치한 서울·경기지역의 백제 중앙양식인 ⅡC형식의 시루

---

419) 충남대학교 박물관, 1994, 『神衿城』.

420) 기전문화재연구원, 2007, 『華城 石隅里 먹실遺蹟』.

형태도 확인되었다. 예산 대흥 출토품은 ⅡAa형식으로 한성시기 시루와는 전혀 다른 형태인데 곧추선 구연부와 납작한 바닥을 하고 있는 직구단경호로 이례적인 것이라 할 수 있다. 이 시루에 대해서는 실용 가능성이 작은 것으로 알려져 있지만[421] 소성도가 높고 동체에 손잡이가 대칭으로 달려 있으며 바닥에 정연하게 소원공이 뚫려 있는 점에서 실용기일 가능성이 높다.

3) 사비시기

사비시기 시루는 한성·웅진시기와 형태가 다르고 자배기와 동일한 형식을 사용하는 Ⅱ형식이 많으며 바닥에는 중앙의 둥근 구멍을 중심으로 주위에 중앙보다 약간 작은 둥근 구멍을 배치한 ⅡAb형식을 하고 있어 이전 시기의 삼각형 구멍은 자취를 감춘다. 사비시기 전기의 대표적인 것으로는 부여 정동리 4호 건물지 출토품을 들 수 있다. 사비시기 중기의 유적으로 볼 수 있는 부여 소룡골 유적 출토 시루는 구연부가 전기보다 넓지 않고 구순의 중앙에는 홈이 돌아가며 대상파수가 달려있다.[422] 사비시기 후기는 시루가 잘 발견되지 않고 있으나 부여 쌍북리 280-5번지·관북리 추정왕궁지 3구역 방형 수혈유구 주변 황갈색 사질점토층에서 소량 확인되었는데 전기~중기의 형태가 이어진다. 부여 구아리 중앙성결교회에서 수습된 시루는 구연부의 형태를 알 수 없으나 공반한 삼족토기가 후기의 형태를 하고 있어서 시기를 가늠할 수 있으며, 전기부터 이어지는 증기공의 형태에 동체의 하단(장란형토기나 철제 솥에 올려놓았을 때 접착제를 붙이는 위치)에도 소형의 원공을 등간격으로 뚫어 놓았다. 이러한 투공 배치는 처음 나타나는 것인데 기능적으로 솥에서 시루로 유입된 증기를 조절하는 것과 관련이 있어 보인다. 부여 가탑리 금성산 두시럭골 1·2 벽주건물지에서 출토한 시루는 여타의 시루 형식과 다르게 파수부호 형태이며 저부 중앙에 원형공이 있고 그 주위에 소원공을 두었으

---

421) 오후배, 2003, 『우리나라 시루의 고고학적 연구』, 단국대학교 석사학위논문.

422) 윤무병·이강승, 1985, 「부여 소룡골건물지 발굴조사보고」 『백제연구』 16, 충남대학교 박물관.

며 저부의 가장자리에 반원형공이 있는 특이한 증기공의 배치를 하고 있다. 사비시기에 시루가 잘 발견되지 않는 이유는 토제가 철제로 변하고 이것을 이사할 때마다 필수품으로 가지고 다녔기 때문에 소멸한 것으로 알려져 있다.[423] 익산 왕궁리 서남편 주방에서 철제솥이 중형 단경호, 직구호, 병 등과 함께 발견되었다.

8. 자배기

자배기는 일상생활용에서 빼놓을 수 없는 중요한 운반·조리용기로 시루와 비슷한 모습이다. 자배기는 고구려 안악 3호분 고분벽화에 보면 우물가에 놓여 있는 것이 확인되어 액체를 나르는 용기로 사용된 것을 알 수 있다.

자배기는 고구려의 남하에 의해 한성시기 후기에 한강유역에 등장한 것으로 알려져 있으며[424] 최근 풍납토성에서 빠른 시기에 해당하는 비슷한 기형이 나타나는 것으로 보고되고 있다. 풍납토성 현대연합주택 가-26호 수혈에서 발견된 시루 구연부편은 복원된 것을 보면 시루보다는 자배기일 가능성이 있다. 구연부는 동체에서 경부 없이 곧바로 짧게 외반하고 동체는 시루가 거의 직각에 가깝게 내려가는 것과는 달리 완만하게 내려가고 있는 점 등에서 시루보다는 자배기의 형태와 유사하다. 웅진시기 후기 유적인 공주 공산성 추정왕궁지와 정지산에서는[425] 자배기 출토가 거의 전무한 실정이다. 웅진시기를 지나 사비시기가 되면 다양한 유적에서 자배기를 볼 수 있다. 이러한 점에서 한성~웅진시기에는 자배기를 대신할 수 있는 용기가 별도로 있었던 것 같고, 사비시기에 선호도에 따라 실용기로서 폭발적으로 증가한 것으로 보인다.

자배기는 사비시기에 들어와 부여와 익산지방을 중심으로 일상생활유적과 고분유적에서 발견되고 있다. 사비시기에 해당하는 자배기 중 대상파수帶狀把手가

---

423) 정종태, 2006, 『백제 취사용기의 유형과 전개양상』, 충남대학교 석사학위논문.

424) 김원룡·임효재·박순발, 1988, 『몽촌토성』, 서울대학교 박물관.

425) 안승주·이남석, 1987, 『공산성백제추정왕궁지발굴조사보고서』, 공주대학교 박물관.
　　국립공주박물관, 1999, 『정지산』.

있는 것에 대해서는 고구려 유민이 제작하였다는 견해와[426] 고구려토기의 영향은 받았지만 백제의 장인이 제작하였다는 견해가[427] 있다.

삼국시대 특히 고구려와 백제는 풍습이 비슷했고 실제로 고구려인이 백제 땅에서 살았다는 고대 사서의 기록에서도 알 수 있듯이 문화적으로 친연성은 고려해 볼 수 있다. 그러나 6세기 중엽경에 부여지방에 출현한 자배기에 파수가 부착된 것보다 부착되지 않은 것이 더 많은 상황에서 파수가 부착된 것은 고구려 도공이 제작하였다는 견해는 재검토가 필요하다. 한성시기는 풍납토성 건너에 고구려가 포진해 있었지만 백제토기에 자배기의 모습은 잘 보이지 않는다. 풍납토성 경당지구 101호 유구·현대연합주택 가-26호 수혈 출토품이 자배기라고 가정해도 한강유역에 나타나는 고구려의 자배기보다 연대가 앞설 가능성이 있어서 영향을 받았다고 할 수 없다. 그리고 금강유역의 청원 남성골에서도 웅진도성과 인접한 거리에 고구려 유적이 위치하고 있었지만 웅진시기에 자배기가 사용되지 않고 있어 고구려의 영향을 받아 제작되었다는 점은 이해하기 어렵다. 대상파수가 부착된 부여 정암리 요지 출토품은 백제 연화문와당을 제작한 백제 도공에 의해 만들어졌으며 시기적으로도 암문이 있는 자배기보다도 앞선다. 그런 점에서 토기에 나타나는 일부 문양이 고구려의 영향으로 채용될 수는 있었겠지만 기종 자체가 고구려의 영향으로 나타난 것으로 보는 것은 재고의 여지가 있다.

자배기의 형식은 구연부의 형태로 분류할 수 있다. 자배기는 구연부가 길게 외반한 것(I형식), 짧게 외반한 것(II형식)으로 대별된다. I형식은 구순 선단의 형태에 따라 수직형(A), A형의 구순 아래 내면에 요면이 있는 것(B), 둥근형(C), C형

---

426) 김용민, 1998, 「백제 사비기토기에 대한 일고찰」 『문화재』 31, 국립문화재연구소.
　　박순발, 2008, 「사비 도성의 공간구조 -사비도성과 정림사-」 『정림사』, 국립문화재연구소.
　　土田純子, 2009, 「泗沘樣式土器에서 보이는 高句麗土器의 影響에 대한 검토」 『한국고고학보』 72, 한국고고학회.
　　土田純子, 2013, 『百濟 土器 編年 硏究』, 충남대학교 박사학위논문.
427) 김종만, 2003, 「사비시대 부여지방출토 외래계 유물의 성격」 『호서지방사연구』, 경인문화사.
　　박영민, 2002, 「백제 사비기유적 출토 고구려계토기」 『연보』, 국립부여문화재연구소.

의 구순 아래의 내면에 홈이 넓게 돌려진 것(D), D형의 구순 아래 외면에도 홈이 돌려진 것(E), 구순 선단이 사각인 것(F), F형의 구순 아래의 내면에 요철면이 있는 것(G), G형의 구순 아래 외면에도 요철면이 있는 것(H), 구연 선단이 뾰족하고 사각으로 뻗어 올라간 것(I), 구순 선단에 요철면이 있고 구순 아래 내외면에 홈이 있는 것(J)으로 세분된다. Ⅱ형식은 구연 선단이 사각인 것(a), 구연 선단에 요철면이 있고 구연 아래 외면에 요면이 있는 것(b)으로 나눌 수 있다. 자배기는 Ⅰ형식에서 Ⅱ형식으로, 구연 선단은 단순한 것에서 사각이나 요철면이 있는 것으로, 그리고 구연 아래에 내면에만 요철면이 있다가 외면까지 요철면이 있는 것으로 변화한다.[428](그림 29)

사비시기 전기는 부여 능사 하층·증산리 Ⅱ지점 2호 수혈·송국리 75-56지구 원형구덩이 Ⅰ층·구아리 우물지, 대전 월평동 유적에서 확인되었다. 입술이 길게 바라지고 그 끝이 둥글며 평행선 타날이 있는 동체는 완만하게 좁혀지다가 바닥은 납작해지는 것이 특징이다. 부여 청마산성에서 발견된 자배기는 경질소성이며 기존의 형태와 다른 것으로 우각형 손잡이가 달리고 내부가 깊은 것이 특징이다. 부여 정동리 4호 건물지 출토품은 송국리 75-56지구 원형구덩이 Ⅰ층 출토품과 매우 유사하기 때문에 이 단계에 해당한다.

중기는 부여 정암리 A지구 요지 출토품이 있는데 전기와 비교했을 때 입술 부분이 약간 짧아지는 특징을 갖는다. 중기에는 와도겸업체제에서 만들어지다가 약간 시기가 내려가면 부여 송국리 요지·추양리 요지와 같이 토기만을 전문적으로 생산하는 가마에서 생산된다. 와도겸업 체제를 벗어나서도 자배기가 토기 가마에서 흑색토기로 계속해서 만들어지게 된 것은 일상생활토기로서 그 수요가 폭발적으로 증가했기 때문이다. 이는 곧 요업의 분업화와 관련이 있어 보인다. 특히, 부여 정암리 A지구 1호 요지에서 발견된 자배기는 구연부 일부를 눌러 주구注口 형태로 만들어 액체를 따를 때 용이하게 만들었는데 기능을 확실하게 알려준 것이라고 할 수 있다.

---

428) 국립중앙박물관, 1991,『송국리Ⅳ』.

기종형식 / 시기구분	자배기	완	전달린 완	접시

그림 29. 자배기, 완, 전달린 완, 접시

1·2·12·14·57.풍납토성 경당지구 101호 유구

3.풍납토성 현대연합주택 가―26호 수혈

4·30∼33·47∼49·70·71.부여 능사 하층

5.부여 정동리 4호 건물지

6·7·34·36.부여 정암리 A지구 1호 요지

8.부여 중정리 Ⅱ지구 수혈

9·41·42·54∼56.익산 왕궁리

10·39.부여 관북리 추정왕궁지 석축 연못

11.익산 무형리 옹관묘

13·58·59.풍납토성 현대연합주택 가―2호 주거지

15∼17.풍납토성 현대연합주택 가―S4W2

18∼22.풍납토성 197번지 라―105호 수혈

23.대전 용산동 1호 토광묘

24·25.논산 모촌리 93―5호 석실분

26.논산 모촌리 93―13호 석실분

27·28.공주 단지리 4―9호 횡혈묘

29.공주 산의리 40호 석실분

35·72.부여 정암리 B―2·3호 요지

37.부여 능사 북편 건물지1

38.부여 궁남지 웅덩이 유구

40·51·75·76.부여 관북리 추정왕궁지

43·44·61∼66.풍납토성 197번지 나―60호 수혈

45·46.풍납토성 197번지 라―105호 수혈

50.부여 궁남지

52.부여 동남리 702번지 유적

53.부여 쌍북리 현내들

60.진천 산수리87―7호 요지

67.풍납토성 197번지 나―42호 수혈

68.홍성 신금성 1, 2호 소형 수혈

69.공주 공산성 추정왕궁지 석축 연못

73·74.부여 관북리 추정왕궁지(2009)

후기는 부여 관북리 추정왕궁지 석축 연못, 익산 미륵사지·왕궁리유적에서 발견된다. 자배기의 입술 부분이 짧게 바라진 특징을 갖는다. 부여 관북리 추정왕궁지 석축 연못 출토품은 대형으로 동체에 4개의 대상 손잡이가 달려 있다. 자배기는 무덤의 매납용으로도 사용되었는데, 이는 부여지방 호관묘壺棺墓의 발전과 관련이 깊은 것이며, 부여 정동리와 익산 무형리에서 발견되었다.

9. 완

완은 일상생활에서 널리 사용된 것으로 배식기이다. 완은 식食문화의 기본 용기로 한성시기부터 국가의 도량형 통일체제 아래에서 등장하며 수량과 용량에 대한 통제가 이루지면서 규격토기로 만들어졌다고 할 수 있다. 특히, 사비시기의 회색토기 대부완은 규격토기로서 전문화를 보여주는 최절정기의 토기로 생각된다.[429]

백제 완의 출현 계기는 원삼국시대 이래의 형태가 낙랑토기의 영향으로 등장했다고 보는 설,[430] 원삼국시대 완의 제작전통을 계승하고 형태별로 낙랑 완과 중국제 청자완을 모방하여 제작하였다고 하는 설이[431] 대표적이다. 대체로 마한 시기에 경질무문 완에서 타날문 완으로 대체되고 기형이 완성되고 정형화가 이루어져 한성시기로 이어지며 시기별로 중국과의 교류를 통하여 선호도에 따라 제작된 것으로 볼 수 있다.

완의 형식은 굽이 있는 것(Ⅰ형식), 굽이 없는 것(Ⅱ형식)의 두 개의 형식으로 나눌 수 있다. 각 형식은 구연부가 직립한 것(A), 외반한 것(B)으로 세분된다. 완은 색조와 경도에 따라 분류하기도 하는데, 회청색(a), 흑색(b), 회색(c)으로 분류할 수

429) 김종만, 2007, 『백제토기 신연구』, 서경문화사.
김종만, 2012, 『백제토기』, 글을읽다.
430) 박순발·이형원, 2011, 「원삼국~백제 웅진기 완의 변천양상 및 편년」『백제연구』 53, 충남대학교 백제연구소.
431) 한지선, 2011, 「한성백제기의 완의 제작기법과 그 변천」『문화재』 44-4, 국립문화재연구소.

있으며 경질보다는 와질이 많이 발견된다.

1) 한성시기

마한시기의 말쯤에 나타나는 형태적인 특징은 풍납토성 3중 환호와 경당지구 2호 구상유구 출토품에서 알 수 있는데 구연부가 직립하거나 약간 내경하면서 동체 내부가 깊고 바닥이 납작한 형태로 정형화가 이루어진다. 이전 시기의 이러한 특징은 한성시기 전기의 완을 통해 그대로 나타나며 구연부가 외반된 ⅠB형식과 동체 내부가 얕아지는 형태가 추가된다. 풍납토성 경당지구 101호 유구·삼화지구 Ⅲ층과 현대연합주택 가-1·2호 주거지 출토품을 통해 초기의 형태를 엿볼 수 있다. 풍납토성 삼화지구 Ⅲ층 출토품은 마한시기 완의 형태에서 굽이 퇴화되는 과정을 보여준다.[432]

한성시기 중기에는 풍납토성 출토품을 볼 때 동체가 낮아지며, 몽촌토성의 한성시기 후기 유적을 통해서 지속적으로 이어진다. 풍납토성 현대연합주택 가-S4W2에서 수습된 굽 달린 ⅠA형식은 정선된 태토에 경질 소성된 것으로 백제시대 대부완 중 가장 이른 시기의 형태이다.[433]

한성 후기에는 풍납토성 197번지 라-105호 수혈에서 다양한 크기의 Ⅱ형식이 출토하였는데, 직립한 구순에 평저로 된 8개의 완은 동일 도공에 의해 제작된 것처럼 크기와 제작기법이 비슷하여 규격토기로 제작되었음을 알 수 있다. 그리고 동 유적의 완 중에는 점토 띠를 나선형으로 말아 바닥을 만든 것도 있다. 금강유역의 대전 용산동, 연산 표정리, 청주 신봉동, 승주 대곡리 등에서 동체가 낮아진 Ⅱ형식이 나타나고 있는데, 전기부터 나타난 특징이고 백제의 영역화 과정과 관련한 것으로 보고 있다.[434]

---

432) 한지선, 2003,『토기를 통해서 본 백제고대국가 형성과정 연구』, 중앙대학교 석사학위 논문.
433) 국립문화재연구소, 2001,『풍납토성Ⅰ』.
434) 박순발·이형원, 2011,「원삼국~백제 웅진기 완의 변천양상 및 편년」『백제연구』53, 충남대학교 백제연구소.

2) 웅진시기

웅진시기 완은 한성시기와 마찬가지로 Ⅰ형식과 Ⅱ형식이 확인된다. 웅진시기 전기의 완은 연산 표정리·모촌리 고분군 등 연산지방에서 발견되었다. 연산 모촌리 93-5호 석실분에서 발견된 완은 동체에 요철대가 있고 입술이 바라진 것으로 굽 달린 대부완과 공반한다. 연산 모촌리 93-13호 석실분에서는 굽 달린 대부완이 확인되었는데, 동체의 중간에 회전물손질로 인한 요철선이 남아 있다.[435]

웅진 후기는 공주 단지리 4지구 9호 횡혈묘 출토품을 들 수 있는데, 두 점의 Ⅰ형식이 발견되었다. 하나는 동체의 전면에 요철선이 있는 것이고, 나머지 하나는 표면에 장식은 없으나 입술의 안쪽에 단이 있다. 공주 산의리 40호 석실분에서 발견된 Ⅰ형식은 입술에는 홈이 돌아가고, 동체에는 성형할 때 생긴 가는 선이 전면에 남아있다. 산의리 40호 석실분 출토품은 백제시대에는 잘 보이지 않고 있는 형식으로, 산청 평촌리 12호 석곽분 출토품과의 비교를 통해 신라(계)로 보

사진 118. 무령왕릉 동제완

---

435) 안승주·이남석, 1988, 『논산 표정리 백제고분 발굴조사보고서(Ⅱ)』, 공주대학교 박물관.
안승주·이남석, 1994, 『論山 茅村里 百濟古墳群 發掘調査報告書(Ⅱ)』, 공주대학교 박물관.

고 있다.[436] 공주 공산성에서 확인된 ⅠAa형식은 공주 무령왕릉에서 발견된 동제완을 모방한 형식이다.[437](사진 118) 서산 여미리 1호 매납유구에서 발견된 완은 청주 신봉동 90-B1호 토광묘 출토품과 비슷하지만 구연부가 짧게 바라지면서 바닥이 약간 둥근 형태를 하고 있어 후행 형식임을 알 수 있으며, 무안 맥포리 3호 토광묘 출토품도 비슷한 형태를 하고 있다.

3) 사비시기

사비시기 완은 여전히 배식용기로서 다양한 생활유적에서 많이 발견되고 있는데, ⅠAb·ⅡAb형식이 주류를 이룬다. 이 시기에는 주로 a형보다 b형의 소성으로 만들어진 것이 많다.[438]

사비시기 전기는 완의 형태가 다양한데, 입술이 곧추서고 굽이 있는 것과 없는 것이 공존하며 와질 소성이 많다. 굽이 있는 ⅠAa형식은 중국 동제완을 모방한 것도 있다. 또한 완의 내외면에 칠을 바른 것도 있는데, 부여 능사 하층 출토품이 대표적이다.

사비시기 중기는 전기와 양상은 비슷하나 말기에 가서는 굽이 달린 회색토기(Ⅰ Ac형식)가 새로 등장한다. 회색토기는 백제시대에 만든 완 중 가장 정제된 토기로서 부여 관북리 추정왕궁지·부소산성·능사 등 사비도성 내외와 익산 왕궁리·미륵사지, 김제 장화동 등 최고 등급의 유적에서 확인이 되고 있어 사비시기 토기 중에서는 높은 위계를 갖고 있다. 중기에는 고분에서도 부장품으로 발견된 예가 있는데, 서천 화산리 9호 무덤에서는 회청색경질의 굽 달린 ⅠAa형식이, 부여

---

436) 土田純子, 2013, 『백제토기 편년 연구』, 충남대학교 박사학위논문.

437) 김종만, 2006, 「성왕시대의 백제 생활토기」『백제 성왕과 그의 시대』, 부여군백제신서3.

438) 김종만, 1999a, 「백제흑색와기고」『한국사의 이해』, 경인문화사.
　　　김종만, 1999b, 「백제후기 토기완의 양상과 변천」『동원학술논문집』2, 한국고고미술연구소.
　　　김종만, 2004, 『사비시대 백제토기 연구』, 서경문화사.

지선리 4호 석곽묘에서는 굽이 없는 ⅡAb형식이 출토되었다.[439] 굽이 없는 흑색의 와질 완 중에는 표면에 평행선문이 타날된 예가 있는데, 부여 정암리 요지 출토품과 같이 와도겸업체제에서 만들어 사용하였다.

사비시기 후기는 중기의 양상이 이어지며 ⅠAc형식과 ⅠAa·ⅡAb형식이 공반하고 있다. 완은 입술이 곧추서고 동체와 바닥은 둥근 것도 있지만 대부분 각이지는 특징을 갖는다. 대부완은 회색토기가 주류를 이룬다. 부여 정림사지에서 흑색와기가 발견되었다. 부여 능사 공방1에서는 ⅡAb형식의 내외면에 칠을 바른 것이 있는데, 전기 이후부터 줄곧 만들어진 기형이다. 칠바른 완은 흑색와질의 소성품이 갖는 미비점을 보완한 것으로 동제완을 모방하면서 고급화한 것이다.(사진 119) 회색토기 ⅠAc형식은 부여 초촌 신암리에서 화장장골용기로도 사용되었다. 익산 왕궁리유적에서는 다양한 완이 발견되었는데, 후기의 마지막 단계에 해당하는 입술이 외반한 ⅡB형식도 확인되었다.

영산강유역에서는 사비시기 후기로 볼 수 있는 입술이 바라지고 굽이 달린 와질 소성의 완이 순천 검단산성에서 발견되었다. 이 검단산성 출토품은 부여 정암리 A지구 요지 출토품과 비슷한데, 평행선이 타날되어 있으며 소성도는 경질이다. 그리고 검단산성에서는 입술이 바라진 완도 있다. 회색토기 ⅠAc형식과 유

사진 119. 부여 능사 출토 칠토기

439) 국립부여문화재연구소, 1991, 『扶餘 芝仙里古墳群』.

사한 것이 나주 복암리 2호분 남쪽 주구와 서쪽주구에서 발견되었다. 나주 복암리 2호분 서쪽 주구에서 발견된 ⅠAc형식은 금강유역의 굽 달린 대부완과 흡사하지만 부여나 익산에서 공급하지 않고 자체 생산한 지역산일 가능성이 있다.[440]

10. 전달린 완

전달린 완은[441] 완이나 대부완의 구연부 아래에 횡으로 전을 돌린 뒤 전의 일부를 잘라내어 만든 것으로 전달린토기로 불러왔다.

백제 전달린 완의 기원에 대해서는 중국 이부배의 영향으로 만들어졌다는 견해,[442] 고구려 전달린 완의 영향으로 고구려 장인이 만들었다는 견해,[443] 중국 탁반托盤에서 영향을 받아 제작된 이부반耳附盤을 완의 형태로 응용하여 제작하였다는 견해[444] 등 다양하며, 고구려 전달린 완의 영향보다는 다른 경로를 통해 제작이 시작되었을 가능성이 높다.

최근 청주 오송 생명과학단지 부지에서 토제 이부배가 2~3세기경의 동병철검銅柄鐵劍이 출토된 유적의 4지점

사진 120. 청주 오송 유적 4지점 153호 토광묘 이부배

<hr />

440) 임영진·조진선·서현주, 1999,『복암리고분군』, 전남대학교 박물관.
441) 전달린토기는 토기의 구연부나 동체의 견부에 전을 두른 토기를 지칭한다. 전달린토기의 종류는 호, 쟁반, 완 등 다양하기 때문에 기종의 형태에 따라 구분할 필요가 있다.
442) 박영민, 2002,「백제 사비기 유적 출토 고구려계 토기」『연보』, 국립부여문화재연구소.
443) 土田純子, 2009,「사비양식토기에서 보이는 고구려토의 영향에 대한 검토」『한국고고학보』72, 한국고고학회.
444) 한지선·김왕국, 2012,「한성백제기 전달린토기 연구」『한강고고』8, 한강문화재연구원.

153호 토광묘에서 발견되어 백제 이전 호서지방에 먼저 전해진 것을 알 수 있으며 전과 동체의 접합 모습이 풍납토성에서 발견된 전달린 완의 모습과 매우 유사한 형태를 하고 있다. 그러므로 상기 제 견해 중 풍납토성 197번지 일대 발굴조사를 통해 확인된 전달린 쟁반보다는 금강유역의 토제 이부배와 같은 형태의 영향을 받아 만들어졌다고 보는 것이 좋을 듯 하다.(사진 120) 그러나 사비시기의 전달린 완은 전혀 다른 방법으로 만들어졌기 때문에 한성시기 전달린 완과는 다른 계통에서 출현 계기를 찾아야 할 것으로 보인다.

전달린 완은 굽의 유무에 따라 굽이 없는 것(Ⅰ형식), 굽이 있는 것(Ⅱ형식)으로 대별할 수 있다. Ⅰ·Ⅱ형식은 전 위에 있는 구연 단의 높이에 따라 수평인 것(A)과 낮은 것(B), 높은 것(C)으로 나눌 수 있다. 그리고 전의 형태에 따라 완의 구연 양단에 어미형魚尾形인 것(1), 완의 구연부 하단에 전을 두루고 양단을 수평으로 자른 것(2), 완의 구연부 하단에 전을 두르고 등간격으로 홈을 만들어 팔랑개비(부채꼴) 형태를 만든 것(3), 완의 구연부 하단에 전을 두르고 전을 완의 동체를 중심으로 6각형이 되게 잘라낸 것(4)으로 세분된다. 전은 수평을 이루는 것(a), 위로 사각을 이루는 것(b), 밑으로 사각을 이루는 것(c)으로 나뉜다.

1) 한성시기

전달린 완은 한성시기 유적인 풍납토성에서 처음 확인되었으나 출토량이 많지 않은 편이다.[445] 한강유역의 고구려유적에서 발견된 출토품과 비교했을 때 공통점은 마연기법이고, 특수성은 전의 부착부분과 평면형태가 다르게 나타나는 것이다.

한성시기 전달린 완은 후기에 출현하고 있다. 전달린 완은 ⅠA1형식으로 풍납토성 197번지 나-60호·라 105호 수혈에서 발견되었으며, 공반한 전달린 쟁반의 전의 형태가 같아서 상호 영향관계가 있다고 판단하고 있으나 전술한 바와 같이 마한시기의 유적으로 알려진 청주 오송 생명과학단지 부지 토광묘에서 발견된

---

445) 한지선·김왕국, 2012, 「한성백제기 전달린토기 연구」 『한강고고』 8, 한강문화재연구원.

이부배의 전의 형태와 같기 때문에 검토의 여지가 있다. 지금까지 발견된 상황으로 본다면 ⅠA1형식은 백제 전달린 완의 시원 양식이며, 전은 실용성을 강조하여 그릇을 옮길 때 용이하도록 대칭으로 넓게 부착하였다. 백제 전달린 완은 고구려 전달린 완의 영향으로 만들어졌다고 하는 것보다는 백제인의 기종 선호도에 따라 출현했을 가능성이 높다. 전달린 쟁반은 한성 중기의 유적인 하남 미사리 고-040 주거지에서 확인되고 있으며 동일한 형태가 풍납토성 현대리버빌 가-서 트렌치와 197번지 나-99호 수혈 출토품에서 출토되었으며, 동 유적의 나-60호 수혈 출토 전달린 쟁반처럼 전과 동체 사이에 턱이 없는 형태로 자체 변화하는 것으로 알려져 있으나, 쟁반의 형태 변화에 영향을 준 요인이 있는 것으로 보인다. 그 요인은 풍납토성 197번지 나-60호 수혈 출토 전달린 완이 출현하면서 전달린 쟁반의 모습을 변화시킨 요소가 아닐까 한다. 풍납토성 197번지 나-60호 수혈 출토 전달린 완과 전의 형태가 같은 칠이부배漆耳附杯가 원주 법천리 4호분에서도 발견되고 있기 때문에 중앙인 풍납토성에서도 사용했을 것으로 보이고 한성시기 전달린 완의 출현에 영향을 주었을 것이다. 지금까지 발굴조사된 한성시기 유적에서 발견된 백제토기의 기종과 수량을 생각해 본다면 전달린 완의 출현은 백제중앙양식의 하나로 볼 수 있지만 일상생활에서 일반적으로 사용하던 기종은 아닌 것으로 짐작된다.

2) 웅진시기

웅진시기의 전달린 완은 도읍이 있었던 공주지역에서는 발견되지 않고 있다. 이러한 현상은 한성시기에 제작된 ⅠA1형식의 단절을 의미하는 것으로 보인다. 한성시기 후기에 출현했던 전달린 완은 수량도 매우 한정적이고 기능도 자세히 알 수 없다. 다만 나주 복암리 2호분 북쪽 주구·3호분 출토품을[446] 보고서를 인용하여 한성~웅진시기의 유물로 기술하고 있다. 나주 복암리 2호분 출토품은

---

446) 임영진 외, 1999, 『복암리고분군』, p.114 도면 63-2.
　　국립나주문화재연구소, 2010, 『나주 복암리유적Ⅰ』, 그림 146·639.

ⅡC2c형식으로 공반하고 있는 유물의 연대 폭이 매우 넓지만 그 중에서 대부완
은[447] 사비시기 후기에 해당하는 유물이다. 그리고 나주 복암리 3호분 출토품은
2점으로 사비시기 후기의 특징을 갖는 구순에 요철홈이 있는 병, 도가니와 공반
하고 있으며, 출토된 유구가 오랜 시기에 걸쳐 이루어졌다고 한 것을 보면 한성~
웅진시기 보다는 사비시기 전달린 완으로 보는 것이 합리적이다. 이상에서 보면
웅진시기의 전달린 완은 아직 발견 예가 없는 실정이다.

3) 사비시기

전달린 완은 사비시기에 정형화가 이루어지고 이전 시기와는 다른 제작기법으
로 만든다. 한성시기 후기에 나타난 전달린 완이 대중화가 되지 않고 웅진시기에
는 제작도 이루어지지 않은 상황에서 사비시기에 갑자기 정형화가 이루어졌다고
하는 것은 별도의 요인이 크게 작용한 것으로 보아야 한다. 사비시기 전달린 완
은 부여 관북리 추정왕궁지에서 대부완, 대부접시와 공반하여 '북사北舍'건물지의
주변에서 다량 확인되었다.(사진 121) 일괄하여 '회색토기'로 명명된 기종들로 구절
기법에 의해 제작된 규격토기이다. 당연히 국가에서 관리하고 통제한 기물이고
제작기법과 함께 색조 등에서 고구려 전달린 완과는 확연히 구별되는 것이며, 한
성시기 후기의 ⅠA1형식과도 다르다. 그러므로 사비시기의 전달린 완은 고구려
전달린 완과 한성
시기 전달린 완의
계보를 잇는 것
이 아니라 별도의
출현 계기를 갖는
것으로 보아야 한
다. 출현 계기에
대해서 웅진시기

사진 121. 부여 관북리 추정왕궁지 출토 전달린 완

---

447) 임영진 외, 1999, 『복암리고분군』, p.114 도면 63-1.

부터 제작된 대부완의 발전 과정 속에서 고구려와 영산강 문화의 접변을 통해 등장한 것으로 보는 견해가 있다.[448] 사비시기 전달린 완의 출현 계기가 영산강 문화와 관련되었다는 견해는 시기적으로 영산강유역 출토 전달린 완이 후행하고 있는 점에서 받아들이기 어렵고 오히려 중국 남북조 문화와의 교류 속에서 찾는

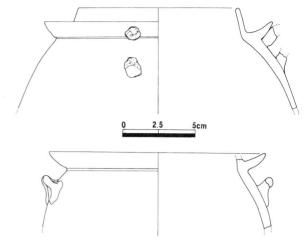

그림 30. 부여 부소산성 동문지 출토 중국 이부관 실측도

것이 유리할 것으로 보인다. 왜냐하면 대부완은 중국과의 교류나 이미 유입된 동 제품을 모방하여 출현하였고, 전달린 완은 대부완에 전을 부착하여 생긴 것으로 볼 수 있으며, 특히 ⅡC2b형식은 부여 부소산성에서 발견된 중국 청자 이부관耳 附罐과 같은 기형에서 기원을 찾고 있듯이 시기별로 들어오는 중국 문화와 관련되 어 나타난 것으로 보는 것이 합리적이다.(그림 30)

사비시기 전기는 567년을 하한으로 하는 부여 능사 하층에서 Ⅰ1·ⅡB2a형식 이 확인되었으며, ⅡB2a형식은 2점 모두 회청색경질로 겉면에 칠을 바르고 있 어 주목된다.[449] 토기에 칠을 바른 것은 칠목기를 모방한 것으로도 해석할 수 있 어 중국문물의 수용을 잘 보여주는 것으로 생각된다. Ⅰ1형식은 ⅡB2a형식보다 는 약간 높은 층위에서 나왔기 때문에 사비시기 전기 말쯤으로 보이고 구연부가 결실되어 높이를 알 수 없다. ⅠB2a형식은 부여 가탑리 두시럭골 5호 매납유구 에서 확인되었는데 평행선문이 타날되어 있으며, ⅡB2a형식과 비교했을 때 대족 을 제외한 대부분이 비슷하기 때문에 사비시기 전기에 해당한다. 고구려토기 중

---

448) 나인정, 2018, 『백제 사비기 전달린 완의 등장과 전개』, 전북대학교 석사학위논문.

449) 김종만, 2003, 「泗沘時代 灰色土器의 性格」 『호서고고학』 9, 호서고고학회.

에도 Ⅱ형식과 비슷한 것이 서울 구의동과 아차산·용마산·홍련봉에서[450] 발견되고 있으나 완을 만드는 제작기법과 전을 자르는 방법이 다르게 나타나고 있다. 즉, 고구려 전달린 완의 뚜껑 유무는 알 수 없고 완을 물레에서 제작하고 전을 구연부 상단에 부착한 후 양단을 완의 동체 형태를 따라 둥글게 잘라서 만든다. 집안 삼실총 제1실에서 발견된 것은 전이 전면을 두른 것이 아니고 귀처럼 양단에 붙이고 별도로 부착한 굽이 아닌 밑이 편평한 굽으로 되어 있다. 그러나 사비시기에 제작된 ⅡB2형식은 대부완의 구연 상단에 전을 부착하고 전의 양단을 수평을 이루며 잘라내고 있어 제작기법이 다른 것을 알 수 있다.

사비시기 중기는 ⅡB2a형식의 전달린 완이 부여 궁남지에서 확인되고 있어서 지속적으로 만들어졌다.[451] 중기의 전달린 완은 대부분 ⅡC2a형식으로 변화하고 회색토기로 정형화가 이루어지면서 ⅠAc형식의 완과 공반한다. 부여 관북리 추정왕궁지·부소산성·능사에서 발견되고 있다.

사비 후기는 ⅡB2a형식이 더 이상 보이지 않아 소멸하는 것으로 추정되고 ⅡC2a형식이 주류를 이룬다. ⅡC2a형식은 부여 관북리 추정왕궁지 배수구 내부·부소산성·능사와 더불어 나성 내부의 중요 유적에서 발견되고 있으며 익산 미륵사지·왕궁리·익산토성·오금산성에서도 확인되고 있다. ⅡC2b형식은 ⅡC2a형식보다 수량이 현저히 적게 확인되고 있으며 부여 부소산성·궁남지·능사와 익산 왕궁리유적에서만 발견되었다. ⅡC4a형식은 부여 동남리 702번지 유적, 익산 왕궁리유적에서 각각 1점씩 확인되었다. ⅡC3a형식은 익산 왕궁리에서만 확인되었다. 익산지방은 이른 시기의 ⅡB2a형식은 보이지 않으며, 후기에 ⅡC3a형식이 추가적으로 확인되고 있지만 ⅡC4a형식이 부여에서도 수습되고 있어서 양 지역의 전달린 완의 변천 과정은 같았을 것으로 보이고 양적으로 보면 부여지

---

450) 서울대학교 박물관, 1993, 『구의동』.
   서울대학교 박물관, 2000, 『아차산 제4보루』.
   서울대학교 박물관, 2009, 『용마산 제2보루』.
   고려대학교 고고환경연구소, 2007, 『홍련봉 제1보루』.
   한국고고환경연구소, 2015, 『홍련봉 제1·2보루』.
451) 국립부여박물관, 2007, 『궁남지』.

방이 우세하다.[452] 한편 부여 관북리 추정왕궁지 석축 연못 내부의 상층(희흑색점질토층)과 익산 왕궁리(Ⅳ) 소토유구 소토층에서 ⅠC1형식이 확인되었다.

영산강유역에서는 나주 복암리 2호 북쪽 주구에서 ⅡC2c형식이 수습되었다. 나주 복암리 2호 북쪽 주구 출토품은 표면에 평행선을 타날한 것을 그대로 남겨두고 있어 부여지방출토 ⅡC2형식을 지방에서 방제하여 사용했을 가능성이 높다.

전달린 완은 국립중앙박물관 소장품 중에 충남 서산 출토로 알려져 있는 ⅡC2a형식이 있다.[453] 서산 출토품은 태토, 색조, 형태에 있어 부여·익산지방 출토 Ⅱ형식과 같은 범주의 것으로 Ⅱ형식의 북쪽 한계를 알려주는 자료이며, '구경 : 높이'의 비율을 볼 때 부여 관북리 추정왕궁지에 보급된 것보다는 익산 미륵사지의 Ⅱ형식에 가깝다.

11. 접시

접시는 비교적 납작한 바닥에 동체는 높지 않지만 넓게 만들어 음식물을 많이 담을 수 있도록 하였으며, 부장용보다 일상생활용으로 사용된 배식기이다. 접시는 완보다는 수량 면에서 소량에 불과하지만 음식물의 가짓수에 따라 사용 여부가 결정된 용기이므로 사용자 측면에서 풍족한 음식물을 섭취할 때 이용했을 가능성이 있어서 규격성이 고려되어 제작했을 것이다.

형식은 굽이 없는 것(Ⅰ형식), 굽이 있는 것(Ⅱ형식)으로 대분된다. 구연부가 직립한 것(A), 외반한 것(B)으로 분류할 수 있고, A형은 뭉툭한 것(a)과 뾰족한 것(b)으로 세분된다. Ⅱ형식은 동체가 깊은 것(가), 얕은 것(나)으로 구분할 수 있다. 이 외에도 저부와 동체의 경계지점이 각을 이루는 것(ㄱ), 말각을 이루는 것(ㄴ), 완만한 것(ㄷ)으로 나눌 수 있다.

---

452) 김종만, 2005, 「7세기 부여·익산지방의 백제토기」 『백제문화』 34, 공주대학교 백제문화연구소.

453) 백제문화개발연구원, 1984, 『백제토기도록』, p.351의 도판 415.

1) 한성시기

Ⅰ형식은 한성시기 전기의 유구로 알려진 풍납토성 현대연합주택 가-2호 주거지에서 확인되는 초기의 형태로 저부와 동체 연결 부위가 직각에 가깝게 처리되고 구연부의 구순은 직립이지만 뭉툭하게 처리한 특징을 갖는다. 그러나 동 유적의 주거지에서 동체와 저부의 연결지점이 완만하게 처리된 접시 형태도 나타나고 있다. 접시는 한성시기 중기~후기를 통하여 꾸준히 만들어지는 기종이며, 전기와 유사한 것도 있지만 대부분은 저부와 동체의 연결 부위는 부드럽게 곡선을 이루며 구연부 구순은 단순하면서도 약간 뾰족하게 변화한다. 진천 산수리 87-7호 요지에서 발견된 것은 동체와 저부의 교차지점이 각을 이루기는 하지만 동체의 하단부가 부드럽게 변화하는 것으로 중기에 해당한다. 한성시기 후기로 볼 수 있는 풍납토성 나-60호 수혈에서는 Ⅰ·Ⅱ형식이 함께 발견되었는데, Ⅰ형식은 와질 소성이고 Ⅱ형식은 경질 소성이다. Ⅰ형식과 Ⅱ형식은 소성에 차이가 있는 점으로 보아 서로 다른 공급처에서 수급된 것으로 보인다. 특히, Ⅱ형식의 경질 소성 제품은 풍납토성 현대연합주택 가-S4W2에서 수습된 굽 달린 ⅠA형식의 대부완과 비슷한 색조, 소성을 갖는 것으로 보여 동일 장소에서 공급된 제품일 가능성이 있다. 이들 제품은 굽의 유무, 색조가 조금 다를 뿐 높이, 입지름의 크기가 비슷하여 완과 함께 규격화된 토기로 볼 수 있다. 한성시기에 이미 Ⅱ형식이 정형화되고 있는데, 사비시기 출토품은 저부의 가장자리를 따라 굽을 부착한 것과는 달리 풍납토성 출토품은 고배와 같은 기법으로 대족을 저부의 안쪽에 붙이는 특징을 갖는다. 풍납토성 197번지 나-42호 수혈에서는 ⅠBㄴ형식도 확인되고 있어서 한성시기 후기가 되면 다양한 형식의 접시가 용도에 맞게 사용된 것을 알 수 있다. 홍성 신금성 1·2호 소형 수혈에서 수습된 Ⅰ·Ⅱ형식은 풍납토성 출토품과 유사하지만 세부적으로는 구연부의 형태가 약화되는 등 약간의 차이점이 보이므로 한성시기 후기의 늦은 단계로 볼 수 있다.[454]

---

454) 충남대학교 박물관, 1994, 『神衿城』, p.103의 그림 40-2.

2) 웅진시기

웅진시기 후기의 Ⅰ형식은 공주 공산성 원형구덩이(소)2에서 확인되고 있으며, 동체와 저부의 경계지점이 직각에 가까운 것으로 보아 한성시기에 유행한 형식의 연장 선상에 있는 것으로 보인다.

3) 사비시기

사비시기 전기는 굽이 없는 Ⅰ형식이 주류를 이루고 있으며 이전 시기보다 작아지고 동체가 높아진다. 부여 능사 하층에서 발견된 접시는 Ⅰ형식으로 동체의 높이에 따라 얕은 것과 높은 것이 있다. 동체가 높은 것은 모두 칠이 발라져 있어 유교관련 시설과[455) 관련하여 공헌용기로 사용되었음을 알 수 있다. 사비시기 중기는 부여 정암리 B지구 2·3호 요지 요전회구부窯前灰丘部 및 6호 요지 소성실 출토품을 보면 동체가 외반하며 올라가고 동체와 저부의 경계지점이 각이 지고 있는데 좀 더 시기가 내려가면 동 지구 7호 요지 출토품처럼 구연경이 더욱 좁아지고 동체와 저부의 경계가 둥글게 처리된다.[456) 부여 관북리 추정왕궁지에서 수

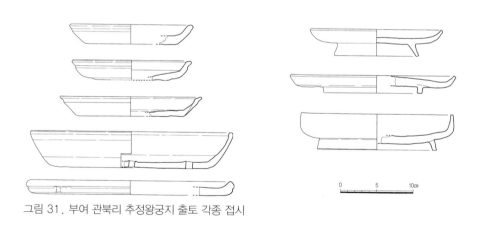

그림 31. 부여 관북리 추정왕궁지 출토 각종 접시

455) 김종만, 2011,「부여 능산리 건물군의 성격과 변천」『고고학지』17, 국립중앙박물관.
456) 신광섭·김종만, 1992,『부여 정암리 가마터(Ⅱ)』, 국립부여박물관.

습된 ⅠA가ㄴ형식은 바닥에 3개의 원형 구멍이 뚫려 있어 음식이 식지 않도록 데워 먹을 수 있게 하였거나 올려진 재료의 물기가 밑으로 빠지도록 고안한 것으로 보인다.(그림 31) 한성시기 후기에 나타나기 시작한 삼족토기의 저부에 구멍이 있는 것과 동일한 용도를 목적으로 제작한 것으로 짐작된다.

　Ⅱ형식은 사비시기 중기 말이나 후기에 유행한 회색토기로 만들어지고 부여와 익산지방에서만 발견되고 있다. 이 Ⅱ형식은 부여 관북리 추정왕궁지에서 굽 달린 대부완과 공반하고 있기 때문에 공주 무령왕릉 출토 동제접시와 동제완처럼 함께 사용하는 한 벌로 생각되며, 동제품 또는 도자기를 본떠 만든 규격화된 제품이다.(사진 122) Ⅱ형식은 내부가 깊은 것과 그렇지 않은 2종류가 있다. 동체의 내부가 깊은 Ⅱ가형식은 물건을 담을 때 쓰였던 것으로 볼 수 있겠지만 나주 복암리 1호분 출토 녹유 접시와 비교해볼 때 굽달린 완을 올려놓는 받침으로도 사용되었을 것이다. 동체의 내부가 깊지 않고 편평한 Ⅱ나형식은 음식물을 담았던 것

으로 추측된다. 일본 나라 후지와라궁[藤原宮]의 토기를[457] 살펴보면 굽달린 접시에 음식물을 담아 복원해 놓았는데 좋은 참고자료가 된다. 영산강유역에서 아직 굽달린 접시가 발견된 적이 없지만, 나주 복암리 1호분 출토 녹유 접시를 볼 때 영산강유역에서 모방품 또는 방제품이 발견될 가능성이 있다.

사진 122. 무령왕릉 출토 탁잔

---

457) 奈良國立文化財研究所飛鳥藤原宮發掘調査部, 1991, 『藤原宮と京』.

12. 병

병은 물과 같은 액체를 담아 나르는 용기이다. 병은 일상생활용기로서 백제 유적에서 등장 시점이 늦은 편이다. 백제 초기에 병을 대신하여 사용된 기종이 있었을 가능성이 높으며 3세기 후엽경~4세기 초의 연대관을 갖는 서진시기 시유도기가 술을 담아 날랐던 용기로 보고 있는 것은 시사하는 바가 크다.

병의 출현 계기는 단경병이 호형토기에서 자체 발전하였거나 호형토기에 단경병의 구연부 요소가 결합되어 나타났다는 설과[458] 단경병이 계수호나 청자사이호 등의 중국 자기로부터 영향을 받아 나타났다고 보는 설이[459] 있다. 장경병의 경우 중국의 수병水甁에서 영향을 받아 나타난 것이다. 병은 백제시대 유적에서 발견되는 상황을 보면 단경병이 주류를 이루어 발견되고 있어서 지금까지 단경병에 대한 연구가 집중적으로 이루어져 왔다. 단경병을 제외한 나머지는 소량이 발

사진 123. 1.천안 용원리 9호 석곽묘 출토 흑유계수호, 2.중국 산서 고적회락묘 출토 금동제수병, 3.남원 세전리 장경병

458) 서성훈, 1980, 「백제의 토기병 고찰」『백제문화』13, 공주대학교 백제문화연구소.

459) 김종만, 2004, 『사비시대 백제토기 연구』, 서경문화사.
　　　김종만, 2007, 『백제토기 신연구』, 서경문화사.
　　　土田純子, 2005, 「百濟 短頸甁 硏究」『백제연구』42, 충남대학교 백제연구소.

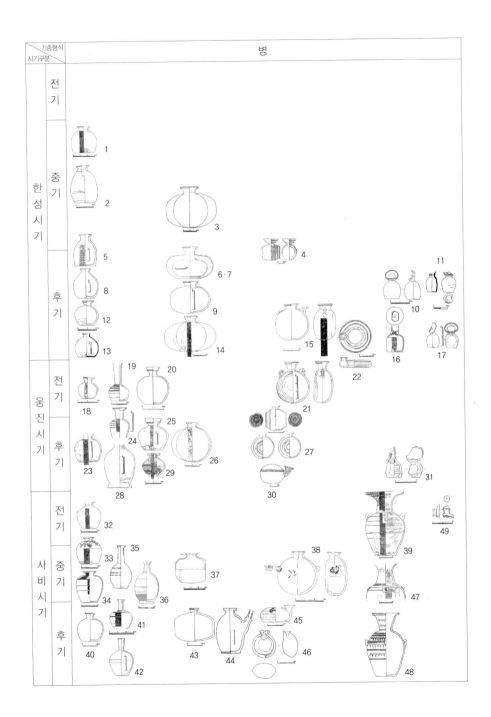

기종형식 시기구분		병			
한성시기	전기				
	중기				
	후기				
웅진시기	전기				
	후기				
사비시기	전기				
	중기				
	후기				

그림 32. 병

1. 풍납토성 대진·동산연립주택부지 우물 3단

2. 진천 산수리 87-7호 요지

3. 풍납토성 197번지 가-3호 주거지

4. 영암 만수리 2호분 2호 옹관

5. 몽촌토성 87-1호 주거지 소형 저장공

6·7. 몽촌토성

8. 석촌동 86-11호 토광묘

9. 부안 죽막동

10. 청원 주성리 2호 석곽묘

11. 완주 상운리 라지구 1호 분구묘 30호 목관묘

12. 풍납토성 197번지 가-1호 주거지

13. 완주 상운리 2호 분구묘 1호 목관묘

14. 서천 봉선리 1호 석실분   15. 무안 맥포리 1호 토광묘

16. 천안 용원리 C지구 2호 석곽묘

17·24. 부안 죽막동   18. 공주 산의리 21호분

19. 연산지방(백석초등학교 소장)   20. 연산 표정리 옹관 배장품

21. 해남 용일리 용운고분   22. 광양 용강리 22호분

23. 공주 단지리 4-6호 횡혈묘

25. 공주 산의리 3호 석실묘   26. 공주 산의리 19호 석실분

27. 고창 봉덕리 가지구 구1   28. 청양 학암리 요지

29. 공주 금학동 8호분   30. 보령 주산 유곡리

31. 고창 봉덕 방형추정분 북쪽주구

32. 서산 여미리 14호분   33. 서산 여미리 13호분

34. 부여 지선리 8호분   35. 부여 동남리사지

36. 부여 관북리 추정왕궁지 I 구역 토제도수관 매립성토층

37. 부여 능사 북쪽건물지1   38. 신안 내양리고분

39. 부여 가탑리 금성산 두시럭골 5호 매납유구

40·43. 함평 석계 90-4호분

41. 부여 능사 북편건물지2   42. 나주 대안리 4호분

44. 부여 관북리 추정왕궁지   45. 부여 궁남지 동서수로V

46. 임실 성미산성 구들유구

47. 부여 가탑리 금성산 두시럭골 1·2호 벽주건물지

48. 국립부여박물관 소장품

49. 부여 쌍북리 280-5번지 4호 건물지

견되어 앞으로 자료의 축적을 기다려 보아야 한다.(사진 123)

병은 단경병(Ⅰ식), 장경병(Ⅱ식), 반구병(Ⅲ식), 횡병(장군, Ⅳ식), 정병(Ⅴ식), 자라병(Ⅵ식), 유공횡병(Ⅶ식), 양이부병(편병, Ⅷ식), 환상병(Ⅸ식), 사이반구병(Ⅹ식), 배부병(Ⅺ식)이 있다. 각 형식은 구연부, 구순, 동체의 최대경 위치, 저부 등에 의해 형식을 세분할 수 있으나 병의 종류가 많아 기형별 분류만 실시하였다.(그림 32)

1) 한성시기

한성시기에 사용된 병은 Ⅰ식, Ⅳ식, Ⅶ식, Ⅷ식이 있다. 풍납토성의 지속적인 발굴조사를 통해 기존의 몽촌토성 출토품보다 이른 시기의 단경병이 발견되어 출현 시기도 반세기 이상 끌어올리게 되었다.

한성시기 전기의 유적에서는 병류가 잘 보이지 않지만 마한시기의 유적인 남원 세전리에서 병이 확인되고 있어서 인식은 하고 있었을 가능성이 있다. 한성시기 중기는 Ⅰ식이 구연부 구순이 단순하게 처리되며 동체 최대경은 중앙이나 위에 있고 저부는 동체만큼 넓게 만드는 특징을 갖는다. 풍납토성 대진·동산연립주택 부지 우물 3단·197번지 가-21호 수혈·몽촌토성 85-2호 저장공 출토품이 대표적이다. 진천 산수리 87-7호 요지에서 수습된 Ⅰ식에 대해서 발굴조사자는 4세기 전반기로 편년하고 있어 중기의 전반기에 속하는 것이지만 길어진 동체의 최대경이 중위보다 약간 아래에 있어서 시기가 약간 하향할 가능성이 있다. 한성 시기 후기의 Ⅰ식은 중기의 형태와 유사하고 동체는 중기보다 길어지며 최대경이 별도로 없고 저부는 납작한 것으로 변화하고, 소형은 동체가 구형으로 되고 저부는 동체보다 작아지는 특징을 갖는다. 몽촌토성 87-1호 주거지·석촌동 86-11호 토광·풍납토성 197번지 가-1호 주거지 출토품이 대표적이다. 서산 부장리 분구묘 출토 Ⅰ식은 몽촌토성 87-1호 주거지 출토품과 유사하여 한성백제의 영토확장 또는 문화교류의 루트를 잘 살펴볼 수 있다. Ⅰ식은 금강유역의 경우 공주 수촌리 5호 석실분과 연산 모촌리 92-15호분·하표정 14호분에서도 발견되며, 구순에 요철홈이 나타나기 시작한다. 완주 상운리 2호 분구묘 1호 목관에서 확인된 Ⅰ식은 저부가 편평하고 둥근 동체는 최대경이 중간보다 밑에 있으며 좁게 만든 구연부 구순은 일부를 훼손하는 등 일본 나라의 니자와센츠카[新澤天塚]에서 확인된 백제계 병과 유사하다. 한편 연산 표정리 출토 Ⅰ식 중에는 소형이지만 바닥이 둥근 것도 있는데 기름과 관련된 액체를 담았던 유병油瓶일 가능성이 있다.

한성시기 후기의 Ⅳ식은 액체를 넣어 저장하거나 옮기는데 사용한 것으로 사비시기까지 확인되며 동체의 형태에 따라 계란형, 동체의 한쪽 면을 편평하게 한 것, 동체의 양쪽 면을 편평하게 한 것 등 세 가지 형식으로 나눌 수 있다. 한강유역을 중심으로 양주 송추(경희대학교 박물관 소장품), 몽촌토성, 군포(의왕) 부곡에서 계란형이 발견되었다. 군포 부곡 출토품은 어깨 양쪽에 고리가 있어 메달 수 있도록 하였으며, 무개식의 삼족토기(ⅠC형식)와 공반한다.(사진 124)

계란형은 금강유역의 공주 금학동·산의리, 부여 초촌 응평리, 서천 봉선리,460) 군산 산월리 등 주로 공주의 서쪽지역에 있는 고분에서 확인된다. 또한 계란형은 부안 죽막동 제사유적에서도 발견되고 있어 서해안을 따라 백제문물의 확산과정을 살펴볼 수 있는 기종 중 하나이다. 동체의 한쪽 면만 편평한 것은 천안 두정동 Ⅰ지구 2호 주거지 출토품을 북쪽 한계로 하여 순천 구산리, 나주 신촌리에서 확인되며 계란형보다는 출토 사례가 적다. 계란형과

사진 124. 횡병(1.양주 송추, 2.군포 부곡)

---

460) 충청남도역사문화연구원, 2005, 『舒川 鳳仙里 遺蹟-圖版-』.

한쪽 면만 편평한 것은 사용방법이 다른데, 전자는 눕혀서, 후자는 세워서 사용하는 것으로 알려져 있다.[461]

Ⅶ식은 동체의 양쪽 면이 편평한 것으로 영암 만수리 2호분 2호 옹관, 풍납토성 경당지구 206호 우물에서 발견되었다. Ⅶ형식은 영산강유역을 중심으로 발견되며 풍납토성 출토품은 지방산으로 확인되고 있으며 일본 스에끼 중 타루[樽]와의 관련성을 지적한 견해가 있다.[462]

사진 125. 천안 용원리 C지구 1호 석곽묘

Ⅺ식은 단경병의 구연부에 접시나 잔을 덧붙인 것으로 배부토기라고도 부른다.[463] 백제지역에서는 한성시기 후기에 출현하여 사비시기 전기까지 사용했으며 중앙양식의 토기는 아니다. 용도는 술 등 음료를 휴대하면서 덜어 마시는 용기로 이해하고 있다.[464] 형식은 세울 수 있는 것과 옆으로 눕혀지는 것의 두 종류로 나눌 수 있는데, 한성시기 후기에는 세워지는 형식만 확인되고 있다. 청원 주성리 2호 석곽묘,[465] 천안 용원리 C지구 1

461) 권오영·한지선, 2003, 「儀旺市 一括出土 百濟土器에 대한 관찰」 『길성리토성』, 한신대학교 박물관.

462) 木下亘, 2003, 「韓半島出土 須惠器(系) 土器에 대하여」 『백제연구』 37, 충남대학교 백제연구소.

463) 서현주, 2006, 『영산강유역 고분토기 연구』, 학연문화사.

464) 박순발, 2006, 『백제토기 탐구』, 주류성.

465) 한국문화재보호재단, 2000, 『청원 주성리유적』.

호 석곽묘,[466] 완주 상운리 분구묘 나지구 7-2호·라지구 2-1호·라지구 1-30호 목관묘木棺墓,[467] 부안 죽막동 제사유적[468] 등에서 발견되었다. 천안 용원리 C지구 1호 석곽묘 및 부안 죽막동 나지구 출토품에는 동체에 격자문이 타날되어 있다.(사진 125) 일본 긴끼지방과 시코쿠지방에서 소량이 확인되고 있어 백제와의 교류에 의해 나타난 기종일 가능성이 있다.

2) 웅진시기

웅진시기 병은 Ⅰ식, Ⅱ식, Ⅲ식, Ⅳ식, Ⅵ식, Ⅶ식, Ⅷ식, Ⅸ식, ⅩⅠ식이 있는데, 백제 전 기간을 통해서 수량은 소량에 불과하지만 가장 다양한 형식의 병이 사용되고 있음을 알 수 있다.

웅진시기 전기는 한성시기 Ⅰ식의 형태 중 타원형의 동체가 유지되다가 바로 구형 동체로 바뀌고 구연부는 역팔자 모양을 하는 것이 특징인데, 공주 송산리 27-5호분(파괴석실묘)·웅진동·옥룡동 출토품이 있다. 공주 송산리 27-5호분(파괴석실묘) 출토 Ⅰ식은 동체가 타원형이며 구연부가 역팔자 모습을 하고 있어 동체가 구형으로 되어 있는 옥룡동 출토품보다는 이르다. 한성시기 후기의 경기도 양주 송추 출토 편구형의 병과 비교했을 때 전체적으로 크기가 작아지고 견부의 문양이 없어진 점에서 발전형으로 보인다. 공주 산의리 21호분 출토 Ⅰ식은 옥룡동 출토품과 구연부, 동체가 비슷하지만 산의리 출토품의 구순이 발달하여 전기의 마지막 단계에 해당된다. 연산지방에서는 Ⅱ식이 확인되었는데, 입술이 살짝 바라지고 긴 목에는 밀집파상문이 새겨졌으며 구형 동체에 바닥은 납작하게 만들었다. 저부와 동체 경계지점은 예새로 깎아 조정하였으며 견부 이상에 물결무늬가 있다.[469] Ⅲ식은 공주 무령왕릉 출토 무령왕비의 금관장식과 흑유병에도 표현되

466) 임효재·최종택·윤상덕·장은정, 2001, 『용원리유적C지구발굴조사보고서』, 서울대학교 박물관.

467) 김승옥·이보람·변희섭·이승태, 2010, 『上雲里Ⅲ』, 전북대학교 박물관.

468) 국립전주박물관, 1994, 『扶安 竹幕洞 祭祀遺蹟』.

469) 2011년도에 장경병이 소장되어 있는 충남 논산시 연산면 백석리 소재 백석초등학교를

사진 126. 공주 무령왕릉 출토 왕비관

사진 127. 무령왕릉 출토 흑유병

어 있듯이 구연부가 ㄴ자형으로 덧댄 모양인데, 연산 표정리 당골 옹관묘 부장품이 해당한다.[470](사진 126, 127)

웅진시기 후기에는 Ⅰ식의 동체에 변화가 생겨서 원통형보다는 중간 부분이 배가 부른 둥근 형태가 주류를 이룬다. 공주 단지리 4지구 6호 횡혈묘 출토품은 동체의 하단이 좁아지고 저부가 약간 오목하게 변하는 등 웅진시기 후기의 전형적인 형태를 하고 있으며 부장되기 전에 구연부를 일부 또는 전부를 깨서 고분에 넣었던 것으로 보인다. 병의 구연부를 파쇄하는 행위는 청주 신봉동 90A-21호분 출토품과[471] 같이 한성시기 후기 단계에서부터 나타나는 현상이다. 연산 표정리 고분에서 확인된 Ⅰ식 중에는 동체에 밀집파상문이 베풀어지고 동체가 둥글지만

　　　방문하여 장경병을 실견하였으며, 학교 건물을 신축하고 이전하는 과정에서 목부분이 없어졌다.

470) 서성훈·신광섭, 1984, 「표정리백제폐고분조사」『중도Ⅴ』, 국립중앙박물관, p.175 도면 16-②.

471) 충북대학교 박물관, 1990,『淸州 新鳳洞 百濟古墳群 發掘調査報告書』.

크기가 작은 것도 있다.[472] 공주 공산성 석축 연못에서 발견된 것은 동체에 자연유가 있는 광견형으로 변하는 과도기 형태이다. 청양 학암리 2호 요지에서 수습된 대각이 있는 병은 Ⅱ식으로 추정된다.[473] 부안 죽막동 제사유적에서 수습된 Ⅱ식은 동체에 비해 구연 부분이 크고 경부가 통통하여 비율이 잘 맞지 않게 보이는데 제사용으로 특별히 사용하기 위해 과장되게 만든 것으로 보인다. Ⅲ식은 전기보다 구연부 구순의 형태가 더욱 과장되게 만들었으며, 공주 산의리 3호 석실분·금학동 8호분과 연산 표정리 6호분, 나주 복암리 3호분 4호 옹관에서 발견되었다. 공주 금학동 8호분 출토품은 동체의 최대경이 중앙에 있고 구순이 넓어 논산 표정리 6호분 출토품보다 발전된 형태로 보인다. 그리고 Ⅳ식이 공주 산의리 19호 석실분에서 발견되었는데 한성시기보다 작게 만들어졌지만 계란형의 동체에 짧은 목이 달려 있다. Ⅵ식은 보령 주산 유곡리와 완주 배매산성에서 출토하였다. 보령 주산 유곡리 출토품은 목이 동체의 어깨 부분에 부착되어 있으며 바닥이 납작한 것으로 실제 자라가 목을 길게 빼고 걸어가는 듯한 형상이며 사실적으로 표현하였다. Ⅶ식은 고창 봉덕리 가지구 구1에서, Ⅷ식은 무안 맥포리 1호 토광묘에서 발견되었다.[474] Ⅶ·Ⅷ식은 그 형태

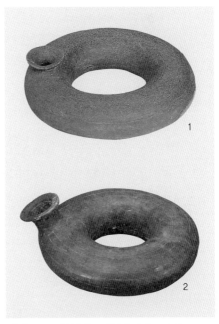

사진 128. 환상병(1.광양 용강리 22호분, 2.서울 구의동 유적)

---

472) 서성훈·신광섭, 1984, 「표정리백제폐고분조사」『중도Ⅴ』, 국립중앙박물관.
473) 충청남도역사문화원, 2006, 『靑陽 鶴岩里·分香里 遺蹟-圖面·圖版-』.
474) 국립광주박물관, 2005, 『先史와 古代의 旅行』.

사진 129. 나주 영동리고분군(신라토기와 공반)

가 백제토기의 일반적인 기형과는 달라서 일본 스에끼와의 관련성이 지적되고 있다.[475] IX식은 광양 용강리 22호분에서 백제의 것으로는 유일하게 확인되었는데, 한강유역의 고구려유적인 구의동에서 수습된 것과 비교하면 색조와 주구부의 위치는 다르지만 형태가 흡사하므로 고구려토기의 영향으로 나타난 것으로 볼 수 있다.(사진 128) VII·VIII·IX식은 백제지역 내에서 일반화되지 못하고 지역적으로 서해안을 따라 확인되고 있어 강한 지역색을 띤다. XI식은 고창 석교리 8호 주거지,[476] 나주 복암리 8호분 북쪽주구 출토이[477] 있다. 나주 복암리 8호분 북쪽주구 출토품은 편병에 격자문이 타날되어 있고 구연부에 완형이 부착되어 배부가 크게 보이는 특징을 갖고 있어 천안 용원리 C지구 1호 석곽묘 출토품을 잇는 자료이다. 나주 영동리 고분군 출토 대부배는 공반한 신라토기 개배의 뚜껑에 새겨져 있는 문양을 통해 6세기 전반기의 연대를 갖는다.(사진 129)

3) 사비시기

사비시기는 I식, II식, III식, IV식, V식, VI식, VII식, VIII식, X식, XI식 등

475) 국립부여박물관, 2004, 『百濟의 文物交流』.
476) 이영철·조희진, 2005, 『高敞 石橋里 遺蹟』, 호남문화재연구원.
477) 국립나주문화재연구소, 2013, 『나주 복암리 유적II』.

병의 대다수 종류가 확인되고 있다. 사비시기 전기는 I식이 주로 확인되고 있으며 광견형을 이룬다. 일상생활유적과 고분유적에서 공히 발견되고 있으며 서산 여미리 14호분·논산 표정리 여술고분·장성 학성리 A-6호분·나주 복암리 1호분 출토품처럼 평저에 동체가 횡타원형으로 된 것도 있다. 동체가 타원형을 이루는 형식은 금강 이남 지역에서 유통된 형태로 중국제 계수호와[478] 같은 병형토기의 영향으로 나타난 요소 중 하나가 아닌가 한다. XI식이 부여 쌍북리 280-5번지와 쌍북리 북포유적 II문화층 1호 지엽부설에서[479] 확인되었으나 편이라서 전체적인 형태는 알 수 없다.

사비시기 중기는 I식의 경부가 낮아지고 동체에 비해 구경이 더욱 작아진다. 그리고 구연부의 구순은 사각의 형태를 띠고 있다. 서산 여미리 I지구 13호 석곽묘, 부여 지선리 8호 석실분 출토품이 대표적이다. 중기에는 II식이 발견되고 있는데, 웅진시기 전기에 나타난 II식과는 다른 양상을 보이는 것들이다. 즉, 부여지방에서 발견되는 II식은 중국 북조에서 유행하던 수병(土製, 銅製)을 모방하여[480] 나타난 것이라고 생각되며, 굽이 있는 것과 없는 것이 있다. II식이 부여 동남리사지·능사 등 특별히 사찰에서 발견되고 있는 것은 당시 불교문화의 도입과 더불어 나타난 현상이라고 할 수 있다. 부여 관북리 추정왕궁지 1구역 토제배수관 매립 성토층에서 발견된 II식은 굽이 달려 있는 것으로 부여 동남리사지에서 발견된 것과 유사하다. II식은 영산강유역에서 나주 대안리 4호분·해남 용일리 용운 3호분 출토품[481] 이외에는 잘 발견되지 않고 있는데, 이 지역의 불교문

478) 이남석, 1999, 「古墳出土 黑釉鷄首壺의 編年的 位置」『호서고고학』 창간호, 호서고고학회.

479) 이호형·이판섭, 2009, 『부여 쌍북리 현내들·북포유적』, 충청문화재연구원.

480) 이난영, 1978, 「韓國古代의 金屬瓶」『미술자료』 23, 국립중앙박물관.
서성훈, 1980, 「百濟의 土器瓶 考察」『백제문화』 13, 공주대학교 백제문화연구소, pp.27~36.
張慶捿, 1999, 「北齊の蓋のある細頸銅瓶の變遷」『觀音山古墳と東アジア世界特別展圖錄』, 群馬縣立歷史博物館, pp.98~102.

481) 송의정·은화수·최화종·윤효남, 2004, 『해남 용일리 용운고분』, 국립광주박물관, p.134 사진 90.

화 수용과 관련이 깊은 것으로 생각된다. 신안 내양리 고분에서 이 시기에 해당하는 Ⅷ식이 발견되었다.

사비시기 중기에 나타나는 특이한 현상 중의 하나는 금강유역의 고분 부장용으로 확인되는 병이 논산, 보령, 서천, 서산지방과 같은 부여 도성 주변에서만 발견되고 있다는 점이다. 또한 영산강유역 중 함평 석계 90-4호분 출토 Ⅰ식은 서천 봉선리 고분·화산리 고분에서 출토된 병처럼 경부가 중앙에서 약간 치우쳐 있으면서 동체의 형태가 말각방형을 하고 있어 재지적인 특징을 갖는 토기문화가 서해안을 따라 왕래하고 있음을 알 수 있다. Ⅲ식은 연산 표정리 당골 횡혈식석실분 부장품[482] 등 연산지방에서 확인되고, 나주 복암리 3호분 4호 옹관에서도 발견되었다.

사비시기 후기에는 금강유역의 고분에 부장되는 Ⅰ식이 도성 주변지역인 논산, 보령, 서천, 서산지방에서 확인된다. 영산강유역의 함평 석계 90-4호 무덤 출토 Ⅰ식은 서천 봉선리·화산리고분에서 출토된 병처럼 목이 중앙부에서 약간 치우쳐 있으면서 동체의 형태가 말각방형을 띠고 있어 재지적인 특징을 갖는 토기문화가 서해안을 따라 나타나고 있음을 보여준다. 입술의 형태가 마치 반盤처럼 생긴 Ⅲ식이 논산 육곡리 석실분, 보령 보령리 석실분에서 확인되었다. Ⅲ식은 시기가 내려가면서 높게 만들어진 입술 밑에 1줄의 돋을 띠가 마련된다. 또한 부여 능사 북편건물지1과 함평 석계 90-4호 석실분에서는 가장 늦은 단계의 Ⅳ식이 확인되었다. Ⅴ식은 부여 관북리 추정왕궁지에서 1점이 확인되었는데, 회색토기의 한 종류로 나타나고 있으며 단경병의 동체 한쪽에 주구부가 달려있는 것이다. 부여 궁남지 동서수로Ⅴ, 임실 성미산성에서는 작은 동체에 큰 입술 부분을 갖춘 Ⅵ식이 발견되었다.

영산강유역에서는 나주 복암리 3-7호분 출토 Ⅰ식은 담양 재월리 및 나주 흥덕리 출토품보다 광견화가 정착되고, 구순도 발달한 형태를 하고 있어 가장 늦은 시기의 것으로 추정된다.

---

482) 안승주, 1976, 「논산표정리백제고분과 토기」 『백제문화』 9, 공주대학교 백제문화연구소.

한편 사비시기 전기~후기를 통하여 부여지방에서 유행한 특이한 형태의 병으로 X식을 들 수 있다. X식은 평저로 광견형의 동체에는 음각선이 돌아가고, 횡으로 구멍이 뚫려있는 귀가 견부에 등간격으로 4개가 부착되었다. 경부는 높게 올라가고 상부에서 바라지다가 턱을 이루며 구순을 세운 형태이다. 경부에 음각선이 있는 것에서 없는 것으로, 음각선 내부에 시문된 파상문이 복잡한 것에서 간단한 것으로, 동체에 음각선만 있는 것에서 음각선과 내부에 파상문이 시문된 것으로 변천하는 것으로 짐작된다. 부여 금성산 두시럭골 5호 매납유구 출토품은 부여 능사 하층에서 발견된 사비시기 전기에 해당하는 전달린 완과 유사한 것이 공반유물로 발견되어 가장 이르며 동 지역의 1·2호 벽주건물지·관북리 160번지 유적 3층·궁남지·부소산성·뒷개 유적 확장면 4-1 출토품이[483] 그 뒤를 잇고 마지막으로 정형화가 이루어진 국립부여박물관 소장품이 해당하는 것으로 보인다.(사진 130) X식은 초기에는 일상생활 및 의례와 관련되어 발견되고 있지만 공주 단지리 4지구 1호 옹관묘에서 보는 바와 같이 매납용기로 전용되면서 소멸한다.

X식은 중국 자기의 영향을 받아 제작된 것으로 꽃을 꽂아 놓고 완상玩賞하였거나 액체를 담는 기능으로 사용되었다. 이와 비슷한 형태가 천안 화성리 반구사이호, 공주 무령왕릉 출토 사이병과 같이 이미 한성시기 중기부터 백제에 알려진 기종이었으며 사비시기에 이르러서 대형품으로 제작되고 있는 것은 당시 사비도성 내부의 의례(공헌) 용구와 관련된 것으로 보는 것이 좋을 듯하다.

사진 130. 사이부병(국립부여박물관 소장)

---

483) 부여군문화재보존센터, 2013, 『부여 뒷개유적』.

기종형식 / 시기구분		기대

13. 기대

기대는 무개식 고배 또는 삼족토기의 배신이나 깔대기 모양을 하는 수발부와 대각부가 있는 것으로 수발부 아래에는 장식이 부착되어 있고 구멍이 뚫려 있는 것을 말한다.

기대의 기능은 항아리와 같은 밑이 둥근 그릇을 올려놓는 받침으로 공헌용기貢獻容器로 알려져 있다.[484] 그리고 한성시기 기대는 한성백제토기양식 중 유일하게 개인소유가 되지 않는 기종으로 국가적 혹은 공동의 행사에 사용한 것으로 보기도 하며,[485] 기대의 형태적 특징, 희소성, 출토 맥락을 고려해서 기대 기능의 다양성을 연구한 사례도[486] 있다. 기대의 기능을 살펴볼 수 있는 것으로 풍납토성 경당지구 9호 유구 출토품을 들 수 있다. 이 기대는 고배형 기대의 수발부인데, 구연부 일부를 눌러서 주구로 사용하고 있었던 것으로 보아 액체를 따르는 용기의 하나였음을 보여준다. 기대 출토 유적은 백제의 추정왕궁지, 사지, 제사 장소 등에서 수습되어 큰 틀에서 본다면 의례용기로 사용한 것이고, 본래의 기능을 상실한 기대는 파쇄하여 버리는 것이 주였지만 후기적인 특징으로 간혹 폐기하지 않고 고분의 매납용기로 재사용한 경우도 있다.(그림 33)

기대의 출현 계기는 중국 탑식관塔式罐과 같은 제품에서의 영향을 고려한 견해가 있다.[487] 기대는 의례용기로서 백제의 제례 제정과 관련하여 등장한 것으로 보아야 한다. 백제 기대와 같은 형식의 것은 중국에서 찾을 수 없으나 은대殷代 이래의 장고형토기(사진 131)에 보이는 수발부와 통형부에 있는 돌대나 원공의 모습

---

484) 서성훈, 1980, 「백제 기대의 연구」『백제연구』11, 충남대학교 백제연구소, pp.193~222.
松井忠春, 1995, 「韓國の土器文化について」『激動の古代東アジア』, 日本 帝塚山 考古學研究所, pp.128~139.
김종만, 2007, 『백제토기 신연구』, 서경문화사.

485) 한지선·이명희, 2012, 「한성백제기 기대 연구」『고고학지』18, 국립중앙박물관.

486) 나혜림, 2010, 『백제 기대의 변천과 기능』, 한신대학교 석사학위논문.

487) 한지선·이명희, 2012, 「한성백제기 기대 연구」『고고학지』18, 국립중앙박물관.

이 한성시기 기대의 모습과 유사하다. 시기적으로 백제와 많은 차이가 나지만 이러한 형태가 줄곧 시기를 달리하며 중국 내에서의 발전과정에 대한 변화를 고려하면 충분히 가능성이 없는 것은 아니라고 생각된다. 그리고 오산 궐동, 평택 마두리, 아산 용두리, 천안 대화리와 청주 송절동·오송지역의 마한시기 분묘에서 확인된 유개대부토기는 단경호, 발, 접시와 같은 동체에 대각을 부착한 것

사진 131. 중국(복건성 민후현) 은대殷代 토기

이다.[488] 그런데 대각의 일부는 동체와 부착되어 있지만 별도로 올려 놓은 듯한 모습으로 만들어진 것이 많이 있다. 이러한 점은 대각이 본래 위에 있는 동체를 받치는 용도로 사용하고 있음을 보여주는 것으로 백제의 기대 출현과 관련이 있다고 추정된다. 대각에는 이미 삼각형, 원형 등의 투공이 있어서 발달된 모습을 보여주고 있으며 백제의 고배형 기대와 흡사하다.(사진 132) 청주 봉명동에서 수발부와 통형부가 잘 남아있는 백제의 원통형 기대와 천안 두정동 Ⅰ지구 2호 주거지에서 확인된 통형부는 호서지방에서 마한시기의 유개대부토기가 자체적으로 분리되어 출현했을 가능성을 보여주는 예라 할 수 있다.(사진 133)

기대의 출현 시기는 3세기 말~4세기 중엽 설과[489] 4세기 중반~중후반 설이[490] 있다. 풍납토성 현대연합주택 나-7호 주거지 출토품이 기하문이 있는 수막새와 공반하고 있는 점에서 4세기 초경에는 백제 기대가 출현하는 것으로 보아야 한다.

488) 국립청주박물관, 2019, 『호서의 마한』.
489) 박순발, 1998, 『백제 국가의 형성 연구』, 서울대학교 박사학위논문.
490) 한지선·이명희, 2012, 「한성백제기 기대 연구」 『고고학지』 18, 국립중앙박물관.

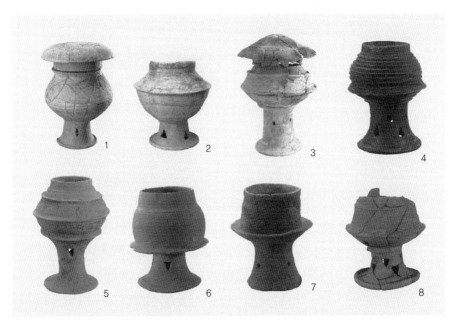

사진 132. 유개대부호, 유개대부발(1·5.아산 용두리, 2.청주 봉명동, 3.평택 마두리, 4·7.청주 송절동, 6.청주 오송, 8.천안 대화리)

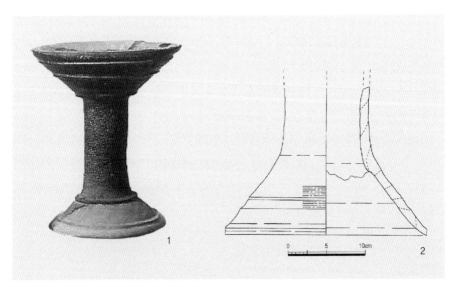

사진 133. 기대(1.청주 봉명동, 2.천안 두정동)

기대는 수발부의 형태에 따라 무개식 고배의 배신처럼 생긴 것(Ⅰ형식), 깔대기 모양인 것(Ⅱ형식)으로 대분할 수 있다. Ⅰ형식은 발형 기대라고도 하는 것이며, 수발부에 별도의 대족을 부착한 것이다. Ⅰ형식은 수발부가 구형에 가까운 것(A), 나팔상으로 바라진 것(B)으로, 대족이 낮은 것(a), 높은 것(b)으로 분류할 수 있고 a·b형은 투창의 유무와 형태에 따라 세분된다. Ⅱ형식은 장고형이라고 한 것이었는데, 수발부가 나팔상으로 된 것(가)이 반구형으로 된 것(나)보다 월등히 많고 나형은 대부분 수발부만 남아 있어 세부적으로 형식 분류하는 것을 보류한다. Ⅱ가형식은 수발부 아래에 호형이 없는 것(ㄱ), 호형이 있는 것(ㄴ)으로 구분한다. Ⅱ형식은 대각의 상부(통형부)에 돌대가 없는 것(ⅰ), 돌대가 있는 것(ⅱ), 고사리장식이 있는 것(ⅲ)으로 나눌 수 있다. Ⅱ형식의 대각부는 장고형(①)과 나팔형(②)으로 분류할 수 있다. 기대는 이외에도 각종 문양과 투공의 형태에 따라 변화하고 있어 세분할 수 있다.

1) 한성시기

한성시기 전기는 기대의 출현이 아직 확실하지는 않지만 풍납토성 현대연합주택 나-7호 주거지 출토품 중에 Ⅱ형식으로 볼 수 있는 편이 있다. 이 기대는 작은 편에 불과하지만 흑색마연기법으로 제작되었으며 동체에 돌대가 주름 무늬처럼 돌아가고 소원공만 투공되고 있어 이후 나타나는 Ⅱ형식과는 다른 면을 보여주고 있다. 이 기대를 통하여 백제는 이른 시기부터 의례용 토기를 만들고 사용했음을 알 수 있다.

한성시기 중기는 풍납토성 현대연합주택 가-유물포함층 중하층에서 Ⅱ형식이 확실하게 등장하고 있는데, 수발부와 통형부 일부만 있는 것이지만 가ㄱ형이며 비교적 긴 돌대가 있는 ⅱ형으로 단순하게 처리한 것이 특징이다. 몽촌토성 85-6호 저장혈, 이천 설성산성, 포천 자작리 2호 주거지 출토품은 이 단계에 해당한다.

한성시기 후기는 Ⅰ형식이 새롭게 등장하고, Ⅱ형식은 매우 발전하는 단계이다. Ⅰ형식은 풍납토성 현대연합주택 가-유물포함층 중층·197번지 가-3호 주거지 상층·197번지 라-105호 수혈·경당지구 9호 유구, 몽촌토성 88-4호 저장공에서 확인되었으며, 동체 내부가 깊고 외부 표면에 돌대와 밀집파상문이 시문되는 특징을 갖는다. 대각부는 낮게 만들고 후기의 후반기에는 돌대와 투공이 있는 것이 있다. 특히 몽촌토성 출토품은 수발부와 대각부 경계지점에 등간격으로 고사리무늬가 장식되고 있는 특징을 갖고 있다. 한편 천안 두정동 주거지와 분구묘에서는 풍납토성·몽촌토성 출토품과는 이질적인 Ⅰ형식이 등장한다. 서울지역 출토품과 비교해보면 수발부는 화로형 모양이며 대각부는 높게 만들어서 백제중앙양식과 연결된 것이 아니라 분구묘를 기반으로 하는 재지계에서 제작한 기형으로 보인다. 고령지방의 고분 출토품과의 비교를 통해 영남지방과의 교류에 의해 나타난 기형으로 볼 수도 있겠지만[491] 마한시기에 중서부지방에서 유행했던 유개대부토기가 동체와 대족이 분리되면서 자체적으로 변한 것일 가능성이 높다. 한성시기 후기의 늦은 단계가 되면 Ⅰ형식이 급격하게 변하면서 장식이 사라지고 정형화되며 풍납토성 197번지 다-그리드, 서산 부장리 1호 분구묘, 공주 수촌리 Ⅱ-4호분, 연산 신흥리 1호분 출토품처럼 수발부가 작아지면서 정형화되고 대각부에 삼각형 투공이 정형성을 갖는다.

한성시기 후기의 Ⅱ형식은 중기에서는 보이지 않았던 통형부에 호형이 생기고 수평으로 돌아가는 돌대와 고사리무늬가 수직으로 장식되어 결합하고 대각부는 ②형이다. 기대에 시문된 문양은 밀집파상문密集波狀文과 사격자문斜格子文이 전면에 시문되고, 파상문과 소형의 둥근무늬[魚子文]가 압인된 것도 있다. 풍납토성 현대연합주택 가-유물포함층 중층에서 확인된 유물을 통하여 살펴볼 수 있다. 풍납토성 197번지 나-42호 주거지·나-60호 수혈에서 발견된 Ⅱ형식은 가장 발전된 형태로 보인다. 후기 중에서 마지막 단계의 Ⅱ형식은 서천 추동리 C-1호 옹관묘 출토품을 들 수 있다. 이를 통해 한성시기 후기부터 Ⅱ형식이 지방인 금강유역에서 고분의 매납용기로 사용된 것을 알 수 있게 되었다. 청주 봉명동에서는 수발부와 대각부가 대칭에 가까운 나팔형이고 중간 부분이 원형으로 된 Ⅱ형

---

491) 성정용, 2007, 「한강·금강유역의 영남지역계통 문물과 그 의미」 『백제연구』 46, 충남대학교 백제연구소.

식이 발견되었으며, 부안 죽막동 제사유적에서 발견된 것도 이 단계에 포함할 수 있다.

한성시기 후기 Ⅰ·Ⅱ형식 기대의 생산 유적은 많이 있었을 것으로 추정되나 아산 소동리 요지만 알려져 있다. Ⅰ형식은 수발부와 대각부의 구분이 어려운 것이 다수 포함되어 있는데, 대각부 하단의 돌대 사이에 파상문이 시문된 것이 있고, 대각부에 투공 여부는 알 수 없다. Ⅱ형식은 중앙양식을 충분히 모방하려고 하였지만 수발부는 형태가 단순해지면서 활짝 바라진 깔대기 모습이고, 대각부 위에 있는 호형이 돌대가 약화되어 있다. 기대는 아직 호형이 남아 있는 점에서 웅진 시기의 공주 정지산 출토품에 비해 시기적으로 앞서며 공반유물인 단경호, 고배와 함께 한성시기 후기의 최말기에 해당하는 것이다. 아산 소동리 요지에서 생산한 제품의 수급처에 대해서는 알 수 없지만 조족문을 타날판으로 사용하는 집단과 관련이 있고 토기 전용 가마이기 때문에 중서부 일대를 중심으로 공급이 이루어졌을 것으로 짐작된다.

2) 웅진시기

웅진시기 전기는 논산 연산지방고분군 출토품을 통해 특징을 살펴볼 수 있다. 연산지방고분군에서 확인되는 Ⅰ형식은 백제고지에서 가장 많은 양이 수습되고 있으며 정형화된 단계를 보여주고 있다. 연산지방은 표정리와 신흥리·모촌리에서 확인되는 양상이 다르게 나타난다. 표정리에서 확인되는 Ⅰ형식은 대각부에 2 단의 방형 혹은 삼각형 투공이 있다. 그러나 신흥리·모촌리에서 확인되는 것은 1단의 삼각형 투공이 지배적이다. Ⅱ형식은 연기(세종) 송원리 KM-016·KM-052, 부여 청산성 수혈2, 논산 표정리 81-2호분, 공주 정지산 23호 주거지, 청양 학암리 요지 폐기장 출토품이 있다. 연기(세종) 송원리 출토품은 한성시기 후기와 비교해보면 수발부에 각이 생기며 통형부에 변화가 나타난다. 그리고 공주 정지산 23호 주거지, 청양 학암리 요지 폐기장 출토품은 수발부를 보면 풍납토성 현대연합주택 가-유물포함층 중층에서 확인된 것과 동일계통의 것으로 보이고, 호형과 대각부의 경계가 없이 나팔형으로 내려오는 것은 웅진시기 전기의 변화가 나타난 것이며 장방형과 삼각형의 투공이 배치된다. 부여 청산성 수혈2에서 발견된 기대는 본래부터 수발부 밑에 호형이 없었던 것으로 풍납토성 197번지 나-60호 수혈에서 발견된 것처럼 고사리 장식과 밀집파상문이 있어 그 전통을 따르고 있으며, 정지산 출토품과도 유사한 것이다. 논산 표정리 81-2호 출토품은 연기(세종) 송원리 KM-016 출토품보다 더욱 작아져서 호형이 자취를 감추고 대각부만 남아 있다. 지그재그식 점열문이 시문되고 약화된 돌대·고사리문이 장식되어 있다.[492] 완주 배매산성 다-3지구 담수지에서 확인된 Ⅱ형식은 통형부가 작아지기는 했지만 기형상 이 시기에 포함할 수 있다.[493]

웅진시기 후기는 공주 송산리고분 등 주로 공주 시내에서 나온 것에 한정된다. 웅진시기 후기는 Ⅰ형식보다 Ⅱ형식이 많이 발견되는 단계로서 Ⅰ형식은 소멸하는 과정에 있다. Ⅰ형식은 분강·저석리 고분군에서 확인되고 있다.[494] Ⅱ형식은 공주 송산리고분군 수습품은[495] 수발부의 형태는 알 수 없지만 통형부에 장식된 고사리무늬는 종방향이지만 넓적하게 부착되고 양 단에 가서는 다시 두 가닥으로 갈라져 마치 하트 모양으로 바뀌었으며 대각부도 장고형으로 변화하는 점에서 과도기적인 형태를 보여준다.

한편 영산강유역에서 비교적 이른 시기에 나타나는 것은 Ⅰ형식이며, 횡혈식석실분의 등장과 더불어 일시적으로 발전을 한 기형 중 하나이다. Ⅰ형식은 금강유역 웅진시기 고분군에서는 하나의 부장 세트로서 존재하고 있는바 영산강유역에서 발견되고 있는 기대의 형태는 일반적으로 금강유역에서 유행하던 Ⅰ형식과는 약간 다른 면이 보인다. 대각이 중앙 부분에서 부터 둥근 형태를 이루며 길게 내려오고 그것이 날씬하게 보인다는 점이다. 이것은 웅진시기 후기 말에 남쪽으로

492) 서성훈·신광섭, 1984, 「표정리백제폐고분조사」『중도Ⅴ』, 국립중앙박물관, p.170 도면 11-⑥.
493) 윤덕향·강원종·장지현·이택구, 2002, 『배매산』, 전북대학교 박물관, p.242 도면 109-643.
494) 이남석, 1997, 『汾江·楮石里 古墳群』, 공주대학교 박물관, p.203 도면 88의 ①.
495) 백제문화개발연구원, 1985, 『백제토기도록』, 도판 3번 참조.

전파한 I 형식에 금강유역에서 유행하던 II 형식의 보급과 관련하여 나타난 것이 아닌가 생각된다. 광주 쌍암동 고분·월계동 고분, 나주 덕산리 8호분 주구에서 발견된 I 형식이 대표적이다.[496] 이 I 형식과 유사한 것이 부여 저석리 고분군에서 발견되었는데, 형태나 투공 등에서 시기가 앞서는 것으로 추정된다.

영산강유역의 II 형식은 나주 덕산리 8호분 주구, 광주 월계동 장고분 주구·명화동 고분, 무안 고절리 고분에서 발견되며 웅진시기 후기에만 사용되는 특징을 갖는다.[497]

3) 사비시기

사비시기 전기는 I 형식이 거의 소멸하지만 부여 능사 하층에서 소량이 확인되었다. 부여 능사 출토품은 크기도 매우 작아졌지만 수발부에는 침선만 남아있고 대각부는 삼각형 투공이 있는 것도 있다. II 형식은 부여 부소산성 남문지·군수리에서 확인된 것이 가장 빠른 단계에 속한다. 부여 군수리 출토품은 수발부만 남아 있고, 부소산성 남문지 출토품은 대각부만 남아 있지만 공주 정지산 23호 주거지 출토품이나 논산 표정리 당골 출토품처럼 웅진시기의 특징을 갖고 있다.[498]

사비시기 중기~후기에는 I 형식이 전기의 형태를 유지하고 있지만 대각의 단부가 더욱 외반하여 J자 형태를 하고 있는데, 부여 동남리 한국농어촌공사 사옥부지 출토품을 들 수 있다. II 형식은 전체 크기가 작아지면서 수발부 밑에 있는 호형부도 크기가 줄어들고 완만해지며, 대각의 중간부가 약간 각진 것에서 둥근 형태로 변한다. 그리고 동체에 톱니무늬가 고사리무늬와 같이 사용되다가 고

---

496) 임영진, 1996, 「光州 雙岩洞古墳」『全南의 古代墓制』, 목포대학교 박물관, pp.678~679.

497) 서현주, 2006, 『榮山江流域의 三國時代 土器 研究』, 서울대학교 박사학위논문, pp.120~126.
이건용, 2014, 『마한·백제권 통형기대 고찰』, 전남대학교 석사학위논문.

498) 김종만, 2006, 「성왕시대의 백제 생활토기」『백제 성왕과 그의 시대』, 부여군백제신서3.

사리무늬만 남게 되나 형식화되고, 삼각형·장방형 투공이 소멸되고 원형 투공이 장식되고 있다. 대각의 원형 투공은 원형+쌍원형에서 원형+하트형으로 변한다. 중기의 후반기가 되면 통형부에 종방형으로 부착되던 고사리문양은 변화가 생기는데 고사리무늬가 사라지고 둥근 단추가 장식되면서 그 사이에 어자형의 문양이 압인된 것이 나타나는데, 부여 동남리 출토품이 대표적이다.[499]

사비시기 후기의 후반기가 되면 I 형식은 이전의 형태에서 많이 벗어나 곧추선 입술을 가진 반원형의 동체에 거의 일직선에 가깝게 내려온 다리에는 원형 투공이 있는 것이 부여 관북리 추정왕궁지에서 발견되었다. II 형식은 대각부에 있는 하트형의 투공은 뒤집어진 상태로 변하거나 화염문 처럼 윗부분이 뾰족하게 된 것과 원문이 찍혀져 있는 것이 있다. 표면의 침선 문양은 평행선문+파상문이 결합된 상태로 나타나거나 문양이 없는 것도 있다. 부여 능사 북편건물지2·신리·관북리 추정왕궁지 출토품이 대표적이다. 부여 관북리 추정왕궁지에서 수습된 것과 흡사한 것이 김제 장화동에서 발견되었다. 김제 장화동에서 백제 중앙양식의 기대가 확인된 것은 김제 벽골제와 김제평야와 같은 이 지역의 중요성을 감안해 중앙에서 직접 관리가 이루어지고 있음을 보여주는 것이다. 나주 복암리 2호분 북쪽주구 출토품은 I 형식으로 웅진시기 이래의 전통을 따르고 있지만 구연부가 짧게 외반하고 동체 크기가 작아진 점에서 사비시기로 볼 수 있겠으며 부여지방에서는 전기에만 확인되고 있는 것을 고려하면 지방에서는 늦은 시기까지도 이어지는 것을 알 수 있다. 그리고 동 유적 1호 수혈 출토품은 대각부만 남아 있는 것으로 하부만 있는 것은 부여 부소산성과 익산 미륵사지 출토품과 유사하여 후기 기대의 변천 양상을 따르고 있다. 한편 후기가 되면 II 형식은 수발부와 대각부가 일부 파손된 채로 옹관의 매납용기로 사용되는 경우가 부여지방에서 확인된다. 또한 녹유가 있는 II 형식이 부여 능산리 고분군 주변에서 수습되었다.

---

499) 백제문화재연구원, 2014, 『부여 동남리 백제생활유적』.

14. 고배

고배는 완이나 접시처럼 생긴 배신부에 굽이 달려있는 것으로 형태적 변이가 비교적 다양하게 나타나는 백제의 특징적인 기종으로 일상생활뿐만 아니라 의례 행위와 관련하여 제작된 것으로 알려져 있다.

백제 고배의 출현 시기는 3세기 중엽 이후 설,[500] 4세기 2/4분기설(유개식)이[501] 있으며, 서울 석촌동 즙석봉토분에서 발견된 흑색마연의 Ⅱ형식이 4세기 전반경에 출현한 것으로 보는 것에 동의하고 있다.[502]

출현 계기는 점토대토기 이래의 두형토기와 칠기 고배와 같은 재래 기종을 계승했다는 설과[503] 중국 양자강 유역의 동진대 홍주요洪州窯 출토 두두의 영향을 받아 등장했다는 설,[504] 유개식은 무개식의 구연 하부에 돌대를 부착하여 만들었다는 설이[505] 있다. 백제 고배의 출현은 일시적인 영향으로 이루어진 것은 아니다. 백제 고배의 대족에 나타나는 원형, 삼각형 등의 투공은 이미 마한시기의 유개대부토기에 나타나고 있어서 점진적인 변화과정을 거쳐 여러 형식이 시기에 따라 완성된 것으로 보는 것도 유의미하다고 생각된다.

고배의 형식은 뚜껑이 있는 무개식(Ⅰ형식)과 그렇지 않은 유개식(Ⅱ형식)으로 크게 나뉜다. Ⅰ형식은 구연부의 형태에 따라 직립(1), 내경(2), 외경(3)으로 구분된다. 견부의 형태에 따라 구연부 아래 뚜껑받이 턱이 돌기식으로 나온 것(가), 견부가 둥글고 뚜껑받이 턱이 돌기식으로 나온 것(나), 뚜껑받이 턱이 '나'의 형태에서 변

---

500) 박순발, 2001, 『한성백제의 탄생』, 서경문화사.

501) 土田純子, 2013, 『백제토기 편년 연구』, 충남대학교 박사학위논문.

502) 김성남, 2004, 「백제 한성양식토기의 형성과 변천에 대하여」『고고학』 3-1, 중부고고학회.
김종만, 2015, 「토기의 생산기술과 유형」『서울2천년사』 5, 서울역사편찬원.

503) 박순발, 2001, 『한성백제의 탄생』, 서경문화사.

504) 권오영, 2011, 「한성백제의 시간적 상한과 하한」『백제연구』 53, 충남대학교 백제연구소.

505) 조은하, 2018, 「백제 고배와 삼족기의 연구성과와 과제」『마한·백제토기 연구성과와 과제』, 학연문화사.

기종형식 시기구분		고배	삼족토기	개배
한성시기	전기			
	중기	1 2 3 4	11 12 13 14	31 32 33	41 42 43 44	62 63
	후기	5	15 16 17 18 19	34 35 36 37 38	45 46 47 48	64 78 65 66 67 68 79
웅진시기	전기	6	20 21		49 50	69 80 70 71 81
	후기	7 8	22 23 24	39	51 52 53	72 82 73 83
사비시기	전기	9	25	40	54 55	74 84 75
	중기	10	26 27		56 57 58	76
	후기		28 29 30		59 60 61	77 85

그림 34. 고배, 삼족토기, 개배

1·2.석촌동 A지구 즙석봉토분
3.파주 주월리 96-7호 주거지
4·13.몽촌토성 동남지구 88-4호 저장공
5·16.이천 설성산성
6.공주 정지산 23호 주거지
7.공주 정지산 23호 주거지 주변 퇴적층 상층
8.부안 죽막동
9·40·54·74·84.부여 능사 하층
10.나주 복암리 3-11호 석곽묘
11·41.풍납토성 경당지구 9호 유구 하층
12.용인 수지 Ⅰ지점 토기집중 매납유구
14.황해도 황주 토성리
15.풍납토성 경당지구 1호 유구(폐기장)
17·45.풍납토성 197번지 나-42호 수혈
18.논산 모촌리 92-2호 석곽묘
19.군산 산월리 7호 석실묘
20.공주 정지산 17호 저장공 하층
21·69.공주 정지산 23호 주거지 주변 퇴적층 하층
22.공주 금학동 20호 횡혈식석실묘
23.무령왕릉 봉토
24.대전 월평동 2호 주거지
25.부여 염창리 Ⅲ-62호분
26·27.부여 관북리 추정왕궁지
28~30.부여 부소산성
31·32.몽촌토성 85-2호 토광묘
33.풍납토성 경당지구 9호 유구
34.몽촌토성 89-백제층
35.풍납토성 197번지 나-42호 수혈
36.하남 미사리 숭B-2호 주거지
37.풍납토성 197번지 가-34호 수혈
38.홍성 신금성 9호 저장혈
39.공주 공산성 지당
42.풍납토성 현대연합주택 S4E0 토기 산포 유구
43.몽촌토성 88-6호 저장공
44.몽촌토성 85-2호 토광묘
46.홍성 신금성 1호 저장혈 충진토
47.군산 산월리 8호분
48.군산 산월리 7호분
49.익산 간촌리
50.완주 배매산성
51.공주 정지산 23호 저장공
52.공주 송산리 방대형 기단
53.공주 단지리 4-4호분
55.부여 왕흥사 목탑지 기단토
56.서산 여미리 Ⅰ지구 14호 석곽묘
57·58.부여 부소산성 판축대지
59·60.부여 부소산성 토기밀집지구
61.부여 능사 서회랑지 북단 제1공방지
62.풍납토성 경당지구 9호 유구
63.풍납토성 197번지 나-5호 수혈
64.몽촌토성 85-3호 저장공
65.석촌동 86-6호 토광묘
66.진천 산수리 87-1호 요지
67.담양 성산리 4호 주거지
68·79.청주 신봉동 90B-1호 토광묘
70.완주 배매산성 다-1지구 일괄 수습 유물
71.공주 산의리 23호 석실분
72·73.공주 산의리 11호 석실분
75.서산 여미리 Ⅰ지구 3호 석곽묘
76.부여 정림사지
77.논산 육곡리 2호 석실분
78.풍납토성 현대연합주택 S5W1내 아궁이 동편 토기 산포 유구
80.공주 산의리 10호 석실분
81.공주 금학동 20호 횡구식석곽분
82.공주 정지산 25호 저장공
83.대전 월평동 성벽
85.나주 복암리 3호분 8호 석곽옹관묘

화한 것(다), 뚜껑받이 턱이 '다'보다 좁아지고 수평을 이루거나 패인 형태로 된 것 (라)이 있다. 배신의 형태에 따라 원저형(A), 평저형(B)이 있다. 대각의 형태에 따라 직선형(a), 외반형(b), 단부 요철형(c), 단부 뾰족형(d)으로 세분할 수 있다.(그림 34)

1) 한성시기

고배는 Ⅰ형식이 Ⅱ형식보다 먼저 등장한다.[506] 그러나 Ⅰ형식이 Ⅱ형식보다 늦게 출현하는 것으로 보는 연구자도[507] 있으나 풍납토성을 비롯한 한성시기의 대표적인 유적을 분석한 결과 4세기 전반기에는 Ⅰ형식만 존재하며 Ⅱ형식은 이보다 약간 늦은 4세기 후반기에 출현하는 것으로 알려져 있다.

Ⅰ형식은 수량이 많지 않으며 고분의 부장품으로 먼저 사용되었다. 한성시기 중기의 것으로 서울 석촌동 A지구 86-즙석봉토분葺石封土墳에서 Ⅰ형식 2점이 발견되었는데, 한 점은 흑색마연한 것이고 다른 한 점은 마연이 되어있지 않은 것이다. 석촌동 출토 Ⅰ형식은 八자형으로 벌어지는 대족과 배신의 단면은 구연부 구순에 이르기까지 사각으로 표현하였다. 파주 주월리 96-7호 주거지 출토품은 석촌동 출토품에 비해 구연부 상단이 약간 내경하고 동체와 대족 사이는 넓고 대족 단부는 단순하게 마무리하였다. 한성시기 중기의 Ⅰ형식은 화성 석우리 먹실 97호 수혈에서도 발견되었는데, 석촌동 출토품과 비교했을 때 전체적인 면에서 흑색마연과 형태적으로 유사성은 있지만 대족의 하단이 더욱 벌어지고 배신은 구연부가 직립하는 형태이다.(사진 134) 몽촌토성에서 발견된 출토품은 전자의 흑색마연 Ⅰ형식과 비교하면 대족의 하단을 벌어지지 않은 사각으로 표현하고 배신은 넓은 완의 형태이면서 중간부에서부터 구순까지 직립하는 모습을 하고 있어서 약간 다르다. 한성시기 후기의 Ⅰ형식은 흑색마연기법이 적용된 것은 확인되지 않고 있으며, 이천 설성산성 나c확-3트렌치 1호 토광에서 Ⅱ형식과 함께 발견된

---

506) 임영진, 1996, 「백제초기 한성시대 토기연구」 『호남고고학보』 4, 호남고고학회.

507) 土田純子, 2004, 『백제 토기의 편년 연구』, 충남대학교 석사학위논문.
　　　土田純子, 2013, 『백제토기 편년 연구』, 충남대학교 박사학위논문.

예가 있다.[508) 이천 설성산성
출토품은 대족 단부가 d형으로
발전된 형태이다.

사진 134. 화성 석우리 먹실 97호 수혈
흑색마연고배

Ⅱ형식은 Ⅰ형식보다 약간 늦
은 한성시기 중기의 후반기에
일상생활유적에서 먼저 등장하
며, 풍납토성 경당지구 9호 유
구 하층, 몽촌토성 10호 저장
공, 용인 수지 Ⅰ지점 토기매납
유구에서 발견되었다. 이 시기
고배는 굽이 낮고, 배신의 바닥
은 A형보다 B형이 약간 앞서 출현하는 것으로 알려져 있으나 중기 후반기의 늦
은 단계가 되면 양자가 공히 발견되며, 견부는 가형이 많은 것이 특징인데, 마연
기법으로 제작된 것도 포함된다. 한성시기 중기는 Ⅱ형식은 다수의 유적에서 많
은 수량이 발견되고 대각이 높아지는 것이 특징인데, 황해도 황주 토성리 출토품
이 이 단계에 해당하는 것으로 보고 있다.[509) 한성시기 후기에는 동체와 굽의 변
화에 따라 다양한 형식이 나타나고, 견부의 경우 가·나형은 소멸하는 단계이며
다형이 보인다. 몽촌토성에서 견부의 형태가 다양하게 확인되고 동 유적 서남지
구 88-4호 저장공에서 확인된 형식 중에는 동체와 대족 사이에 원형 투공이 있
다. 풍납토성 경당지구 9호 유구에서도 원형 투공이 있는 고배 대족이 확인된다.
이러한 원형 투공은 청주 신봉동 00A-1호묘·연산 표정리 수습품·논산 모촌리
92-2호 석곽묘·연기(세종) 송담리 KM-046호분에서도 확인되어 금강유역 백제
고배의 특징으로 알려져 있다.[510) 풍납토성 경당지구 1호 유구(폐기장)에서 수습된
것은 대족 하단의 형태가 b형으로 영산강유역과의 교류에 의해 유입된 것으로 알

508) 방유리, 2007, 「이천 설성산성 출토 백제 고배 연구」『문화사학』27, 한국문화사학회.
509) 권오영, 2011, 「漢城百濟의 時間的 上限과 下限」『백제연구』53, 충남대학교 백제연구소.
510) 윤무병, 1979, 「연산지방 백제토기 연구」『백제연구』10, 충남대학교 백제연구소.

려져 있다.[511] 대족에 원형 투공이 있는 고배는 익산 신용리 요지에서 확인되고 있어 웅진시기까지 연결된다. 또한 연산 표정리 출토품 중에는 대족 하부가 c형인 형태도 나타나고, 하남 미사리 6호 저장공에서는 대족 하부의 끝이 d형인 것도 등장한다. 한편 이천 설성산성에서 나온 Ⅱ형식은 다양하지만 대족에 원형 투공이 있는 것은 없다. 이천 설성산성 나c확-3트렌치 1호 토광에서는 고배 5점이 차곡차곡 포개져 있었던 것이 넘어져 있었는데, 당시 생산지에서 5점을 묶어 유통했던 단위의 하나일 가능성이 높다.

2) 웅진시기

고배는 Ⅰ형식과 Ⅱ형식이 있다. 웅진시기 전기에 해당하는 공주 정지산 17호 저장공 하층 출토 Ⅱ형식은 한성시기 전통을 따르는 것으로 구연부가 내경하고 다리의 벌어진 각도가 완만해진다. 연산 모촌리 93-8호 석곽묘에서 발견된 Ⅱ형식은 입술이 곧추서고 다리의 하단에 뾰족한 돌기가 생겨 단이지는 특징을 갖는다. 한편 대전 월평동 4호 주거지·공주 금학동 20호 횡구식석곽분 출토품은 입술이 짧고 다리에는 원형 투공이 있다. 공주 정지산 23호 주거지 부근 퇴적층 하층에서 발견된 Ⅱ형식은 낮은 다리에 투공이 일렬로 여러 개 뚫려 있는 것으로[512] 고창 봉덕 방형추정분 북쪽주구, 장성 만무리고분 출토품과 흡사하여 호남지방과 관련된 형식이다.

웅진시기 후기는 공주 무령왕릉 봉토 출토품을 들 수 있는데, 직립하고 있는 입술에 뚜껑받이 턱이 있으며 다리에는 장방형 투공이 있고 아래에는 단이 나타난다.(사진 135) 무령왕릉 봉토 출토품은 공주 단지리 4-4호분 출토품과 대족의 형태가 유사하다. 공주 단지리 4-4호분에서 나온 고배는 다리 하단에 단을 만든 특징이 있는데 논산 하표정 15호분 출토 고배와 유사하다.[513] 공주 금학동 11

---

511) 권오영, 2002, 「풍납토성 출토 외래유물에 대한 검토」 『백제연구』 36, 충남대학교 백제연구소.

512) 국립공주박물관, 1999, 『정지산』.

513) 안승주·이남석, 1988, 『論山表井里百濟古墳發掘調査報告書』, 백제문화개발연구원.

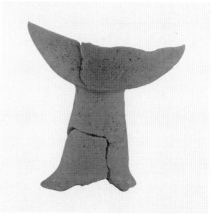

사진 135. 공주 무령왕릉 봉토 출토 고배   사진 136. 공주 정지산 2호 주거지 출토 고배

호분 출토품은 한성시기 이래의 고배 형식으로 정지산 17호 저장공 출토품과[514] 유사해서 그 시기를 가늠해볼 수 있다. 대전 월평동 4호 주거지 출토품은 대족에 원형 투공이 있는 것으로 구연부 구순이 매우 낮아진 특징을 갖는다. 공주 정지 산 2호 주거지에서는 연질이면서 동체가 위로 갈수록 완만하게 바라지며 입술의 끝은 직립하고 다리는 위에서 밑으로 내려오면서 나팔형으로 벌어진 Ⅰ형식이 확 인되었는데, 일본 하지끼[土師器]와의 관련성보다는 나주 덕산리 8호 무덤 북쪽주 구, 영광 학정리 대천 3호 석실분 출토품과 연관된 것이 아닌가 한다.(사진 136) 공 주 정지산 퇴적층 상층과 부안 죽막동 제사유적에서 확인된 Ⅰ형식은 구연이 약 간 외반하고 동체에 밀집파상문密集波狀文이 있으며 다리에는 장방형 투공이 있는 것인데 스에끼계로 알려져 있다.[515]

　영산강유역의 고배는 Ⅱ형식보다 Ⅰ형식이 많으며 길어진 다리가 특징으로, 광

---

514) 국립공주박물관, 1999, 『艇止山』.

515) 이성주, 2002, 「南海岸地域에서 출토된 倭系遺物」『고대동아세아와 삼한·삼국의 교 섭」, 복천박물관.
　　木下 亘, 2003, 「韓半島出土 須惠器(系) 土器에 대하여」『백제연구』37, 충남대학교 백 제연구소.

주 쌍암동 석실분, 나주 복암리 2호분 북쪽주구, 함평 예덕리 신덕 1호 석실분 연도 출토품이 있다.

3) 사비시기

고배는 이전과 마찬가지로 Ⅰ형식과 Ⅱ형식이 있다. 사비시기 전기에 해당하는 고배는 부여 염창리 Ⅲ-62호 석실분에서 확인된 Ⅱ형식으로 동체의 높이보다 다리가 길어진 형태를 하고 있다. 부여 능사 하층에서 발견된 고배 중에는 동체에 원형의 어자문이 찍힌 것이 발견되었는데 익산 신용리 요지 출토품과 유사하다.[516] 사비시기 중기가 되면 금강유역에서는 고분부장용은 더이상 확인되지 않고 부여 군수리·관북리 추정왕궁지·궁남지·서나성·부소산성 북문지 부근 토기밀집유구 등의 생활유적에서 소량이 발견된다. 고배의 동체와 다리는 낮게 만들어졌으며 다리에 원형 투공이 있는 것은 없다. 서천 봉선리 고분군에서 발견된 단각고배는 백제고유의 형태에서 벗어난 것으로 신라와의 문화교류에 의해 나타났을 가능성이 많은 것으로 이해된다.[517]

영산강유역의 고배는 동체의 입술과 다리의 높이가 낮아진다. Ⅱ형식은 함평 월계리 석계 90-4호분과 신안 내양리 고분에서 발견되었는데,[518] 다리의 밑부분은 급격하게 벌어지면서 띠가 있어 연산 모촌리 고분군 출토 고배와 같이 웅진시기의 전통을 간직하고 있다. Ⅰ형식은 나주 복암리 고분군에서 2점이 수습되었는데, 3호 무덤 11호 석곽묘에서 발견된 것은 동체에 침선이 있고 받침에 투공이 없어지면서 돌대 윗부분의 높이가 낮아지고 있어 후기적인 요소라고 할 수 있으며, 신라계 양식의 영향으로 보인다.[519]

---

516) 김종만, 2006, 「성왕시대 백제 생활토기」『백제의 성왕과 그의 시대』, 부여군백제신서3.

517) 김종만, 1990, 『短脚高杯의 歷史性에 대한 硏究』, 충남대학교 석사학위논문.
    김종만, 1995, 「충남서해안지방 백제토기연구」『백제연구』25, 충남대학교 백제연구소.

518) 은화수·최상종·윤효남, 2004, 「신안 내양리고분 출토유물」『해남 용일리 용운고분』, 국립광주박물관.

519) 윤무병, 1978, 「洪山里古墳群」『대청댐수몰지구발굴조사보고』, 충남대학교 박물관.

15. 삼족토기

삼족토기는 접시나 사발 모양의 동체 밑바닥에 등간격으로 3개의 다리를 부착한 것을 말한다. 백제토기의 상징으로 인식될 정도로 특징적인 고유기종으로 일상생활유적, 제사 등 의례유적, 고분유적에서 발견되고 있다. 삼족토기는 배신의 형태에 따라 배, 반, 세, 접시, 합, 완, 호 등의 명칭이 사용되고 있는데, 여기에서는 반, 세, 접시, 합은 통합하여 반형으로 하고 배형, 완형에 대해서만 삼족토기의 범주에 넣어 기술한다.[520]

삼족토기의 출현 시점에 대해서는 3세기 후반 이후 설, 3세기 중엽~4세기 전반설, 4세기 중엽 설, 5세기 중엽 설 등 다양하지만 풍납토성의 발굴조사에 의하면 한성 중기 즉, 4세기 중엽 이후에 등장하는 기종으로 볼 수 있다.

삼족토기는 몽촌토성 85-2호 유구에서 출토한 반형 삼족토기가 진대晉代에 유행하던 청동제의 반류와 같은 금속기를 모방하여 등장했다는 설이[521] 대세를 이루고 있다. 중국 손오시대 말과 서진대의 도제로 된 삼족토기는 사실 백제 삼족토기와 매우 비슷하다.[522] 이러한 점을 보면 백제 삼족토기는 중국의 동제품銅製品, 자기磁器, 도제품陶製品을 모방하여 만들어진 것으로 보는 것이 합리적이다. 특히, 중국 남경지방에서 발견되고 있는 도제의 반형과 완형은 백제 한성시기에 제작된 것과 형태적으로 흡사하기 때문에 가능성이 높다.

삼족토기 형식의 선후 관계에 대해서는 반형 삼족토기가 초출 형식이라는

---

520) 호형은 직구호편에서 다루었다.

521) 定森秀夫, 1989, 「韓國ソウル地域出土三國時代土器について」『生産と流通の考古學』, 橫山浩一先生退官記念論文集 I.
    박순발, 1989, 『한강유역 백제토기의 변천과 몽촌토성의 성격에 대한 일고찰』, 서울대학교 석사학위논문.
    강원표, 2001, 『백제 삼족토기의 확산과 소멸과정 연구』, 고려대학교 석사학위논문.

522) 土田純子, 2013, 『백제토기 편년 연구』, 충남대학교 박사학위논문, p.173 도 85.

설,[523] 반형 삼족토기보다는 배형 삼족토기가 초출 형식이라는 설,[524] 풍납토성 경당 31호 유구의 예를 통해 반형보다 배형의 출현이 앞섰을 가능성을 제기한 설도 있다.[525] 삼족반의 출현 시점에 대해서는 5세기 전반까지 늦춰 보려는 견해에 대해 삼족반, 삼족세 등의 모티브가 되는 기물들이 중국에서 4세기 중엽 경에 확인되고 있는 점을 들어 연대를 올려보는 견해도 있다.[526]

삼족토기의 기능은 의례용기 또는 고구려 무용총 고분벽화에 나타난 바와 같이 집 안에서 음식을 담아 놓는 용기이다. 한성시기는 왕궁지로 추정되고 있는 풍납토성과 몽촌토성에서 다양한 형식의 삼족토기가 확인되어 상류층에서 활발하게 사용하였음을 짐작할 수 있다. 웅진~사비시기에는 왕궁지와 왕릉 제사 장소, 사찰에서 공히 발견되기는 하지만 한성시기 만큼 다량으로 확인되지 않고 있어 선호도에 변화가 생긴 것을 알 수 있다.

삼족토기는 무개식(Ⅰ형식)과 유개식(Ⅱ형식)으로 대별된다. 배신의 형태에 따라 반형(A), 배형(B), 완형(C)으로 나눌 수 있다. Ⅰ형식은 구연부에 따라 외반(가), 직립(나)으로 나누고, 배신에 돌대(침선)가 있는 것(ㄱ), 돌대(침선)가 없는 것(ㄴ)으로 구분된다. Ⅱ형식은 견부의 형태에 따라 나누어지는데 구연부의 하단에 뚜껑받이 턱이 돌기 형태로 나온 것(1), 둥근 것(2), 뚜껑받이 턱이 2의 형태에서 변화한 것(3), 뚜껑받이 턱이 3보다 좁아지고 수평을 이루거나 패인 형태로 된 것(4)으로 분류할 수 있다. 그리고 뚜껑 꼭지의 유무에 따라서 무뉴식(a), 유뉴식(b)으로 나뉘고, b형은 보주형, 단추형, 권대형 등으로 다시 세분된다.

1) 한성시기

삼족토기는 한성시기 중기의 말에 처음 등장한다. Ⅰ형식은 풍납토성 경당지

523) 박순발, 1992, 「백제토기의 형성과정」 『백제연구』 23, 충남대학교 백제연구소.
524) 임영진, 1996, 「백제초기 한성시대 토기연구」 『호남고고학보』 4, 호남고고학회.
      土田純子, 2013, 「백제토기 편년 연구」, 충남대학교 박사학위논문.
525) 권오영, 2011, 「漢城百濟의 時間的 上限과 下限」 『백제연구』 53, 충남대학교 백제연구소.
526) 국립문화재연구소, 2011, 『한성지역 백제토기 분류표준화 방안 연구』, p.304.

구 9호 유구와 몽촌토성 85-2호 토광묘(혹은 제사유구) 출토품을 살펴볼 때 가형과 나형이 비슷한 시기에 출현하는 것으로 보인다. Ⅰ형식의 초기 형태는 배신에 돌대나 침선이 있는 ㄱ형이 빠르다. Ⅱ형식은 보주형 꼭지가 있는 것이 많이 발견되고, 견부의 형태는 뚜껑받이 턱이 돌기 형태로 나온 B3형과 턱이 좁아지고 수평을 이루거나 패인 형태로 된 B4형이 주종을 이루는데, 풍납토성 현대연합주택 S4E0 토기산포유구 중층·가-S6W2 그리드 출토품이 대표적이다.

한성시기 후기는 Ⅰ형식과 Ⅱ형식이 지속되고 있지만 Ⅰ형식은 중기의 형태보다 크기가 작아지고 배신에 돌대나 침선이 없는 ㄴ형태로 변화하며 하남 미사리 숭B-2호 주거지와 풍납토성 현대연합주택 S0W2 토기산포유구 중층 출토품, 몽촌토성 88-1호 저장혈 출토품을 들 수 있다. 후기는 Ⅰ형식에 비해 Ⅱ형식이 다양한 형태로 변화·발전한다. Ⅱ형식은 B나ㄴ형이 주류를 이루고 경질소성의 제품으로 많이 제작된다. ⅡB형식은 백제의 남쪽 지방에 대한 영역화 과정을 거치면서 확산된다. 고양 멱절산 1호 주거지·홍성 신금성 1호 저장혈 충진토·논산 표정리 14호분·익산 웅포리 92-7호 석실분 출토 ⅡB형식은 중앙문화의 수용과정을 잘 보여준다. 금강 이남의 군산 산월리 8호 석실분에서 발견된 ⅡB형식은 바닥에 소원공이 있는데, 몽촌토성 출토품과 제일 유사하다. 삼족토기의 바닥에 소원공이 있는 것은 풍납토성 경당지구 3구역 및 5구역 상층·197번지 나-40호 수혈, 화성 당하리 Ⅱ유적에서도 발견되어 백제중앙양식토기임을 알 수 있고, 연기 나성리 유적의 지표 채집품은 삼족이 제거되기는 했지만 바닥에 20개 이상의 소원공이 뚫려 있어 음식물을 대피거나 찔 때 사용하였을 것으로 짐작된다.[527] 풍납토성 경당지구 5구역 상층에서 발견된 ⅡC형식은 다른 출토품과 비교했을 때 구연부가 많이 외반한 것으로 배신 바닥에 소원공이 있다. 소원공이 있는 삼족토기는 합천 창리 A 제80-e호 무덤에서도 수습되어[528] 양 지역 간의 교류를 살펴볼 수 있는 중요한 자료이다. 시기가 내려가는 것이기는 하지만 사비시기 전기에 해당하는 부여 군수리, 사비시기 후기의 부여 정림사지, 구아

---

527) 중앙문화재연구원, 2015,『연기 나성리유적』, 사진 181-①.

528) 심봉근, 1987,『합천 창리고분군』, 동아대학교 박물관.

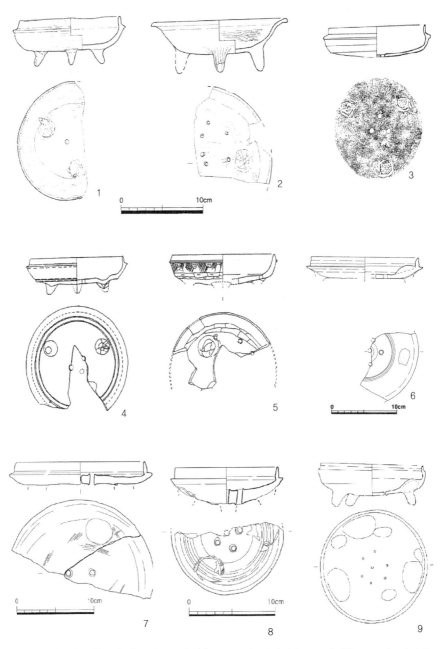

그림 35. 저부에 소원공이 있는 삼족토기 실측도(1.풍납토성 경당지구 3구역 상층, 2.풍납토성 경당
지구 5구역 상층, 3.군산 산월리 8호 석실분, 4.몽촌토성, 5.화성 당하리Ⅱ유적, 6.부여 군수리
7.부여 정림사지, 8.부여 구아리 중앙성결교회, 9.합천 창리 A80-E호분)

리 중앙성결교회에서도 발견되어 백제시대를 통하여 줄곧 만들어졌음을 알 수 있다.(그림 35) 그리고 군산 산월리 7호 석실분에서 발견된 것은 동체의 어깨가 둥글고 다리의 아랫부분이 바깥으로 바라지는 형태이다.

한성시기 후기의 ⅠC형식은 구연과 다리의 외반 정도에 따라 구분이 가능한 것이다. 출토 유적으로는 풍납토성 경당지구 1호 유구 최상층·197번지 가-34호 수혈, 고양 멱절산 1호 주거지, 몽촌토성 서남지구 11-6 백제층·10호 저장혈, 군포 부곡동, 이천 설봉산성·설성산성, 아산 초사동 Ⅱ-2호 석곽묘·갈매리 Ⅲ지역 A지구, 당진 원당리 4호 주거지, 서산 부장리 4-2호 분구묘, 홍성 남장리 3호 주구, 홍성 금당리·신금성 9호 저장혈, 청주 신봉동 90-B1호 토광묘 등이[529] 있으며 중부와 호서지방에서 유행하였다. 그리고 고양 멱절산 1호 주거지 출토품과 이천 설봉산성 출토품은 풍납토성 출토품보다는 직립된 구연을 갖고 있으며 삼족 단부가 J자형으로 외반하고 있어 웅진시기에 유행한 ⅡB형식의 변천과정을 살펴볼 수 있는 자료가 되고 있다.[530]

2) 웅진시기

웅진시기는 Ⅰ형식과 Ⅱ형식이 있고, 배신은 Ⅱ형식의 경우 a식과 b식이 있다. 한성시기의 ⅠA·ⅡA형식은 보이지 않고 ⅡB형식과 ⅠC형식이 확인되며 다리는 한성시기와 비교했을 때 배신의 중앙보다 가장자리로 이동하며 단부가 J자형으로 외반하는 특징을 갖는다. 뚜껑의 꼭지는 단추형 이외에 권대형圈帶形이 새로 등장한다. 권대형은 중국 육조시기의 악성육조묘鄂城六朝墓 M3002호 출토 청자벼루의 권대형 뚜껑과 같은 형태에서 영향을 받아 만들어진 것으로 추정된다.[531]

웅진시기 전기는 익산 간촌리 Ⅰ지구 3호 수혈 출토품이 대표적인데, 동체가 깊고 어깨는 약간 둥글게 변한다. 완주 배매산성 다-3지구 담수지 출토품은 웅

---

529) 土田純子, 2013, 『백제토기 편년 연구』, 충남대학교 박사학위논문.

530) 방유리, 2001, 『이천 설봉산성 출토 백제토기 연구』, 단국대학교 석사학위논문.

531) 科學出版社, 2007, 『鄂城六朝墓』.

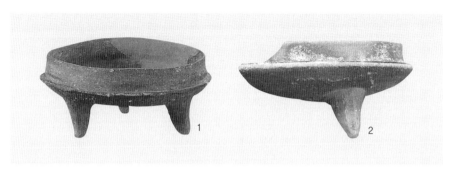

사진 137. 삼족토기(1.공주 송산리 방대형 기단, 2.공주 반죽동−추정 대통사지)

진 전기 말~후기 초에 걸친 형식이다. 웅진시기 후기는 전기보다 기형의 변화
가 나타나는데, 그릇의 깊이가 점차 얕아지고 다리의 부착지점이 동체의 바깥 부
분으로 옮겨지며, 아래가 바라지지 않고 곧게 내려간다. 공주 송산리 방대형 기
단 출토의 Ⅱ형식을 보면 전시기보다 배신이 더욱 낮아지고 다리의 아래가 바라
진 것과 곧게 내려온 것이 공반하고 있다. 공주 반죽동(대통사지) 발굴조사 출토품
은 송산리 방대형 기단 출토품과 유사한 형태를 하고 있어 비슷한 시기를 갖는
다.532)(사진 137) 이후 부여 저석리 2호 무덤·염창리Ⅲ−82호분·정림사지 하부층
에서 확인된 기형들을 보면 더욱 배신이 낮아지고 다리의 부착지점도 가장자리에
배치된다. 보령 구룡리 석실분에서 권대형의 꼭지가 부착된 ⅡB형식이 발견되었
으며, 단추형 꼭지가 부착된 ⅡB형식은 서천 비인 장포리에서 확인되었다.

공주 단지리 4−4·18호 횡혈묘 출토품과 산의리 5·35호분 출토품도 배신부
가 낮아지고, 다리가 J자로 표현되어 웅진시기 후기의 특징을 나타내고 있다. 공
주 금학동 2호분에서 확인된 삼족토기는 그 형태적인 면에서 송산리 방대형 기단
유구에서 수습된 것과 유사하다. 공주 산의리 02−20호분 출토품은 배신은 많이
낮아졌으나 구연이 높고 삼족이 저부의 가장자리보다 안쪽에 부착되고 있어 이

532) 이 삼족토기 사진 자료는 한얼문화유산연구원의 조원창 원장님의 호의를 받아 게재하게
되었으며 지면을 빌어 감사드린다.

사진 138. 무뉴식 삼족토기(1.공주 정지산, 2.영암 설매리)

단계에 해당한다.

한편 공주 공산성 석축 연못[池塘]에서 발견된 ⅠC형식은 한성시기 유적에서 발견된 것과 비교하여 배신이 낮아지고 구연부 구순의 형태가 달라지고 있다. 공반한 유물을 고려하면 사비시기로 후행할 가능성도 있지만 홍성 남장리 3호 주구 출토품과의 비교를 통해 한성시기 후기에 이미 배신 높이가 낮아지고 있는 점을 감안하여 웅진시기에 제작된 것으로 보았다.

영산강유역에서는 웅진시기 후기에 처음으로 삼족토기가 등장한다. 무안 고절리 무덤 남동주구 출토품이 가장 빠른데 동체가 낮아지는 특징을 가지며 비슷한 것이 광주 월계동 장고분 주구에서 발견되었으며 다리의 아래가 곧게 내려온다.

웅진시기 후기의 공주 정지산 23호 저장공, 보령 노천리 석실분, 서천 당정리·문장리 등 금강하류를 따라 꼭지가 없는 ⅡBa형식이 발견되고 있으며, 영산강유역의 영암 설매리에서도[533] 확인되고 있어 서해안 양식으로 부르고 있다.[534](사진 138)

---

533) 백제문화개발연구원, 1984,『백제토기도록』, p.393의 525번 참조.
534) 서천 비인 장포리 출토품은 꼭지가 파실된 것이다(김종만, 1995,「忠南西海岸地方 百濟土器硏究」『백제연구』25, 충남대학교 백제연구소).

3) 사비시기

사비시기는 ⅠA형식, ⅠC형식과 ⅡB형식이 있으며 소량이 발견되었다. 사비시기 전기는 배신이 낮아지고 삼족의 부착지점은 웅진시기 후기와 비슷하게 나타나며 고분 부장용보다는 일상생활용이 확인되는 비율이 높다. 전기에 해당하는 것은 부여 동남리 70번지·왕흥사지 목탑지 기단토, 서산 여미리 Ⅰ지구 4호 석곽묘, 진안 황산 11호 석곽묘 출토품이 대표적이다. ⅡB형식 중 뚜껑의 꼭지가 권대형을 하고 있는 것이 보령지방에서 발견된다. 권대형 꼭지를 갖는 삼족토기는 광주 월계동 1호 장고분 주구에서도 확인되었다. 부여 능사 하층에서는 ⅠC형식이 수습되었는데, 한성시기 후기 이래로 확인된 것과 비슷하나 구연부의 외반 정도가 약하여 침선으로 표현된 것처럼 되고 다리는 단부가 J자처럼 외반하여 한성시기 후기 이래의 전통을 유지하고 있다.[535]

사비시기 중기는 전기의 형태가 유지되고 있으나 단부가 내경하여 안쪽으로 모아지는 형태가 나타나기 시작한다. 서산 여미리 Ⅰ지구 4호 석곽묘·부여 부소산성 판축대지 출토품이 있다.

사비시기 후기는 ⅡB형식이 주를 이룬다. 배신이 더욱 낮아지고 다리는 높아지면서 배신의 가장자리에 배치되며 단부가 내경하여 안쪽으로 모아지는 형태가 부여지방을 중심으로 많아지는 것이 특징이다. 부여 부소산성 북문지 부근 토기밀집유구·능사 공방지1·능사(10차) 3건물지·군수리·쌍북리 252-1번지·화지산 마지구 출토품이 대표적이다. 특히, 부여 부소산성 84 수혈주거지 부근 성벽조사에서 발견된 ⅡB형식은 지름 19cm로 사비시기에 만들어진 삼족토기 중 가장 큰 것 중 하나이다. 영산강유역에서는 장성 동화 서양리,[536] 장성 만무리고분, 장흥 지천리유적 환호 출토품이 있다. 사비시기 후기는 일상생활용과 고분 부장용이 거의 소멸하는 단계이다. ⅠA형식은 한성시기 중기 이후부터 확인되는 것으로 웅진시기에 보이지 않다가 돌연 사비시기 후기에 익산 미륵사지에서 출토

---

535) 김종만, 2006, 「성왕시대 백제 생활토기」 『백제의 성왕과 그의 시대』, 부여군백제신서3.
536) 국립광주박물관, 2003, 『長城 諸兵協同訓練場 文化遺蹟 地表調査 報告書』.

되었는데, 뚜껑을 이용하여 만든 것으로 보이며 구연부는 직립하고 배신과 저부는 각이지며 짧은 다리는 가장자리에 배치하였다.

한편 배형에 4개의 다리가 부착된 사족토기는 한성시기의 유적인 풍납토성 197번지 라-20호 주거지와 광명 도덕산성에서

사진 139. 고창 장곡리 사족토기

발견되었다.[537] 웅진시기에는 보이지 않고 사비시기 후기에 해당하는 부여 궁남지·청산성과 고창 장곡리에서 확인되었다.(사진 139)

16. 개배

개배는 접시 모양의 배신杯身과 그것을 덮는 납작한 모습의 뚜껑[蓋]으로 이루어져 있는데, 백제가 고대 국가로 진입한 이후 발전하는 과정에서 새로 수용한 기종이다. 개배는 생활용, 제사용, 부장용으로 모두 발견되고 있다.

출현 계기는 중국 하북성 연하도燕下都 낭정촌郞井村에서 발견된 것과 같은 기종의 직접 수용도 생각해볼 수 있으나, 한강유역의 고배나 삼족토기의 배신과 매우 흡사한 형태를 띠고 있으므로 한강유역에서 백제식으로 발전시켰을 가능성도 있다.[538](그림 36) 아산 용두리 진터 22호 출토 유개대부토기는 마한시기에 해당하는 것이지만 대각을 제외하고 동체만 놓고 본다면 한성시기 후기에 등장하는 뚝

---

537) 사족토기는 풍납토성 현대연립주택 가-동쪽트렌치·197번지 라-그리드, 아산 갈매리, 대구 달성토성의 성 기반토층과 김해 회현리 패총에서 각각 1점이 확인되었다. 특히, 대구 달성토성 출토품은 흑색와질소성이며 입술부분과 동체의 어깨에 암문이 시문되어 있다. 백제의 흑색마연토기에 암문이 있는 것과 매우 유사한 방법으로 무늬를 시문하였다 (경북대학교 박물관, 1990, 『원삼국시대 문물전』).

538) 김종만, 2012, 『백제토기』, 글을읽다. 삼족토기 중에 다리가 제거된 상태로 사용된 것이 적지 않게 확인되고 있는 점도 고려대상에 포함할 수 있다.

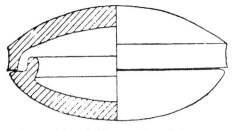

그림 36. 연하도 낭정촌 10호 출토 개배
(전국시대 만기)

배기와 같은 개배의 초기 형태와 유사하므로 그 가능성을 고려해볼 수 있다.[539]

출현 시기는 고배나 삼족토기와의 형태상 유사성으로 4세기경 등장하였을 것으로 생각되지만 아직 백제 유적에서 출토 예가 없고 5세기 초가 되어서 확인되고 있다.

개배는 저부의 형태에 따라 평저(Ⅰ형식)와 원저(Ⅱ형식)로 나눌 수 있다. 구연부의 형태에 따라 직립(A), 내경(B), 내경 후 직립(C)으로 세분된다. 견부의 형태에 따라 둥근 것(1), 뾰족한 것(2), 깎아내어 각이진 것(3)으로 나누어진다.[540] 개배는 Ⅱ형식보다는 Ⅰ형식이 빠른 시기 유적에서 발견되고, 구연부는 B·C보다는 A가 빠른 시기의 Ⅰ·Ⅱ형식에 보인다. 견부는 1→2→3의 순서로 나타나고 있으나, 백제 후기에 이르면 배신이 얕아지면서 견부의 상단이 2의 상태로 된다. 소성도는 일반적으로 토기의 발전단계에 따라 경질화가 이루어졌으며, 색조는 가마 내부의 고온 처리로 인하여 흑회색계통이 많다.[541]

1) 한성시기

개배는 한성시기 전기의 유적에서는 찾아볼 수 없다. 한성시기 중기의 후반기

---

539) 국립청주박물관, 2019, 『호서의 마한』, 사진 96 참조.

540) 개배는 원래 배신과 뚜껑이 결합되어 있어야만 부를 수 있는 용어이지만 발굴조사나 여러 경로를 통하여 몸통인 배만 수습되는 것이 대부분이다. 본고에서는 배만 있는 경우도 개배라는 명칭으로 부르고자 한다. 개배는 저부의 형태, 구연부, 견부, 소성도, 색조에 따라 다양하게 형식 분류할 수 있다(김종만, 2002, 「백제 개배의 양상과 변천」 『고고학지』 13, 한국고고미술연구소, pp.53~89 및 2001, 「공주 도천리출토 백제토기 소고」 『국립공주박물관기요』 창간호, 국립공주박물관, pp.81~111).

541) 김종만, 2002, 「百濟 蓋杯의 樣相과 變遷」 『고고학지』 13, 한국고고미술연구소.

에 등장하였을 가능성이 있다. 그러나 현재까지 밝혀진 개배는 한성시기 중기 말로 편년되고 있는 풍납토성 경당지구 9호 유구·2구역 중층·197번지 나-5호 수혈에서 출토된 IA형식이 시초의 형태로 알려져 있는데, 납작한 저부에 배신의 내부가 깊고 구연부도 상당히 길게 처리하여 마치 완盌과 같은 형태에 돌대가 있는 것처럼 만들어졌다. 이러한 초기 형태는 후기의 후반기로 가면 배신이 낮아지는 것으로 변화하는데, 풍납토성 경당지구 나-60호 수혈, 몽촌토성 85-3호 저장공, 석촌동 86-6호 토광묘 등에서 확인된다. 그리고 진천 산수리 87-1호 가마터에서도 초보적인 단계의 개배가 생산되어 청주 신봉동 고분군과 같은 인근 지역에 공급되었다. 청주 신봉동 92-2호 토광묘 출토품은 저부와 배신과의 사이를 정지 깎기에서 회전 깎기로 정면하며 회전물손질에 의한 제작기술이 가미된다.

개배는 한성시기 후기에 백제의 영토확장과 더불어 남부지방으로 전개되는데, 배신과 구연부 사이에 돌대가 남아있는 부여 논치 출토품을 거쳐 영산강유역으로 내려간다. 그리고 금강 이남의 익산 입점리 석실분 출토품은 한성시기 후기의 말 쯤에 해당하는 것으로 입술이 곡선으로 처리되고 뚜껑받이 턱은 돌출되어 뾰족하며 바닥은 좁고 납작해진다.

영산강유역에서는 담양 성산리 4호 주거지 출토품이 가장 빠른 한성시기 후기에 해당하는데, 배신이 완과 같고, 짧은 입술은 안으로 숙였으며 돌출한 뚜껑받이 턱에 바닥은 넓고 편평하다. 이와 같은 형식은 구연부가 높아지고 심도가 낮아지면서 평저로 변화하는데, 나주 오량동 9-3호 요지·영암 만수리 2호분·내동리 옹관, 광주 향등 6호 주거지와 보성강유역의 승주 대곡리 한실 B-1호 주거지에서 발견되었다. 영산강유역의 돌대가 있는 개배는 풍납토성과 몽촌토성 출토 돌대가 있는 초기의 개배와 동일한 형태로 보고 한성시기 한강유역과의 교류를 통해 영산강유역에 나타난 것으로 보는 견해가 있다.[542]

한편 청주 신봉동 90B-1호 토광묘에서 발견된 개배의 뚜껑에는 주칠朱漆로 쓴 '십+'자 글씨가 있다. 이 주칠 개배는 일본의 산인지방[山陰地方]과 긴끼지방[近

---

542) 오동선, 2016, 「영산강유역권 개배의 등장과 변천과정」『한국고고학보』 98, 한국고고학회.

畿地方]에서 발견되고 있는 '십+', '사寺'자 주칠 개배와 관련이 있는 것으로 추측된다.[543] 한일간 주칠 개배의 영향관계는 아직 명확한 결론을 내릴 수 없지만 시기적으로 청주 신봉동 90B-1호 토광묘 출토품이 5세기 중엽경으로 가장 빠른 것이어서 백제지역에서 일본으로의 진출을 짐작해볼 수 있으며 출토품이 스에끼계[須惠器系]로[544] 알려져 있는 등 아직 풀어야 할 과제가 남아있다.[545]

2) 웅진시기

개배는 고배보다는 다소 많은 양이 부장되고 있어 그 변천 양상을 살펴볼 수 있다. 이 단계는 아직 배신의 내부가 깊으며 저부는 둥근 것과 납작한 것이 특징인데, 공주 정지산 23호 주거지 주변 퇴적층 하층에서 발견된 것이 대표적이다. 저부가 납작한 것은 한성시기 보다 현저하게 폭이 좁아지나 예새 등으로 깎거나 조정하여 각지게 만든다. 공주 금학동 20호 횡구식석곽분에서 발견된 개배는 구연 상단이 각진 형태이면서 뚜껑받이 턱은 뾰족하게 90도로 돌출되어 있고 배신이 깊어서 청주 신봉동 90B-1호 토광묘 출토품과[546] 승주 대곡리 한실A-1호 주거지 출토품의[547] 발전형이라고 할 수 있다. 공주 웅진동 96-4호 횡혈식석실묘·나주 장동 3호 주구 출토품은 형태상 이 단계의 마지막에 위치할 수 있다.

웅진시기 후기는 전기에 비해 동체가 낮아지고 납작한 바닥보다는 둥근 바닥이 많아진다. 개배 저부가 납작한 경우 뚜껑의 정부頂部도 납작해져서 횡단면이

---

543) 谷本進, 1988, 「漆記號を施した須惠器と鎭魂儀禮」『但馬考古學』 5, 但馬考古學硏究會.

544) 酒井淸治, 1993, 「韓國出土の須惠器類似品」『古文化談叢』 30, 九州古文化硏究會.
　　木下亘, 2003, 「韓半島出土 須惠器(系) 土器에 대하여」『백제연구』 37, 충남대학교 백제연구소.

545) 金鍾萬, 2008, 「日本出土 百濟系土器の硏究」『朝鮮古代硏究』 9, 日本朝鮮古代硏究刊行會.

546) 이원복·김홍주·김성명·박진우, 1990, 「청주신봉동B지구널무덤발굴조사보고」『청주신봉동 백제고분군 발굴조사보고서』, 충북대학교 박물관.

547) 이명희·성낙준·손명조, 1990, 「대곡리 한실 주거지」『주암댐수몰지구문화유적발굴조사보고서(Ⅶ)』, 전남대학교 박물관.

6각형을 이루는 경우가 많아진다. 대표적인 유물로는 공주 단지리 4지구 12호 석곽묘·9호 횡혈묘橫穴墓·11호 횡혈묘, 공주 도천리 유적, 대전 월평동, 완주 배매산성, 나주 복암리 3호분 9호 옹관 출토품이 있다. 특히, 공주 단지리 11호 횡혈묘 출토품은 바닥을 회전물손질이 아닌 예새로 정면하는 제작기법을 보여준다.

영산강유역에서는 횡혈식석실분의 채용과 더불어 개배의 부장이 활발하게 이루어졌는데, 이는 영산강 본류에 만들어진 대량생산체제와 관련이 있으며 장제葬制 문화에 있어서 개배의 선호도가 폭발적으로 증가한 결과로 생각된다. 개배는 광주 쌍촌리, 무안 양장리 주거지와[548] 같은 곳에서 생활토기로도 사용되었다. 광주 쌍암동 석실분, 나주 복암리 1호 무덤 주구에서 발견된 개배는 바닥이 둥근 II형식이다.

웅진시기 후기의 유적 중 하나인 공주 도천리에서 출토한 개배 중에는 흑색 경질소성에 배신이 깊고 'D'자형 기호가 새겨진 것이 있는데,[549] 영산강유역의 나주 복암리 고분군에서 비슷한 것이 발견되어 영산강유역에서 제작되어 공급된 것으로 생각된다. 영산강유역산 개배에는 'D'자형 마크 이외에도 뜻을 알 수 없는 기하학적인 새김무늬가 많이 남아 있다.(V장 제6절 참조) 토기에 기호가 새겨진 것은 중국 전국시대에 만들어진 토기에 무수히 남아있으며 한성시기의 토기의 저부에서도 종종 확인할 수 있는 것인데, 영산강유역산 개배에 다량으로 남아있는 것은 장인의 토기제작기술 전통의 결과로 보인다.

3) 사비시기

개배는 웅진시기보다 많이 감소하였는데, 이는 율령체제 속에서 생활용기 및 부장토기에 대한 국가의 적극적인 통제와 관련이 있어 보인다. 개배는 부여나 익

---

548) 임영진·서현주, 1999, 『光州 雙村洞 住居址』, 전남대학교 박물관.
　　　최성락·이영철·윤효남, 2000, 『무안 양장리 유적 II』, 목포대학교 박물관.

549) 김종만, 2001, 「公州 道川里出土 百濟土器 小考」『국립공주박물관기요』 창간호, 국립공주박물관.

산지방의 생활유적과 논산, 보령 등지의 고분에서 소량으로 발견되고 있다. 사비시기 전기에 해당하는 것으로 서산 여미리 Ⅰ지구 3호 석곽분 출토 Ⅰ형식을 들 수 있다. 웅진시기의 특징을 유지하고 있으며 동체보다 입술 부분을 높게 만들었다.

사비 중기가 되면 입술 부분과 배신의 높이가 비슷하게 된다. 부여 정림사, 나주 복암리 3호분 출토품이 해당한다. 사비시기 후기의 고분에 부장된 개배는 입술부가 높지 않고 끝이 뾰족한 형태를 하고 있는데, 백제가 중국과의 부단한 문화교류 속에서 얻어진 기술적인 발전의 결과로 생각된다. 부여 관북리 추정왕궁지, 보령 보령리 석실분, 논산 육곡리 2호 석실분, 나주 복암리 3호분 8호 석곽 옹관묘 출토품이 해당한다. 익산 왕궁리에서 발견된 '미륵사弥力寺'가 쓰여 있는 개배는 사비시기 후기에 해당하지만 구순 부분과 동체가 높아 영산강유역의 웅진시기 특징이 늦게까지 남아있음을 알 수 있다.

영산강유역에서는 생활유적보다는 고분 부장용으로 발견된 예가 많아 양 지역의 상황이 다르며, 명기적明器的인 성격을 갖고 부장되는 경우가 많다.

17. 파수부잔[把手附杯]

파수부잔은 손잡이가 달려있는 잔을 말하며 파배 또는 파수부배라는 명칭으로 부르기도 한다.

기원은 요동반도에서의 영향을 상정하고 있으며, 용도는 계량기 또는 음료를 마시는 용기로 보는 견해와[550] 고리가 달린 대형 파배는 소형 용기에 내용물을 따르는 주전자와 같은 기능으로 보는 견해,[551] 무사 집단의 배식기로 보는 견해

---

550) 국립부여박물관, 2003, 『백제의 도량형』.
　　윤대식, 2004, 『청주지역 백제 파배의 형식과 용도』, 충북대학교 석사학위논문.
　　박순발, 2006, 『백제토기 탐구』, 주류성.
551) 정현, 2012, 『한반도 중·서남부지역 원삼국~삼국시대 파배 연구』, 전북대학교 석사학위논문.

가[552] 있다. 파수부잔은 아산과 청주, 광주의 생산 시설에서 조족문토기와 공반하고 있어 서북한지역에서 내려오는 조족문토기 집단과의 관련성을 배제할 수 없다. 한강유역의 풍납토성, 몽촌토성과 금강유역의 공주 수촌리에서 발견된 파수부대부잔과는 계통을 달리하는 것으로 볼 수 있다.(그림 37)

파수부잔의 형식은 잔(I형식)과 바리(II형식)의 형태로 대분 된다. I형식은 파수의 형태에 따라 고리형(가)과 고리형 위에 손의 검지를 펼친 것이 결합된 형(나), 나형이 잔의 양쪽에 대칭으로 있는 것(다), 동체에 고리형 위에 궐수형이 결합된 것(라), 동체의 고리형 위에 점토알갱이를 부착한 것(마), 동체에 귀가 하나 달려있는 것(바)으로 나눌 수 있다. II형식은 I형식보다 용량이 큰 것으로 동체에 대칭으로 귀가 달린 것(A), 동체에 장식이 하나만 부착된 것(B), 동체에 장식이 대칭으로 부착된 것(C)으로 세분된다. 파수부잔의 형식분류에서 파수가 없는 잔은 제외하였다.

파수부잔은 한성기 중앙양식토기에서는 발견되지 않았다. 지금까지 발견된 파수부잔은 재지계 토기이기는 하지만 천안 두정동에서 수습되었다. 천안 두정동 출토품은 I나형식중 가장 이른 시기의 것으로 기대의 수발부, 장군 등과 함께 확인되고 있어 백제 요소가 함께 나타나는 유적이다.

파수부잔은 한성기 후기 이후부터 한강유역과 금강유역을 중심으로 고루 확인되고 있는데, 분포의 밀도가 가장 높은 곳은 청주와 천안 지역이다. 풍납토성 197번지 가-1호 주거지, 몽촌토성 85-2호 토광묘, 공주 수촌리 II-3호 석곽묘에서 출토한 파수부대부잔은 파수부잔과 전체적인 형태는 다르지만 파수의 형태가 나형을 하고 있는 점이 특징적이다.

청주지방에서 발견된 파수부잔은 형식적인 면이나 수량 면에서 타지방보다 월등하며 대부분 토광묘의 부장품으로 등장하고 있다. 파수부잔은 파수의 형태는 다양하지만 용기는 일정한 형태를 갖고 공급되었기 때문에 통제하에서 보급되었다는 점을 알 수 있다. 특히 IIA형식은 파수가 양쪽에 대칭으로 달려있어 들기

---

552) 한지선, 2013, 「신봉동 백제고분군 출토 토기 유물」『신봉동 고분군을 새롭게 보다』, 충북대학교 박물관.

기종형식 시기구분		파수부잔
한성시기	전기	
	중기	
	후기	
웅진시기	전기	
	후기	
사비시기	전기	
	중기	
	후기	

그림 37. 파수부잔(1.풍납토성 197번지 가-1호 주거지, 2.몽촌토성 85-2호 토광묘, 3.천안 두정동 Ⅰ지구 2호 주거지, 4.청주 가경 4지구 Ⅰ구역 2호 토광묘, 5~8.부안 죽막동, 9·18.고창 봉덕 방형추정분 북쪽주구, 10.고창 봉덕 방형추정분 남쪽주구, 11.광주 행암동 4호 요지, 12.고창 석교리 8호 주거지, 13.청주 신봉동 92-94호 토광묘, 14.아산 소동리 요지, 15.금산 수당리 6호 석곽묘, 16.연기 서면 와촌리, 17.완주 상운리 라지구 5호 분구묘, 19.청주 가경요지, 20.청주 가경 4지구 Ⅰ구역 8호 토광묘, 21·22.군산 산월리 8호분)

편하고 사비시기 추정왕궁지인 부여 관북리 라지구 1호 석곽 창고 내부에서 발견된 것과 비교해 보면 양기量器일 가능성이 있다. 그리고 Ⅰ·Ⅱ형식 중 가형은 소형의 경우 액체를 마시는 용도, 큰 것은 액체를 분배해 주는 용도로 사용된 것이다. 그러나 파수부잔이 무덤의 부장품으로 확인된다는 점을 고려하면 피장자가 현실 세계에서 사용했다기 보

사진 140. 충주 금릉리 유개파수잔

다는 사후 세계에서 사용할 수 있도록 배려한 용기의 하나로 간주된다. 충주 금릉리에서 확인된 파수부잔(사진 140)은 원형을 가장 많이 간직하고 있는 것으로 고리형 파수 위에 기마인상을 표현하였으며 청주, 부안 등에서 발견되는 고리형 위에 엄지를 펼친 모습도 본래 충주 금릉리 출토품처럼 기마상를 조형으로 하는 것이었는데, 이를 간략하게 심벌화하면서 엄지를 펼친 형태로 마무리한 것으로 보는 것이 좋을 듯하다. 이것이 청주 신봉동에서 대부분 대도 등의 무기, 마구장식과 공반하고 있는 예가 많아 기마무사 집단의 결속을 표시하는 용기의 하나로 추정된다.

완주 상운리 라지구 5호 분구묘 1호 토광목관묘에서 Ⅰ가형식이 수습되었다. 금산 수당리 6호 석곽묘에서는 Ⅰ다형식이 소형 단경호와 공반하였다. 군산 산월리 8호분에서는 크기는 청주지역 출토품보다는 작지만 ⅡC형식이 확인되었다. 특히 부안 죽막동 제사유적에서 발견된 Ⅰ나형식은 동체에 반원형의 손잡이를 부착하고 윗부분에 엄지손가락을 뒤로 젖힌 듯한 형태를 붙인 것이 특징으로 일본 오사카 나가하라[長原]유적 출토품과의 관련성이 제기된 바 있다.[553] 이와

---

553) 吉井秀夫, 1999, 「日本近畿地方における百濟系考古資料をめぐる諸問題」『日本所在百濟文化財調査報告書Ⅰ』, 國立公州博物館.

유사하게 파수를 부착한 것은 청주 가경 4지구 1구역 2호 토광묘[554]·신봉동고분군 92-94호 토광묘에서[555] 발견되었다. I마형식은 II형식과 관련된 명기明器와도 같은 것이라고 할 수도 있겠지만 잔의 형태를 하고 있어 흥미로우며 연산 신흥리 1호분에서도 확인되었다.

청주 가경 요지에서 파수부잔을 만들었으며 조족문토기도 공반하고 있다. 아산 소동리 요지 1·3호[556]에서도 동일한 상황이 확인되고 있어서 조족문을 타날 방법으로 사용하고 있는 집단과 관련된 기종으로 볼 수 있다. 또한 잔의 파수 형태를 정확하게 알 수는 없지만 조족문토기와 공반했을 가능성이 있는 연기(세종) 서면 와촌리 발견 파수부잔도[557] 조족문토기 집단과 관련하여 나타난 것이다.

한편 영산강유역의 광주 행암동 4호 요지에서도 파수부잔이 조족문토기와 함께 번조된 사실이 밝혀졌다.[558] 한성시기 후기에 금강유역과 영산강유역에서 상호 밀접한 관련성을 갖고 파수부잔과 조족문토기를 기본으로 만들고 사용하는 계층이 있었던 것을 알 수 있다.

파수부잔은 대체로 한성시기에 만들고 사용하였지만 금산 수당리 6호 석곽묘 출토품은[559] 공반한 개배의 형식이 웅진시기까지 내려갈 가능성이 있고, 고창 석교리 8호 주거지[560]·봉덕 방형추정분 남쪽·북쪽 주구와[561] 광주 동림동 1호 주거지·행암동 4호 요지에서도 발견되고 있어서 금강 이남 지역에서는 약간 늦은 시기까지 사용한 것으로 보인다.

554) 차용걸 외, 2002, 『청주 가경 4지구 유적(I)』, 충북대학교 박물관.

555) 차용걸·조상기·오윤숙, 1995, 『淸州 新鳳洞 古墳群』, 충북대학교 박물관.

556) 금강문화유산연구원, 2012, 『牙山 松村里遺蹟·小東里가마터』.

557) 서오선·이한상, 1995, 「忠南 燕岐地域의 原三國時代 遺蹟과 遺物(1)」 『하봉리 I』, 국립 공주박물관.

558) 전남문화재연구원, 2011, 『광주 행암동 토기가마』.

559) 충남역사문화원, 2007, 『금산 수당리유적』.

560) 이영철·조희진, 2002, 『고창 석교리 유적』, 호남문화재연구원.

561) 김건수·노미선·양해웅, 2003, 『高敞 鳳德 遺蹟 I』, 호남문화재연구원.

18. 대부배臺附杯

대부배는 원판형의 받침에 내부가 깊은 포탄형, 개배형, 향완형 동체가 부착되어 있는 것을 말하며, 심완深垸·심배深杯,[562] 배杯,[563] 배형토기杯形土器[564]라고 지칭하기도 하였다.

출현 계기는 대부배가 중국 신석기시대 이래(용산기) 존형토기尊形土器의 영향을 받아 나타난 것으로 무문토기 바닥에서 발전한 백제 자생自生의 기종이라고 하였다. 그리고 공주, 부여에서 확인되고 있는 것은 백제가 수도를 옮기기 전부터 이 지역에서 무문토기의 영향을 받아 만들어진 것으로 보았다.[565] 대부배가 백제토기에서만 보이는 특이한 기형으로 액체를 담는 것보다는 식품공헌기로 사용되었고, 무문토기 중 심발형토기의 전통을 이어받은 것으로 본 견해도 있다.[566] 대부배의 기원에 대해서 무문토기 저부의 영향관계를 지적하고 있는 것이 공통점이라고 할 수 있다. 대부배의 용도는 건조한 곡식이나 가루를 담을 수 있는 식기[567] 또는 금속기의 모방품이 아닌 무문토기와 연결되어 있는 제사용기로 곡식을 담아 놓는 토착신앙과 관련된 식품공헌기로 보는 의견이 있었으나[568] 일상생활용 보다는 의식에 사용했던 공헌기로 추측된다.[569]

대부배의 형식은 동체의 형태에 따라 포탄형(Ⅰ), 개배형(Ⅱ), 향완형(Ⅲ)으로 크

---

562) 藤澤一夫, 1955, 「百濟の土器陶器」『世界陶磁全集』 13, 河出書房, p.193.

563) 김원룡, 1978, 「百濟의 特異形土器」『고고미술』 138·139, 한국미술사학회, pp.160~163.

564) 박경식 외, 2004, 『이천 설성산성 2·3차 발굴조사 보고서』, 단국대학교 매장문화재연구소, p.431.

565) 김원룡, 1978, 「百濟의 特異形土器」『고고미술』 138·139, 한국미술사학회, pp.160~163.

566) 안승주, 1985, 『백제토기』, 백제문화개발연구원.

567) 김원룡, 1978, 「百濟의 特異形土器」『고고미술』 138·139, 한국미술사학회, p.161.

568) 안승주, 1985, 『백제토기』, 백제문화개발연구원.

569) 김종만, 2012, 「백제 대부배 소고」『백제와 주변세계』, 진인진.

게 나눌 수 있다. 받침의 세부 형태에 따라 편평한 것(1), 들린 것(2), 바닥의 중앙이 오목하게 들어간 것(3)으로 나누어진다. 대부배는 입술이 곧추선 것(A), 바라진 것(B), 안으로 숙인 것(C)으로 나눌 수 있다. 경도에 따라 경질(a), 와질(b)로 세분할 수 있다. 이 외에도 입술의 형태, 동체의 세부적인 형태, 받침부분의 원형 투공 유무 등을 형식분류의 세부 사항으로 나눌 수 있다. 백제 대부배는 모두 5개의 형식으로 분류되나, 유구를 알 수 있는 것은 I형식뿐이다. I형식은 다시 동체의 구연부, 바닥의 형태에 따라 3개의 형식으로 세분할 수 있지만 형식 간 시기 차이는 거의 없는 것으로 보인다. I형식은 원삼국시대 이래의 형태와 비슷하다. II·III형식은 원삼국시대의 형태에서 변화된 것으로 시기가 I형식보다 늦은 것을 알 수 있다. II·III형식간 시기 차는 유구와 공반유물이 전혀 없기 때문에 자세히 알 수 없으나 II형식이 III형식보다는 빠른 것으로 추측된다. 이천 설성산성에서 수습된 대부배 중 I1Ca형식이 II1Ab형식으로 변화한 것으로 보이고, 동체의 표현에 있어서도 III형식처럼 각이 지는 것보다는 곡선으로 처리된 것이 이른 시기로 보는 것이 좋을 듯 하다. 또한 III형식은 공주-부여를 북계北界로 해서 남쪽지방에서만 발견되고 있는 특징을 갖는다. 대부배는 시기가 늦을수록 경도가 경질에서 와질로 변한다.

1) 한성시기

대부배는 백제시대에 독자적으로 출현한 것은 아니다. 백제 이전의 대부배로 원삼국시대의 것이 알려져 있다. 원삼국시대에 해당하는 대부배는 광주 신창동 유적,[570] 해남 군곡리 유적,[571] 강릉 병산동 3호 주거지,[572] 아산 갈매리 II구역 II지역 21호 수혈,[573] 보성 조성리 장방형 수혈주거지,[574] 순천 대곡리 도롱

---

570) 조현종·신상효·이종철, 2003,『광주 신창동 저습지 유적V』, 국립광주박물관.
571) 최성락, 1987~89,『해남 군곡리 패총 I·II·III』, 목포대학교 박물관.
572) 지현병 외, 2006,『강릉 병산동 주거지』, 강원문화재연구소.
573) 충청남도역사문화원, 2007,『아산 갈매리(II구역) 유적』.
574) 최인선 외, 2003,『보성 조성리 유적』, 순천대학교 박물관.

23호 주거지,[575] 국립중앙 박물관 소장 전 강원도 출토품(신16100) 등이 있다. 제작시기는 1~5세기경에 속하며, 가장 빠른 시기의 유적은 광주 신창동 유적으로 대부배는 기원후 1세기경으로 추정된다. 가장 늦은 유적으로는 4세기 말에서 5세기 전반에 해당하는 보성 조성리 유적이다. 광주 신창동 유적과 해남 군곡리 유적에

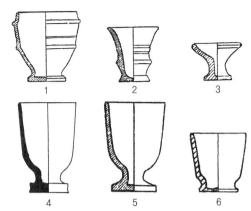

그림 38. 중국 각지출토 대부배(1·2.산동 평도 동악, 3.연하도, 4.산동 곡부, 5.상해 청포현, 6.호북 양신현 반벽산)

서 거의 비슷한 시기에 대부배가 출현하였으며, 단면 삼각형점토대토기와 공반한다. 단면 원형 점토대토기가 출토한 양주 수석리, 보령 교성리[576]에서는 대부배가 확인되지 않고 있어 점토대토기의 구연부가 단면 삼각형으로 변한 시점에 새로 유입된 문화 속에 나타난 기종으로 보인다. 그러한 점에서 대부배는 기원 전후의 시점에 등장하였으며 무문토기를 계승한 토기가 아니라는 점이 확인된다.

우리나라 원삼국시대 유적에서 발견되고 있는 대부배와 같은 형태가 중국의 전국시대 무덤에서 발견되었다. 중국 상해 청포현靑浦縣 중고진重固鎭 복천산福泉山,[577] 호북성湖北省 함녕지구咸寧地區 양신현陽新縣 반벽산半壁山 1호[578] 등 전국시

---

575) 서울대학교 박물관, 1997, 『서울대학교박물관발굴유물도록』, p.116의 도판 26.

576) 김원룡, 1987, 「水石里 先史時代 聚落住居址 調査報告」 『미술자료』 11, 국립박물관. 국립부여박물관, 1987, 『보령 교성리 집자리』.

577) 上海市文物保管委員會, 1988, 「上海靑浦縣重固戰國墓」 『考古』 8, 中國社會科學院 考古研究所, pp.688~693.

578) 咸寧地區博物館·陽新縣舊博物館, 1994, 「湖北陽新縣半壁山一號戰國墓」 『考古』 6, 中國社會科學院考古研究所, pp.525~531.

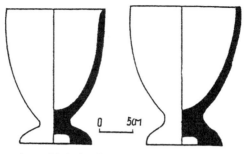

그림 39. 철제 대부배(낙랑)

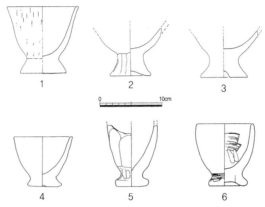

그림 40. 마한시기 대부배(1~3.광주 신창동, 4~6.해남 군 곡리)

대 만기晚期 무덤에서 전형적인 대부배[579]가 확인되고 있다. 중국 내에서 대부배의 변천은 자세히 알 수 없지만 산동山東 평도平度 동악석촌東岳石村의 신석기시대 유적에서[580] 대부배가 발견되고 있어 이른 시기부터 사용되다가 전국시대에 들어와 정형화가 이루어진 것으로 보인다. 중국 연하도燕下都에서는 전국시대 만기

---

579) 중국의 학자들은 '陶杯', '豆形杯'라는 용어를 사용하고 있다.

580) 中國科學院考古研究所山東發掘隊, 1962, 「山東平度東岳石村新石器時代遺址與戰國墓」 『考古』8, 科學出版社, pp.509~517.

사진 141. 김해 양동리 유적   그림 41. 삼한시기 유적 출토 대부배(1.전 강원도, 2.순천 대곡
출토 대부배   리, 3.강릉 병산동, 4.아산 갈매리, 5.보성 조성리)

에 소형의 대부배도 만들어졌기 때문에 상류층에서도 사용하고 있었음을 알 수
있다. 산동성山東省 곡부현曲阜縣 월가촌越家村에서 한대漢代의 무덤에서도 발견되
어[581] 꽤 오랫동안 지속적으로 사용된 기종이다.

　이러한 점에서 우리나라에 대부배가 유입된 시기를 생각해본다면 중국 전국시
대 만기 또는 한대에 이루어졌을 것으로 추측된다. 우리나라 마한시기 대부배 출
토유적과 시기를 비교한다면 한대에 들어왔을 가능성이 높다. 황해남도 은율군
운성리 가말뫼 2호 무덤에서 철제로 된 대부배가 발견되었다.[582] 이 철제 대부

---

581) 中國科學院考古硏究所山東工作隊 曲阜縣文物管理委員會, 1965, 「山東曲阜考古調査試
　　　掘簡報」『考古』12, 科學出版社, pp.599~613.
582) 리규태, 1983, 「운률군 운성리 나무곽무덤과 귀틀무덤」『고고학자료집』6, 과학백과사
　　　전출판사, pp.189~196.

배는 낙랑토기와 공반하고 있어 낙랑 유물임에 틀림없으며, 바닥의 중앙에 홈이 있는 것까지 흡사한 것이 강릉, 광주, 해남 등 기원후 1세기경의 유적에서 발견되고 있어 영향 관계를 상정할 수 있다. 동해안의 강원도지역이나 서해안의 아산지역은 낙랑문화가 유입되는 곳이었으며, 대부배의 출현은 이를 뒷받침하고 있다.[583]

백제의 대부배는 한성시기의 경우 진천 삼용리 87-1호 요지(ㅣ3Ba형식),[584] 이천 설성산성(ㅣ1Ba형식, ㅣ1Ca형식)[585]에서 확인되었다. 이천 설성산성은 남한강에 위치하고 있는데, 북한강지역을 통하여 북쪽의 문물이 남쪽으로 유입되는 루트상에 위치한다. 그러므로 국립중앙박물관 소장의 전傳 강원도 출토품 및 강릉 병산동 3호 주거지 출토품과 같은 것이 발전하여 남한강유역을 통하여 이천 지역으로 유입된 것이 아닌가 한다. 이천 설성산성에서 발견된 대부배는 백제 중앙정부에서는 수용하지 않은 것으로 보인다. 한성시기 도성의 중심지역으로 알려져 있는 풍납토성과 몽촌토성에서는 보이지 않기 때문이다. 다만 석촌동 3호분 동쪽 대형토광묘 적석부에서 발견된 흑색마연기법이 있는 잔은[586] 동체의 형태가 대부배와 비슷하지만 받침이 원형 굽이어서 이전 시기 대부배의 영향을 받아 만들어졌다고 볼 수 없다. 왜냐하면 사비시기에 해당하는 대부배의 받침 형태가 마한 시기 유적에서 나온 것과 동일하기 때문에 원판형의 받침이 권대 받침으로 변천하였다고 볼 수 없기 때문이다. 그러므로 백제 중앙양식 토기로 대부배가 선택되지 않은 것으로 보아야 한다. 진천 삼용리 87-1호 요지 출토 대부배가 생산유적에서 발견된 것으로는 유일한 것인데, 받침의 한쪽에 원형 구멍이 있어서 매달거나 고정할 수 있도록 한 것이 특징이다.[587]

---

583) 이 시기의 대부배는 가야지역의 김해 양동리 고분군에서도 발견되고 있다.

584) 최병현 외, 2006, 『진천 삼용리·산수리 토기 요지군』, 한남대학교 중앙박물관.

585) 박경식 외, 2004, 『이천 설성산성 2·3차 발굴조사 보고서』, 단국대학교 매장문화재연구소.

586) 서울대학교 박물관, 1997, 『서울대학교박물관발굴유물도록』, p.136.

587) 이 대부배는 종래 가마의 내부에서 토기를 적재할 때 사용하였던 받침으로 보았으나 대부배로 수정하고자 한다.

한성시기의 대부배는 전술한 바와 같이 중앙이 아닌 지방에서 발견되고 있다. 특히 이천 설성산성에서 조족문토기가 수습되는 것이 흥미롭다. 조족문토기는 백제 중앙에서 만들어 공급한 토기가 아닌 서북한지방에서 강원도를 경유하여 남한강을 따라 전파된 토기로, 이것이 백제토기와 함께 공반되어 백제의 토기형식으로 나타나고 있다.[588] 이러한 점에서 대부배도 조족문토기 처럼 비슷한 과정을 거쳐 이천 설성산성에 나타난 것이 아닌가 한다.

2) 웅진~사비시기

한성시기 이후에는 충남지방에서 몇 예가 확인되고 있다. 충남 부여지방과 논산시 연산지방 출토품으로 전해지고 있는 것이 있으나 유적의 성격은 알 수 없다. 부여지방에서 발견된 대부배 중 1점은 동체의 상부가 백제 개배와 매우 유사하여 백제시대에 만들어졌을 가능성이 높은 것이다.[589] 부여지방 출토 개배형은 개배의 모습이 납작하지 않고 내부가 깊고 뚜껑받이가 높은 점에서 사비시기 전기로 생각된다. 부여지방 출토 개배형은 갑자기 나타난 형식은 아니다. 이천 설성산성 출토 Ⅰ1Ba형식이 그 조형이 되는 것으로 이와 같은 것은 백제에서 특별히 고안한 것이라고 볼 수 있다. 부여지방 출토품 중에 나머지 1점은 Ⅲ2Bb형식이다. 이 Ⅲ2Bb

사진 142. 연산지방 대부배

588) 김종만, 2008, 「鳥足文土器의 起源과 展開樣相」 『한국고대사연구』 52, 한국고대사학회.
589) 국립부여박물관·국립전주박물관 소장 대부배는 지금까지 웅진·사비시기 유적에서 발견된 적이 없다. 이러한 점에서 실제로 시기를 특정하는 것은 문제가 있지만 두 지방의 통일신라시대 이후의 유적에서도 이와 같은 형태의 기종은 확인된 적이 없다. 대부배 제작에 이용된 기법, 색조 등 여러가지 면에서 백제시대에 제작된 것으로 추정할 수 있다.

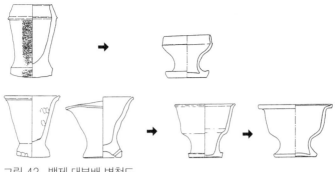

그림 42. 백제 대부배 변천도

형식은 구연부가 매우 발전된 것으로 후술할 연산지방 출토품보다 발전된 형식으로 보인다. 연산지방 출토 대부배는 회전물손질에 의해 만들어져 정면조정에 의한 세선들이 많이 보인다.[590] 회전물손질에 의한 조정선이 남아있는 토기는 금강유역의 공주 단지리 18호분의 병,[591] 서천 화산리 9호분의 완[592] 등으로 백제토기에 나타난 제작기법의 하나로 볼 수 있다. 그러므로 연산지방 출토 대부배는 백제시대에 제작된 것으로 볼 수 있다.

한성시기 이후의 대부배는 형태적인 면에서 차이가 있다. 한성시기의 대부배가 원뿔형의 동체를 갖는 것에 비해 웅진시기 이후의 대부배의 동체는 개배형과 향완형으로 변화한다. 개배형과 향완형의 선후관계는 분명하지 않지만 개배형보다 향완형이 더 늦을 가능성이 있는데, 부여지방 출토품과 국립전주박물관에 소장되어 있는 대부배를 통해 유추해볼 수 있다. 국립전주박물관 소장품은 출토지를 알 수 없는 것인데, 모두 향완형으로 원뿔형과 개배형이 보이지 않아 제일 늦은 형식이 향완형일 가능성을 말해준다. 향완형은 동체가 작은 것에서 큰 것으로 변

---

590) 일본 스에끼에도 나타나고 있는데, カキメ기법으로 불리고 있다(田邊昭三, 1981, 『須惠器大成』, 角川書店, p.22).

591) 박대순·지민주, 2006, 『공주 단지리 유적』, 충청문화재연구원, p.310의 도면 175-3.

592) 유기정 외, 2003, 『서천 화산리 고분군』, 충청매장문화재연구원, p.66의 도면 19-3.

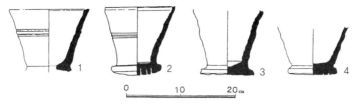

그림 43. すり鉢(1.TK43-Ⅰ號窯, 2.TG51號窯, 3.TG64號窯, 4.TG70號窯)

하고, 구연부의 입술이 좁은 것에서 넓은 것으로 변화하였다.

대부배는 중국의 신석기시대 이후 전국시대를 거쳐 한대까지 사용된 것으로 우리나라에는 마한시기에 도입된 이후 백제시대에 계승되었다. 그리고 백제 대부배는 백제 전시기를 통하여 변천이 이루어졌다. 즉, 대부배의 동체가 포탄형 → 개배형 → 향완형으로 변천되었다.

바다 건너 일본열도의 고분시대에 제작된 스에끼 중에 스리바찌[すり鉢]라고 하는 기종이 있다.[593) 이 기종은 5세기 후반경에서부터 8세기 초까지 사용된 것으로 한반도 특히 백제와의 관련성이 제기된 바 있다.[594) 스리바찌는 포탄형의 동체에 원판형의 받침이 큰 변화 없이 이어진다. 포탄형의 동체는 백제에서는 한성시기에 한정하여 사용된 것이기 때문에 5세기경 백제와의 교류에 의해 스에끼의 한 기종으로 제작된 것으로 보인다.

19. 등잔燈盞

등잔은 내부에 기름을 담아 심지를 이용하여 불을 밝히는 용기로서 대다수의 유물이 일상생활유적과 사찰유적에서 발견되고 있다.

---

593) 田邊昭三, 1981, 『須惠器大成』, 角川書店.
　　 中村浩, 2001, 『和川陶邑窯出土須惠器の型式編年』, 芙蓉書房出版.
594) 김종만, 2010, 「日本出土의 百濟系土器」『21세기의 한국고고학Ⅲ』, 주류성.

등잔은 안정적으로 불을 사용할 수 있게 하고 왕궁이나 관청 등의 최상위 계층에서 이용하였으며, 사찰에서 다량으로 사용된 점을 들어 예배 도구 중 하나로 보고 있다. 등잔은 사용하는 기름의 종류에 따라 다른 형태를 사용하는 것으로 알려져 있다. 등잔 내부에 촉이 없는 것은 식물성 기름을 사용하며, 내부에 촉이 있는 것은 동물성 기름을 사용하는 것으로 밝혀지고 있다.[595]

등잔의 형식은 대각이 있는 것(I형식), 대각이 없는 것(II형식)으로 대분된다. 그리고 등잔의 구연부 구순이 외반한 것(가), 직립한 것(나)으로 나눌 수 있고, 내부에 촉이 있는 것(A), 없는 것(B), 벽이 동체의 한쪽 면에 있는 것(C), 벽이 동체의 양쪽 면에 있는 것(D)이 있다. A형은 촉의 형태에 따라 반원형(a), 타원형(b), 봉형(c), 실을 감는 북형(d), 봉침형(e), 동체의 하단부에 판형으로 붙는 형(f)이 있고, C형은 동체가 원형인 것(ㄱ), 사각형인 것(ㄴ)다. Aa형은 용기의 내부에 붙여 만든 것(1)과 저부의 중심을 눌러 만든 것(2)으로 세분할 수 있다.(그림 44)

1) 한성시기

등잔은 한성시기부터 사용되었다. 한성시기 등잔은 후기인 풍납토성 경당지구 유물포함층에서 발견된 굽 달린 것이 확인되었는데 내부에 촉이 없는 I 나B형식이다.[596] 그리고 풍납토성 197번지 가-1호 주거지에서 발견된 석제 절구는[597] 사각 받침이 있는 것으로 본래 식물이나 딱딱한 물체를 찧는 용도로 사용된 것이었지만 동체 내부의 바닥과 구연부에 그을음이 남아있어서 등잔으로 전용轉用된 것을 알 수 있다. 현재까지 알려진 한성시기의 것은 1점에 불과하지만 별도의 등기구 받침을 사용하지 않고 동체와 대각이 있는 일체형을 사용한 것을 알 수 있다.

---

595) 이상일, 2018, 『백제 등잔 연구』, 충남대학교 석사학위논문.

596) 권오영·박지은, 2009, 『풍납토성X』, 한신대학교 박물관.

597) 국립문화재연구소, 2009, 『풍납토성XI』.

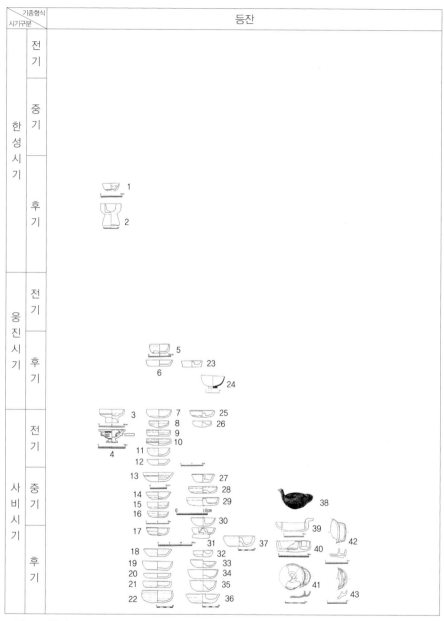

그림 44. 등잔(1.풍납토성 경당지구 유물포함층, 2.풍납토성 197번지 가-1호 주거지, 3.부여 부소산성 동문지, 4.부여 쌍북리 252-1번지, 5.공주 정지산, 6·23.공주 공산성, 7~12·25·26.부여 능사 하층, 13.부여 정암리 B지구 3호 요지 소성실, 14~16·27~29·38·40.부여 관북리 추정 왕궁지, 17~22·30~37.부여 능사, 24.무령왕릉, 39.부여 청산성 기와무지2, 41.익산 왕궁리 서벽, 42.부여 쌍북리 602-10번지 1호 수로, 43.부여 쌍북리 280-5번지 3호 건물지)

사진 143. 공주 무령왕릉 청자 등잔

2) 웅진시기

웅진시기의 등잔은 한성시기와 마찬가지로 그 수가 매우 적다. 웅진시기 후기에 해당하는 공주 공산성 추정왕궁지 석축 연못 내부에서 확인된 Ⅱ나B형식은 아직 용기 내부에 촉이 없는 B형이다. 이로 볼 때 웅진시기 이후부터는 등잔이 받침 없이 동체만 제작되고 별도의 받침을 사용한 것으로 추정되어 한성시기와 비교할 때 새로운 형식이 나타난다. 백제시대의 제작품은 아니지만 무령왕릉 내부에서 중국 남조의 청자 등잔을 사용한 점을 보면 이를 모방한 비슷한 유형의 등잔이 사용되었을 가능성이 많다.(사진 143)

3) 사비시기

사비시기에는 각종 생활유적과 사찰유적에서 Ⅰ형식과 Ⅱ형식이 발견되고 있으나 Ⅱ형식이 압도적으로 확인된다. Ⅰ형식은 부여 부소산성과 쌍북리 252-1

번지, 가탑리 산이고갯골에서 발견된 것이 있다. 부소산성 출토 등잔은 구연부 구순이 직립하고 내부에 촉이 없는 나B형이다. 쌍북리 출토품은 동체에 손잡이가 있으며, 구연부 구순이 바라진 가B형이다. 가탑리 산이고갯골 출토품은 일상생활에서 사용하던 고배를 전용하여 사용한 것이다. Ⅱ형식은 가형, 나형을 비롯하여 A~C형이 동시에 확인되고 있어서 시기적인 선후 관계를 밝히기가 어렵다. 다만 부여 능사 하층에서 출토한 것은 사비시기 전기에 속하는 것들이며, 부여 관북리 추정왕궁지 석축 연못 퇴적층 하층에서 출토한 것은 상층에서 개원통보가 발견되어 이보다 빠르며 흑색와기로 구성된 것들로 사비시기 중기에 해당한다. 부여 정암리 B지구 3호 요지 소성실 바닥에서 발견된 ⅡB ㄱ형식은 가마 내부에서 작업을 위해 사용했던 것으로 중기에 해당한다.

부여 능사 강당지 서측 건물지 공방2 통로·3건물지 2호 구들에서 모두 120여 점에 달하는 등잔이 수습된 바 있다.[598] 부여 능사 출토품은 모두 Ⅱ형식이며 경질토기보다는 와질소성으로 되어 있어 사비시기 흑색와기의 범주에 의해 만들어져 공급된 것이 대부분이며, 내부에 촉이 없는 B형이 다수를 차지하고 있다. 부여 능사에서 등잔이 발견된 곳은 공방 관련 유구로 주야로 제품을 만들어야 하는 시설에서 사용한 양으로는 많은 것이며 사용한 기름의 양으로 볼 때 국가가 관리했음을 말해준다. 부여 능사에서 사용한 등잔의 기름 성분을 분석한 결과 식물성과 동물성 기름 성분이 나왔으며, 동물성 기름이 90% 이상을 차지하였다. 등잔 중에는 식물성과 동물성을 혼용하여 사용한 경우도 있었고, 동물성 기름의 경우 사슴 기름과 유사한 것으로 파악하고 있다.[599]

특히, 사비시기 후기에는 지금까지 없었던 Ⅱ나C형식이 새롭게 출현한다. Ⅱ나C형식은 부여지방과 익산지방에서 확인된다. 부여에서는 관북리 추정왕궁지, 부소산성 성벽 수구, 청산성 남담장지·기와무지2, 쌍북리 280-5번지 3호 건물

---

598) 국립부여박물관, 2000, 『陵寺』.
   국립부여문화재연구소, 2008, 『陵寺』.
599) 유혜선 외, 2000, 「부여 능산리사지 출토 등잔(燈盞)의 기름분석」『능사』, 국립부여박물관.

Ⅵ. 형식과 편년 — 325

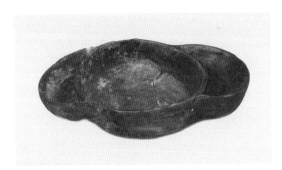

사진 144. 익산 왕궁리 등잔

지 · 602-10번지 1호 수로에서, 익산지방은 왕궁리 동서 석축배수로 · 자연배수로 · 서벽과 미륵사지에서 수습되었다. 부여 관북리 추정왕궁지와 청산성 출토품 중에는 손잡이가 부착되어 있어서 들고 다니기 쉽게 하였다. Ⅱ나D형식은 익산 왕궁리에서 확인되었다.(사진 144) Ⅱ나C형식과 Ⅱ나D형식은 도성 내부의 중요 시설과 사찰에서만 사용한 것으로 용기를 크게 하면서 별도의 작은 공간을 마련하여 등잔을 장시간 이용할 수 있도록 하였으며 필요하면 실용적으로 사용할 수 있도록 고안한 최상위 계층의 고급 등잔이다.

한편 영광 송죽리 고분에서는 Ⅱ나B형식이 확인되어 주목되고 있는데, 사비시기 고분 내부에서 등잔이 확인된 예는 매우 희소하다.(사진 145)

사진 145. 영광 송죽리 고분 출토 등잔

20. 호자虎子, 변기便器

호자는 액체를 담는 용기로 남자가 사용한 간이용 용기이다. 중국 도자기로 된 호자가 4세기경 백제에 알려지기 시작한[600] 후 사비시기에 들어와서야 백제토기의 한 기종으로 만들어진다. 호자와 변기가 만들어지기 전까지는 익산 왕궁리에서 발견된 바와 같이 야외에 있는 공동화장실을 이용

사진 146. 전 개성 출토 중국 호자

했을 것이고, 간이용인 중국 청자 호자의 이용은 극히 제한적인 곳에서 사용하고 대부분은 액체를 담을 수 있는 용기로 대용하였을 것이다.(사진 146)(그림 45)

호자는 3개의 형식이 있는데 동물형動物形(Ⅰ형식), 납작한 동체의 윗면에는 대상의 손잡이가 있고 한쪽 면에 비교적 넓은 주구를 부착한 주전자형(Ⅱ형식), 밑이 납작한 단지의 정상부에 연꽃봉우리 모양으로 장식하고 동체에 둥근 형태의 주구를 붙인 주구부호형注口附壺形(Ⅲ형식)이 있다. Ⅰ형식은 동물형(가)과 호형壺形(나)으로 분류할 수 있다. Ⅰ가형식은 동체의 두부頭部 형태에 따라서 사실적인 것(A), 단순하게 처리한 것(B)으로 나눌 수 있다. 그리고 다리의 형태에 따라 L자형인 것(ⓐ), Ⅰ자형인 것(ⓑ)으로 세분된다.

Ⅰ형식은 중국에서 들어온 청자 호자의 영향을 받아 만든 것으로 부여 동남리·군수리·전 부소산성·능사·김제 부거리·여수 고락산성 등에서 발견되었다. Ⅰ가형식은 사비시기에 A, B형이 단선적으로 계승 발전한 것이 아니고 각각의

---

600) 서성훈, 1979, 「百濟虎子 二例」『백제문화』 12, 공주대학교 백제문화연구소.
　　 은화수, 1998, 「전 개성출토 청자호자에 대한 고찰」『고고학지』 9, 한국고고미술연구소.

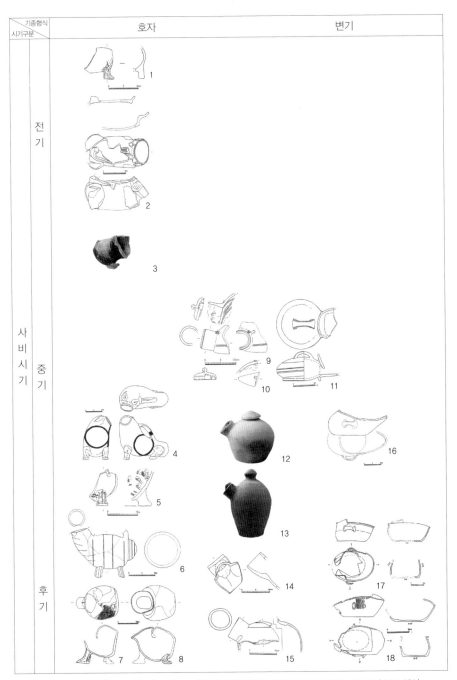

기종형식 시기구분			호자	변기

그림 45. 호자, 변기(1.부여 능사 하층, 2.부여 동남리 한국농어촌공사 3호 유구, 3.부여 부소산성,
　　　　4·16.부여 군수리, 5.김제 부거리 1호 구, 6.부여 관북리 추정왕궁지 라지구 4호 목곽 창고 상
　　　　면, 7·8.여수 고락산성 1호 수혈 유구, 9·10.부여 쌍북리 314-5번지, 11.부여 쌍북리 280-5
　　　　번지 3호 건물지, 12.전 부여(공주대학교 박물관 소장품), 13.공주 학봉리, 14.부여 부소산성 동
　　　　문지, 15.부여 구아리 319번지 중앙성결교회부지, 17·18.익산 왕궁리 동서 석축 배수로)

형식이 별도의 영향을 받아 모방품으로 만들어진 것으로 보인다. 중국에서는 동한東漢시기에 이르기까지 동제, 칠기, 토제로 된 호자가 제작되다가 동오東吳시기에 청자로 된 호자가 만들어지기 시작하였으며 동진東晉을 거쳐 남조南朝에서 최고조에 이른다. 형태에 있어서도 A, B형이 지속적으로 사용되고 있어[601] 백제에 두 가지 형식이 모두 알려진 것으로 보인다.

사비시기 전기는 538년에서 567년 이전에 형성된 부여 능사 하층 출토품이 해당하는데, 앞다리의 형태가 동체와 붙어 ㄴ자형을 띠고 있는 Ⅰa형식이다. 전부소산성 출토품도 뒷다리의 형태가 부여 군수리 출토품보다도 사실적으로 표현되고 있어 이 단계에 해당할 가능성이 있다. 전기의 후반기에 이르면 부여 동남리 한국농어촌공사 사옥 부지에서 발견된 ⅠB형식으로 변화한 것으로 보이는데, 주구가 단순화되고 눈만 표현되고 있다. 사비시기 중기는 부여 군수리에서 수습된 것이 대표적인데, 앞다리를 Ⅰ자형으로 편 Ⅰb형식이다. 부여 군수리 출토품은 중국의 호자보다는 윤곽이 유연하고 해학적이면서 실용성이 강조되어 입구부가 높이 만들어진 특징을 갖고 있어 백제화된 것이다. 김제 부거리 1호 구溝 퇴적토에서 발견된 Ⅰb형식은 공반한 자배기편의 구연부가 상당히 발전한 양식으로 중기의 후반기에 해당한다. 사비시기 후기는 ⅠB형식이 부여 관북리 추정왕궁지 라지구 4호 목곽 창고 상면에서 확인되었는데, 동물 머리의 형태는 동남리 출토품보다 더욱 간결하게 표현하였으며, 주구부가 길게 나타나고 턱에 갈기를 표현하였다. Ⅰ형식이 사비시기를 통하여 단계별로 변화하는 과정에는 시기별로 중국 호자의 변천 과정이 영향을 주었을 것으로 보이며, 사실적인 것에서 점점 간결하게 표현하여 백제화가 이루어진 것으로 볼 수 있다. 한편 여수 고락산성 1호 수혈유구에서는 남부지방에서 유일하게 ⅠB형식이 확인되었는데, 부여 출토품과 비교할 때 차이점이 있다. 부여 관북리 출토품은 중국 호자와 비슷하게 동물 모양을 하면서 4개의 다리를 부착하여 제작하였는데, 고락산성 출토품은 소형 단경호의 구연부 일부를 위로 젖혀 주입 부분을 크게 만들고 다리를 3개만 붙인 것

---

601) 유영재, 2016, 『삼국시대 호자 연구』, 고려대학교 석사학위논문.

사진 147. 호자(1.부여 관북리 추정왕궁지, 2.여수 고락산성)

이다.(사진 147) 이 소형 단경호는 백제중앙양식을 모방한 지방산으로 멀리서 보면 동물이 입을 크게 벌리고 포효하고 있는 자세로 표현되고 있어서 도공의 지혜를 엿볼 수 있다.

한편 Ⅱ형식은 부여 쌍북리 280-5번지 3호 건물지에서 확인된 주전자형 토기로 액체를 따

사진 148. 부여 쌍북리 280-5번지 출토 호자

르는 용기에 해당하는 것이지만 사비시기 중기에 새롭게 만든 호자의 일종으로 보인다. 토기의 동체와 주구부의 사이에 벽을 형성하는 판이 만들어진 것이 밖으로 튀는 것을 방지하는 것일 가능성이 있어서 호자의 한 형식으로 파악하고자 한다.(사진 148)

Ⅲ형식은 공주 학봉리와 공주대학교 박물관 소장품(전 부여), 부여 부소산성 동문지·능사·구아리 319번지 중앙성결교회 부지에서 확인되었다.[602] 사비시기

---

602) 백제문화개발연구원, 1984, 『백제토기도록』.
국립부여박물관, 2007, 『능사』.
김종만, 2006, 「부소산성의 토기」『부소산성』, 부여군.
부여군문화재보존센터, 2012, 『부여 구아리 319 부여중앙성결교회 유적』.

중기의 말쯤에 II형식으로는 처음으로 주구부와 연결되는 동체의 하단에 눈이 장식되어 있는 것이 부여 쌍북리 314-5번지 유적에서 주구부를 막는 뚜껑과 함께 출토하였다. 이 쌍북리 출토품은 출토 유구의 부엽층에서 사람의 기생충이 발견되어 화장실인 것을 말해주고 있어서 호자의 기능을 확실하게 규정해주는 자료가 되고 있다. II형식은 고구려와의 관계에 의하여 수용된 것으로 보았다. 그러나 주구부호자에 대한 연구 결과에 의하면[603] 공주대학교 박물관 소장품(전 부여)이 가장 빠른 단계에 위치되면서 재검토의 여지가 남게 되었다.

변기는 호자와는 달리 여성들이 소변을 보던 간이용 용기이다. 변기는 호자와 마찬가지로 사비시기에만 확인되었다. 변기는 부여 군수리와 익산 왕궁리 동서 석축배수로에서 발견되었다. 부여 군수리 출토 변기는 동체를 한 번에 만들었는데 비해 익산 왕궁리 출토품은 바닥과 동체를 만들고 후에 윗부분을 따로 만들어 붙인 것과 동체의 앞부분을 타원형으로 잘라내어 따르기 쉽게 한 특색을 갖는다. 부여 군수리 출토품은 토기 외면의 곡선이 유려하고 토기의 질감이 잘 우러나 있다. 백제시대의 변기는 고려시대 청자로 재현되기도 하였으며, 호자와 함께 형태가 병원에서 남녀용 간이 변기로 이용되고 있어서 그 전통이 오늘날까지 오랫동안 전해오는 것을 알 수 있다.[604](사진 149)

사진 149. 고려청자 변기

21. 연가煙家

연가는 토관 2~3개를 연결하여 만든 연통의 상부에 올려놓는 막음 장식으로

---

603) 은화수, 1998, 「傳 開城出土 靑磁虎子에 대한 考察」, 『고고학지』 9, 한국고고미술연구소.
604) 김종만, 2015, 「백제토기 전통미의 계승」, 『백제 이후 백제』, 국립공주박물관.

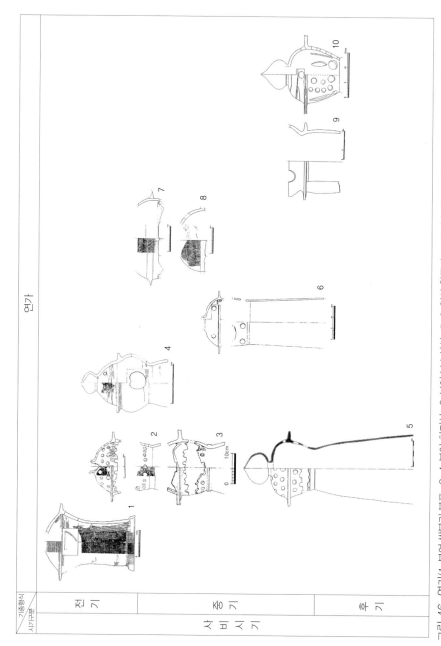

그림 46. 연가(1. 부여 쌍북리 북포, 2・4. 부여 부소산성, 3. 부여 부소산성, 5・9. 익산 왕궁리, 6. 부여 능사 북쪽건물지2, 7. 부여 쌍북리602-10번지 1호 수로, 8. 부여 쌍북리 280-5번지, 10. 부여 능사 서회랑지 북단 제1공방지)

사진 150. 중국 한대 연가 모습

보주寶珠+배연부의 형태로 제작되며 건축물의 외부를 장식하고 내부의 연기를 원활하게 빼내면서 운치있게 보이려고 만든 난방용 시설과 관련된 고급물품이다. 연가는 주로 상류층의 건물에서 사용한 것으로 다양한 모양의 투공이 장식되어 배출되는 연기의 모습이 미관상 아름다웠을 것으로 생각된다.(그림 46)

연가의 기원은 정확하게 알 수 없지만 중국의 춘추전국시대를 지나 한대에는 확실한 출토 예가 있어 그 역사는 매우 오래되었다.(사진 150) 백제 연가는 현재 부여, 익산지역에서만 발견되고 있다. 연가 장식이 없는 연통은 마한시기에도 널리 사용되었으나 연가가 장식된 것은 백제 사비시기에 들어와서 완성된다.[605]

백제 연가에 대한 이해는 부여 능사 출토품이 처음이며 고구려에서 확인되고 있는 연가의 영향으로 나타난 것으로 알려져 있다.[606] 사비시기 연가의 형태

---

605) 한성~웅진시기에 연가가 발견되지 않는 이유는 안악 3호분 부엌 묘사도에서 나타난 바와 같이 연통을 밖으로 길게 빼내 연기를 내보낸 것을 보면 연가의 사용이 늦을 수도 있다. 최근 몽촌토성 서북지구 2구역에서 한성시기의 연가 1점이 알려져 있으나 풍납토성과 웅진시기의 유적에서는 아직 발견 예가 없다. 이러한 점에서 몽촌토성 출토품은 성왕이 한강유역을 재탈환하는 시점의 연가일 가능성도 배제할 수 없다.

606) 김용민, 2002, 「백제 연가에 대하여」 『문화재』 35, 국립문화재연구소.
김규동, 2002, 「백제 토제 연통 시론」 『과기고고연구』 8, 아주대학교 박물관.
이지은, 2015, 『백제 사비기 토제연통의 연구』, 충남대학교 석사학위논문.

는 사실 완전한 것은 없으며 집안 우산하묘구 M2325호 출토품을 통해 알 수 있다.[607] 집안의 고구려유적 출토품은 고분 부장품으로 하트형의 투공만 배치되어 있으며 6세기경의 연대를 갖는다.

연가의 형식은 보주 밑 배연부에 있는 투공의 형태에 따라 분류된다. 배연부 중간에 있는 돌대를 중심으로 아래에 하트형 투공만 있는 것(Ⅰ형식), 돌대 상·하단에 소형 원형 투공만 배치된 것(Ⅱ형식), 돌대 상단 소형 원형 투공+돌대 하단 하트형 투공(Ⅲ형식), 돌대 상단 소형 원형 투공+돌대 하단 대형 원형 투공·소형 원형 투공(Ⅳ형식), 돌대 상단 소형 원형 투공+돌대 하단 사각형 투공(Ⅴ형식), 돌대 상단 대형 원형 투공+돌대 하단 사각형 투공(Ⅵ형식), 돌대 상단 소형 원형 투공+돌대 하단에 원형, 타원형과 장방형 투공(Ⅶ형식)으로 분류할 수 있다. 각 형식은 연가와 연통을 각각 만들어 결합하는 분리형과 연가와 연통이 하나로 만들어진 일체형이 있다.

사비시기 연가의 큰 특징은 장식성과 실용성을 들 수 있는데, 이는 백제만의 독특한 장식 방법으로 우아한 모습을 살리고 빠져나가는 연기조차도 멋지게 날아가는 모습으로 보이게 하려는 장인의 예술적인 감각을 살펴볼 수 있다.

사비시기 중기의 연가는 추정왕궁지와 사찰의 공방지에서 확인되고 있다. 부여 쌍북리 북포 유적 Ⅰ단계 동서도로의 북쪽 측구에서 확인된 Ⅰ형식은 집안 우산하묘구 출토품과 매우 유사한데, 연가를 연통에서 잘 분리될 수 있도록 분리형으로 만든 것은 백제 장인의 독창적인 기술이 가미된 것이다. 또한, 중기에는 Ⅰ형식의 돌대 상단에 소형의 원형투공이 추가되는 Ⅲ형식과 소형의 원형 투공이 돌대를 중심으로 상하에 배치되는 Ⅱ형식이 나타나며 부여 화지산 유적과 익산 왕궁리 출토품이 대표적이다. 중기의 후반기에는 부여 능사 북편 건물지2에서 Ⅳ형식이 사용되었다. 사비시기 후기에는 좀 더 다양한 모습의 투공이 장식된 연가가 등장하며 부여 쌍북리 280-5번지 3호 건물지와 익산 왕궁리에서는 Ⅴ형식이 확인되었고, 부여 능사 공방1에서는 백제시대 연가 중 가장 화려한 원형+타원형

---

607) 耿鐵華·林至德, 1984, 「集安高句麗陶器的初步研究」 『文物84-1』, 文物出版社.

+장방형 투공이 있는 Ⅶ형식
이 출토되었다.

백제 이후, 연가의 변천을
살펴볼 수 있는 자료는 익산
미륵사지 강당지 북측 건물지
북측기단 외부 구지표상에서
확인되었다.[608] 미륵사지 출
토품은 연가가 머리 부분과 동
체의 이중으로 구성되어 있는
것 중에서 연통에 연결되는 동
체 부분이다. 이 연가에는 곡
률이 있는 전에 직사각형의 작

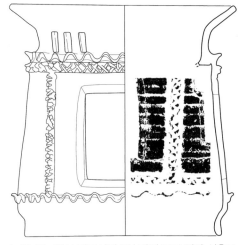

그림 47. 익산 미륵사지 북승방지 부근 연가 실측도

은 투공 3개를 붙여 만든 영자창과 중심부에는 커다란 방형 투창이 있다. 방형
투창은 크기에 따라 두 종류가 있었던 것으로 보이고 주위에 음각선이 돌아간다.
방형 투창의 상하에는 주름무늬 장식과 X자형으로 교차하면서 시문된 돌대가 있
다. 연가의 저부에는 연통과 연결되는 수하연이 있다.(그림 47)

지금까지 발견된 백제시대 연가는 보주형 자체를 두 개체로 분리하여 결합한
것은 발견되지 않았다. 미륵사지 출토품은 머리 부분을 별도로 만들어 덮었던 것
으로 보이는데 공반되지 않아 자세히 알 수 없지만 미륵사지 북승방지 상층과 북
측,[609] 남원 실상사에서[610] 발견된 탑형 뚜껑과 같은 형태가 사용되었을 가능성

---

608) 이 유물은 보고서에 '기대'로 되어 있으나 '연가'로 보인다. 문화재관리국 문화재연구소,
1987, 『미륵사-도판』, 236쪽 도판 207-1.

609) 이것은 향로의 뚜껑일 수도 있다. 주름장식이나 X자형으로 시문된 돌대가 미륵사지 강
당지 북측 건물지 북측기단 외부 구지표상에서 확인된 연가의 동체 부분 무늬와 일치하
기 때문에 연가의 머리 부분으로 추정하는 것이다. 머리 부분에 원형이 투공되는 것은
백제시대의 것으로 알려진 부여 화지산 연가에 보인다. 국립부여문화재연구소, 1996,
『미륵사-도판』, 231쪽 도판 202-③, 250쪽 도판 220-②.

610) 국립부여문화재연구소, 2006, 『실상사Ⅱ』, 676쪽 도면41-⑧.

사진 151.익산 미륵사지 출토 화사석　　　사진 152. 옹기 연가

이 있다. 미륵사지 출토 연가는 백제시대에 제작된 연가가 연꽃봉오리 모양을 하고 있는 것과는 달리 화사석 모양을 하고 있는 점이 큰 특징인데, 미륵사지 출토 백제시대 석등을 모방한 것으로 짐작된다. 미륵사지 연가는 방형의 투창이 있는 동체는 화사석을, 탑형의 머리 부분은 옥개석을 본떠 만들었기 때문에 두 부분으로 분리된 것으로 생각된다. 이는 백제문화의 복고열풍이 사찰을 중심으로 이루어진 것과 관련하여 계승의 계기를 짐작해 볼 수 있는 예이다. 미륵사지 강당지 북측 건물지는 백제시대 사역 외부에 해당되는 고려시대 공방건물지로 추정되고 있어 백제시대에 창건된 부여 능사 공방지에서 발견된 연가와 함께 백제고지에서 물건을 제작하는 공방에서 발견되고 있는 것은 연가의 변천사를 살펴볼 수 있는 자료로서 시사하는 바가 매우 크다고 할 수 있다.[611](사진 152)

---

611) 김종만, 2015, 「백제토기 전통미의 계승」『백제 이후 백제』, 국립공주박물관.

22. 벼루

벼루는 문방사우의 하나로 문자문화의 발전과 더불어 발전한 기종이다. 벼루는 한반도에서 기원 전부터 사용한 것이다. 백제의 벼루는 중국과의 교류를 통해 모방과 시행착오를 거치면서 완성되었다. 백제는 중앙이나 지방 관청의 문서행정과 사찰, 식자識者 계층의 증가에 따라 벼루의 사용이 빈번했을 것이고 다양한 벼루의 제작과 보급이 이루어졌다.(그림 48)

벼루의 형식은 다리의 형태에 따라 무족식無足式(Ⅰ형식), 다족식多足式(Ⅱ형식), 대족식臺足式(Ⅲ형식)으로 나누어진다. 각 형식은 무개식(가)과 유개식(나)으로 구분한다. Ⅰ·Ⅱ형식은 연면의 형태에 따라 사각형(A), 원형(B)으로 나눌 수 있다. ⅡB형식은 다리의 형태를 중심으로 단순형單純形(a), 수적형水滴形(b), 수족형獸足形(c)으로 세분된다. Ⅲ형식은 투공이 없는 것(ㄱ), 투공이 있는 것(ㄴ)으로 나눌 수 있다. Ⅲ나Bㄴ형식은 투공의 형태에 따라 원형, 방형, 하트형 등 몇 개의 형식으로 세분할 수 있다.[612]

1) 한성시기

벼루는 한성시기부터 사용했다. 한성시기는 백제사서의 편찬, 중국에 보낸 왕의 친서와 토기 등에 나타나는 새김글자로 보아 한자의 사용이 보편화된 것으로 볼 수 있어 벼루의 사용은 당연한 것으로 생각된다. 그러나 유적에서 발견된 수량은 소수에 불과하고, 몽촌토성에서 확인된 중국제 벼루편 등으로 보아 도자기를 그대로 사용했을 가능성이 있다. 한성시기 후기에 이르면 풍납토성 동벽 A지점 Ⅱ토루와 197번지 마-그리드에서 토제로 된 벼루가 확인되었다. 풍납토성 동벽 A지점 Ⅱ토루 출토품은 Ⅰ가A형식이고, 197번지 마-그리드 출토품은 Ⅱ나c형식이다. 풍납토성 Ⅱc형식은 중국이나 고구려에서 수입한 것으로 보고 있

---

612) 山本孝文, 2003, 「百濟 泗沘期의 陶硯」『백제연구』38, 충남대학교 백제연구소.

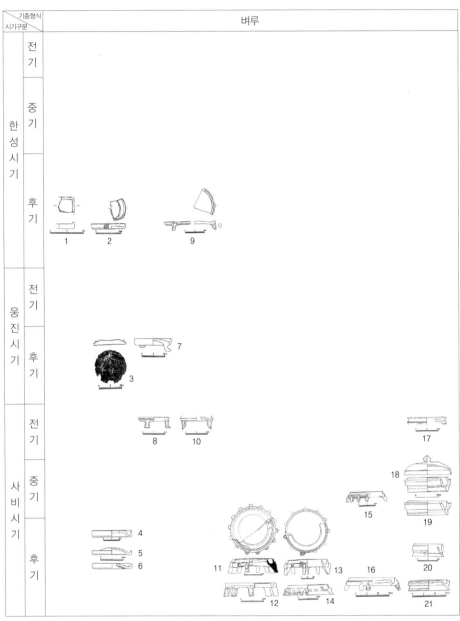

기종형식 시기구분		벼루
한 성 시 기	전 기	
	중 기	
	후 기	
웅 진 시 기	전 기	
	후 기	
사 비 시 기	전 기	
	중 기	
	후 기	

그림 48. 벼루(1.풍납토성 동벽 A지점 II토루, 2.아산 소동리 2호 요지, 3.공주 공산성 성안마을 철기제작
공방지, 4·15.부여 부소산성, 5·6·12·14.나주 복암리, 7.공주 공산성 추정왕궁지 석축 연못,
8·10·17.부여 능사 하층, 9.풍납토성 197번지 마-그리드, 11.익산 왕궁리, 13.부여 관북리 추정
왕궁지 석축 연못, 16·21.부여 능사 서회랑지 북단 제1공방지, 18·19.부여 정암리 A지구 1호 요지,
20.부여 관북리 추정왕궁지)

으나 니질 태토에 연질 소성의 토기가 풍납토성에서 다수 발견되고 있는 점과 수족형의 다리는 삼족토기 등에 나타나고 있는 점을 감안하면 백제 제작일 가능성이 높은 것이다. 아산 소동리 2호 요지[613]에서 발견된 것과 같이 다리가 없는 Ⅰ형식의 연제 부분이 확인되고 있어 소량이지만 벼루를 직접 제작하여 사용하고 있음을 알 수 있다. 한성시기 벼루의 제작이 전기부터 이루어지지 않은 것은 국가의 통제와 관련하여 사용층이 제한되어 있었던 것과 연관이 있어 보인다.

2) 웅진시기

웅진시기 전기의 벼루는 아직 알려진 것이 없고, 후기의 벼루가 공주 공산성 석축 연못 내부·성안마을 철기제작 공방지에서 확인되었다.[614] 공산성 석축 연못 내부 출토품은 한성시기 후기부터 제작한 수족형 벼루와 유사하지만 뚜껑이 없는 Ⅱ가c형식이다. 중국 상산 7호묘에서 출토된 벼루와의 유사성을 들어서 중국 남조 계통의 벼루를 모방하여 제작한 것으로 보는 견해가 있다.[615] 성안마을 철기제작 공방지 출토품은 뚜껑의 유무는 알 수 없지만 Ⅰ나B형식으로 바닥에 '대통사大通寺'명이 있는 것으로 연제硯堤 부분에 7cm 간격으로 소형 구멍이 뚫려 있다. 이 벼루는 너비가 10cm가 조금 넘는 소형으로 연제 부분에 나 있는 구멍에 끈을 연결하여 매달 수 있도록 한 것인데, 대통사 소속 스님이 사용한 휴대형이며 527년 이후의 연대를 갖는다.

---

613) 이 토기편은 거친 태토로 만들어져 있다. 소편이기 때문에 자세히 알 수 없지만 벼루의 연제와 연지, 연강이 구성되어 있는 것처럼 보이는데, 먹을 가는 연강 부분이 굵은 모래 입자가 많은 것이 의외로 보인다. 웅진~사비시기에 발견되는 벼루의 태토 입자는 매우 고운 니질의 점토를 이용하고 있어서 벼루가 아닐 가능성도 있다(금강문화유산연구원, 2012, 『牙山 松村里遺蹟·小東里가마터』).

614) 안승주·이남석, 1987, 『백제추정왕궁지발굴조사보고서』, 공주대학교 박물관.
공주대학교 박물관, 2016, 『백제시대 왕궁관련 유적: 공산성 성안마을 제4~5차 발굴조사』.

615) 도라지, 2017, 『삼국시대 벼루(硯) 연구』, 고려대학교 석사학위논문.

3) 사비시기

사비시기는 백제 벼루의 발전기인 동시에 완성기로서 여러 형식이 존재한다. 전기는 웅진 후기의 연장선상에 있으며 ⅡBc형식이 부여 능사 하층에서 확인되었다. 부여 능사 하층 출토품은 공주 공산성 연못 출토품과 같이 무개식인 것(Ⅱ가c형식)도 있고 유개식인 것(Ⅱ나c형식)도 발견되었으며 경질토기로 만들어졌고 연제가 낮으면서 대족을 저부의 가장자리에 부착하는 것이 특징이다. 부여 능사(8차) 하층에서 발견된 Ⅲ나Bㄴ형식은 하트형 투공이 있다. 중기는 Ⅲ형식이 많아지며 부여 정암리 A지구 1호 요지 출토품이 대표적이다. 그리고 중국에서 남조시기 즉, 6세기 때까지 연대가 올라갈 수 있는 ⅡBb형식이 부여 부소산성에서 수습되었는데, 이 시기에 해당할 것으로 추정된다. 부여지방에서 많이 확인되고 있는 것 중의 하나인 ⅡBc형식은 중국 수·당대 벼루를 모방한 것으로 다리의 하부에 연판을 부조한 특징을 갖고 있는데, 부여 쌍북리·금성산 출토품이 대표적이다. 부여 쌍북리 출토품은 뚜껑까지 남아있는 것으로 뚜껑 표면에 소성燒成기법을 알 수 있는 선상자국이 남아있다. ⅡBc형식 중에는 녹유가 시유된 것이 부여 궁남지·부소산성에서 확인되고 있다.(사진 153)

후기는 모든 형식이 사용되고 있으며 이전 시기가 중국 벼루 모방단계라고 한다면 이 단계부터는 벼루의 백제화가 이루어지는 시기라고 할 수 있다. 후기는 ⅡAa·ⅡBb·ⅡBc·ⅢA·ⅢB형식의 다리가 낮아지는 형태를 하는 점이 특징이

사진 153. 부여 쌍북리 벼루

다.[616] ⅡAa형식은 부여 관북리 추정왕궁지 연지에서 편이 확인되었다. ⅡBb 형식 중 부여 관북리 추정왕궁지 연지에서는 여러 개의 다리가 있는 가운데 2곳 에 붓을 꽂을 수 있도록 원통형 장식을 만들어 놓은 것도 수습되었다. 익산 왕궁 리 와도겸업요지5의 회구부에서 발견된 Ⅱ나Bc형식 벼루는 연지硯池 부분에 다 리 모양으로 둑을 대칭으로 만들었는데, 붓에 먹물이 많이 묻으면 조정하는 곳으 로 붓에서 떨어진 먹물이 밑의 연지로 흘러가도록 구멍이 사각으로 뚫려있다. 또 한 익산 왕궁리에서는 원형의 벼루 동체에 굵고 짧은 다리가 달린 Ⅱ나Ba형식도 확인되었다. 나주 복암리 7호 구상 유구·13호 수혈에서 확인된 Ⅰ가B형식은 부 여지방 출토품과 비교해보면 먹을 가는 연강硯岡 부분이 불록 튀어나온 특징을 갖 는다. 나주 복암리 4호분 주구 1층에서 확인된 Ⅱ나Bc형식은 동체에 대각을 부 착하는 방식이 특이한 것으로 동체에 대족을 두르고 대족의 일부를 파내서 다리 하나하나를 만든 것이며 중앙양식이 아닌 나주지역에서 만든 지방산으로 생각된 다. 동 유적 16호 수혈에서 발견된 Ⅱ가Ba형식은 연면硯面과 연제의 높이가 비슷 하게 만들어진 특징이 있다. Ⅲ나Bㄴ형식은 부여 정암리 요지 출토품과 같은 형 식이 계속 이어지면서 대족에 원형·방형 투공(부여 관북리 3구역 1호 우물 주변)이 있는 것, 하트형 투공(익산 쌍릉)이 있는 형태도 확인되고 있다.(사진 154)

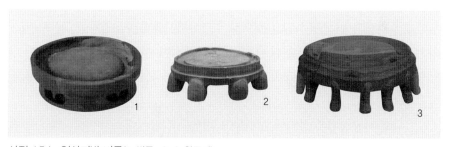

사진 154. 익산지방 벼루(1.쌍릉, 2·3.왕궁리)

---

616) 부여 정림사지 S3W4 탐색 트렌치의 고려시대 유물포함층에서 발견된 Ⅰ나B형식은 백 제시대 제작품일 수 있지만 층위가 불확실하다(국립부여문화재연구소, 2011, 『부여 정 림사지』).

부여 이궁지 출토 백자연白磁
硯이나 부여 관북리 추정왕궁지
출토 석제 풍자연風子硯과 같이
중국에서 건너온 다양한 형식
의 벼루가 발견되고 있어 백제
벼루의 형식은 더 늘어날 수 있
다.[617](사진 155)

사진 155. 부여 전 이궁지 출토 백자벼루

23. 도가니坩鍋

도가니는 광석에서 광물을 채취하거나 광물을 끓이는데 사용하는 것이다.[618]
우리나라에서는 근년에 들어와 금, 동, 유리의 출토 예가 증가함에 따라 선사시
대에서부터 삼국시대에 이르기까지 시대 및 지역에 따라 그 성분이 약간씩 다르
다는 것이 밝혀졌으며, 상호 영향과 유입경로를 밝히는 중요한 단서로 작용하고
있다.

도가니는 금, 동, 유리제품을 만들기 위해서 그 원료를 선별하고 녹이는데 필
요한 것이다. 우리나라에서는 청동기시대부터 거푸집이 등장하고 있는데 이때
부터 도가니도 같이 사용하였을 것으로 추측된다. 백제는 무령왕릉, 부여·익산
의 추정왕궁지 공방에서 발견된 금의 성분을 분석한 결과, 순도가 매우 높이 나
왔으며, 이는 백제 장인이 금속을 분리하는 기술이 특출하였다는 점을 말해 준
다.(그림 49)

도가니의 사용방법은 화로에 올려놓고 내용물을 끓여내는 것이다. 화로에 올
려놓는 방법은 대체로 두 가지로 추측된다. 하나는 고정화로나 이동화로에 1~2
개의 도가니를 올려 놓고 끓여내는 방법이다. 두 번째는 많은 도가니를 올려놓을

617) 김종만, 2004, 『사비시대 백제토기 연구』, 서경.
618) 김종만, 1994, 「부여지방출토 도가니」『고고학지』 6, 한국고고미술연구소.

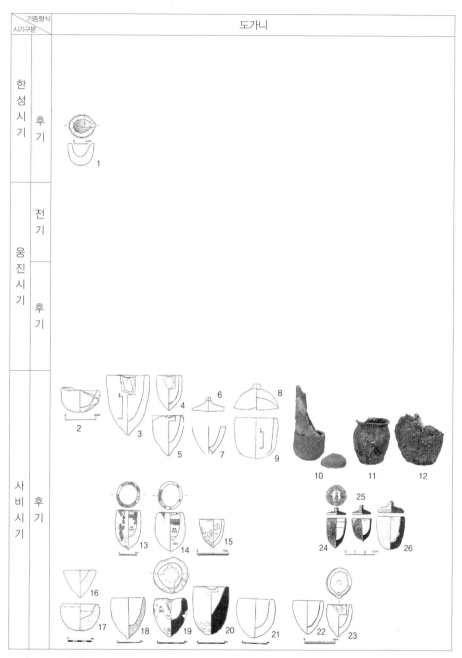

기종형식 시기구분		도가니
한성시기	후기	1
웅진시기	전기	
	후기	
사비시기	후기	2 3 4 5 6 7 8 9 10 11 12 13 14 15 24 25 26 16 17 18 19 20 21 22 23

그림 49. 도가니(1.몽촌토성 84-D지구, 2·10~12.부여 관북리 추정왕궁지, 3·4.부여 쌍북리, 5.부여 부소산 건물지, 6~9.부여 부소산성 서록폐사지, 13·14.부여 쌍북리 두시럭골, 15.부여 쌍북리 현내들, 16~21.익산 왕궁리, 22·23.나주 복암리 11호 구상유구, 24~26.일본 나라 아스카이께 유적)

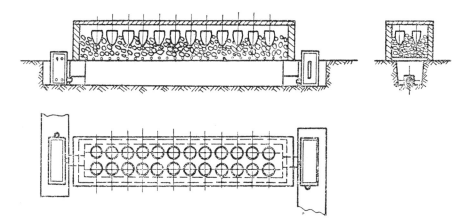

그림 50. 도가니 설치방법

수 있도록 화로의 상부에 판을 이용하여 여러 개의 구멍을 뚫고 도가니를 설치한 후 한꺼번에 끓여내는 방법이다.(그림 50)

도가니의 형식은 저부가 둥글고 구연부가 직립한 Ⅰ형식, 저부가 둥글고 동체가 수직으로 올라가다가 구순이 약간 내경하는 Ⅱ형식, 저부가 납작하면서 타원형을 이루고 구순이 약간 바라진 Ⅲ형식, 저부가 원형에 가까운 Ⅴ자형이고 동체가 바라지며 올라가다가 구순이 직립한 Ⅳ형식, 저부가 뾰족하고 동체가 바라지며 올라가다가 구연부가 수직으로 되어 있는 Ⅴ형식, 저부는 원형에 가까운 말각 평저를 이루고 동체는 수직으로 올라가면서 구순을 둥글게 처리한 Ⅵ형식, 동체 하단부는 Ⅵ형식과 비슷하며 동체 중간부는 원형, 동체 상단부는 하단부를 뒤집어 놓았는데, 도가니를 상·중·하 3단으로 나누어 별도 제작하여 붙인 Ⅶ형식, 심발형토기를 전용한 Ⅷ형식으로 나눌 수 있다. Ⅴ형식은 구연부에 주구가 없는 것(A)과 주구가 있는 것(B)으로 구분된다. 각 형식은 뚜껑의 유무와 크기에 따라 세분할 수 있다.

1) 한성시기

한성시기는 후기의 것으로 보이는 몽촌토성 84-D지구 출토품이 유일하다.[619] 몽촌토성 출토품은 Ⅰ형식으로 높이가 7.3cm이며 사질이 많이 포함된 점토로 만들어졌다. 현재 1점에 불과하지만 석촌동 3호분에서 발견된 거푸집과[620] 풍납토성에서 유리 거푸집과 유리 슬래그가 확인되고,[621] 『일본서기』에 4세기경 백제가 왜倭에 보낸 칠지도七枝刀, 칠자경七子鏡 등을 선물로 주었다는 기록을 보면 전문장인의 등장과 함께 주조鑄造, 단조鍛造제작이 동아시아에서 최고의 수준에 도달해 있었던 것으로 생각되어 다량의 도가니가 발견될 가능성이 있다.

2) 웅진시기

웅진시기에 해당하는 도가니는 아직 발견 예가 없다. 도가니를 이용하여 만들었을 것으로 보이는 금속유물과 유리제품들이 무령왕릉을 위시하여 고분에서 다수 출토되고 있기 때문에 앞으로 발견될 가능성은 충분하다. 공주지역을 기준으로 했을 때 주변 지역인 청양 학암리, 부여 중정리·정동리에서 웅진시기에 해당하는 각종 공방이 확인되고 있어서 도가니 발견지역도 공주를 벗어난 곳에서 발견될 가능성이 있다. 다만 부여 관북리 추정왕궁지와 익산 왕궁리에서 다량의 도가니가 발견된 상황을 고려하면 웅진시기 도성이 있었던 것으로 추정하고 있는 공산성 내부에서 확인될 여지도 있다.

3) 사비시기

도가니는 부여와 익산지방에서 확인되며, 대체로 사비시기 후기에 해당한다. 부여지방은 도성 내부의 관북리·구아리·부소산성·동남리·쌍북리·쌍북리 두 시럭골·쌍북리 280-5번지·쌍북리 현내들·이궁지 등에서, 익산지방은 미륵사지와 왕궁리유적에서 수습되어 백제 중앙 왕실과 밀접한 곳에서만 발견되는 양상이다.

---

619) 몽촌토성발굴조사단, 1984, 『정비·복원을 위한 몽촌토성발굴조사보고서』.
620) 김원룡·임영진, 1986, 『석촌동3호분동쪽고분군정리조사보고』.
621) 권오영·권도희·박지은, 2006, 『풍납토성Ⅶ』.

금을 다룬 도가니는 높이가 5cm 내외로 작으면서 다양한 형식이 확인된다. 금 도가니는 크기에 비해 기벽이 두껍게 제작되었는데 금의 용융점이 낮기 때문이라고 생각된다. I형식은 부여 관북리 추정왕궁지 가지구 석축 연못·익산 왕궁리 출토품이 있다. 이 형식은 몽촌토성 출토품과 크기나 형태가 유사하여 선사시대 이래의 전통성이 강한 것이며, 낙랑 도가니의 영향도 고려할 수 있다.[622] 일본에서도 야요이시대의 요시노가리[吉野ケ里]·나라 아스카이께[飛鳥池] 유적에서도 비슷한 형식이 확인되었다. 부여 관북리 추정왕궁지 가지구 석축 연못 출토 I형식은 내부 찌꺼기를 분석한 결과 은을 10% 정도 혼합하여 합금한 사실이 밝혀졌다. 이는 익산 왕궁리 유적에서 발견된 금 도가니에는 15%의 은을 혼합하여 합금한 사실과 비교하면 매우 정제된 합금 비율을 부여 관북리 추정왕궁지에서 사용하고 있어 중앙과 지방의 신분상의 격차를 말해주는 것으로 보는 견해가 있다.[623] III형식은 익산 왕궁리에서만 확인되었다. IV형식은 부여 관북리 추정왕궁지, 익산 왕궁리에서 수습되었다. VA형식은 익산 왕궁리 유적에서만 수습되었다.

동을 다룬 도가니는 높이가 10cm 내외의 중형이면서 IV·VB형식이 해당하는데, 부여 관북리 추정왕궁지 가지구 석축 연못·부소산 폐사지(서복사지)·쌍북리·이궁지와 익산 왕궁리 등에서 발견되었다. 동 도가니는 용기 내외부에 육안으로도 식별이 가능할 정도로 적색과 녹색의 찌꺼기가 부착되어 있고 가장 많은 양을 차지하고 있다. 특히, 부여 관북리 추정왕궁지 가지구 석축 연못 회색점토층에서 확인된 IV형식은 미세조직 분석결과 철성분이 포함된 구리를 대상으로 용해 작업을 수행한 것으로 보았으며, 부여 쌍북리에서 발견된 IV형식도 주구부 외부에 남아있는 적색의 찌꺼기를 보았을 때 비슷한 종류의 구리를 생산한 것으로 추정된다.

---

622) 朝鮮總督府, 1925, 『樂浪郡時代ノ遺蹟』 도판 1224 참조.
　　　국립중앙박물관, 2001, 『낙랑』 도판 14 참조.
623) 박장식, 2009, 「부여 관북리 왕경지구 출토 금속관련 유물의 금속학적 분석을 통한 유적지의 성격추정」 『부여 관북리 백제유적 발굴보고III』, 국립부여문화재연구소.

유리를 다룬 도가니는 동을 다룬 도가니와 형태가 비슷하지만 뚜껑이 공반하고 기벽이 두꺼우며 높이가 큰 것이 많다. 유리 도가니는 부여 부소산 폐사지(서복사지)·쌍북리 두시럭골·궁남지, 익산 미륵사지·왕궁리 출토품이 대표적이며 Ⅳ·ⅤB·Ⅵ형식이 있다. 도가니의 크기는 동을 다루던 도가니와 마찬가지로 10cm 내외의 것도 있으나 13~17cm 내외의 큰 것이 많이 발견되고 있다. 유리를 다룬 도가니는 예외 없이 도가니의 내외부에 유리 성분이 묻어 있어 육안으로도 식별이 가능하다. 특히, 익산 미륵사지와 왕궁리에서는 다량의 유리 재료와 함께 발견되고 있다. 부여 부소산 폐사지에서 수습된 Ⅵ형식은 익산 왕궁리에서는 수습되지 않았고 일본 아스카이께유적에서는 확인되고 있다. 익산 왕궁리 공방지·미륵사지 출토 유리제품을 분석한 결과 색깔, 비중, 용해 온도가 비슷하고 산지는 경기도 부평 일대 광산과 같은 동위원소비를 내는 지역으로 추정하였다.[624]

이상에서 살펴보면 사비시기 도가니는 대체로 Ⅳ·ⅤB형식이 많이 만들어졌으며 뚜껑을 사용하였다. 뚜껑의 형태는 한성 후기 풍납토성 197번지 나-60호 수혈에서 심발형토기의 뚜껑으로 사용되던 'ㅗ'자형처럼 만들었는데, 동체가 둥근 형태이고 단면이 원뿔형과 사각형인 장방의 손잡이가 있다. Ⅳ·ⅤB형식은 Ⅵ형식과 함께 일본 아스카이께飛鳥池 유적에서도 확인되어 교류 및 전파 등 일본 아스카문화와의 관계 규명은 물론 우리나라 도가니 변화상을 살펴볼 수 있는 자료이다.[625]

한편 부여 관북리 추정왕궁지의 수혈시설(공방)에서는 도가니의 높이가 20cm 내외의 대형이면서 뚜껑이 있고 저부가 둥근 Ⅶ형식이 확인되었는데 지금까지 발견된 백제 도가니 중 가장 큰 것이다. 내부에 재료를 넣고 직접 용해를 했을 수도 있지만 중요한 재료를 용해할 때 도가니를 2차로 감싸 보호했던 토제감土製龕일 수도 있다. 도가니의 동체와 뚜껑에 '관官'명이 압인되어 있어 관청의 통제 아래에서 전문화된 장인에 의해 공방작업이 이루어진 것을 알 수 있다.

---

624) 국립부여문화재연구소, 2007, 『왕궁의 공방Ⅱ-유리편』.
625) 奈良國立文化財研究所, 1992, 『飛鳥池遺蹟の調査-飛鳥寺1991-1次調査』.

또한 익산 왕궁리 와도겸업요지 회구부에서 발견된 다량의 도가니는 작업 차원에서 본다면 부여 관북리 추정왕궁지와 다른 것이다. 익산 왕궁리 출토품은 요지를 운영하는 도공 또는 별도의 제련사가 와도겸용가마를 이용하여 금속이나 유리를 녹였다는 것을 말해주는 것이다. 부여 관북리 추정왕궁지에서는 나지구 남동구역에서 소형의 노로爐시설이 발견되어 야장冶匠이 전문 공방시설에서 금속이나 유리를 다루고 있었으며, 익산 왕궁리에서는 불을 다루던 와도겸업가마에서 공동으로 진행되었다는 점이 다르다. 도가니에서 광물을 끓여 용액을 얻는데 필요한 온도는 1,050~1,150℃ 정도였다고 한다.[626] 백제시대 토기 가마에서도 용액 추출이 가능한 것으로 익산 왕궁리 요지 회구부에서 사용하다 폐기한 다량의 도가니가 발견된 것은 이러한 이유가 있었던 것으로 이해할 수 있다.

부여 관북리 추정왕궁지 나지구 남서구역 웅덩이 내부에서는 적갈색 연질의 심발형토기를 철을 녹이던 도가니로 전용轉用한 Ⅷ형식이 확인되었다. 도가니로 전용된 심발형토기는 태토에 모래를 많이 섞어 성형한 후 소성하였기 때문에 취사용기로도 사용한 기종으로 철을 녹일 때 발생하는 높은 열을 받아도 균열이 생기거나 주저앉지 않아서 채택한 것으로 생각되나 일반적인 현상은 아니었던 것으로 보인다.

부여나 익산지방에서 발견되는 전용專用 도가니는 20cm 이상의 대형품이 있으나 철을 녹이던 것은 발견되지 않았고, 모두 금, 동, 유리의 재료를 용해하는데 이용한 것이다. 당시 금, 동, 유리제품은 일반인이 쉽게 접할 수 있는 것이 아니고 국가에서 중요시했던 것으로 도성이나 왕궁 내부에 작업장을 설치하여 국가가 특별히 관리하였다.

한편 영산강유역에서는 사비시기 후기가 되면 도가니가 확인된다. 나주 복암리 11호 구상유구에서 출토한 도가니는 Ⅳ·ⅤB형식이고 부여와 익산 출토품과 동일한 것이다.[627] 나주 복암리 구상유구 출토 도가니는 노의 벽체편과 철제집게

---

626) 文物出版社, 1986, 「撥蠟法的調査和復原試制」『中國冶鑄史論集』.

627) 국립나주문화재연구소, 2010, 『나주 복암리유적 Ⅰ』.

가 공반하고 있으며 도가니의 뚜껑이 없는 것으로 보아 유리제품 생산은 잘 이루어지지 않았을 가능성이 있다. 주변에서 수습된 철부와 청동편으로 보아 나주에서 간단한 금속품은 중앙의 승인을 얻어 자체적으로 제작하여 사용했던 것을 알 수 있다.

VII
국제성과 기술의 전파

　백제토기는 한반도는 물론이고 바다 건너 일본열도에도 전파되었다. 백제토기의 전파는 다양한 목적과 방법을 통하여 진행되었다. 백제는 한강유역에 자리하면서부터 영역확장, 물품확보 등 국가단계로 발돋음하기 위해 부단한 노력을 하였다. 백제는 동아시아에 있어서 개방성을 바탕으로 주변국을 잘 이용하여 문화의 선진국으로 자리 잡을 수 있었으며 문화의 완성자로서 문물을 전파하는데 앞장서는 국제적인 감각을 갖추었다.

제1절. 백제토기와 중국

　백제는 중국과 교류, 교역을 통하여 많은 문물을 수용하였다. 백제는 마한을 통합하는 과정에서 대표로 중국과 활발한 문화교류를 하였다. 그러므로 백제는 고대국가로 진입하는 3세기 후엽경부터 중국에서 금속품과 도자기 등을 반입하여 새로운 물질문화를 만드는 밑거름으로 사용하였다.
　한성시기 전기에는 동·서진대의 시유도기, 도자기, 금속품이 풍납토성과 몽촌토성에서 확인되고 있다.[628] 한성시기 전기에 새로 등장하는 백제토기는 낙랑을 포함한 중국의 제품에 큰 영향을 받은 듯하다. 지금까지 발견된 백제유적에서 가장 연대가 올라가는 것 중 하나인 풍납토성 경당지구 101호 유구에서 발견된 직구광견호, 광구단경호, 무개고배, 뚜껑은 마한시기에는 없었던 새로운 기종으로 흑색마연기법이 적용되어 만들어졌다. 흑색마연기법에 대해서는 초기철기시대 이래의 전통적인 성형방법으로 보는 견해가 있지만 두차례에 걸친 소성 과정을 거쳐 만들어졌다는 실험 결과에 의하면 도자기의 생산과 유사한 면을 내포하고 있어 한성시기 전기 백제토기의 출현과 관련하여 시사하는 바가 크다고 할 수가 있다. 한성 중기는 흑색마연의 기법으로 제작된 고배, 삼족토기 등은 금속품·도자기 등의 영향을 받아 만들어졌을 가능성이 제기된 바 있다.[629] 또한 한성시기 중기의 말경~후기에는 천안 용원리고분군, 공주 수촌리고분군에서 흑갈유계 수호, 청자 등이 금강 이북에서 발견되고 있으며,[630] 한성시기 후기 말경~웅진시기 전기에 청자반구호, 청자사이부호와 청자육이부호가 금강 이남 지역인 익산 입점리 1호분·고창 봉덕리 1호분 4호 석실에서 발견되고 있는 등 점차 지역을 달리하여 확인되고 있다. 이러한 중국산 도자기는 백제 중앙정부가 중국과의 교류 또는 교역을 통해 유입 또는 수입한 것으로 지방의 중요 거점지역에 위신재로 사여한 것으로 보고 있다.

한성시기를 통하여 백제고지에서 발견된 중국산 제품은 기종별로 보면 단경호, 완, 대부완, 반구호, 사이호, 계수호, 양형청자 등으로 다양한 제품이 시기를 달리하여 반입되어 백제토기 탄생에 많은 영향을 주었다. 한성시기 중기 말경에 출현했을 것으로 파악되는 단경병이 계수호나 청자사이호 등의 중국 자기

---

628) 권오영, 2002, 「百濟의 對中交涉의 전개와 그 성격」 『古代 東亞細亞와 三韓·三國의 交涉』, 복천박물관.

629) 박순발, 1999, 「漢城百濟의 對外關係」 『백제연구』 30, 충남대학교 백제연구소.

630) 박순발, 2005, 「공주 수촌리고분군출토 중국자기와 교차연대 문제」 『4~5세기 금강유역의 백제 문화와 공주 수촌리 유적』, 충청남도역사문화원 제5회 정기심포지엄.

로부터 영향을 받아 나타났다고 보는 견해와[631] Ⅱ형식 고배의 출현에 중국 양자강 유역의 동진대 홍주요洪州窯 출토 토제 두료의 영향을 받아 등장했다는 견해는[632] 중국과의 교류에 의해 백제토기 기종이 등장하고 있음을 언급한 것이다. (사진 156~160)

웅진시기는 전기보다 후기에 들어와 중국과 활발하게 문화교류를 펼친다. 웅진시기 후기의 대표적인 유적인 무령왕릉에서는 중국 도자기만 부장되었다는 점에서 백제 중앙정부의 중국 도자기에 대한 선호도를 알 수 있는 지표가 된다. 무령왕릉에서 발견된 중국 청자류는 양대梁代에 만들어진 최고의 제품으로 알려져 있다.[633] 그리고 동제완도 무령왕릉의 부장품으로 확인되고 있는데, 공주 공산성에서 확인된 완(국립공주박물관 소장 1605·1606번)은 무령왕릉 동제완의 모방품으로 보인다. 공주 공산성 석축 연못에서 확인된 토제 벼루도 중국 청자벼루의 영향으로 만들어진 것으로 생각된다.

사비시기 전기는 웅진시기 후기와 마찬가지로 중국의 남조와 긴밀하게 교류를 하였다. 부여로 천도한 후 성왕이 바로 양나라에 공장工匠·화사畵師를 요청(541년)한 것은[634] 백제가 북조보다는 남조의 문화를 적극적으로 받아들인 것을 의미한다. 성왕이 전사하고 위덕왕이 집권하게 되면서 북조와 많은 교류를 실시하였다. 특히 중국의 북제, 진, 북주, 수와의 교류는 백제 중앙정부가 중국과의 교류를 새롭게 전개하고 있다는 것을 말해주는 것이다. 이러한 것은 중국의 사서나[635]

---

631) 김종만, 2004, 『사비시대 백제토기 연구』, 서경문화사.
　　土田純子, 2005, 「百濟 短頸甁 硏究」『백제연구』42, 충남대학교 백제연구소.

632) 권오영, 2011, 「한성백제의 시간적 상한과 하한」『백제연구』53, 충남대학교 백제연구소.

633) 齊東方, 2001, 「百濟武寧王墓와 南朝梁墓」『무령왕릉과 동아세아문화』, 국립부여문화재연구소·국립공주박물관.

634) 『三國史記』26, 聖王 19年. 이때 중국에서 사비도성의 완성에 필요한 建築 등 여러 기초 화보집이 들어온 것으로 생각된다(김종만, 2003, 「扶餘 陵山里寺址出土遺物의 國際的 性格」『백제금동대향로와 고대동아시아』, 백제금동대향로발굴 10주년 기념 국제학술 심포지엄).

635) 유원재, 1993, 『中國正史 百濟傳 硏究』, 학연문화사.

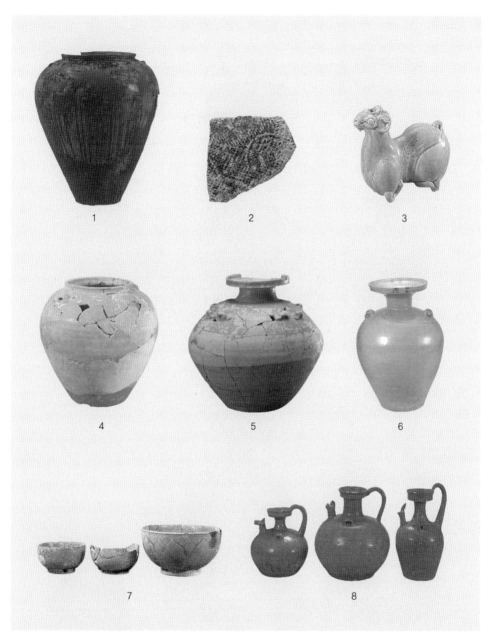

사진 156. 중국 시유도기, 전문도기, 청자류(1.풍납토성, 2.몽촌토성, 3.원주 법천리, 4.석촌동, 5.오산 수청동, 6.천안 화성리, 7.천안 용원리, 8.전 청주)

사진 157. 중국 청자류, 흑자류(1~4.공주 수촌리, 5.익산 입점리, 6.고창 봉덕리)

사진 158. 공주 무령왕릉

사진 159. 부여 능사 하층
첩화문청자편

사진 160. 부여 부소산성 흑유자기

『삼국사기』를 통하여 잘 알 수 있으며 고고학적인 상황으로도 확인되고 있다. 한 편 칠토기도 사비시기 전기에 등장하고 있는데, 이는 흑색와기가 갖는 미비함을 보충하고 목기나 중국제 동기·자기의 제작기법을 수용하는[636] 과정에서 나타난 것으로 볼 수 있다.

사비시기에 조성한 사찰의 1탑1금당식 가람배치 방식은 중국에서 영향을 받은 것으로 알려져 있다. 부여 정림사지 출토 도용陶俑,[637] 부여 능사에서 확인된 금 동대향로의 형태·문양 요소 및 목탑지 심초석 주변 출토 소조 불두는 중국 남조 보다는 북조의 영향이 많이 반영되었다.[638] 그리고 백제의 수막새도 중국 북조

---

636) 김종만, 2000, 「사비시대 백제토기에 나타난 지역차 연구」『과기고고연구』7, 아주대학 교 박물관.
朝日新聞社, 2002, 『飛鳥·藤原京展』, p.154의 圖版 124의 漆土器도 金屬品을 모방하 여 나타난 것으로 추측된다.

637) 윤무병, 1980, 『定林寺』, 충남대학교 박물관.

638) 박산의 형태는 漢代 이래의 기형이지만 금동대향로에 나타난 문양요소는 北魏 때 조성 된 운강석굴 10호굴 외관에 잘 나타나 있다(溫玉成著 裵珍達譯, 1996, 『中國石窟과 文 化藝術』, 경인문화사, p.40의 사진 47). 부여 능사 목탑지 심초석 주변에서 수습된 佛 頭는 낙양에 있는 영녕사 출토 불두와 흡사하다(中國社會科學院考古研究所, 1996, 『北

사진 161. 전 부여 충화 청자벼루

문화의 영향을 받아 판단 첨형尖形에서 판단 삼각반전돌기형三角反轉突起形으로 바뀌었다.[639] 또한 전傳 부여 충화 출토품으로 전하는 청자연靑磁硯,[640] 부여 능사의 대지 조성토 하부에서 발견된 첩화문도자기편[641]·청자연편[642] 등은 백제 벼루 제작에 많은 영향을 주었을 것이다.(사진 161) 또한 부여 동남리 사지·능사 등에서 확인되고 있는 장경병은 중국 수병水瓶을 모방하여 나타난 것이다.[643] 부여 정림사 강당지 주변에서 수습된 중국 도자기편은 무령왕릉에서 발견된 육이부호와 동형의 것으로 추정되는바, 이들을 통하여 사비시기 전기 중국 도자기의 수입 상황을 살펴볼 수 있다. 무령왕릉 출토 동제완, 그리고 영녕사 출토 토제완은[644] 부여 정암리 요지 출토 완을 거쳐 부여 관북리 추정왕궁지 출토 회색토기 완의 출현에 직접적인 영향을 준 것으로 생각하고 있다.

사비시기 중기까지는 중국 남조의 문화도 꾸준히 확인되고 있어 창왕명석조

魏洛陽永寧寺」, 彩板 11의 1, 中國大百科全書出版社).

639) 金鍾萬, 2000, 「扶餘陵山里寺址出土瓦當文樣の形式と年代觀」『帝塚山大學考古學研究所研究報告 II』.

640) 김연수, 1994, 「전 부여 발견 중국청자벼루에 대하여」『고고학지』 6, 한국고고미술연구소.

641) 국립부여박물관, 2000, 『陵寺』.

642) 김종만, 2003, 「扶餘 陵山里寺址 出土遺物의 國際的 性格」『백제금동대향로와 고대동아시아』, 백제금동대향로발굴 10주년 기념 국제학술 심포지엄.

643) 이난영, 1978, 「韓國古代의 金屬瓶」『미술자료』 23, 국립중앙박물관.
서성훈, 1980, 「百濟의 土器瓶 考察」『백제문화』 13, 공주대학교 백제연구소.

644) 中國社會科學院考古研究所, 1996, 『北魏洛陽永寧寺』, 圖版 119의 1, 中國大百科全書出版社.

사리감에는 북조 뿐만이 아니라 남조풍의 글씨가 포함되어 있다.[645] 부여 왕흥
사·쌍북리에서 발견된 오수전과[646] 부소산성에서 수습된 원형의 금동투조광배
는[647] 백제가 북제, 수나라와 통교한 사실을 입증해주고 있다.

사비시기 중기의 백제토기는 중국의 도자기와[648] 동기銅器 등을 모방하고 방제
하는 과정을 통하여 기종이 추가되고 있다. 사비 후기는 중국이 당나라로 교체되
면서 사택지적당탑비의 글씨풍이라던가 부여 전傳 이궁지 출토 백자연白磁硯, 부
소산성 출토 각종 도자기와 개원통보 등 당의 문화가 그대로 수입되고 있다.[649]
부소산성에서 수습된 이부호耳附壺와 완 등의 흑갈유 제품들은 당과 관련되어 나
타난 유물이다.[650]

그리고 부여 능사 강당지 서측건물지 공방2에서 수습된 녹유기편에 나타나고
있는 이중원무늬 인문印文은 중국 수대에서 당대 도자기에[651] 유행했던 도장무
늬로 중국도자기의 수용에 의해 나타난 것으로 보인다. 부여 군수리 출토 호자

---

645) 이성미, 1998, 「百濟時代 書畵의 對外交涉」『백제미술의 대외교섭』, 예경, pp.169~
204.

646) 齋藤忠, 1973, 「扶餘發見の壺の一型式」『新羅文化論攷』, 吉川弘文館, pp.346~348.
국립부여박물관, 2008, 『백제왕흥사』.
이호형·이판섭, 2009, 『부여 쌍북리 현내들·북포유적』, 충청문화재연구원.

647) 국립부여문화재연구소, 1995, 『부소산성』. 부소산성에서 나온 금동투조장식은 中國 隋
代 佛像光背에 널리 이용된 연꽃무늬와 인동당초무늬이며 청자접시에도 흡사한 문양이
나타나고 있다(小學館, 1976, 『世界陶磁全集』11, 圖版 4).

648) 안승주, 1998, 「百濟土器의 對中國 交涉」『백제미술의 대외교섭』, 예경, pp.235~261.

649) 국립부여문화재연구소, 1995, 『부소산성』, 도판 171.
김종만, 2003, 「泗沘時代 扶餘地方出土 外來系遺物의 性格」『호서지방사연구』, 경인문
화사.
당나라 문화의 활발한 유입은 무왕의 적극적인 대당 외교를 벌인 결과일 가능성이 높다
(김수태, 1991, 「百濟의 滅亡과 唐」『백제연구』22, 충남대학교 백제연구소). 한편 중국
사서의 기록대로 백제지역에 중국인이 살았다고 한다면 중국 문물의 발견지역을 통하여
당시 그들이 거주했던 지역이라던가 활동 범위를 알아낼수 있을 것이라고 생각된다.

650) 윤용이, 1987, 「百濟遺蹟 發見의 中國陶磁」『마한·백제문화연구의 성과와 과제』, 원광
대학교 마한·백제문화연구소.

651) 小學館, 1976, 『世界陶磁全集』11, p.122의 圖版 101.

는 중국의 청자 호자를 토기로 옮긴 것인데 이 과정에서 백제화가 추구되어 딱딱함이 없어지고 굴곡이나 표현이 유연해지고 있음을 알 수 있다. 그리고 익산 왕궁리에서 확인되고 있는 중국 도자기도 사비시기 백제토기 발전에 영향을 주었을 것으로 생각된다.

중국과 백제는 3세기경부터 교류를 시작한 이래로 장구한 기간에 걸쳐 문화의 공생관계를 이루었다. 중국은 백제토기가 등장하는데 있어 모티브를 제공하였다. 백제는 중국산 제품의 모방단계를 거쳐 백제화를 이뤄 선진적으로 문화를 창조하였다. 이렇게 문화의 국제성을 갖게 된 백제는 동아시아 있어서 문화의 완성자로서 위치하면서 제작기술을 전파하였다.

제2절. 백제토기와 고구려

백제는 고구려와 풍습이 비슷한 것으로 기록되고 있지만 오랫동안 영토전쟁에 따른 정치적인 쟁점으로 인하여 문화교류는 어려움이 있었던 것으로 보인다. 한성시기는 한강을 중심으로 대치하고 있었지만 백제토기에 나타난 영향은 매우 미미하다. 웅진시기는 지속적으로 고구려가 금강유역의 주변에 이르기까지 영역을 확장하고 있지만 한성시기와 비슷한 상황이다.

사비시기는 고구려의 영역확장을 저지시키기 위하여 신라, 가야와 동맹을 맺어 대처하였다. 고구려의 세력은 온양–천안–청주지역을[652] 중심으로 백제와 대치하였던 것으로 알려져 있다. 또한 금강유역의 청원과 대전 등지에서 고구려계 유물이 확인되고 있어 향후 고구려 문화 영향권 혹은 고구려 세력권에 대한 새로운 자료를 제시하고 있다.[653]

---

652) 박현숙, 1998, 「백제 사비시대의 지방통치와 영역」『백제의 지방통치』, 학연문화사.

653) 박순발·이형원, 1999, 「대전 월평동 즐문토기 및 고구려토기 산포유적」『호서고고학』
    창간호, 호서고고학회.

사진 162. 부여 동나성 동문지 부근 석축 성곽

  사비시기 전기~후기에 고구려 문화의 영향은 정치구조뿐만 아니라 유적과 유
물을 통해서도 파악할 수 있다.[654] 부여 동나성의 동문지 부근과 부소산성에는
고구려에서 독창적으로 발전시킨 석축기법이 보인다.[655](사진 162) 부여 능사의 강
당지는 온돌구조를 갖추고 있는데, 만주 집안에 있는 동대자유적 및 평양에 있
는 정릉사에 나타난 온돌구조와 흡사하여 건물의 성격과 더불어 중요시되고 있
다.[656] 그리고 부여 백제 왕릉군인 능산리 고분군의 1호분(東下塚)은 사신도 벽화
와 연도의 구조 또한 고구려 후기고분에 나타나는 것과 흡사하지만[657] 중국 남조

  충북대학교 박물관, 2004, 『청원 남성곡 고구려유적』.

654) 진홍섭, 1973, 『三國時代 高句麗美術이 百濟·新羅에 끼친 影響에 관한 硏究』.

655) 윤무병, 1993, 「高句麗와 百濟의 城郭」『백제사의 비교연구』, 충남대학교 백제연구소.

656) 김종만, 2000, 「扶餘 陵山里寺址에 대한 小考」『신라문화』 17·18, 동국대학교 신라문
    화연구소.

657) 김원룡, 1986, 『한국고고학개설』, 일지사.

시기에 무덤에 나타난 사상적인 배경도 배제할 수는 없다.

　고구려 문화의 영향으로 나타난 유물은 사비시기의 수막새와 암문토기·주구
부호자·연가 등을 들 수 있다.[658] 고구려계통의 수막새는 부여 용정리사지·쌍
북리에서 발견되었다. 이 수막새와 동형同型이 고구려에 있는 것이 아니고, 문양
요소 또는 제작기법이 고구려에 근접하고 있는 것으로 판단된다. 또한 암문토기
는 풍납토성과 서산 해미 기지리 분구묘에서 확인되며 부여지방(궁남지·나성·송국리·
능사)에서도 발견되고 있다. 시기별로 영향관계를 달리하고 있는 것으로 보이며
부여지방에서 발견되고 있는 것은 암문이 정형화된 것이 아니어서 고구려에서 직
접 제작되어 운반된 것이 아닌 것으로 추측되며 백제 도공에게 의뢰하여 만든 현
지제작품이라고 추정된다. 한편 청원 남성곡 고구려유적에서 발견된 시루와 대
상파수부호는 부여지방에서 발견되고 있는 백제 시루의 증기공 배치(원형+원형) 및
대상파수부호와 유사성이 인정되
지만 시기적으로 웅진시기에 나오
지 않는 이유가 걸림돌이 되고 있
다. 6세기경 부여지방에 널리 사
용되고 있었던 흑색와기를 응용하
여 암문토기를 만들었을 가능성도
있다.

　사비시기 주구부호자는 부여 부
소산성·능사·구아리 등에서 확인
되고 있는데, 고구려에서는 6세기
후반경에 출현하는 것이다.[659] 주

사진 163. 전 부여출토 호자
(공주대학교 박물관 소장)

658) 김용민, 1999, 「泗沘時代 百濟土器 硏究」『문화재』 31, 국립문화재연구소.
　　김종만, 2003, 「泗沘時代 扶餘地方出土 外來系遺物의 性格」『호서지방사연구』, 경인문
　　화사.
　　김규동, 2003, 「百濟 土製 煙筒 試論」『과기고고연구』 8호, 아주대학교 박물관.
659) 耿鐵華 林至德, 1984, 「高句麗陶器的初步硏究」『文物』 84-1, 文物出版社.
　　최종택, 2000, 「高句麗土器의 形成과 變遷」『한국고대문화의 변천과 교섭』, 서경문화사.

구부호자는 공주대학교 소장품(傳 부여)이 고구려 유적에서 발견된 것보다 시기가 앞서는 것으로 알려져 있어 재검토가 필요한 것이다.(사진 163) 사비시기 중기에 최고급토기로 등장하고 있는 회색토기(대부완, 전달린 완 등)를 고구려 토기의 영향으로 보는 연구논문도[660] 있으나 사실 회색토기는 중국과 관련하여 나타난 토기로 보는 것이 합리적이지 않을까 한다.

제3절. 백제토기와 가야·신라

　백제는 가야와 신라보다 선진적인 입장에서 문화교류를 하였다. 백제는 신라보다 가야와 이른 시기부터 문화교류를 하였던 것이 고고학적으로 증명되고 있다. 최근에 풍납토성 경당지구에서 가야 유물로 볼 수 있는 대각편과 뚜껑편이 확인되었다. 대각편은 일단장방형투공 고배 대각이며, 뚜껑편은 다치구에 의한 점열문이 있는 것으로 모두 서부경남산일 가능성이 지적되었다.[661] 한성시기 중기의 천안 두정동 Ⅰ지구 5호 토광묘,[662] 한성시기 후기~웅진시기 전기의 청주 신봉동 90B-1호 고분에서 가야계 유물이 확인된 것은[663] 이른 시기부터 가야와의 문화교류를 의미한다. 백제는 한성시기 후기 이후 지속적으로 고구려에 대항하기 위해 신라와 동맹을 맺는다. 가야와도 신라와의 관계를 고려하여 탄력적인 관계를 유지하였다. 특히 섬진강 이서以西 지방인 광양, 여수, 해남지방에 이르기까지 함안지방의 가야식 고배가 등장하고 있는 것은 양 지역의 교류 또는 교역의 증거물이다.(사진 164, 165)

---

660) 김용민, 1999,「사비시대 백제토기 연구」『문화재』31, 국립문화재연구소.

661) 권오영, 2002,「풍납토성 출토 외래유물에 대한 검토」『백제연구』36, 충남대학교 백제
　　　연구소, pp.32~33.

662) 이남석·서정석, 2000,『두정동유적』, 공주대학교 박물관.

663) 신종환, 1996,「청주 신봉동출토유물의 외래적 요소에 관한 일고 -90B-1호분을 중심
　　　으로-」『영남고고학』18, 영남고고학회.

사진 164. 백제지역 출토 가야, 신라토기(1·2 풍납토성, 3 공주 금학동, 4 진안 월계리 황산고분, 5 청주 신
봉동 A-27호 토광묘, 6.부여지방)

사진 165. 가야고지 출토 백제계토기(1.산청 옥산리 147호 석곽묘, 2.산청 생초 48-4호 옹관묘,
3.하동 고이리 나-12호 석곽묘, 4.창원 천선동 12호 석곽묘, 5.합천 창리 80-E호 석곽묘)

　웅진시기에는 이러한 관계로 말미암아 가야·신라토기가 백제지방에 유입되는
계기가 되어 공주 정지산·금학동 고분, 광주 명화동 고분, 고창 석교리·봉덕 방
형 추정분 남쪽주구, 금산 창평리 고분 등에서 가야계 기대, 고배, 호, 뚜껑 등이
확인되고 있다. 그리고 백제의 고유기종인 삼족토기가 합천 창리 A80-E호 석
곽묘에서 발견되고, 산청의 옥산리와 생초에서 백제계토기가 확인되고 있는 것
은 가야에서도 백제토기의 제작기술을 수용하였음을 보여주는 것이다. 특히, 산
청 옥산리 147호 석곽묘에서 발견된 광구장경호는 구경에 몇 줄의 요철문이 있
는 것인데, 완주 상운리와 남원 월산리에서도 확인되고 있어 이 지역과의 교류에
의해 나타났을 가능성이 높다. 그리고 합천과 창원에서 나타나고 있는 조족문토

기는 영산강유역의 조족문토기 집단과의 교류 내지는 이주를 생각해볼 수 있다.

　　사비시기 백제가 가야와 신라와의 경계선을 이루던 동쪽 한계는 금강의 상류지역과 남쪽의 섬진강·남강 유역을 거론할 수 있으며, 가야가 멸망한 이후에는 합천지역을 포함한 가야고지로 확장되고 있다. 사비시기의 동쪽 한계는 정치적 상황에 따라 이동이 이루어지고 있었는데, 동쪽 한계를 이루는 지역 중에서도 금강의 안쪽인 금산지역에서는 6세기 중후엽경 가야·신라의 유적·유물이 강하게 나타나고 있어 백제의 영토가 축소된 적이 있으며 그것은 대전 인근의 주산동과 계족산성에서도 확인되고 있다.[664] 남원을 포함한 호남 동부지방은 사비시기 이전에는 백제토기보다는 가야문물이 집중적으로 발견되고 있는 지역이어서[665] 백제의 영역에서 제외된 적이 있다.

　　가야지방에는 사비시기를 전후하여 백제의 영향을 받아 축조된 고분과 유물이 합천 등지에서 확인되며,[666] 고배에 나타난 원공, 개배, 삼족토기, 병 등은 백제토기의 요소가 전파되어 나타난 것으로 이해하고 있다.[667] 한편 가야계 토기가 부여의 염창리 고분군 Ⅲ구역 81호, 석성 및 규암에서 확인되고 있는데, 이러한

---

664) 윤무병, 1978, 「주산리고분군」『대청댐수몰지구발굴조사보고-충청남도편』, 충남대학교 박물관.
　　김종만, 2019, 「계족산성 출토유물의 의미」『대전 역사의 쟁점과 사실』, 대전광역시 시사편찬위원회.
　　김종만, 2019, 「주산동 고분군이 지니는 의미」『대전 역사의 쟁점과 사실』, 대전광역시 시사편찬위원회.
665) 곽장근, 1999, 『호남 동부지역 석곽묘 연구』, 서경문화사.
666) 조영제, 1996, 「玉田古墳의 編年研究」『영남고고학』 18, 영남고고학회.
　　홍보식, 1998, 「백제 횡혈식석실묘의 형식분류와 대외전파에 관한 연구」『박물관연구논집』 2, 부산박물관 및 「백제와 가야의 교섭」『백제문화』 27, 공주대학교 백제문화연구소.
667) 우지남, 1987, 「대가야고분의 편년-토기를 중심으로-」『삼불김원룡교수정년퇴임기념논총』 I, 고고학편.
　　최종규, 1992, 「濟羅耶의 文物交流-百濟金工Ⅱ-」『백제연구』 23, 충남대학교 백제연구소.
　　이상율, 1998, 「신라, 가야 문화권에서 본 백제의 마구」『백제문화』 27, 공주대학교 백제문화연구소.

현상은 6세기 중엽을 전후한 시점에 가야와의 교류에 의해 나타나는 것이거나 가야 멸망 후 가야인이 백제로 들어와 살면서 만들어 사용한 것이 아닌가 한다.[668]

사비시기 신라와의 접경은 6세기 중엽경 영토전쟁에 의해 경계선이 자주 변경되었다. 신라의 단각고배는[669] 당시 백제와의 국경선을 알려주는 고고학적 자료이다. 무왕 후반기부터는 신라에 대한 적극적인 영토공격으로 바뀌었으며 의자왕 2년에는 신라를 쳐서 40여 성을 빼앗고 합천에 있는 대야성을 함락시키는 등 신라에 빼앗겼던 가야고지를 수복하여 신라사회를 어지럽게 하기도 하였다.[670]

사비시기 신라와의 관계는 한강유역과 가야고지에 대한 영토전쟁으로 말미암아 원만하지 못하였지만 문화적인 면에 있어서는 황룡사와 같은 건축물 공사 등에 백제 장인을 초청하고 있어 정치적인 것과는 무관하게 진행된 것도 있다. 신라토기 중 고배, 장경호 등에 나타나고 있는 이중원무늬 인문印文은 중국에서는 수~당대 도자기 표면에 나타나고 있는 것으로 그 연원이 중요시되고 있다. 신라토기에 나타난 이중원무늬 인문은 중국에서 직접 수용하였을 수도 있지만 백제를 거쳐 신라로 유입되었을 가능성도 매우 높다고 추측된다. 그 이유는 이중원무늬가 시문된 녹유기가 부여 능사 강당지 서측건물지 공방2에서 발견되고 있기 때문이다.[671] 한편 신라 흑색와기를 소성하는 방법 중에 중첩하여 놓고 소성하는 것이 있는데, 이는 백제의 토기제작기술이 신라토기 제작방법에 영향을 준 것으로 인식하고 있다.[672]

---

668) 가야토기가 백제와 가야의 경계지점에서 시기별로 나타나고 있으나 사비시기에 들어와 그러한 요소를 백제인이 차용하여 일반적으로 통용한 것으로는 보이지 않는다(이남석·서정석·이현숙·김미선, 2003, 『塩倉里古墳群』).

669) 김종만, 1990, 『短脚高杯의 歷史性에 대한 研究』, 충남대학교 석사학위논문.

670) 노중국, 1988, 『백제정치사연구』, 일조각, pp.203~207.
김수태, 1992, 「백제 의자왕대의 태자책봉」『백제연구』23, 충남대학교 백제연구소.

671) 백제토기에 원무늬 印文이 나타나기 시작한 것은 한성시기부터이며 이러한 것은 중국 문화와의 지속적인 교류관계를 나타내주는 것으로 생각되는 것이다(몽촌토성발굴조사단, 1985, 『몽촌토성발굴조사보고』; 김원룡·임효재·박순발, 1988, 『몽촌토성』, 서울대학교 박물관).

672) 최종규, 1992, 「濟羅耶의 文物交流-百濟金工Ⅱ-」『백제연구』23, 충남대학교 백제연

그리고 공방도구 중 하나인 끝이 뾰족한 도가니가 신라지방에서 나타나고 있는 것도 백제 도가니의 영향으로 보인다.[673] 도성 내부인 부여 군수리 주변에서 확인된 신라계 토기의 존재는 신라와의 문화교류에 의해 나타난 것일 수도 있지만 현지에서 제작되었을 가능성도 배제할 수 없다.[674]

신라와 가야지역에서 백제토기의 영향을 받은 제품이 발견되고 있는 것은 문화적인 영향보다는 대부분 영역확장에 따른 부산물로서 나타나고 있다. 시기가 내려갈수록 그 양이 줄어들고 있는데, 그것은 가야를 멸망시킨 신라의 문화정책의 강도가 높았음을 말해주는 것이 아닌가 한다. 가야고지에서 562년 이후 가야토기의 생산이 퇴보하고 토기양식이 신라화하고 있는 것은[675] 이를 잘 대변해 주고 있다고 생각된다. 그리고 백제지역 내부에서 가야·신라계 토기가 확인되고 있는 것은 백제문화의 영향이 일방적이지 않고 쌍방교류이었음을 말해주는 것이다.

제4절. 백제토기와 일본

백제 문화는 바다 건너 일본열도日本列島에도 전해졌다. 일본열도에서 확인되는 한반도계토기는 삼한과의 교류를 통해 유입된 이래로 백제(계)토기도 지속적으로 전파되었다. 일본열도에서 발견되고 있는 백제(계)토기는 백제지역 운반품, 도왜渡倭한 백제인의 현지 제작품, 왜인 도공의 모방품 등이 있을 수 있다.[676]

구소.

김종만, 1995, 「百濟黑色瓦器考」『韓國史의 理解-重山鄭德基博士華甲紀念韓國史學論叢』, 경인문화사.

673) 김종만, 1994, 「부여지방출토 도가니」『고고학지』 6, 한국고고미술연구소.

674) 김종만, 1995, 「泗沘時代 扶餘地方出土 外來系 遺物의 性格」『湖西地方史研究-湖雲崔槿默敎授定季記念論叢』, 경인문화사.

675) 홍보식, 2003, 『신라후기 고분문화 연구』, 춘추각, pp.310~324.

676) 金鍾萬, 2008, 「日本出土百濟系土器の研究」『朝鮮古代研究』 9, 朝鮮古代研究刊行會.

일본 고분古墳시대의 대표적인 토기인 스에끼[須惠器]는 백제토기의 제작기술이 근간이 되었다. 일본 효고현[兵庫縣]의 하리마[播磨] 데아이[出合]유적은 스에끼를 생산한 최초의 가마로[677] 구조가 한성시기의 풍납토성, 진천 산수리·삼용리, 전주 송천동 요지와 흡사하다. 데아이 요지가 진천의 요업단지와 관련이 있다고 하는 데에는 다음과 같은 동일요소가 존재하고 있기 때문이다. 이곳에서 발견된 내박자[当て具]는 진천 삼룡리 89-1호 주거지에서 손잡이 부분에 원공이 있는 것과 비슷하다. 그리고 시기적으로도 진천 요업 단지가 4세기 말경 와해瓦解된 이후[678] 금강유역에서 이들의 족적을 찾을 수 없는 것도 이 집단의 일부가 일본으로 도래했을 가능성을 높여주고 있다. 이들은 근초고왕近肖古王이 마한馬韓을 병합倂合하는 과정에서 남부지방으로도 내려가고 일본으로도 건너 간 것이 아닌가 한다.(그림 51) 그리고 오사카 스에무라[陶邑] ON231호 요지의 요전회구부에서 수습된 개배, 토기에 타날된 횡주평행선문, 부뚜막시설 등은 한성시기의 특징적인 유물들로 일본 스에끼 탄생에 큰 영향을 주었다. 이렇게 출현한 스에끼는 역으로 백제 고지에서 발견 예가 알려져 있으며 교류, 교역과 관련되어 나타난 것으로 보인다.[679]

이러한 기술적인 전파 외에도 백제토기가 직접 전해지거나 일본에서 백제토기를 본떠 만든 백제계토기가 요지 출토품 이외에도 고분, 주거지, 사지에서 확인

---

677) 龜田修一, 1993, 「神戸市出合遺蹟の調査」『討論會須惠器の始まりを考える』, 須惠器の始まりを考える實行委員會.
田中淸美, 1994, 「播磨出合遺蹟と瓦質土器」『韓式系土器研究』Ⅶ, 韓式系土器研究會.

678) 유기정, 2002·2003, 「진천 삼룡리·산수리요 토기의 유통에 관한 연구」『숭실사학』 15·16, 숭실대학교사학회.
최병현·김근완·유기정·김근태, 2006, 『진천 삼룡리·산수리 토기 요지군』, 한남대학교 중앙박물관.

679) 大阪府埋藏文化財協會, 1993, 『須惠器の始まりをさぐる』.
大阪府立近つ飛鳥博物館, 2006, 『年代のものさし陶邑の須惠器』.
木下亘, 2003, 「韓半島出土 須惠器(系) 土器에 대하여」『백제연구』 37, 충남대학교 백제연구소.
酒井淸治, 1993, 「韓國出土の須惠器類似品」『古文化談叢』 30(中), 九州古文化研究會.

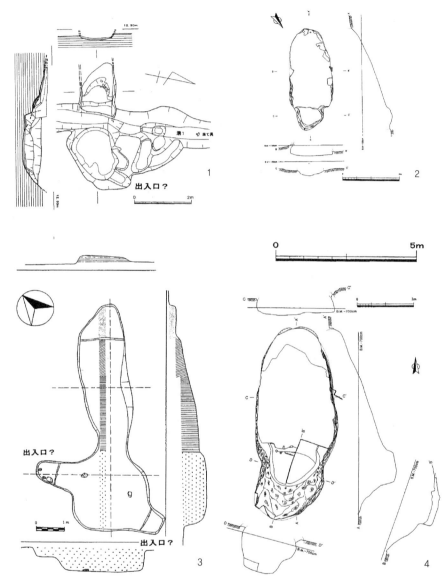

그림 51. 일본 효고현 하리마 데아이 요지(1) 및 한국 비교자료(2.진천 삼용리 88-2호 요지, 3.승주 대곡리 36호 요지, 4.진천 산수리 87-8호 요지)

된다. 기종은 호류(단경호, 광구장경호, 직구호), 배류(고배, 삼족토기, 개배), 파수부잔, 완, 전달린 완, 병(단경병, 배부병), 조족문토기, 배형토기, 도가니 등으로, 이들 토기류에 대해 일본의 연구자들은 한식계토기韓式系土器로 부르고 있다.(그림 52~54)

　호류는 단경호, 광구장경호, 직구호가 있다. 단경호는 오사카 시조나와테소학교[四條畷小學校] · 나라이[奈良井]유적, 나라[奈良] 다하라모토죠[田原本町] 가라코 · 켄[唐古 · 鍵] 유적에서 발견되었다. 동체에 횡주평행선이 타날되고 제작기법을 통해 금강유역과의 교류에 의해 건너간 토기라고 추측된다. 특히 오사카 나라이 유적에서 발견된 소형 단경호는 구연부를 의도적으로 찌그려서 타원형을 이루게 하였는데 액체를 따를 때 용이하도록 한 것이며, 부여 용정리 · 중정리, 군산 산월리 등에서 확인된 소형 단경호와 매우 유사하다. 광구장경호는 오사카부[大阪府] 도쿠라니시[利倉西] 유적에서 발견되었는데, 경부가 길어진 점에서 대전 용산동 3호 토광묘 · 청주 신봉동 13호 토광묘 · 연기(세종) 송원리 KM-003호분 · 완주 상운리 라지구 1호 분구묘 24호분 출토품과 유사하며, 금강유역과 일본열도와의 교류에 의해서 나타난 것이다. 한편 후꾸오카현[福岡縣] 니시모리타[西森田] 유적에서 발견된 직구호는 공반유물인 고배와의 관계에서도 나타나지만 분강 · 저석리 5호 수혈식석곽묘 · 익산 입점리 8호분 등 금강유역과 관련된 것이다.[680]

　배류는 개배, 고배, 삼족토기가 있다. 개배는 오사카 스에무라[陶邑] ON231호 요전회구부 출토품이 스에끼 중 가장 이른 형식에 속하는 요람기 유물로 5세기 전반에 해당하며 담양 성산리 4호 주거지 출토품과 유사성이 지적되고 있다.[681] 오카야마[岡山] 텐구야마[天狗山]고분 출토 개배는 선상자국(火だすき)이 남아 있어 영산강유역과 관련이 있다. 그리고 구마모토현[熊本縣] 기쿠스이죠[菊水町] 에다후나야마[江田船山]고분 출토 개배는 바닥의 중앙이 약간 불록하게 나온 특징을 갖고 있어서 담양 제월리 고분, 영암 태간리 자라봉 장고분, 해남 월송리 조산 고분 출

680) 土田純子, 2011,「日本 出土 百濟(系)土器:出現과 變遷」『백제연구』 54, 충남대학교 백제연 구소.
681) 김건수 · 김영희, 2004,『담양 성산리유적』, 호남문화재연구원.

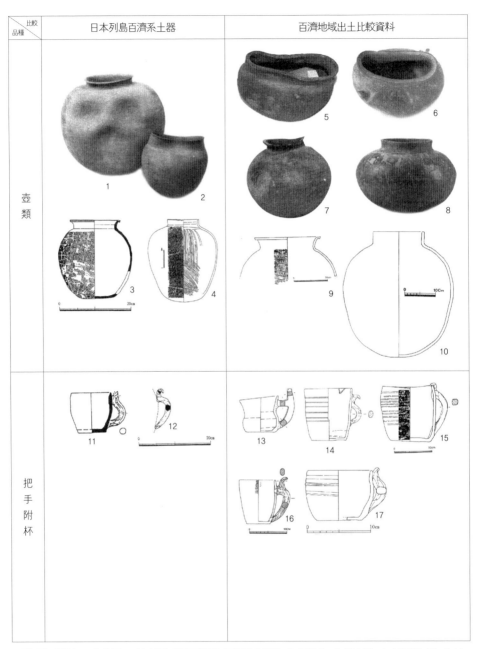

比較 品種	日本列島百濟系土器	百濟地域出土比較資料
壺 類		
把 手 附 杯		

그림 52. 한일 고대 호류, 파수부잔 비교자료(1.四條畷小學校, 2.奈良井, 3.唐古鍵, 4.久原瀧ケ下, 5.부여 용전리, 6.부여 준전리, 7.부여 서선리, 8.공주 남산리, 9.청주 신봉동, 10.坡州 舟月里, 11.長原, 12.山田道, 13.천안 두정동, 14.청주 가경, 15.청주 신봉동, 16.부안 죽막동, 17.고창 봉덕)

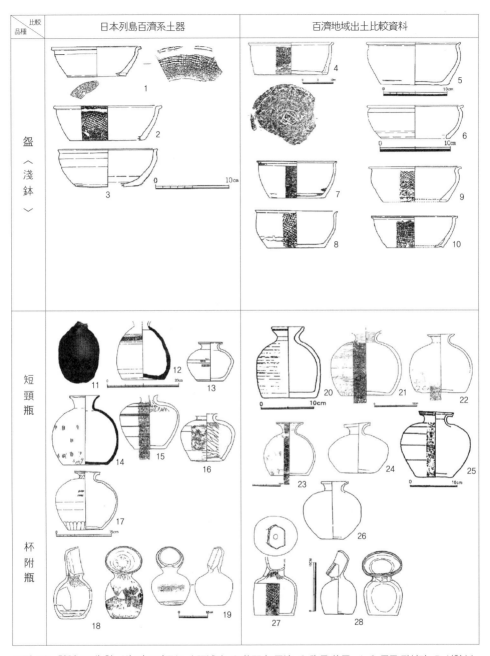

그림 53. 한일 고대 완, 병 비교자료(1.大阪城跡, 2.龍野市 尾崎, 3.陶邑 伏尾, 4·6.공주 장선리, 5.서천 봉
선리, 7.논산 원북리, 8.익산 간촌리, 9.해남 군곡리, 10.완주 반교리, 11.奈良 大和高田市 土庫長田,
12.布留, 13.石光山古墳, 14.新澤千塚, 15.難波宮, 16.堤ケ浦, 17.廣石古墳, 18.鬼虎川, 19.玉
川町別所, 20.논산 모촌리, 21.공주 단지리, 22·23.서천 봉선리, 24.공주 도천리, 25.보령 보령리,
26.서천 봉선리, 27.천안 용원리, 28.부안 죽막동)

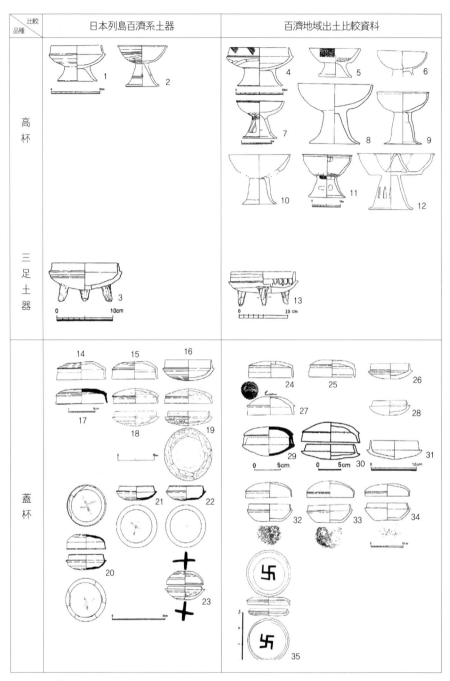

그림 54. 한일 고대 고배, 삼족토기, 개배 비교자료(1.西森田, 2.長原, 3.野田, 4.공주 정지산,
　　　 5·6.이천 설성산성, 7.보성 조성리, 8.대전 구성동, 9.나주 덕산리, 10.나주 복암리, 11.해남
　　　 신금, 12.서산 대산리, 13.공주 송산리, 14~16.天狗山古墳, 17.五德畑ヶ田, 18·19.江田船
　　　 山古墳, 20~22.墓山古墳, 23.東笠根, 24~26·35.나주 복암리, 27·28.공주 도천리, 29.담
　　　 양 제월리고분, 30.영암 태간리 자라봉 장고분, 31.해남 월송리 조산고분, 32~34.청주 신봉동)

토품과 비교할 수 있으며,[682] 공주 도천리 유적 출토품 중에도 유사한 것이 있다.[683] 한편 산인[山陰]과 긴끼[近畿]지방에서 발견되고 있는 개배에 '십十', '사寺'자 등을 주칠로 쓴 것이 있다.[684] 백제고지에서는 청주 신봉동 90B-1호 토광묘,[685] 나주 복암리 8호 석곽옹관묘 출토 개배에 주사로 쓴 글자가 있어 백제의 영향이 아닌가 한다.

고배는 무개식과 유개식의 두 종류가 있다. 오사카 나가하라[長原]유적에서 발견된 고배는 완 모양의 동체에 굽이 달려있는 것으로 스에끼에는 좀처럼 보이지 않는 기형이다. 이러한 형태는 이천 설성산성, 대전 구성동 D-3호 토광묘, 보성 조성리 4호 주거지·구상유구, 나주 덕산리 8호분[686]·복암리 1호분 주구 동남구,[687] 해남 신금 60호 주거지[688] 출토품과 유사하다.

한편 규슈지방[九州地方]의 후꾸오카현[福岡縣] 니시모리타[西森田]유적에서 발견된 유개식 고배는 백제 중심지역과 관련된 것이다. 이 고배는 백제의 전형 기종으로 한성시기부터 유사한 것이 보이지만 입술이 길어지고 동체가 낮아진 점에서 공주 정지산 17호 저장공 하층·금학동 11호 석실분에서 볼 수 있는 웅진시기 전기의 형태와 비교할 수 있다.

삼족토기는 규슈 시가현[佐賀縣] 노다[野田]유적에서 발견된 1점이 있는데, 한반도 중부지방과의 관련성이 제기되고 있다.[689] 이 삼족토기는 형태적인 면에서 한

---

682) 임영진, 1996, 「전남의 석실분」『전남의 고대 묘제』, 목포대학교 박물관.

683) 김종만, 2001, 「公州 道川里出土 百濟土器 小考」『국립공주박물관기요』 창간호, 국립공주박물관.

684) 谷本進, 1988, 「漆記號を施した須惠器と鎭魂儀禮」『但馬考古學』 5, 但馬考古學研究會.

685) 이원복 외, 1990, 『청주신봉동 B지구 토광묘 발굴조사보고』, 국립청주박물관.

686) 임영진 외, 2002, 『나주 덕산리 고분군』, 전남대학교 박물관.

687) 최병현·유기정, 1997, 『대전 구성동유적』, 한남대학교 박물관.
최인선·이동희·박태홍·송미진, 2003, 『보성 조성리 유적』, 순천대학교 박물관.
임영진·조진선·서현주, 1999, 『복암리고분군』, 전남대학교 박물관.

688) 이영철·김미련·장명엽, 2005, 『해남 신금 유적』, 호남문화재연구원.

689) 武末純一, 2000, 「九州의 百濟系土器」『일본소재 백제문화재 조사보고서Ⅱ』, 국립공주박물관.

성시기 후기~웅진시기 전기의 것과 매우 유사하며, 풍납토성 경당지구 9호 유구, 몽촌토성, 공주 송산리 방단 유구 출토품과 비교된다.

파수부잔은 오사카 나가하라 유적과 나라 야마다미찌[山田道] 유적에서 발견되었는데, 동체에 반원 모양의 손잡이를 부착하고 상부에 엄지손가락을 뒤로 젖힌 듯한 형태를 덧붙인 것이 특징으로 부안 죽막동 제사유적 출토품과의 관련성이 제기된 바 있다.[690] 최근 나가하라 출토품의 손잡이와 유사한 것이 청주와 아산, 고창지역에서도 발견되었다.

완[淺鉢]은 긴끼지방에서 발견되고 있으며 영산강유역을 포함한 전남지방에서 원향原鄕계보를 구하고 있다.[691] 완은 일상생활용기의 기본으로 분포범위가 매우 넓어서 서천 봉선리 7호 토광묘, 공주 장선리 2·21호 토실土室, 논산 원북리, 익산 간촌리 I-1호 토광묘[692] 등 금강유역에서도 다수 발견되고 있기때문에 전남지방에 국한시키는 것은 검토가 필요하며 좀 더 넓은 범위에서 계보를 구하는 것이 바람직하다.

병은 단경병과 배부병杯附瓶이 있다. 일본 스에끼 제작에 있어 희소한 것 중의 하나가 병이다. 백제시대의 병이 4세기경에 출현하고 있는 것에 비하면 일본에서는 5세기 후반경이 되어야 나타나고 있으며 나라지역에서 백제계의 병이 발견되고 있다. 나라 야마토다카다시[大和高田市] 도고나카다[土庫長田]·후르[布留] 유적 출토 병은[693] 동체가 비교적 세장하게 내려오는 점에서 논산 모촌리 15호 무덤 출토품과[694] 대비된다. 나라 니자와센츠카[新澤千塚] 281호 무덤 출토품은 경질 소

---

690) 吉井秀夫, 1999, 「日本近畿地方における百濟系考古資料をめぐる諸問題」『일본소재백제문화재조사보고서 I』, 국립공주박물관.
국립전주박물관, 1994, 『부안 죽막동 제사유적』.

691) 寺井誠, 2002, 「遺構と遺物の檢討」『大阪城跡』V.

692) 成正鏞, 2006, 「錦江流域原三國時代の土器樣相について」『韓式系土器研究』IX, 韓式系土器研究會.

693) 大和高田市埋藏文化財リーフレット, 『土庫遺蹟·土庫長田遺蹟の發掘調査』, 大和高田市教育委員會.

694) 안승주·이남석, 1993, 『논산 모촌리 백제고분군발굴조사보고서』, 공주대학교 박물관.

성품으로 동체가 둥글고 바닥 지름이 넓은 것이 특징이다. 이와 비슷한 형태는 몽촌토성,[695] 청주 신봉동 21호 토광묘,[696] 이천 설봉산성 다-6호 토광[697]에서도 볼 수 있지만 시기상으로 앞서고 있어 서천 봉선리 1·14호 석곽묘,[698] 공주 단지리 4지구 6호 횡혈묘 출토품,[699] 완주 상운리 2호 분구묘 1호 목관 출토품과 비교하는 것이 좋을 듯하다. 우연한 일치인지는 모르겠지만 양 지역의 고분에서 출토한 병 모두가 형태도 비슷하고 입술 부분을 깨서 부장하고 있어서 의례 행위의 일종이 아닌가 한다. 나라 세코우야마[石光山] 43호 무덤 출토품은 동체의 어깨가 볼록하고 입술의 형태가 공주 도천리 유적에서 나온 것과 유사하다.[700] 규슈 코우이시[鑛石]고분군 Ⅰ-1호분 출토품은 입술부와 동체 모양을 볼 때 서천 봉선리고분 출토품과 대비된다.[701] 오사카 나니와궁[難波宮] 출토품은[702] 가장 늦은 시기의 형태로 동체에 평행선문이 타날되어 있고 횡침선이 돌아가고 있는 점에서 보령 보령리 석실분 출토품과 유사하다.

　배부병은 오사카 키토라카와[鬼虎川]유적과 애히메현[愛媛縣] 다마카와쵸벳소[玉川町別所]에서[703] 발견되고 있으며 청원 주성리 2호 석실묘,[704] 천안 용원리 C지구

695) 김원룡·임효재·박순발, 1988, 『몽촌토성』, 서울대학교 박물관.

696) 차용걸·우종윤·조상기·오윤숙, 1990, 『청주 신봉동 백제고분군 발굴조사보고서』, 충북대학교 박물관.

697) 단국대학교 중앙박물관, 1999, 『利川 雪峰山城 1次 發掘調査報告書』.

698) 충청남도역사문화원, 2005, 『서천 봉선리 유적』.

699) 박대순·지민주, 2006, 『公州 丹芝里 遺蹟』, 충청문화재연구원.

700) 김종만, 2001, 「공주 도천리출토 백제토기 소고」『국립공주박물관기요』 창간호, 국립공주박물관.

701) 김종만, 2004, 『사비시대 백제토기 연구』, 서경문화사.

702) 寺井誠, 2004, 「古代難波の外來遺物」『難波宮址の研究』, 大阪市文化財協會.

703) 勝田邦夫·曾我恭子, 1994, 『西ノ辻遺蹟第27次·鬼虎川遺蹟第32次發掘調査報告書』, 東大阪市文化財協會.
三吉秀充, 2002, 「伊予出土の陶質土器と市場南組窯系須惠器をめぐって」『陶質土器の受容と初期須惠器の生産』.

704) 한국문화재보호재단, 2000, 『청원 주성리유적』, p.124 도면43-①.

1호 석곽묘,705) 부안 죽막동 제사유적,706) 고창 석교리 8호 집터707) 출토품과 비교할 수 있다. 특히 애히메현 다마카와쬬벳소 출토품과 같이 표면에 격자문이 있는 것은 천안 용원리 C지구 1호 석곽묘 및 부안 죽막동 제사유적 출토품과 동일한 요소이다.708)

조족문토기는 일본열도의 긴끼, 시코쿠[四國], 규슈지방에서 발견되며 일본 내에서 가장 많이 수습되는 백제계토기이다.709) 특히 서일본지역의 하카다만[博多灣]과 오사카만[大阪灣] 주변 지역에서 4세기 말~5세기 전반경의 조족문토기가 다량 발견되고 있는데, 이들 지역은 도래계 문화의 유입지로 교역의 중심지이다.

일본열도 조족문토기 출현에 대해서는 백제가 마한을 점령하면서 마한의 구성원 일부가 백제의 탄압을 피해 건너온 것으로 이해하고 있는 등 마한의 토기 양식으로 보고 있다.710) 그러나 조족문토기가 발견되고 있는 지역은 교역의 중심지가

---

705) 임효재·최종택·윤상덕·장은정, 2001, 『용원리유적C지구발굴조사보고서』, 서울대학교 박물관.

706) 국립전주박물관, 1994, 『부안 죽막동 제사유적』.

707) 이영철·조희진, 2005, 『고창 석교리 유적』, 호남문화재연구원.

708) 金鍾萬, 2008, 「日本出土 百濟系土器の研究」『朝鮮古代研究』9, 朝鮮古代研究刊行會.

709) 竹谷俊夫·日野宏, 1993, 「布留遺蹟杣之內地區出土の初期須惠器と韓式系土器」『韓式系土器研究』Ⅳ, 韓式系土器研究會.
　田中淸美, 1994, 「鳥足文タタキと百濟系土器」『韓式系土器研究』Ⅴ, 韓式系土器研究會.
　西田大輔, 1996, 「夜臼·三代地區遺蹟群出土の韓式系土器について」『韓式系土器研究』Ⅵ, 韓式系土器研究會.
　櫻井久之, 1998, 「鳥足文タタキメのある土器の一群」『大阪市文化財協會研究紀要』創刊號.
　국립공주박물관, 1999·2000·2002, 『일본소재 백제문화재 조사보고서』Ⅰ·Ⅱ·Ⅲ.
　寢屋川市敎育委員會, 2001, 『楠遺蹟Ⅱ』.
　中野咲(和田晴吾編), 2007, 「近畿地域·韓式系土器集成」『渡來遺物からみた古代日韓交流の考古學的研究』.
　岩瀨透, 2008, 「大阪府蔀屋北遺蹟」『集落から都市へ』Ⅴ, 考古學研究會第54會研究集會.
　金鍾萬, 2010, 「鳥足文土器の起源と展開」『古文化談叢』63, 九州古文化研究會.

710) 박중환, 1999, 「조족문토기고」『고고학지』10, 한국고고미술연구소.
　박중환, 1999, 「일본의 조족문토기와 고대 한국문화」『동원학술논문집』2, 국립중앙박물관.
　白井克也, 2002, 「土器からみた地域間交流－日本出土の馬韓土器·百濟土器」『古代日本

많아 백제의 마한 잠식과정과 관련된 것이 아니라 교역의 거점지역을 확보하기 위하여 항구도시에 이 집단이 거주하면서 나타난 것으로 이해하는 것이 좋을 듯하다.

일본열도의 초창기 조족문토기는 영산강유역보다는 남한강·금강유역과 관련이 있다. 백제고지의 조족문토기는 중부지방에서 먼저 출현하였고 이천 설성산성, 풍납토성, 천안 용원리, 청주 신봉동, 공주 단지리, 군산 산월리 등 남한강, 금강유역에서 강한 출토 예를 보인다. 남한강과 금강유역의 철鐵은 왜倭가 필요로 하는 물자인 점에서 교역이 이루어졌을 것이고, 오사카 시토미야기타[蔀屋北] 유적 등 말 사육장으로 추정되고 있는 곳에서 조족문토기가 공반되는 것은 이들과 관련이 있는 것으로 생각된다. 규슈 반츠카[番塚]고분 출토 조족문토기에 대해 영산강유역과의 교류에 의해 나타난 것으로 보고 있으나[711] 당시 웅진시기 백제 중앙정부의 요청에 의해 이루어진 일이기 때문에 금강유역과 관련된 것으로 보는 것이 자연스럽고 실제로 금강유역에서 조족문토기가 나타나고 있는 것은 이를 증명한다고 할 수 있다. 나라 아까오호와다니[赤尾崩谷] 1호분 3호 무덤 출토 조족문토기는[712] 청주 신봉동 90-53호 토광묘 출토품과 매우 유사한 것도 이를 뒷받침해주는 자료이다. 물론 일본열도의 조족문토기는 영산강유역과도 분명히 교류를 통해 이입되었음은 주지의 사실이다.

5세기 중엽경 스에무라[陶邑] TK23단계에 나타나고 있는 대부배[すり鉢]는 아산 갈매리, 이천 설성산성, 보성 조성리 등에서 확인되고 있어 백제토기의 영향으로

と百濟』, 大巧社.
최영주, 2005, 「전남지방 출토 조족문토기 일고찰」 『연구논문집』 5, 호남문화재연구원.
최영주, 2006, 『조족문토기 고찰』, 전남대학교 석사학위논문.
吉井秀夫, 2007, 「土器資料を通してみた3~5世紀の百濟と倭の交渉關係」 『渡來遺物からみた古代日韓交流の考古學的研究』.
711) 柳澤一男, 2006, 「5~6世紀の韓半島西南部と九州」 『加耶, 洛東江에서 榮山江으로』, 金海市.
712) 大阪府立近つ飛鳥博物館, 2004, 『今來才伎-古墳·飛鳥の渡來人』.

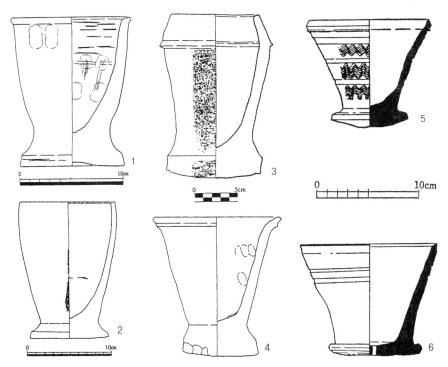

그림 55. 한일 고대 배부병 비교자료(1.아산 갈매리, 2.보성 조성리, 3·4.이천 설성산성, 5.일본 오사
카 TK23호 요지, 6.일본 오사카 TK217호 요지)

보인다.[713](그림 55)

　백제토기 제작기술의 일본 전파는 스에끼 초기 단계에서부터 지속적으로 영향
을 주고 있어 수공업생산에 새로운 바람을 불러일으켰음을 알 수 있다. 한성시기
부터 사비시기에 이르기까지 꾸준히 백제의 영향을 받은 백제계토기가 발견되고
있으며, 주로 5세기경의 유물이 많고 7세기를 정점으로 양이 적어지는데 고대 동
아시아 있어 용기류에 대한 평준화의 영향으로 보인다.

　일본 치바시[千葉市] 오오모리[大森] 제2유적에서 확인된 심발형토기는 백제 심발
형토기의 영향에 의해 나타나고, 한성시기 후기에도 이 지역의 토기류가 지속적

---

713) 김종만, 2012, 「백제 대부배 소고」『백제와 주변세계』, 진인진.

으로 백제토기의 영향을 받은 것으로 알려지고 있다.[714] 또한 일본 미에현[三重顯] 오츠카[大塚] C1호분에서 발견된 병은 서울 몽촌토성 1호 주거지 출토 병과 유사성이 인정된다.[715] 또한 일본의 스에무라 요지 조사 결과 5세기 토기제작기술의 도입 이후 만들어진 개배가 백제계통의 영향을 가장 많이 받아 만들어졌다고 알려진 사실에서[716] 백제토기의 영향은 막대한 것이었다고 생각된다.

풍납토성과 몽촌토성에서는 일본 토기와 관련된 유물이 소량 확인되고 있다. 풍납토성 경당지구 상층에서 출토한 돌대가 있는 토기편은 일본 기나이[畿內]지방에서 발견되고 있는 하니와계[埴輪系]로서 백제토기에 없는 기형이다.[717] 그리고 몽촌토성 3호 저장혈에서 수습된 개배 중에는 스에끼계 토기가 포함되어 있다.[718]

일본 오오쯔시[大津市]에 있는 대벽 건물은 웅진 후기의 공주 정지산 대벽건물과 비교할 수 있고, 동 지역의 타이고츠카[太鼓塚] 고분군 출토 병은 연산 모촌리 92-15호분 출토 병과 관련이 깊다. 주로 금강유역과 영산강유역에서 스에끼계의 소형 토기류가 확인되었다. 공주 정지산의 개배와 유공호(4호 타원형수혈), 군산 여방리 82호분 출토 화덕형 토기는 일본 토기와 관련이 깊은 것들이다. 또한 광주 월계동·명화동, 나주 덕산리 고분 등에서는 분주토기가 확인되어 일본 하니와와의 관련성이 지적되고 있으며,[719] 최근 함평 금산리 방대형고분에서 발견된 인물형 분주토기도 발견되어 앞으로 적극적인 검토가 필요하게 되었다.

사비시기에 들어와 일본에 문화를 전한 것은 부여로 천도한 538년 성왕의 불교 전파이며, 위덕왕 집권 이후에 577·588년 대대적으로 백제공인을 파견하여

---

714) 酒井淸治, 1985, 「千葉市大森第2遺跡出土の百濟土器」『古文化談叢』15, 九州古文化硏究會.

715) 滋賀縣立安土城考古博物館, 1996, 『近江·河內·大和の渡來人』, 資-39.

716) 윤무병, 1974, 「연산지방의 백제토기 연구」『백제연구』10, 충남대학교 백제연구소.

717) 권오영, 2002, 「풍납토성 출토 외래유물에 대한 검토」『백제연구』36, 충남대학교 백제연구소, pp.32~33.

718) 몽촌토성발굴조사단, 1985, 『몽촌토성발굴조사보고』, p.239의 도면 60-①.

719) 서현주, 2004, 「4~6세기 백제지역과 일본 열도의 관계」『호서고고학』11, 호서고고학회.

일본 아스까문화의 완성에 적극적으로 참여하였다. 588년 창건된 아스카데라[飛鳥寺]에 이용된 와당의 형식이 사비시기 연화문와당에 원류가 있다고 하는 것은 이를 잘 대변해 주고 있다.[720]

664년 축조되기 시작하는 일본 규슈지방의 미즈끼[水城]유적에서 성을 쌓을 때 이용된 부엽공법敷葉工法[散草法]과 더불어 내부의 시설물 배치가 부여에 소재하고 있는 나성羅城을 모델로 하였다는 점에서 백제문화의 일본 전파가 얼마나 크게 작용하고 있었나를 살펴볼 수 있는 중요한 자료이다.[721](사진 166)

사진 166. 부여 동나성 하부 부엽공법

---

720) 김종만, 2002, 「泗沘時代 瓦에 나타난 社會相 小考」『국립공주박물관기요』2, 국립공주박물관.

721) 국립공주박물관, 2002, 『일본소재 백제문화재 조사보고서Ⅲ』.

사진 167. 부여지방 출토 화장장골용기

　사비시기에 만들어진 토기 중 일본에 영향을 주었다고 생각되는 것 중에는 화장장골용기, 도가니 등을 들 수 있다. 화장장골용기는 특이하게도 사비 중기～후기 부여지방을 중심으로 성행한 양식인데, 장골용기에 이용된 유개호는 일본 나라시대에 규슈지방을 중심으로 유행하고 있어 상호 관련성이 지적되고 있다.[722](사진 167) 그리고 사비시기 백제토기 중에 공방도구로 사용된 도가니는 일본 비조지에서 다량 검출되어[723] 백제문화의 일본 전파에 관한 연구에 많은 도움이 되고 있다. 전달린 완은 오사카 나니와궁 출토품이 있는데, 부여·익산지방의

722) 小田富士雄, 1986, 「日韓火葬墓の出現」『古文化談叢』16, 九州古文化硏究會.
　　 김종만, 1999, 「화장묘의 유행」『백제』, 국립중앙박물관, p.194.
723) 奈良國立文化財硏究所, 1992, 『飛鳥池遺蹟の調査, 1991-1次調査』.
　　 김종만, 1994, 「부여지방출토 도가니」『고고학지』6, 한국고고미술연구소.

추정왕궁지, 사지에서 발견되는 것과 흡사한 것이다. 또한 새로 밝혀진 회색토기 제작에 이용된 구절기법도 일본의 풍선기법과 관련하여 적지 않은 영향을 주었을 것으로 짐작된다. 그리고 사비시기 흑색와기 바닥을 자를 때 사용한 실끈을 이용한 기법도 일본의 토기제작에 영향을 주었던 것으로 생각된다.

　최근 일본 스에끼계 기물들이 백제지방은 물론 가야지방에서 확인되고 있다. 왜계 유물이 한반도에 들어오는 계기에 대해서는 앞으로 지속적인 연구가 필요하며 연대는 대체로 4~6세기 전반으로 알려져 있다.[724] 스에끼계 기물은 부여 관북리 추정왕궁지 석축 연못에서도 확인되고 있으나,[725] 백제토기에 어떻게 영향을 주고 있는지는 자료의 증가를 기다려 보아야 한다. 사비시기에 주변국인 중국·왜·신라·고구려인이 함께 살고 있었다는 중국사서의 기록은 주목할 만하다.

724) 酒井淸治, 1993, 「韓國出土の須惠器類似品」 『古文化談叢』 30, 九州古文化硏究會.
　　木下 亘, 2003, 「韓半島出土 須惠器(系) 土器에 대하여」 『백제연구』 37, 충남대학교 백제연구소.
725) 국립부여문화재연구소, 2009, 『부여 관북리 백제유적 발굴보고Ⅲ』, 도면 199-621.

VIII
맺음말

　백제는『삼국사기』의 기록에 의하면 기원전 18년에 개국한 나라이다. 기원전 1세기는 백제가 한반도 중서부지방에서 고대국가로 진입한 뚜렷한 물적 증거는 나타나지 않아 마한의 일 소국으로 존재한 것으로 보인다. 한반도 중서부지방에 자리한 마한은 한강유역을 비롯하여 호서, 호남에 이르기까지 소국의 형태를 유지하면서 중국 등 주변국과 자체적으로 교류를 하였다. 백제는 마한의 일국으로 출발하고 있었기 때문에 마한에서 제작한 토기의 실체를 살펴보는 것이 계승적 차원에서의 백제토기와 새로운 기종을 선보이면서 나타난 백제토기를 파악하는데 주요한 기준이 된다. 마한토기에 대한 이해가 없었기 때문에 이전의 연구에서는 백제토기로 간주하는 경우가 종종 있었지만 마한토기에 대한 지역적인 인식은 물론이고 기원 등 시·공간에 대한 문제와 과학적인 방법이 동원되는 등 최근의 연구가 다양하게 진행되면서 많은 부분이 해결되고 있다.

　백제토기는 한강유역에서 백제가 마한을 통합하는 과정에서 중국 등 주변국과의 교류를 통해 만들기 시작하였으며 금강유역에서 완성되었다. 백제토기의 성립은 토기의 발전과정에 있어 백제인이 사회적으로 단합과 일정한 양식의 표출을 위해 이전 시기에 사용된 토기의 발전과 주변국의 여러 문물이 토기의 제작기법과 용도에 영향을 주어 이루어졌다. 백제중앙정부가 관여하여 새롭게 선보인 백제토기는 일정한 양식을 유지하는 것이 기본이었을 것이다. 그러나 백제가 중국과의 교류가 지속되고 풍부한 물자가 유입되면서 모방 토기가 생기게 되고 물질문명의 발전속도가 가속화되면서 수요자의 의도를 반영한 실용성 있는 기종들을 추가적으로 개발하였으며 다양한 방법을 통하여 전파하였다

백제토기의 등장은 3세기 후엽경~4세기 초에는 이루어진다. 백제토기는 전통양식을 계승한 토기류와 새로운 기종이 합쳐져서 성립된다. 전통양식을 계승한 것으로는 호류, 장란형토기, 심발형토기, 시루, 완 등이 있다. 이들 전통양식을 계승한 토기들은 경질무문토기와 공반하면서 발전해왔으며, 타날문 제작기법이 수용된 이후 백제토기로 거듭나게 되었다. 이 전통양식과는 달리 백제가 새로 개발한 흑색마연이 있는 직구광견호, 광구단경호, 무개고배, 뚜껑 등 신기종을 만들어 점차 백제만의 특색을 나타내기 시작한다.

백제토기는 기종에 따라 분류되고 있으며 시기별로 기종 수의 차이가 있다. 한성시기는 기술유형 분류와 1차 형태 속성을 통해 호류, 장란형토기류, 배류, 기대류, 발류, 완류, 시루류, 전달린토기류, 접시류 등 다양하다. 웅진시기는 한성시기와 비슷한 기종이 발견되고 있지만 호류 중 일부는 보이지 않고 있어 약간 감소한 것으로 볼 수 있다. 사비시기는 호류에서 변화가 가장 많이 보이지만 호자, 변기, 연가 등 특수용기들의 증가로 인해 풍부한 기종을 보여준다. 백제토기의 기종은 현재 알려진 것은 40여 종이며, 앞으로 더 늘어날 가능성이 있다.

백제토기는 기능에 따라 생활용기와 의례용기(제사용기, 부장용기)로 분류하였다. 생활용기는 백제가 고대국가로 성장하면서 사용하기 시작한 것으로 기종이 제일 다양하다. 생활용기는 토기의 쓰임에 따라 저장용, 운반용, 조리용, 배식용, 문방구용, 다기용, 특수용으로 세분하였다. 의례용기는 제사용기와 부장용기로 나누어 살펴보았다. 백제는 고대 사서에 의하면 제사를 지낸 기록이 많이 나오기 때문에 제사용기를 사용했다. 백제시대에는 마한시기에 사용했던 명기는 사라지고 생활·특수토기를 이용하여 제사용기로 사용하였다. 백제는 한성시기부터 사비시기에 이르기까지 적석총, 석곽묘, 석실분, 전축분, 횡혈묘, 옹관묘, 화장묘, 토광묘 등 다양한 묘제를 수용하고 발전시켰으며 백제토기를 부장하거나 매납용으로 사용하였다. 백제토기는 일상생활용기로 먼저 만들어지고 점차 시기가 내

려가면서 제사용기, 부장용기로 용도를 넓혀간 것으로 보인다. 백제토기는 고구려, 백제 및 신라 등과 비교하면 매우 다양한 기종이 있는데 장식성이 강하지 않고 단순하면서도 색조, 유려한 선 등에서 백제인들의 절제미와 간결함을 추구했음을 느낄 수 있다. 백제토기는 한성시기부터 사비시기까지 일상생활용이 고분 부장용보다 풍부하게 발견됨으로써 실용적인 면이 강조되고 선호하였던 것을 알 수 있다.

4세기경 백제는 영역확장에 따라 문화적으로 크게 성장하게 된다. 백제는 거점지역을 마련하여 정치뿐만이 아니라 문화확산의 루트를 마련한 것으로 보인다. 백제토기는 백제중앙정부의 영역확장과정에 따라 남부지방으로 파급된다. 백제토기의 파급은 금강유역을 포함한 이남 지역에서는 정치적으로 영역을 확장하는 시기보다는 약간씩 늦추어 이루어지고 있는데 이는 재지계 집단의 문화포용력과 관련이 깊다.

백제토기는 이전 시기의 토기제작기법과 새로 중국에서 들어오는 기술을 수용하여 백제인의 기호에 맞게 만들었다. 백제고지의 추정왕궁지, 성지, 사지 등 생활유적과 제사유적, 고분유적에 대한 발굴조사가 활발하게 전개되면서 자료가 증가함에 따라 백제토기에 대한 제작기법의 양상을 일부 알 수 있게 되었다. 백제토기는 등요, 평요에서 다양한 제작기법에 의하여 만들어진다. 성형은 손빛기, 테쌓기, 띠 쌓기, 틀 성형 등 다양한 방법으로 기초 작업을 하고 물레에다가 박자를 이용하여 두드리고 예새 등의 도구를 이용하여 정면하는 등 3차의 과정을 거쳐 이루어졌다. 토기를 만드는 기본 성형 시에 뚜껑이 있는 용기를 만드는 제작기법으로 구절기법이 이용되기도 하였다. 성형 후에 물레에서 토기를 떼어낼 때는 녹로봉을 이용하여 들어올려 옮기는 것이 대부분이지만 실끈을 이용하는 경우도 있다.

토기는 성형이 완료되면 일정한 건조 기간을 거쳐 제품으로 만들어지기 위한 작업을 하는데 소성과정이다. 토기의 소성은 가마에서 이루어진다. 백제시대 가마는 등요와 평요가 있다. 가마의 구조는 반지하식과 지하식이 있다. 한성시기에 등요가 먼저 등장하였으며 토기 전용가마와 와도겸용가마가 있다. 가마는 연료를 넣는 연소실의 구조가 수직인 것이 빠르고 수평인 것이 후기적인 요소이다.

요업은 한성시기부터 전문화와 분업화가 이루어졌다. 요업체제는 소규모와 대규모로 운영되었으며 다원화된 체제를 이루었다. 가마내 토기 적재방법은 단독, 중첩, 결합 등 다양하다. 가마내 토기를 적재할 때 이용한 이기재와 이상재는 볏집·갈대류 등의 초본류, 토제 받침, 석재 받침, 토기편 등이 있다.

백제시대 가마에서는 회청색경질토기, 흑색와기, 회색토기 등 다양한 제품을 생산하였다. 그 결과 한성시기에서 사비시기로 갈수록 회청색경질토기 등의 기종 증가는 물론 토기제작기술의 향상으로 많은 종류의 토기가 생산·유통되었다. 백제토기는 분업화된 생산단지에서 다원화된 체계에 따라 공급되었다. 백제토기의 유통망은 단거리와 장거리 체계가 공존하며 백제 중앙정부의 통제와 보급에 따라 운영되었다.

백제토기의 규격화는 새로운 기종이 출현하는 단계에서부터 이루어졌다고 보았다. 고대국가를 규정하는 요소 중 하나인 도량형의 통일은 국가를 경영하는데 있어서 기준이 되는 것이다. 한성시기 주요 백제유적을 통해 발견되고 있는 흑색마연토기, 단경호, 직구단경호, 광구장경호, 고배, 삼족토기, 개배, 접시, 완 등 다양한 기종들이 크기와 제작기법이 동일한 것은 백제중앙정부가 토기제작에 관여를 하고 있었다는 점을 말해주는 것이고, 서울을 위시하여 주변인 경기, 영서, 호서지방에 일정 시기를 통하여 중앙양식의 토기가 나타나고 있는 것을 보면 보급과 전파에 대해서도 통제를 하고 있었던 것으로 기록에는 전하지 않지만 기물에 대한 율령이 적용된 토기를 만들고 있다는 것을 확인해주는 고고학적 자료인 것이다. 특히, 백제토기의 시작 시점을 알려주는 흑색마연토기는 흑색 발현, 마연기법, 문양 채용, 제한된 기종, 공급지역의 지역별 제한 등 여러가지 면에서 백제중앙정부가 관여하여 만들고 영역확장과정이나 교류, 교역을 할 때 전파했던 것임을 알 수 있다. 흑색마연토기는 분배과정을 거친 것으로 백제가百濟家로의 통합, 흡수를 의미하는 고급 용기이다. 백제는 중국과 교류 및 교역을 하면서 지속적으로 교류품 또는 수입품의 목록에서 빠지지 않았던 것이 도자기 제품이었다. 한성시기부터 도자기 발색에 에 대한 노력을 진행하였고 사비시기에 이르러 토기의 흡수율을 낮출 수 있는 녹유기를 생산할 수 있게 되었다.

백제토기 중에는 문자나 기호를 쓰거나 새기거나 찍혀있는 것이 한성시기부터 나타나고 있다. 토기에 문자를 남기는 과정은 장인만이 알 수 있는 고유한 것일 수도 있지만 나름대로 큰 의미를 갖고 있다. 문자가 있는 백제토기는 제사 공헌용, 장인명, 규격품을 알려주는 기호, 사용 방법을 알려주는 것, 행정단위, 지역, 주문처, 사용처, 용도 등 다양한 의미를 내포하고 있음을 알 수 있으며 영성한 백제 문헌사를 보충해줄 수 있는 기초 자료로서도 큰 의미가 있다. 토기에 문양을 시문하기 시작한 것은 토기의 역사와 궤를 같이한다. 토기문양은 성형과정에서 남겨지거나 의도적으로 장식을 하는 경우가 있다. 토기 표면에 남겨진 문양은 형태와 더불어 토기연구에 직접적인 영향을 주고 있어서 매우 중요한 자료가 된다. 백제토기 표면에 남아있는 문양을 살펴보면 두드린 것, 새긴 것, 누르면서 두드린 것, 눌러 찍은 것이 있고, 이 외에 토기 표면에 직물을 두른 후 그 위를 두드리거나 나무 봉에 직물을 감싸 토기 표면을 문질러서 나타난 것이 있다. 그리고 나무 봉에 점토를 감은 다음 돗자리 위에 놓고 굴려 생기는 문양도 있었을 것이다. 문양은 토기의 표면에 나타난 선과 더불어 백제인의 미적 감각을 느껴볼 수 있다.

백제토기는 수도의 변천에 따라 한성시기, 웅진시기, 사비시기 등 삼시기로 구분하였다.

한성시기는 전·중·후기의 3기로 나누었으며 중기는 2단계로 세분할 수 있다. 백제가 고대국가로 진입하는 3세기 후엽경~4세기 초부터 웅진으로 천도하는 475년까지의 기간에 제작되어 사용된 토기를 말한다. 한성시기의 토기는 전기, 중기, 후기로 나누어 살펴볼 수 있다. 한성시기는 『삼국사기』에 의하면 백제시대 전 기간 중 2/3에 해당한다. 그러나 고고학적으로 백제가 고대국가로 진입한 시기인 3세기 후엽경을 그 시작으로 본다면 한성시기는 백제 전 기간에 있어서 1/2에 해당한다. 전기는 백제토기가 등장하는 시기로 3세기 후엽경에서 신기종의 토기가 추가로 등장하기 전인 4세기 초까지 이다. 중기는 백제토기의 새로운 기종이 더 많이 등장하는 단계로 소형토기인 고배류와 삼족토기와 생활용기의 하나인 단경병과 광구장경호가 출현하는 4세기 초부터 시작하여 4세기 말까지 해당한다. 4세기 말 백제는 문화적으로 크게 발전하며, 서울을 벗어나 경기도 지방을 비롯하여 인근 지역에 이르기까지 영역을 확장하는 시기이다. 중기는 무개고배가 출현하는 전반기와 유개고배가 등장하는 후반기로 단계를 구분하기도 한다. 후기는 백제의 영역확장에 따라 새로운 기종과 전통기종이 남하하는 단계이면서 병류와 기대류가 새로 추가되는 시기로 5세기 초부터 웅진으로 천도하는 475년까지에 해당한다. 백제가 금강유역과 영산강유역의 일부 지역에 전통양식을 발전시킨 형식과 새로운 기종의 일부를 확산시키며 토기 양식의 통일성을 점차 이루는 시기로, 금강유역에는 광구장경호, 직구호, 고배, 삼족토기, 횡병 등이 확산되고, 영산강유역에서 흑색마연의 직구광견호, 개배, 시루가 등장하는 단계이다.

웅진시기는 백제가 고구려의 침략으로 문주왕이 공주로 남천한 475~538년 사이를 말한다. 웅진시기는 한성시기에 비하면 매우 짧은 기간에 불과하지만 당시 급박했던 사회상과 안정을 찾으면서 새롭게 발전하는 모습이 토기류에 반영되고 있어서 전기와 후기로 나누었다. 전기는 백제가 정치적으로 안정을 찾기 위해 노력하던 시기로 문화적인 발전은 미약한 시기로 5세기 후엽경부터 5세기 말까지이다. 백제토기는 한성시기 기종이 그대로 답습되지만 고분의 부장토기가 많아지며, 대형 단경호가 석실묘 내부나 옹관으로 사용되기 시작한다는 점이 주목할 만하다. 후기는 웅진시기의 토기 양상이 새롭게 반영되어 전기보다는 많은 기종이 제작되며, 백제가 안정을 되찾는 6세기 초부터 사비(부여)로 천도하기 이전 단계로 볼 수 있다. 백제토기는 대형품 위주에서 소형품으로 부장품이 대체된다.

사비시기는 백제가 국가경영의 틀을 더욱 견고히 하고 대외교류를 원만히 펼치기 위해 부여로 천도한 538년에서 나당연합군에 의해 멸망하는 660년까지이며, 백제문화의 완성기이자 절정기로서 백제토기 또한 가장 완벽한 제품이 제작되는 시기이다. 사비시기는 전기, 중기, 후기로 나누어 보았다. 전기는 웅진시기의 기종을 그대로 사용하면서 주변국에서 들어오는 기형을 백제화하는 과도기적인 단계로 6세기 중엽경까지이며 칠 바른 토기류와 전달린 완 등 웅진시기에는 없었던 기종과 새로운 제작기법이 나타나고, 기대류와 같은 대형품들은 장식이 소략해지는 단계이다. 중기는 백제화가 꾸준히 추진되면서 백제토기의 고급화를 실현하는 기간으로 회색토기가 등장하는 시기이다. 이 단계는 백제토기가 규격성을 가지면서 생산되고 보급이 엄격하게 제한되는 시기로 6세기 말경까지이다. 국가의 지식층 증가와 관련하여 다양한 벼루가 만들어지고, 병이나 완 등의 제작기법이 다양하게 나타나는 시기이다. 그리고 화장장골용기에 대한 선호도가 나타나 직구단경호를 이용한 매장 풍습이 등장한다. 후기는 7세기 초부터 7세기 중엽경까지로 일상생활용이 보편화되는 시기로 남부지방에 이르기까지 통일된 기종이 등장하는 단계이다. 일상생활용의 백제토기가 중국제품의 모방단계를 벗어나 가장 정제된 모습으로 규격화가 이루어진다.

백제토기는 기종별로 분류하면 단경호, 광구단경호, 광구장경호, 대부장경호 직구호, 대부직구호, 삼족호, 파수부호, 장란형토기, 심발형토기, 발, 시루, 자배기, 완, 전달린토기(완, 호, 대부직구호), 접시, 병, 기대, 고배, 삼족토기, 사족토기, 개배, 파수부잔, 대부배, 호자, 변기, 등잔, 연가, 벼루, 도가니 등 40여 종의 기종이 알려져 있으며 그 중 23개 기종에 대하여 시기별로 출현 계기, 기원, 형식에 대해서 살펴보았다. 백제토기의 출현 계기는 중국 등 주변국의 영향이 절대적이었지만 마한시기를 포함하여 이전에 유입된 기종을 다듬고 선호도에 맞게 개발한 것도 적지 않게 포함되어 있어 재지적인 영향도 있었음을 알 수 있다. 백제토기의 전파에 있어 한성시기에 동일 기종이 시기별로 나타나고 있는 것은 백제가百濟家로의 통합과 흡수를 의미하는 것으로 보았고, 웅진시기 이후가 되면 백제고지에서 백제토기의 기종 통일성이 이루어지기 시작한다.

삼국시대 문화를 선도했던 백제가 개방적이고 국제적인 감각을 갖고 있었던 만큼 토기문화도 단아하면서 고급스러움을 표방하였다. 백제토기는 백제문화의 발전에 발맞추어 중국, 고구려, 신라, 가야 등 주변국과의 교류를 통하여 백제화가 이루어지고 일본에 제작기술을 전파하기도 하였다. 백제토기는 중국과의 문화교류를 통해서 괄목할만한 성장을 가져왔는데, 백제의 각종 유적에서 중국 도자기가 발견되고 있는 것은 백제토기의 발전에 많은 자극을 주었을 것이다. 백제토기 중에는 고구려문화의 영향이 반영되어 나타난 기형도 있고, 신라·가야·일본지역에서는 백제토기의 영향을 받은 토기류가 발견되고 있다. 백제지역에서 확인되고 있는 외래계 유물 중에는 수입에 의한 것도 있지만 주변지역의 사람들이 백제에 들어와 살면서 방제한 유물도 포함되어 있다. 이러한 점을 통하여 백제토기는 주변 인접국과의 부단한 교류를 통하여 국제성과 개방성을 갖춘 토기로 성장하게 되었음을 알 수 있다.

참고문헌

1. 기본사료

『三國史記』, 『三國志』, 『隋書』, 『舊唐書』, 『日本書紀』

2. 저서

강인구, 1977, 『백제고분연구』, 일지사.

국립문화재연구소, 2011, 『한성지역 백제토기 분류표준화 방안 연구』.

곽장근, 1999, 『湖南 東部地域 石槨墓 研究』, 서경문화사.

김원룡, 1986, 『韓國考古學槪說』, 일지사.

김낙중, 2009, 『영산강유역 고분 연구』, 학연문화사.

김종만, 2004, 『사비시대 백제토기 연구』, 서경.

김종만, 2007, 『백제토기 신연구』, 서경.

김종만, 2012, 『백제토기』, 글을읽다.

노중국, 1988, 『백제정치사연구』, 일조각.

박순발, 2006, 『백제토기 탐구』, 주류성.

박순발, 2001, 『漢城百濟의 誕生』, 서경문화사.

서현주, 2006, 『영산강유역 고분 토기 연구』, 서경문화사.

유원재, 1993, 『中國正史 百濟傳 研究』, 학연문화사.

이기백·이기동, 1983, 『韓國史講座(古代篇)』, 일조각.

이남석, 1995, 『백제 석실분 연구』, 학연문화사.

이성주, 2014, 『토기제작의 기술혁신과 생산체계』, 학연문화사.

임영진 등, 2017, 『동북아시아에서 본 마한토기』 마한연구원 총서4, 학연문화사.

최병현, 1995, 『新羅古墳研究』, 일지사.

칼라 시노폴리(이성주 역), 2008, 『토기연구법』, 考古.

홍보식, 2003, 『新羅後期 古墳文化 研究』, 춘추각.

溫玉成著(배진달역), 1996, 『中國石窟과 文化藝術』, 경인문화사.

輕部慈恩, 1946, 『百濟美術』, 寶雲舍.

中村浩, 2001, 『和川陶邑窯出土須惠器の型式編年』, 芙蓉書房出版.

田邊昭三, 1981, 『須惠器大成』, 角川書店.

齋藤忠, 1973, 『新羅文化論攷』, 吉川弘文館.

科學出版社, 2007, 『鄂城六朝墓』.

3. 논문

강원표, 2001, 『백제 삼족토기의 확산과 소멸과정 연구』, 고려대학교 석사학위논문.

강인구, 1971, 「백제 도연에 대하여」 『백제문화』 5, 공주대학교 백제문화연구소.

강인구, 1972, 「백제의 화장묘」 『고고미술』 115, 한국미술사학회.

강인구, 1975, 「백제의 화장묘3」 『백제문화』 7·8, 공주대학교 백제문화연구소.

강인구, 1977, 「백제의 호관묘」 『백제고분연구』, 일지사.

국립나주문화재연구소, 2013, 『영산강유역 고대생산유적』.

국립부여문화재연구소, 2007, 『왕궁의 공방Ⅱ-유리편』.

권오영, 2001, 「풍납토성 경당지구 발굴조사의 성과」 『한밭대학교개교제47주년기념학술
　　　　발표대회요지문』, 한밭대학교 향토문화연구소.

권오영, 2002, 「풍납토성 출토 외래유물에 대한 검토」 『백제연구』 36, 충남대학교 백제연
　　　　구소.

권오영, 2002, 「百濟의 對中交涉의 전개와 그 성격」 『古代 東亞細亞와 三韓·三國의 交
　　　　涉』, 복천박물관.

권오영, 2003, 「物資·技術·思想의 흐름을 통해 본 百濟와 樂浪의 交涉」 『한성기 백제의
　　　　물류시스템과 대외교섭』, 한신대학교 학술원 제1회 국제학술대회.

권오영·한지선, 2003, 「儀旺市 一括出土 百濟土器에 대한 관찰」 『길성리토성』, 한신대학
　　　　교 박물관.

권오영, 2008, 「성스러운 우물의 제사」 『지방사와 지방문화』 11-2, 역사문화학회.

권오영, 2011, 「漢城百濟의 時間的 上限과 下限」 『백제연구』 53, 충남대학교 백제연구소.

김경주, 2017, 「탐라의 대외교류와 활동」 『제주도, 탐라의 형성과 발전』, 호남고고학회.

김규동, 2002, 「백제 토제 연통시론」 『과기고고연구』 8, 아주대학교 박물관.

김길식, 2001, 「삼한 지역 출토 낙랑계 문물」 『낙랑』, 국립중앙박물관.

김무중, 2003, 「백제한성기 지역토기 편년」 『한성기 백제고고학의 제문제(1)』, 서울경기고
고학회.

김성구, 1990, 「扶餘의 百濟窯址와 出土遺物에 대하여」 『백제연구』 21, 충남대학교 백제
연구소.

김성남, 2000, 『中部地方 3~4世紀 古墳群 一研究 』, 서울대학교 석사학위논문.

김성이, 2013, 「풍납토성 출토 토기의 소성기술」 『풍납토성XV』, 국립문화재연구소.

김수태, 1991, 「百濟 의 滅亡과 唐」 『百濟研究』 22, 충남대학교 백제연구소.

김수태, 1992, 「百濟 義慈王代의 太子册封」 『百濟研究』 23, 충남대학교 백제연구소.

김승옥, 1997, 「거치문토기:정치적 권위의 상징적 표상」 『한국고고학보』 36, 한국고고학회.

김승옥, 2004, 「테라 시질라타 슬립 연구」 『경희대학교부설디자인연구원 논문집Vol 7』.

김양옥, 1987, 「경질무문토기시론」 『최영희선생화갑기념한국사논총』.

김연수, 1994, 「傳 扶餘 發見 中國靑磁벼루에 대하여」 『고고학지』 6, 한국고고미술연구소.

김영원, 1998, 「百濟時代 中國 陶磁의 輸入과 倣製」 『백제문화』 27, 공주대학교 백제문
화연구소.

김원룡, 1975, 「백제건국지로서의 한강하류지역」 『백제문화』 7·8, 공주대학교 백제문화
연구소.

김원룡, 1978, 「百濟의 特異形土器」 『考古美術』 138·139, 韓國美術史學會.

김용민, 1998, 「백제 사비기 토기에 대한 일고찰 -부소산성출토 토기를 중심으로」 『문화
재』 31, 문화재관리국.

김용민, 2002, 「백제의 연가에 대하여」 『문화재』 35, 국립문화재연구소.

김용주, 2016, 『백제 대부완 연구』, 충북대학교 석사학위논문.

김영희, 2013, 「호남지방 조형토기의 성격」 『호남고고학보』 44, 호남고고학회.

김일규, 2007, 「한성기 백제토기 편년재고」 『선사와 고대』 27, 한국고대학회.

김은정, 2017, 『호남지역의 마한토기』, 전북대학교 박사학위논문.

김장석·권오영, 2005, 「백제 한성양식 토기의 유통망 분석」 『백제의 생산기술과 유통체
계』, 경기도·한신대학교 학술원.

김장석, 2009, 「호서와 서부호남지역 초기철기-원삼국시대 편년에 대하여」 『호서고고학
　　　보』 33, 호서고고학회.

김장석, 2012, 「남한지역 장란형토기의 등장과 확산」 『고고학』 11-3, 중부고고학회.

김장석, 2014, 「중부지역 격자문타날토기와 U자형토기의 등장」 『한국고고학보』 90, 한국
　　　고고학회.

김종만, 1990, 『短脚高杯의 歷史性에 대한 硏究』, 충남대학교 석사학위논문.

김종만, 1994, 「부여지방출토 도가니」 『고고학지』 6, 한국고고미술연구소.

김종만, 1995, 「충남서해안지방 백제토기연구-보령·서천지방을 중심으로」 『백제연구』 25,
　　　충남대학교 백제연구소.

김종만, 1995, 「백제흑색와기고」 『한국사의 이해』, 경인문화사.

김종만, 1999, 「마한권역출토 양이부호 소고」 『고고학지』 10, 한국고고미술연구소.

김종만, 1999, 「화장묘의 유행」 『백제』, 국립중앙박물관.

김종만, 1999, 「百濟後期 土器盌의 樣相과 變遷」 『동원학술논문집』 2, 한국고고미술연구소.

김종만, 2000, 「사비시대 백제토기에 나타난 지역차 연구」 『과기고고연구』 7, 아주대학교
　　　박물관.

김종만, 2000, 「扶餘 陵山里寺址에 대한 小考」 『신라문화』 17·18, 동국대학교 신라문화
　　　연구소.

김종만, 2001, 「公州 道川里出土 百濟土器 小考」 『國立公州博物館紀要』 창간호, 국립공
　　　주박물관.

김종만, 2002, 「백제 개배의 양상과 변천」 『고고학지』 13, 한국고고미술연구소.

김종만, 2002, 「泗沘時代 瓦에 나타난 社會相 小考」 『國立公州博物館紀要』 2, 국립공주
　　　박물관.

김종만, 2003, 「泗沘時代 灰色土器의 性格」 『호서고고학보』 9, 湖西考古學會.

김종만, 2003, 「泗沘時代 扶餘地方出土 外來系遺物의 性格」 『湖西地方史 硏究』, 경인문
　　　화사.

김종만, 2003, 「扶餘 陵山里寺址 出土遺物의 國際的 性格」 『백제금동대향로와 고대동아
　　　시아』, 백제금동대향로발굴 10주년 기념 국제학술 심포지엄.

김종만, 2005, 「7세기 부여·익산지방의 백제토기」 『백제문화』 34, 공주대학교 백제문화
　　　연구소.

김종만, 2006, 「금강유역의 산악제사」 『고고자료로 본 古代 祭祀』, 복천박물관.

김종만, 2006, 「부소산성출토 토기 소고」 『부소산성유적고증 연구』, 한국전통문화학교.

김종만, 2006, 「성왕시대 백제 생활토기」『백제의 성왕과 그의 시대』, 부여군백제신서3.

김종만, 2007, 「청양 학암리요지 출토유물의 의의」『신백제발굴문화재특별전 도록-그리운 것들은 땅 속에 있다.』, 국립부여박물관.

김종만, 2008, 「조족문토기의 기원과 전개양상」『한국고대연구』52, 한국고대사학회.

김종만, 2009, 「호서지역의 백제토기」『특별전 백제 마한을 담다』, 충남발전연구원·백제문화박물관.

김종만, 2010, 「日本出土의 百濟系土器」『21세기의 한국고고학Ⅲ』, 주류성.

김종만, 2011, 「부여 능산리 건물군의 성격과 변천」『고고학지』17, 국립중앙박물관.

김종만, 2012, 「백제 대부배 소고」『백제와 주변세계』, 진인진.

김종만, 2013, 「공주지역 고분출토 백제토기」『백제문화』48, 공주대학교 백제문화연구소.

김종만, 2015, 「백제토기 전통미의 계승」『백제 이후, 백제』, 국립공주박물관.

김종만, 2015, 「토기의 생산기술과 유형」『한성백제의 문화와 생활』, 서울특별시 역사편찬원.

김종만, 2016, 「부여 능산리사지 발견 신요소」『선사와 고대』48, 한국고대학회.

김종만, 2018, 「탐라와 백제」『탐라』, 국립제주박물관.

김종만, 2019, 「계족산성 출토유물의 의미」『대전 역사의 쟁점과 사실』, 대전광역시 시사편찬위원회.

김종만, 2019, 「주산동 고분군이 지니는 의미」『대전 역사의 쟁점과 사실』, 대전광역시 시사편찬위원회.

나선민, 2016, 『중서부지역 원삼국-한성기 백제 시루(甑) 연구』, 충남대학교 석사학위논문.

나인정, 2018, 『백제 사비기 전달린 완의 등장과 전개』, 전북대학교 석사학위논문.

나혜림, 2010, 『백제 기대의 변천과 기능』, 한신대학교 석사학위논문.

남상원, 2013, 『백제 흑색마연토기 연구』, 충북대학교 석사학위논문.

남상원, 2013, 「백제 흑색마연토기 제작기법」『풍납토성ⅩⅤ』, 국립문화재연구소.

남상원, 2017, 「백제 흑색마연토기」『마한·백제토기 연구 성과와 과제』, 학연문화사.

노미선, 2012, 「마한·백제지역 조형토기의 기능 연구」『호남문화재연구』13, 호남문화재연구원.

도라지, 2017, 『삼국시대 벼루(硯) 연구』, 고려대학교 석사학위논문.

박경신, 2003, 『한반도 중부이남지방 토기 시루의 성립과 전개』, 숭실대학교 석사학위논문.

박수현, 2001, 「호남지방 토기요지에 관한 일시론 -요의 구조를 중심으로-」『연구논문집』1, 호남문화재연구원.

박순발, 1989, 『한강유역 백제토기 변천과 몽촌토성의 성격에 관한 일고찰』, 서울대학교 석사학위논문.

박순발, 1998, 「4~6세기 영산강유역의 동향」『백제사상의 전쟁』, 충남대학교 백제연구소.

박순발, 1999, 「漢城百濟의 對外關係」『백제연구』30, 충남대학교 백제연구소.

박순발, 1998, 『백제 국가의 형성 연구』, 서울대학교 박사학위논문.

박순발, 2001, 「심발형토기고」『호서고고학』4·5, 호서고고학회.

박순발, 2003, 「百濟土器 形成期에 보이는 樂浪土器의 影響」『백제와 낙랑』, 충남대학교 백제연구소 2003년도 백제연구 국내학술회의.

박순발, 2003, 「웅진·사비기 백제토기의 편년에 대하여 −삼족기와 직구단경호를 중심으로」『백제연구』37, 충남대학교 백제연구소.

박순발, 2004, 「백제의 토기」『백제문화의 특성 연구』, 서경.

박순발, 2005, 「공주 수촌리고분군출토 중국자기와 교차연대 문제」『4~5세기 금강유역의 백제문화와 공주 수촌리 유적』, 충청남도역사문화원 제5회 정기심포지엄.

박순발, 2008, 「사비 도성의 공간구조 −사비도성과 정림사−」『定林寺』, 국립문화재연구소.

박순발, 2009, 「마한 사회의 변천」『마한−숨쉬는 기록』, 국립전주박물관.

박순발, 2013, 「한성기 백제와 화천」『백제의 변경−화천 원천리유적』, 한림고고연구소.

박순발, 2018, 「마한의 시작과 종말」『마한의 중심 '익산'』, 원광대학교 마한·백제문화연구소.

박순발, 2018, 「토기 읽기」『아시아 고대토기의 사회학』, 전북대학교 BK21플러스사업단.

박순발·이형원, 1999, 「대전 월평동 즐문토기 및 고구려토기 산포유적」『호서고고학』창간호, 호서고고학회.

박순발·이형원, 2011, 「원삼국~백제 웅진기 완의 변천양상 및 편년」『백제연구』53, 충남대학교 백제연구소.

박영민, 2002, 「백제 사비기유적 출토 고구려계토기」『연보』, 국립부여문화재연구소.

박영재, 2016, 『마한·백제권 양이부호 도입과정』, 전남대학교대학원 석사학위논문.

박장식, 2009, 「부여 관북리 왕경지구 출토 금속관련 유물의 금속학적 분석을 통한 유적지의 성격추정」『부여 관북리 백제유적 발굴보고Ⅲ』, 국립부여문화재연구소.

박중환, 1999, 「鳥足文土器考」『고고학지』10, 한국고고미술연구소.

박현숙, 1998, 「百濟 泗沘時代의 地方統治와 領域」『백제의 지방통치』, 학연문화사.

박형열·김진영, 2011, 「광주·전남지역의 유공광구소호」『"유공광소호"속에 숨은 의미와 지역성 논의』, 국립광주박물관.

박형열, 2013, 「호남 서남부지역 고분 출토 이중구연호의 형식과 지역성」 『호남고고학보』 44, 호남고고학회.

방유리, 2007, 「이천 설성산성 출토 백제 고배 연구」 『문화사학』 27, 한국문화사학회.

山本孝文, 2003, 「백제 사비기의 도연」 『백제연구』 38, 충남대학교 백제연구소.

山本孝文, 2005, 「백제 사비시기 토기양식의 성립과 전개」 『백제 사비시기 문화의 재조명』, 국립부여문화재연구소.

서성훈, 1979, 「百濟虎子 二例」 『百濟文化』 12, 공주대학교 백제문화연구소.

서성훈, 1980, 「백제의 토기병 고찰」 『백제문화』 13, 공주대학교 백제문화연구소.

서성훈, 1980, 「백제 기대의 연구」 『백제연구』 11, 충남대학교 백제연구소.

서현주, 2001, 「이중구연토기 소고」 『백제연구』 33, 충남대학교 백제연구소.

서현주, 2004, 「4~6세기 백제지역과 일본 열도의 관계」 『호서고고학』 11, 호서고고학회.

서현주, 2006, 「영산강유역 개배의 전개 양상과 주변지역과의 관계」 『선사와 고대』 24, 한국고대학회.

서현주, 2006, 『榮山江流域의 三國時代 土器 硏究』, 서울대학교 박사학위논문.

서현주, 2011, 「백제의 유공광구소호와 장군」 『"유공광소호"속에 숨은 의미와 지역성 논의』, 국립광주박물관.

성낙준, 1988, 「영산강유역 옹관고분 출토토기에 대한 일고찰」 『전남문화재』 창간호, 전라남도.

성정용, 2000, 『중서부 마한지역의 백제영역화과정 연구』, 서울대학교 박사학위논문.

성정용, 2007, 「한강·금강유역의 영남지역계통 문물과 그 의미」 『백제연구』 46, 충남대학교 백제연구소.

성정용, 2008, 「토기양식으로 본 고대국가 형성」 『국가형성의 고고학』, 한국고고학회.

성정용, 2013, 「韓의 시작과 馬韓」 『마한·백제의 분묘문화 I』, 진인진.

송공선, 2008, 『삼국시대 호남지역 발형토기 고찰』, 전남대학교 석사학위논문.

송공선 외, 2017, 『마한·백제토기 연구 성과와 과제』, 마한연구원.

신종국, 2002, 『백제토기의 형성과 변천과정에 대한 연구』, 성균관대학교 석사학위논문.

신종환, 1996, 「청주 신봉동출토유물의 외래적 요소에 관한 일고 -90b-1호분을 중심으로-」 『영남고고학』 18, 영남고고학회.

신희권, 2001, 「풍납토성의 축조기법과 성격에 대하여」 『풍납토성의 발굴과 그 성과』, 한밭대학교 향토문화연구소.

안승주, 1975, 「백제고분의 연구」 『백제문화』 7·8, 공주대학교 백제문화연구소.

안승주, 1979, 「백제토기의 연구」『백제문화』12, 공주대학교 백제문화연구소.

안승주, 1984, 「백제토기의 개관」『백제토기도록』, 백제문화개발연구원.

안승주, 1998, 「百濟土器의 對中國 交涉」『백제미술의 대외교섭』, 예경.

오동선, 2009, 「나주 신촌리 9호분의 축조과정과 연대 재고」『한국고고학보』73, 한국고고학회.

오동선, 2017, 「개배와 유공광구호」『마한·백제토기 연구 성과와 과제』, 학연문화사.

오후배, 2003, 『우리나라 시루의 고고학적 연구』, 단국대학교대학원 석사학위논문.

왕준상, 2010, 「한반도 서남부지역 이중구연호의 변천과 성격」『백제문화』42, 공주대학교 백제문화연구소.

우지남, 1987, 「대가야고분의 편년 –토기를 중심으로–」『삼불김원룡교수정년퇴임기념논총』I, 고고학편.

원해선, 2015, 「유공광구호의 등장과 발전과정」『한국고고학보』94, 한국고고학회.

유기정, 2002·2003, 「鎭川 三龍里·山水里窯 土器의 流通에 관한 研究(上)·(下)」『숭실사학』15·16, 숭실대학교 사학과.

유병하, 1995, 「고고학 자료로 본 백제의 제사」『특별전 바다와 제사』, 국립전주박물관.

유영재, 2016, 『삼국시대 호자 연구』, 고려대학교 석사학위논문.

柳澤一男, 2006, 「5~6世紀の韓半島西南部と九州」『加耶, 洛東江에서 榮山江으로』, 金海市.

유혜선 외, 2000, 「부여 능산리사지 출토 등잔(燈盞)의 기름분석」『능사』, 국립부여박물관.

윤대식, 2004, 『청주지역 백제 파배의 형식과 용도』, 충북대학교 석사학위논문.

윤무병, 1974, 「연산지방의 백제토기 연구」『백제연구』10, 충남대학교 백제연구소.

윤무병, 1993, 「高句麗와 百濟의 城郭」『백제사의 비교연구』, 충남대학교 백제연구소.

윤용이, 1987, 「백제유적 발견의 중국도자」『마한·백제문화연구의 성과와 과제』, 원광대학교 마한·백제문화연구소.

윤온식, 2008, 「2~4세기대 영산강유역 토기와 지역의 변천단위」『호남고고학보』29, 호남고고학보.

윤환·강희천, 1995, 「百濟 三足土器의 一研究」『고대연구』4, 고대연구회.

韋正, 2010, 「한국출토 전문도기 연대에 관한 몇 가지 고찰」『경남의 가야고분과 동아시아』, 경남발전연구원 역사문화센터 제2회 한·중·일 국제학술대회 발표요지문.

이건용, 2014, 『마한·백제권 통형기대 고찰』, 전남대학교 석사학위논문.

이난영, 1978, 「한국고대의 금속병」『미술자료』23, 국립중앙박물관.

이난영, 1998,「백제지역출토 중국도자 연구」『백제연구』28, 충남대학교 백제연구소.

이남석, 1999,「古墳出土 黑釉鷄首壺의 編年的 位置」『호서고고학』창간호, 호서고고학회.

이남석, 2001,「百濟 黑色磨研土器 硏究」『선사와 고대』16, 한국고대학회.

이남석, 2013,「백제 적석총의 재인식」『선사와 고대』39, 한국고대학회.

이명엽, 2003,『백제토기의 성립과 발전과정에 나타난 중국 도자기의 영향』, 한신대학교 석사학위논문.

이상율, 1998,「新羅, 伽倻 文化圈에서 본 百濟의 馬具」『백제문화』27, 공주대학교 백제문화연구소.

이상일, 2018,『백제 등잔 연구』, 충남대학교 석사학위논문.

이석구·이대행, 1987,「백제삼족토기연구」『공주사대논문집』25, 공주대학교.

이성미, 1998,「百濟時代 書畵의 對外交涉」『백제미술의 대외교섭』, 예경.

이성주, 1991,「原三國時代 土器의 類型, 系譜, 編年, 生産體系」『한국고대사논총』2, 한국고대사회연구소.

이성주, 2002,「南海岸地域에서 출토된 倭系遺物」『고대동아세아와 삼한·삼국의 교섭』, 복천박물관.

이순엽, 2017,「광구호와 광구장경호」『마한·백제토기 연구 성과와 과제』, 학연문화사.

이영철, 2001,『영산강유역 옹관고분사회의 구조 연구』, 경북대학교 석사학위논문.

이영철, 2007,「호형 분주토기의 등장과 시점」『호남고고학보』25, 호남고고학회.

이윤섭, 2015,『백제 사비기 대부완 및 뚜껑에 대한 일연구』, 충남대학교 석사학위논문.

이정호, 1996,「영산강유역 옹관고분의 분류와 변천과정」『한국상고사학보』22, 한국상고사학회.

이정호, 2003,「영산강유역의 고대 가마와 그 역사적 성격」『삼한·삼국시대의 토기생산기술』, 복천박물관.

이종민, 1997,「백제시대 수입도자의 영향과 도자사적 의의」『백제연구』27, 충남대학교 백제연구소.

이지영, 2008,『호남지방 3~6세기 토기가마 변화상 연구』, 전북대학교 석사학위논문.

이지은, 2015,『백제 사비기 토제연통의 연구』, 충남대학교 석사학위논문.

이홍종, 1991,「중도식 토기의 성립과정」『한국상고사학보』6, 한국상고사학회.

임영진, 1987,「석촌동일대 적석총계와 토광묘계 묘제의 성격」『삼불김원룡교수정년퇴임기념논총-고고학편』.

임영진, 1994, 「한성시대 백제의 건국과 한강유역 백제고분」『백제논총』 4, 백제문화개발연구원.

임영진, 1996, 「全南의 石室墳」『전남의 고대 묘제』, 목포대학교 박물관.

임영진, 1996, 「光州 雙岩洞古墳」『전남의 고대 묘제』, 목포대학교 박물관.

임영진, 1996, 「백제초기 한성시대 토기연구」『호남고고학보』 4, 호남고고학회.

임영진, 2007, 「마한분구묘와 오월 토돈묘의 비교 검토」『중국사』 51, 중국사학회.

임영진, 2013, 「공주 송산리 D지구 적석유구의 성격」『백제문화』 48, 공주대학교 백제문화연구소.

임영진, 2014, 「한국 분주토기의 발생과 확산 배경」『한국 원통형토기(분주토기)의 연구현황과 과제』, 국립나주문화재연구소.

임영진, 2015, 「한국 분주토기의 발생과정과 확산 배경」『호남고고학보』 49, 호남고고학회.

임영진, 2015, 「한·중·일분구묘의 비교 검토」『마한 분구묘의 기원과 발전』, 마한연구원.

임영진, 2017, 「마한토기의 기원 연구」『호남고고학보』 55, 호남고고학회.

임영진, 2017, 「마한토기의 기원 연구」『동북아시아에서 본 마한토기』, 학연문화사.

은화수, 1998, 「傳 개성출토 靑磁虎子에 考察」『考古學誌』 9, 한국고고미술연구소.

조대연, 2005, 「한성백제토기의 생산기술에 관한 일 고찰」『백제의 생산기술과 유통체계』, 경기도·한신대학교 학술원.

조성숙, 2004, 『肩部押捺文 土器에 대한 研究』, 한신대학교 석사학위논문.

조영제, 1996, 「玉田古墳의 編年硏究」『영남고고학』 18, 영남고고학회.

조은하, 2010, 「송원리고분군 출토 백제토기 연구」『선사와 고대』 33, 한국고대학회.

조은하, 2018, 「백제 고배와 삼족기의 연구성과와 과제」『마한·백제토기 연구성과와 과제』, 학연문화사.

전경아, 2001, 『백제토기의 시문기법』, 공주대학교 석사학위논문.

정수옥, 2007, 「풍납토성 취사용기의 조리흔과 사용흔의 분석」『호서고고학』 17, 호서고고학회.

정수옥, 2008, 「심발형토기의 조리흔 분석」『취사의 고고학』, 서경문화사.

정인성, 2003, 「樂浪土城 出土 土器」『동아시아에서의 낙랑』 제5회 한국고대사학회 하계세미나.

정인성, 2012, 「운북동유적의 중국계유물」『인천 운북동유적』, 한강문화재연구원.

정종태, 2001, 「호서지역 장란형토기의 변천양상」『호서고고학』 9, 호서고고학회.

정종태, 2006, 『백제 취사용기의 유형과 전개양상』, 충남대학교 석사학위논문.

정징원·신경철, 1987, 「종말기 무문토기에 관한 연구」 『한국고고학보』 20, 한국고고학회.

정현, 2012, 『한반도 중·서남부지역 원삼국~삼국시대 파배 연구』, 전북대학교 석사학위
　　　논문.

조가영, 2017, 「한성기 직구호류의 연구 쟁점과 편년 시안」 『마한·백제토기 연구 성과와
　　　과제』, 학연문화사.

진홍섭, 1973, 『三國時代 高句麗美術이 百濟·新羅에 끼친 影響에 관한 硏究』.

齊東方, 2001, 「百濟武寧王墓와 南朝梁墓」 『무령왕릉과 동아세아문화』, 국립부여문화재
　　　연구소·국립공주박물관.

최경환, 2010, 『백제 토기요지에 대한 연구』, 충남대학교 석사학위논문.

최병현, 1998, 「原三國土器의 系統과 性格」 『한국고고학보』 38, 한국고고학회.

최석원 외, 2001, 「백제시대 흑색마연토기의 산출과 재현 연구」 『문화재』 34, 국립문화재
　　　연구소.

최완규, 1986, 「전북지방의 백제토기에 대하여」 『고고미술』 169·170, 한국미술사학회.

최완규, 2000, 「백제토기의 지역적 양상」 『한국고대문화의 변천과 교섭』, 서경문화사.

최영주, 2006, 『조족문토기 고찰』, 전남대학교 석사학위논문.

최영주, 2006, 「조족문토기의 변천 양상」 『한국상고사학보』 55, 한국상고사학회.

최종규, 1992, 「濟羅耶의 文物交流-百濟金工Ⅱ-」 『백제연구』 23, 충남대학교백제연구소.

최종택, 2000, 「高句麗土器의 形成과 變遷」 『韓國古代文化의 變遷과 交涉』, 서경문화사.

土田純子, 2004, 『백제토기의 편년연구』, 충남대학교 석사학위논문.

土田純子, 2005, 「百濟 短頸瓶 硏究」 『백제연구』 42, 충남대학교 백제연구소.

土田純子, 2006, 「百濟 平底外反口緣短頸壺 및 小型平底短頸壺의 變遷考」 『한국상고사학
　　　보』 51, 한국상고사학회.

土田純子, 2009, 「泗沘樣式土器에서 보이는 高句麗土器의 影響에 대한 검토」 『한국고고
　　　학보』 72, 한국고고학회.

土田純子, 2011, 「日本 出土 百濟(系)土器:出現과 變遷」 『백제연구』 54, 충남대학교 백제
　　　연구소.

土田純子, 2013, 『백제토기 편년 연구』, 충남대학교 박사학위논문.

土田純子, 2015, 「고고자료를 통해 본 한성기 백제의 영역확대과정 연구」 『중부지역 한성
　　　기 백제 주변 정치체의 동향』, 숭실대학교 한국기독교박물관.

한지선, 2003, 『토기를 통해서 본 백제고대국가 형성과정 연구』, 중앙대학교대학원 석사
　　　학위논문.

한지선, 2005, 「백제토기 성립기 양상에 대한 재검토」 『백제연구』 41, 충남대학교 백제연구소.

한지선, 2009, 「백제의 취사시설과 취사방법」 『백제학보』 2, 백제학회.

한지선, 2011, 「한성백제기의 완의 제작기법과 그 변천」 『문화재』 44-4, 국립문화재연구소.

한지선·김왕국, 2012, 「한성백제기 전달린토기 연구」 『한강고고』 8, 한강문화재연구원.

한지선·이명희, 2012, 「한성백제기 기대 연구」 『고고학지』 18, 국립중앙박물관.

한지선, 2013, 「한성백제기 취락과 토기유물군의 변천양상」 『중앙고고연구』 12, 중앙문화재연구원.

한지선, 2013, 「신봉동 백제고분군 출토 토기 유물」 『신봉동 고분군을 새롭게 보다』, 충북대학교 박물관.

한지선, 2018, 「한성백제기 강운지역 물질문화와 지역 정치체」 『고대 강원의 정치체와 물질문화』 강원고대문화연구1, 강원연구원 외.

한지수, 2010, 「백제 풍납토성출토 시유도기 연구」 『백제연구』 51, 충남대학교 백제연구소.

허의행, 2004, 「土器造 우물에 對한 考察」 『금강고고』 창간호, 충청매장문화재연구원.

홍보식, 1998, 「百濟 橫穴式石室墓의 型式分類와 對外傳播에 관한 研究」 『박물관연구논집』 2, 부산박물관.

홍보식, 1998, 「백제와 가야의 교섭」 『백제문화』 27, 공주대학교 백제문화연구소.

홍보식, 2003, 「土器 成形技術의 變化」 『기술의 발견』, 복천박물관.

홍보식, 2005, 「삼한·삼국시대의 조리시스템」 『선사·고대의 요리』, 복천박물관.

耿鐵華·林至德, 1984, 「集安高句麗陶器的初步研究」 『文物84-1』, 文物出版社.

龜田修一, 1981, 「百濟古瓦考」 『百濟研究』 12, 충남대학교백제연구소.

谷豊信, 1985·1986, 「樂浪土城址出土の土器(上)·(中)·(下)」 『東京大學文學部考古學研究室紀要』 第2·4·6號.

金鍾萬, 2002, 「百濟土器に見られる製作技法」 『朝鮮古代研究』, 朝鮮古代研究刊行會.

金鍾萬, 2000, 「扶餘陵山里寺址出土瓦當文樣の形式と年代觀」 『帝塚山大學考古學研究所研究報告Ⅱ』, 帝塚山大學考古學研究所.

金鍾萬, 2006, 「泗沘時期 百濟土器の生産と流通」 『鹿園雜集』 8, 奈良國立博物館.

金鍾萬, 2008, 「日本出土 百濟系土器の研究」 『朝鮮古代研究』 9, 日本朝鮮古代研究刊行會.

金鍾萬, 2010, 「鳥足文土器の起源と展開樣相」 『古文化談叢』 63, 日本九州古文化研究會.

吉井秀夫, 2007, 「土器資料を通してみた3~5世紀の百濟と倭の交渉關係」『渡來遺物から みた古代日韓交流の考古學的研究』.

藤澤一夫, 1955, 「百濟の 土器 陶器」『世界陶磁全集』13, 河出書房.

木下 亘, 2003, 「韓半島出土 須惠器(系) 土器에 대하여」『百濟研究』37, 충남대학교 백제 연구소.

武末純一, 1980, 「百濟初期의古墳-石村洞·可樂洞古墳群을中心으로」『鏡山猛先生古稀記念 論攷』.

武末純一, 2000, 「九州의 百濟系土器」『日本所在 百濟文化財 調査報告書Ⅱ』, 국립공주박 물관.

文物出版社, 1986, 「撥蠟法的調査和復原試制」『中國冶鑄史論集』.

白石太一郎編, 1990, 「古墳時代의工藝」『古代史復元』7, 講談社.

白井克也, 2002, 「土器からみた地域間交流-日本出土의馬韓土器·百濟土器」『古代日本と 百濟』, 大巧社.

寺井誠, 2002, 「遺構と遺物의檢討」『大阪城跡』Ⅴ.

寺井誠, 2004, 「古代難波의外來遺物」『難波宮址의研究』, 大阪市文化財協會.

山本孝文, 2003, 「百濟 泗沘期의 陶硯」『百濟研究』38, 충남대학교 백제연구소.

三吉秀充, 2002, 「伊予出土의陶質土器と市場南組窯系須惠器をめぐって」『陶質土器의受容 と初期須惠器의生産』.

三上次男, 1976, 「漢江地域發見의四世紀越州窯青磁와初期百濟文化」『朝鮮學報』81.

西田大輔, 1996, 「夜臼·三代地區遺蹟群出土의韓式系土器について」『韓式系土器研究』Ⅵ, 韓式系土器研究會.

成正鏞, 2006, 「錦江流域原三國時代의土器樣相について」『韓式系土器研究』Ⅸ, 韓式系 土器研究會.

小田富士雄, 1979, 「百濟의土器」『世界陶磁全集-韓國古代』17, 小學館.

小田富士雄, 1982, 「越州窯青磁를 伴出한 忠南의 百濟土器 -4世紀의 百濟土器 其二」『백 제연구』특집호, 충남대학교 백제연구소.

小田富士雄, 1983, 「四世紀의百濟土器」『古文化論叢』, 藤澤一夫先生古稀記念論集.

小田富士雄, 1986, 「日韓火葬墓의出現」『古文化談叢』16, 九州古文化研究會.

小池寬, 1999, 「有孔廣口小壺의祖型」『朝鮮古代研究』1, 朝鮮古代研究刊行會.

松井忠春, 1995, 「韓國의土器文化について」『激動의古代東アジア』, 帝塚山大學考古學研 究所.

櫻井久之, 1998, 「鳥足文タタキメのある土器の一群」『大阪市文化財協會研究紀要』創刊號.

岩瀬 透, 2008, 「大阪府蔀屋北遺蹟」『集落から都市へ』V, 考古學研究會第54會研究集會.

尹煥, 1989, 「漢江下流域における百濟橫穴式石室－可樂洞・芳荑洞石室墳にして」『古文化
　　　談叢』20(中), 九州古文化研究會.

滋賀縣立安土城考古博物館, 1996, 『近江・河內・大和の渡來人』.

張慶捿, 1999, 「北齊の蓋のある細頸銅瓶の變遷」『觀音山古墳と東アジア世界特別展圖
　　　錄』, 群馬縣立歷史博物館.

田中淸美, 1994, 「鳥足文タタキと百濟系土器」『韓式系土器研究』V, 韓式系土器研究會.

定森秀夫, 1989, 「韓國ソウル地域出土三國時代土器について」『生産と流通の考古學』, 橫山
　　　浩一先生退官記念論文集Ⅰ.

齋藤忠, 1973, 「扶餘發見の壺の一型式」『新羅文化論攷』, 吉川弘文館.

酒井淸治, 1985, 「千葉市大森第2遺迹出土の百濟土器」『古文化談叢』15, 九州古文化研究會.

酒井淸治, 1993, 「韓國出土の須惠器類似品」『古文化談叢』30(中), 九州古文化研究會.

竹谷俊夫・日野宏, 1993, 「布留遺蹟杣之內地區出土の初期須惠器と韓式系土器」『韓式系
　　　土器研究』Ⅳ, 韓式系土器研究會.

中野咲(和田晴吾編), 2007, 「近畿地域・韓式系土器集成」『渡來遺物からみた古代日韓交流
　　　の考古學的研究』.

中村浩, 1980, 『須惠器』, 日本 ニュー サイエンス社.

川越俊・井上和人, 1981, 「瓦器製作技術の復原」『考古學雜誌』67권 제2호, 日本考古學會.

4. 발굴조사 보고서

가경고고학연구소, 2013, 『논산 정지리 유적』.

국립공주박물관, 1999, 『정지산』.

국립공주박물관, 1999・2000・2002, 『日本所在 百濟文化財 調査報告書』Ⅰ・Ⅱ・Ⅲ.

국립광주박물관, 1988, 『羅州潘南古墳群』.

국립광주박물관, 2003, 『長城 諸兵協同訓練場 文化遺蹟 地表調査 報告書』.

국립나주문화재연구소, 2010, 『나주 복암리유적Ⅰ』.

국립나주문화재연구소, 2013, 『나주 복암리 유적Ⅱ』.

국립나주문화재연구소, 2011・2014, 『나주 오량동 요지Ⅰ・Ⅱ』.

국립문화재연구소, 1989, 『익산 입점리고분』.

국립문화재연구소, 2001・2002・2005, 『풍납토성Ⅰ・Ⅱ・Ⅴ』.

국립문화재연구소, 2001, 『羅州 伏岩里 3號墳』.

국립문화재연구소, 2009·2012·2013, 『풍납토성XI~XV』.

국립문화재연구소·한신대학교 박물관, 2005, 『풍납토성VI』.

국립부여문화재연구소, 1991, 『扶餘 芝仙里古墳群』.

국립부여문화재연구소, 1992, 『부여저석리고분군』.

국립부여문화재연구소, 1995, 『扶蘇山城』.

국립부여문화재연구소, 2006, 『王宮里−發掘中間報告V』.

국립부여문화재연구소, 2006, 『실상사II』.

국립부여문화재연구소, 2006, 『王宮里』.

국립부여문화재연구소, 2009, 『扶餘 官北里 百濟遺蹟 發掘報告III』.

국립부여문화재연구소, 2011, 『부여 정림사지』.

김성구·신광섭·김종만·강희천, 1987, 『부여 정암리 가마터(I)』, 국립부여박물관.

국립부여박물관, 1987, 『保寧 校成里 집자리』.

국립부여박물관, 2000, 『陵寺』.

국립부여박물관, 2007, 『부여 논치 제사유적』.

국립부여박물관, 2007, 『궁남지』.

국립부여박물관, 2007, 『陵寺』.

국립전주박물관, 1994, 『扶安 竹幕洞 祭祀遺蹟』.

국립중앙박물관, 1984·1995, 『松菊里III·IV』.

권오영·권도희·한지선, 2004, 『풍납토성IV』, 한신대학교 박물관.

권오영·권도희·박지은, 2006, 『풍납토성VII』.

권오영·박지은, 2009, 『풍납토성X』, 한신대학교 박물관.

고려대학교 고고환경연구소, 2007, 『홍련봉 제1보루』.

공주대학교 박물관, 2016, 『백제시대 왕궁관련 유적: 공산성 성안마을 제4~5차 발굴조사』.

경기문화재연구원, 2001, 『용인 구갈리 유적』.

기전문화재연구원, 2007, 『華城 石隅里 먹실遺蹟』.

김건수·김영희, 2004, 『潭陽 城山里遺蹟』, 호남문화재연구원.

김건수·노미선·양해웅, 2003, 『高敞 鳳德 遺蹟I』, 호남문화재연구원.

김성구·김종만·윤용이, 2008, 『청양 왕진리 가마터』, 국립중앙박물관·국립부여박물관.

김승옥 외, 2010, 『완주 상운리I·II·III』, 전북대학교 박물관.

김원룡, 1967, 『풍납리토성내포함층조사보고』, 서울대학교고고인류학총간 3책.

김원룡·임영진, 1986,『석촌동3호분동쪽고분군정리조사보고』.

김원룡, 1987,「水石里 先史時代 聚落住居址 調査報告」『미술자료』11, 국립박물관.

김원룡·임효재·박순발, 1988,『夢村土城』, 서울대학교 박물관.

김종만·신영호·안민자, 2001,『公州 南山里 墳墓群』, 국립공주박물관.

금강문화유산연구원, 2012,『牙山 松村里遺蹟·小東里가마터』.

단국대학교 중앙박물관, 1999,『利川 雪峰山城 1次 發掘調査報告書』.

대전보건대학 박물관, 2002,『靑陽 冠峴里 瓦窯址』.

리규태, 1983,「운률군 운성리 나무곽무덤과 귀틀무덤」『고고학자료집』6, 과학백과사전
　　　출판사.

몽촌토성발굴조사단, 1984,『정비·복원을 위한 몽촌토성발굴조사보고서』.

몽촌토성발굴조사단, 1985,『몽촌토성발굴조사보고』.

문화재관리국 문화재연구소, 1987,『미륵사』.

문화공보부문화재관리국, 1978,『雁鴨池發掘調査報告書』.

문화재관리국문화재연구소, 1983,『皇龍寺發掘調査報告書』.

문화재연구소, 1989,『익산 입점리고분』.

박순발 외, 2003,『사비도성』, 충남대학교 백제연구소.

부산대학교박물관, 1989,『늑도주거지』.

부여군문화재보존센터, 2012,『부여 구아리 319 부여중앙성결교회 유적』.

부여군문화재보존센터, 2013,『부여 뒷개유적』.

박대순·지민주, 2006,『공주 단지리 유적』, 충청문화재연구원.

박경식 외, 2004,『이천 설성산성 2·3차 발굴조사 보고서』, 단국대학교 매장문화재연
　　　구소.

배기동·윤우준, 1994,『美沙里』제2권, 한양대학교박물관.

백제문화재연구원, 2011,『부여 쌍북리 280-5유적』.

백제문화재연구원, 2014,『부여 동남리 백제생활유적』.

서성훈·신광섭, 1984,「표정리백제폐고분조사」『중도Ⅴ』, 국립중앙박물관.

서오선·이한상, 1995,「충남 연기지역의 원삼국시대 유적과 유물(1)」『하봉리Ⅰ』, 국립공
　　　주박물관.

서울대학교 박물관, 1993,『구의동』.

서울대학교 박물관, 2000,『아차산 제4보루』.

서울대학교 박물관, 2009,『용마산 제2보루』.

성정용·이형원, 2002, 『龍山洞』, 충남대학교 박물관.

송의정·윤형원, 2000, 『法泉里 I 』, 국립중앙박물관.

송의정·은화수·최화종·윤효남, 2004, 『해남 용일리 용운고분』, 국립광주박물관.

순천대학교 박물관, 1997, 「順天 海龍面의 文化遺蹟」『순천 검단산성과 왜성』.

신광섭·김종만, 1992, 『부여 정암리 가마터 II 』, 국립부여박물관.

심봉근, 1987, 『陜川 倉里古墳群』, 동아대학교 박물관.

안승주, 1976, 「논산표정리백제고분과 토기」『백제문화』9, 공주대학교 백제문화연구소.

안승주, 1981, 「公州熊津洞古墳群」『백제문화』14, 공주대학교 백제문화연구소.

안승주·이남석, 1988, 『논산 표정리 백제고분 발굴조사보고서(II)』, 공주대학교 박물관.

안승주·이남석, 1988, 『논산 육곡리백제고분군발굴조사보고서』, 공주대학교 박물관.

안승주·이남석, 1994, 『논산 모촌리 백제고분군 발굴조사보고서(II)』, 공주대학교 박물관.

안승주·이남석, 1987, 『公山城百濟推定王宮址發掘調査報告書』, 공주대학교 박물관.

우종윤 외, 2004, 『청주 가경4지구 유적(II)』, 충북대학교 박물관.

원광대학교 마한·백제문화연구소, 2013, 『익산 연동리 유적』.

유기정·양미옥, 2002, 『공주 금학동 고분군』, 충청매장문화재연구원.

유기정 외, 2003, 『서천 화산리 고분군』, 충청매장문화재연구원.

유기정·전일용, 2004, 『청양 장승리 고분군』, 충청문화재연구원.

유기정 외, 2005, 『扶餘 井洞里遺蹟』, 충청문화재연구원.

윤덕향·강원종·장지현·이택구, 2002, 『배매산』, 전북대학교 박물관.

윤무병, 1978, 「注山里古墳群」『大淸댐水沒地區發掘調査報告』, 충남대학교 박물관.

윤무병, 1980, 『定林寺』, 충남대학교 박물관.

윤무병, 1982, 「부여 쌍북리유적 발굴조사보고서」『백제연구』13, 충남대학교 백제연구소.

윤무병, 1985, 『扶餘官北里百濟遺蹟發掘報告(I)』, 충남대학교 박물관.

윤무병, 1999, 『扶餘官北里百濟遺蹟發掘報告(II)』, 충남대학교 박물관.

윤무병·이강승, 1985, 「부여 소룡골건물지 발굴조사보고」『백제연구』16, 충남대학교 박
　　　물관.

이남규·권오영·조대연·이동완, 1998, 『용인 수지 백제 주거지』, 한신대학교 박물관.

이남석, 1997, 『汾江·楮石里 古墳群』, 공주대학교 박물관.

이남석, 1999, 『公州 山儀里遺蹟』, 공주대학교 박물관.

이남석·서정석, 2000, 『斗井洞遺蹟』, 공주대학교 박물관.

이남석·서정석·이현숙·김미선, 2003, 『塩倉里古墳群』.

이남석·이현숙, 2009,『海美 機池里遺蹟』, 공주대학교 박물관.

이명희·성낙준·손명조, 1990,「大谷里 한실 住居址」『주암댐수몰지구문화유적발굴조사
　　　보고서(Ⅶ)』, 전남대학교 박물관.

이상엽, 2001,『서산 여미리유적』, 충청매장문화재연구원.

이상엽, 2007,「牙山 湯井 밖지므레 遺蹟 발굴조사」『계간 한국의 고고학(여름호)』, 주류성.

이선복·김성남, 2000,『화성 당하리Ⅰ유적』, 서울대학교·숭실대학교 박물관.

이원복·김홍주·김성명·박진우, 1990,「청주신봉동B지구널무덤발굴조사보고」『청주 신
　　　봉동 백제고분군 발굴조사보고서』, 충북대학교 박물관.

이영철·송공선, 2005,『무안 맥포리 유적』, 호남문화재연구원.

이영철·조희진, 2005,『고창 석교리 유적』, 호남문화재연구원.

이호형·이판섭, 2009,『부여 쌍북리 현내들·북포유적』, 충청문화재연구원.

임영진, 1996,『全南의 古代墓制』, 목포대학교 박물관.

임영진·서현주, 1999,『光州 雙村洞 住居址』, 전남대학교 박물관.

임영진·조진선·서현주, 1999,『복암리고분군』, 전남대학교 박물관.

임영진 외, 2002,『羅州 德山里 古墳群』, 전남대학교 박물관.

임영진·조진선·서현주·송공선, 2004,『함평 예덕리 만가촌고분군』, 전남대학교 박물관.

임효재·최종택·윤상덕·장은정, 2001,『龍院里遺蹟C地區發掘調査報告書』, 서울대학교
　　　박물관.

은화수·선재명·윤효남, 2003,「영광 송죽리고분 출토유물」『해남 용일리 용운고분』, 국
　　　립광주박물관.

은화수·최상종·윤효남, 2004,「신안 내양리고분 출토유물」『해남 용일리 용운고분』, 국
　　　립광주박물관.

전남문화재연구원, 2011,『광주 행암동 토기가마』.

전북문화재연구원, 2009,『任實 城嵋山城』.

전영래, 1973,「高敞, 雲谷里 百濟窯址 發掘報告」『전북유적조사보고(하)』, 서경문화사.

정석배 외, 2013,『부여 가탑리 금성산 두시럭골 유적』, 한국전통문화대학교 고고학연구소.

조상기 외, 2008,『大田 龍山·塔立洞遺蹟』, 중앙문화재연구원.

조현종 외, 2003,『光州 新昌洞 低濕地 遺蹟Ⅴ』, 국립광주박물관.

중앙문화재연구원, 2015,『燕岐 羅城里遺蹟』.

중원문화재연구원, 2009,『淸州 石所洞遺蹟』.

지현병 외, 2006,『江陵 柄山洞 住居址』, 강원문화재연구소.

차용걸, 1983·1990,『청주 신봉동 백제고분군 발굴조사보고』, 충북대학교 박물관.

차용걸·노병식·박중균·한선경, 2002,『淸州 佳景 4地區 遺蹟(Ⅰ)』, 충북대학교 박물관.

차용걸·박중균·한선경·박은연, 2004,『淸原 南城谷 高句麗遺蹟』, 충북대학교 박물관.

충남대학교 박물관, 1994,『神衿城』.

충청남도역사문화원, 2005,『舒川 鳳仙里 遺蹟』.

충청남도역사문화원, 2006,『靑陽 鶴岩里·分香里 遺蹟』.

충청남도역사문화원, 2007,『牙山 葛梅里(Ⅱ區域) 遺蹟』.

충청남도역사문화원, 2007,『금산 수당리유적』.

충청남도역사문화연구원, 2012,『연기 대평리 유적』.

충청남도역사문화연구원, 2014,『공주 수촌리고분군Ⅱ』.

충청문화재연구원, 2005,『부여 쌍북리 유적』.

최병현·유기정, 1997,『大田九城洞遺蹟』, 한남대학교 박물관.

최병현·김근완·유기정·김근태, 2006,『鎭川 三龍里·山水里 土器 窯址群』, 한남대학교 중앙박물관.

최봉균 외, 2010,『부여 쌍북리 602-10번지 유적』, 백제문화재연구원.

최성락, 1987~89,『海南 郡谷里 貝塚Ⅰ·Ⅱ·Ⅲ』, 목포대학교 박물관.

최성락 외, 2004,『오량동 가마유적』, 목포대학교 박물관·동신대학교 문화박물관.

최성락·이영철·윤효남, 2000,『무안 양장리 유적Ⅱ』, 목포대학교 박물관.

최완규, 1995,『익산 웅포리 백제고분군』, 원광대학교 박물관.

최인선 외, 2003,『보성 조성리 유적』, 순천대학교 박물관.

한국고고환경연구소, 2015,『홍련봉 제1·2보루』.

한국문화재보호재단, 2000,『淸原 主城里遺蹟』.

한국전통문화학교 고고학연구소, 2010,『부여 능산리사지』.

한신대학교 박물관, 1998,『용인 수지 백제 주거지』.

한신대학교 박물관, 2006,『풍납토성Ⅶ』.

한수영·신원재, 2005,『정읍 신월리 유적』, 호남문화재연구원.

한신대학교 박물관, 2003,『풍납토성Ⅲ』.

호남문화재연구원, 2010,『담양 태목리유적Ⅱ』.

朝鮮總督府, 1925,『樂浪郡時代ノ遺蹟』.

中國社會科學院考古研究所, 1996,『北魏洛陽永寧寺』, 中國大百科全書出版社.

奈良國立文化財研究所飛鳥藤原宮發掘調査部, 1991,『藤原宮と京』.

奈良國立文化財研究所, 1992, 『飛鳥池遺蹟の調査-飛鳥寺1991-1次調査』.

福岡縣敎育委員會, 2000·2002, 『西新町遺蹟Ⅱ·Ⅳ』.

上海市文物保管委員會, 1988, 「上海靑浦縣重固戰國墓」『考古』8, 中國社會科學院考古研究所.

勝田邦夫·曾我恭子, 1994, 『西ノ辻遺蹟第27次·鬼虎川遺蹟第32次發掘調査報告書』, 東大阪市文化財協會.

朝鮮古蹟硏究會, 1928, 「羅州潘南面古墳の發掘調査」『昭和十三年度古蹟調査報告』.

中國科學院考古硏究所山東發掘隊, 1962, 「山東平度東岳石村新石器時代遺址與戰國墓」『考古』8, 科學出版社.

中國科學院考古硏究所山東工作隊 曲阜縣文物管理委員會, 1965, 「山東曲阜考古調査試掘簡報」『考古』12, 科學出版社.

寢屋川市敎育委員會, 2001, 『楠遺蹟Ⅱ』.

咸寧地區博物館·陽新縣博物館, 1994, 「湖北陽新縣半壁山一號戰國墓」『考古』6, 中國社會科學院考古硏究所.

5. 도록

국립공주박물관·충청남도역사문화원, 2006, 『한성에서 웅진으로』.

국립광주박물관, 2000, 『호남고고학의 성과』.

국립광주박물관, 2005, 『先史와 古代의 旅行』.

국립부여박물관, 1995, 『박만식교수 기증 백제토기』.

국립부여박물관, 2003, 『백제의 문자』.

국립부여박물관, 2004, 『百濟의 文物交流』.

국립부여박물관, 2006, 『백제의 공방』.

국립부여박물관, 2007, 『신백제발굴문화재특별전도록-그리운 것들은 땅속에 있다』.

국립부여박물관, 2008, 『백제왕흥사』.

국립전주박물관, 2009, 『마한-숨 쉬는 기록』.

국립청주박물관, 2000, 『한국 고대의 문자와 기호유물』.

국립청주박물관, 2001, 『국립청주박물관도록』.

국립청주박물관, 2019, 『호서의 마한』.

경기도박물관, 2006, 『한성백제』.

경북대학교 박물관, 1990, 『원삼국시대 문물전』.

경상남도, 1998, 『伽倻文化圖錄』.

복천박물관, 2003, 『기술의 발견』.

복천박물관, 2005, 『선사·고대의 요리』.

복천박물관, 2015, 『가야와 마한·백제』.

백제문화개발연구원, 1985, 『百濟土器圖錄』.

서울대학교 박물관, 1997, 『서울대학교박물관발굴유물도록』.

서울역사박물관, 2002, 『풍납토성』.

충남대학교 박물관, 1992, 『發掘遺物特別展圖錄』.

한성백제박물관, 2014, 『백제의 왕궁』.

한성백제박물관, 2015, 『풍납토성, 건국의 기틀을 다지다』.

奈良國立文化財硏究所飛鳥藤原宮發掘調査部, 1991, 『藤原宮と京』.

大阪府埋藏文化財協會, 1993, 『須恵器の始まりをさぐる』.

大阪府立近つ飛鳥博物館, 2004, 『今來才伎-古墳·飛鳥の渡來人』.

大阪府立近つ飛鳥博物館, 2006, 『年代のものさし陶邑の須恵器』.

飛鳥資料館, 1991, 『飛鳥の源流』.

小學館, 1976, 『世界陶磁全集』11.

滋賀縣立安土城考古博物館, 1996, 『近江·河內·大和の渡來人』.

朝鮮總督府, 1925, 『樂浪郡時代ノ遺蹟』.

朝日新聞社, 2002, 『飛鳥·藤原京展』.

• 김종만

문학박사
충남대학교 대학원 졸업
국립공주박물관장
국립제주박물관장

『사비시대 백제토기 연구』, 『백제토기의 신연구』, 『백제토기』, 『한국사의 이해(공저)』,
『백제와 주변세계(공저)』, 『충남 서해안지방 백제토기 연구』, 『백제흑색와기고』,
『마한권역출토 양이부호 소고』, 『백제 개배의 양상과 변천』, 『사비시대 와에 나타난
사회상 소고』, 『7세기 부여 · 익산지방의 백제토기』, 『성왕시대 백제 생활토기』,
『百濟土器に見られる製作技法』, 『扶餘陵山里寺址出土瓦當文樣の形式と年代觀』,
『泗沘時期 百濟土器の生産と流通』, 『日本出土 百濟系土器の研究』, 『鳥足文土器の起源
と展開樣相』, 『호서지역의 백제토기』, 『부여 능산리 건물군의 성격과 변천』,
『공주지역 고분출토 백제토기』, 『백제토기 전통미의 계승』, 『토기의 생산기술과 유형』,
『부여 능산리사지 발견 신요소』, 『탐라와 백제』 등

百濟土器의 生産流通과 國際性

백제토기의
생산유통과
국제성

초판인쇄일　2019년 11월 1일
초판발행일　2019년 11월 5일
지 은 이　김종만
발 행 인　김선경
책 임 편 집　김소라
발 행 처　서경문화사
　　　　　　주소 : 서울시 종로구 이화장길 70-14(204호)
　　　　　　전화 : 743-8203, 8205 / 팩스 : 743-8210
　　　　　　메일 : sk8203@chol.com
신 고 번 호　제1994-000041호
ISBN　　　978-89-6062-217-3　93900
ⓒ 김종만, 2019